COLLECTION

COMPLÈTE

DES MÉMOIRES

RELATIFS

A L'HISTOIRE DE FRANCE.

Jeanne d'Arc. — Richemont. — Florent d'Illiers.

DE L'IMPRIMERIE DE RIGNOUX.

COLLECTION

COMPLÈTE

DES MÉMOIRES

RELATIFS

A L'HISTOIRE DE FRANCE,

DEPUIS LE RÈGNE DE PHILIPPE-AUGUSTE, JUSQU'AU COMMENCEMENT
DU DIX-SEPTIÈME SIÈCLE;

AVEC DES NOTICES SUR CHAQUE AUTEUR,
ET DES OBSERVATIONS SUR CHAQUE OUVRAGE,

Par M. PETITOT.

TOME VIII.

PARIS,
FOUCAULT, LIBRAIRE, RUE DE SORBONNE, N° 9.
1825.

MÉMOIRES

CONCERNANT

LA PUCELLE D'ORLÉANS,

DANS LESQUELS SE TROUVENT

PLUSIEURS PARTICULARITÉS DU RÈGNE DE CHARLES VII,

Depuis 1422 jusques en 1429.

AVERTISSEMENT.

Les Mémoires que nous réimprimons ont été publiés pour la première fois en 1661 par Denis Godefroy, historiographe de France. Le nom de leur auteur est inconnu, mais on a la certitude qu'ils ont été écrits sous le règne de Charles VII. Denis Godefroy pense même que l'auteur a pris une part active aux événemens qu'il raconte, et qu'il se trouvoit au siége d'Orléans. Voici le passage sur lequel il s'appuie : « Si « nous dirent et affirmerent plusieurs des plus grands capi- « taines des François, qui après que Jeanne eut prononcé les « paroles dessus dites (1), ils monterent contremont le boule- « vard aussi aisément comme par un degré. » Si l'on ne peut pas rigoureusement conclure de ce passage que l'auteur étoit à Orléans pendant le siége, du moins faut-il reconnoître qu'il a eu des relations avec quelques-uns des principaux capitaines qui y ont combattu.

Son travail a été justement apprécié par ses contemporains. Jean Chartier, historiographe de France sous Charles VII, et qui nous a laissé une histoire de ce prince, y a puisé plusieurs particularités intéressantes, et n'a pas même cherché à déguiser ses emprunts. On trouve dans son histoire des phrases entières copiées, à peu près mot pour mot, dans les Mémoires : et son suffrage a d'autant plus de poids qu'en sa qualité d'historiographe il avoit à sa disposition toutes les chroniques du temps.

Il est à regretter que les Mémoires, qui commencent à

(1) Les chefs de l'armée vouloient abandonner l'attaque d'un boulevard ; Jeanne s'y opposa, et leur dit « que en nom de Dieu ils y entreroient en brief, et qu'ils n'en fissent « doute. »

l'avénement de Charles VII au trône, s'arrêtent à l'année 1429. Comme de tous les Mémoires contemporains ce sont ceux qui donnent le plus de détails sur l'arrivée de Jeanne d'Arc à la cour et sur la défaite des Anglais devant Orléans, Denis Godefroy remarque qu'ils semblent avoir été composés pour amener la relation de la délivrance de cette ville par l'héroïne de Domremy. On trouve en effet extraordinaire que l'auteur, qui s'étend avec complaisance sur les premiers exploits de Jeanne d'Arc, qui rapporte jusqu'à ses moindres discours, ne continue pas son récit jusqu'au moment où elle est faite prisonnière sous les murs de Compiègne : mais il est néanmoins difficile d'adopter l'opinion de Godefroy, parce que les Mémoires ne se terminent pas après la levée du siége d'Orléans. On y voit Jeanne d'Arc conduire le Roi à Reims, assister au sacre, se distinguer à l'attaque de Paris, et dans plusieurs autres expéditions. On pourroit donc supposer, ou que la fin des Mémoires a été perdue, ou qu'ils ont été écrits avant que la Pucelle fût tombée au pouvoir des Anglais. Si l'on admettoit cette dernière supposition, qui n'est point dénuée de vraisemblance, ils acquerroient un nouveau degré d'intérêt, puisqu'ils auroient été rédigés dans l'année même où se seroient passés les principaux événemens qu'on y raconte.

Les éditeurs de l'ancienne Collection, voulant compléter l'histoire de Jeanne d'Arc, ont ajouté au texte des Mémoires quelques pages de Jean Chartier, qui rapporte en peu de mots le siége de Compiègne, la captivité et la mort de la Pucelle; et afin de donner, suivant leur expression, le pour et le contre, ils ont extrait des histoires de Charles VI publiées par Denis Godefroy divers fragmens d'un Journal attribué à un bourgeois de Paris. Nous avons cru devoir adopter un autre cadre, et donner plus de développement à notre travail sur les Mémoires. Il nous a semblé que le récit de Jean Chartier étoit trop sec, trop dénué de détails, pour justifier l'amalgame des textes de deux auteurs différens. Nous nous sommes décidés à faire réimprimer les Mémoires tels qu'ils se trouvent dans l'édition de Denis Godefroy. On reconnoît aisément que le style en a été rajeuni par cet historien ; mais il nous a été impossible de découvrir le manuscrit original, qui n'existe point à la bibliothèque du Roi, et dont il n'est fait mention dans aucun catalogue. Nous ne conserverons du Journal de Paris que deux ou trois fragmens : ce sont les seuls qui nous ont paru offrir quelque intérêt. L'article où l'on parle de la mort de Jeanne d'Arc, et qui est curieux sous plus d'un rapport, trouvera place dans nos observations. Le Journal de Paris s'étend de 1409 à 1449. On croit communément qu'il a été rédigé par un curé de Paris qui, ayant embrassé avec fureur le parti bourguignon, étoit entièrement dévoué aux Anglais, et par conséquent ennemi implacable des armagnacs et de Charles VII. Le rédacteur, quel qu'il soit, n'écrit jamais avec impartialité : il est toujours dominé par la passion : il ne mérite donc aucune confiance. D'ailleurs il ne fait la plupart du temps que répéter les bruits populaires les plus absurdes.

A l'exemple des premiers éditeurs, nous réimprimerons une lettre du sire de Laval à ses mère et aïeule. Cette lettre, écrite à la fin de 1428 ou au commencement de 1429, se trouve dans le Recueil d'histoires de Charles VII, publié par Denis Godefroy ; elle donne quelques détails intéressans sur Jeanne d'Arc.

Mais les Mémoires, augmentés de ces divers fragmens, n'offriroient qu'une histoire très-incomplète de la Pucelle, même jusqu'à l'année 1429. Nous avons donc cru devoir réunir, dans le morceau qui suivra les Mémoires, tout ce que les chroniques contemporaines nous ont transmis de plus positif sur cette héroïne. Nous nous aiderons dans ce travail des savantes recherches qui ont été publiées en 1753 par l'abbé Lenglet-Dufresnoy, en 1790 par M. de L'Averdy, et en 1817 par M. Le Brun des Charmettes, et par M. Berriat-Saint-Prix.

Un tableau rapide du règne de Charles VII précédera les Mémoires et leur servira d'introduction, ainsi qu'aux Mémoires du comte de Richemont, connétable de France. Ce tableau, qui est nécessaire pour mettre sous les yeux du lecteur l'ensemble des faits dont les Mémoires ne rapportent que des circonstances détachées, n'aura pas la même étendue que ceux des règnes de saint Louis et de Charles vi. Jusqu'au moment où Charles vii fut maître de Paris, après avoir fait la paix avec Philippe-le-Bon, duc de Bourgogne, il n'eut presque jamais d'armées régulières sur pied. On se battoit en même temps dans toutes les provinces du royaume. Chaque seigneur, quelle que fût la cause qu'il avoit embrassée, levoit des troupes, soit pour attaquer les places voisines, soit pour se défendre; les soldats, n'ayant point de paie, s'en dédommageoient par le pillage; et le résultat le plus positif de ces expéditions étoit la dévastation des campagnes. On parvenoit quelquefois à réunir plusieurs bandes pour tenter une entreprise de quelque importance; mais elles se dispersoient au premier revers, ou lorsque l'entreprise étoit terminée. Cependant jusqu'à l'arrivée de Jeanne d'Arc des échecs partiels, mais nombreux, avoient presque entièrement ruiné les affaires de Charles vii; et depuis la levée du siége d'Orléans jusqu'à la trève de 1444, une multitude de petits avantages, remportés sur tous les points par les partisans du Roi, amenoient lentement la délivrance du royaume.

Dans le cadre que nous avons adopté, et qui semble avoir obtenu l'approbation du public, il nous étoit impossible de faire entrer le détail de toutes ces expéditions peu importantes en elles-mêmes, et qui n'ont eu de résultat que par leur ensemble. Nous avons donc dû nous borner à classer les masses, et ne nous arrêter qu'aux événemens qui caractérisent l'époque, ou qui ont eu une influence véritable sur les affaires.

TABLEAU

DU RÈGNE DE CHARLES VII.

Au moment où Charles vi venoit de terminer sa malheureuse carrière, et où le jeune fils de Henri v étoit proclamé à Paris roi de France et d'Angleterre, le Dauphin, qui prit le nom de Charles vii, se trouvoit au château d'Espally, près du Puy en Velay. Ses affaires étoient, sinon désespérées, du moins dans une situation très-critique. Il se voyoit réduit aux seules provinces du Dauphiné, du Languedoc, du Bourbonnois, de l'Auvergne, du Berri, du Poitou, de la Saintonge, de la Touraine et de l'Orléanais; et encore, dans ces provinces, beaucoup de seigneurs avoient profité des troubles pour se déclarer indépendans, ou avoient pris des engagemens avec l'ennemi. La régence d'Ecosse et le duc de Milan paroissoient disposés à aider Charles, mais ne pouvoient faire que de foibles efforts en sa faveur. Le roi de Sicile Louis iii, qui étoit comte de Provence et duc d'Anjou, et qui auroit pu lui fournir des soldats, venoit de partir pour Naples avec toutes ses troupes. Les Anglais occupoient la Normandie, la Champagne, la Picardie, l'Ile de France et la Guyenne (1); ils avoient pour allié Philippe-le-Bon, duc de Bourgo-

(1) Il existe à la bibliothèque du Roi un état dressé en 1417 des

gne, l'un des plus puissans princes de l'Europe, qui avoit juré la perte du Dauphin; et le duc de Bretagne ne tarda pas à se réunir à eux. Ils étoient en outre maîtres de Paris, ville dès-lors si importante que, suivant l'expression du duc de Bedford, *de sa possession dépendoit la seigneurie du royaume*. Ainsi les villes et les provinces les plus riches et les plus populeuses obéissoient aux Anglais, qui disposoient contre Charles de toutes les forces de l'Angleterre, des deux Bourgognes, et des deux tiers de la France. Presque tous les ports de mer étoient en leur pouvoir; et le Roi, qui n'avoit point de marine, ne pouvoit ni empêcher l'arrivée de leurs renforts, ni favoriser le transport des secours que l'Ecosse lui envoyoit. Les troupes royales étoient découragées par les revers; les Anglais avoient cette confiance que donne une longue suite de succès.

Charles, à peine âgé de vingt ans, montroit un caractère doux, affable, généreux : il possédoit les qualités qui font aimer un souverain; mais on ne remarquoit pas en lui l'activité, l'énergie que les circonstances exigéoient, et sans lesquelles il paroissoit impossible d'exciter et de diriger l'enthousiasme des peuples pour opérer la délivrance du royaume.

Henri VI étoit encore au berceau; mais le duc de Bedford, qui avoit été nommé régent de France, étoit l'un des meilleurs capitaines et des plus habiles politiques du siècle. Salisbury, Warwick, Arundel, Sommerset, Suffolck, Talbot, et d'autres généraux illustrés

---

places que les Anglois possédoient en France; cet état a été apporté de Londres par M. de Bréquigny, avec plusieurs autres pièces manuscrites.

par de hauts faits d'armes, le secondoient. Charles n'avoit encore auprès de lui ni les Dunois ni les Richemont, ni la plupart des autres guerriers qui devinrent la terreur des Anglais. Des favoris, occupés de leurs seuls intérêts, aussi indifférens à sa gloire qu'au salut de l'Etat, le dominoient entièrement. Au lieu d'éveiller en lui ce courage qu'on lui vit déployer par la suite, ils ne cherchoient qu'à redoubler son goût naturel pour les plaisirs et pour la mollesse. Ils espéroient affermir leur pouvoir en rendant Charles incapable de gouverner; et étant eux-mêmes hors d'état de conduire les affaires, ils creusoient l'abyme qui devoit tout engloutir.

Cependant, malgré l'infériorité réelle de ses forces, le Roi, par la nature même des choses, et par l'imprudence de ses ennemis, avoit des chances de succès; mais ces chances étoient éloignées, et sa perte pouvoit être consommée avant qu'elles se présentassent. Il faut les indiquer : on reconnoîtra dans le cours de ce précis l'influence qu'elles eurent sur les événemens.

On avoit profité de l'état d'aliénation de son père pour le faire exclure du trône : un arrêt du parlement de Paris avoit confirmé cette exclusion : grand nombre de villes avoient prêté serment à Henri v, en adhérant au traité de Troyes. Mais la dureté et la hauteur que le monarque anglais ne tarda pas à déployer avoient dès-lors excité des mécontentemens parmi les seigneurs. Habitués à défendre leur indépendance contre leur souverain, il étoit impossible qu'ils supportassent long-temps le pouvoir absolu d'un prince étranger. La passion qui les aveugloit encore les empêchoit de voir jusqu'où l'esprit de parti les avoit entraînés contre leurs propres intérêts. Les forces redoutables des Anglais, devenues plus imposantes par des victoires, ne leur permettoient pas de songer à secouer le joug sous lequel ils s'étoient volontairement courbés. Mais le prestige devoit nécessairement se dissiper un jour; et l'esprit national, reprenant alors toute son énergie, ne pouvoit manquer de soustraire la France à la domination de l'Angleterre. Les Anglais ne devoient pas compter davantage sur la fidélité de leurs alliés. Philippe-le-Bon, duc de Bourgogne, avoit beaucoup plus consulté son ressentiment que ses intérêts en se déclarant pour l'Angleterre contre sa propre maison. Tôt ou tard il devoit ouvrir les yeux; et l'habileté du duc de Bedford put retarder mais non pas empêcher un changement qui étoit commandé par la nature des choses. Le duc de Bretagne, après avoir embrassé en 1423 le parti de l'Angleterre, y renonça dès l'année suivante.

Le duc de Bedford avoit trop d'expérience et de lumières pour ne pas chercher à mettre son autorité à l'abri de l'inconstance du peuple. Il avoit remarqué de l'hésitation dans le parlement lorsqu'il avoit fallu proclamer Henri VI. Les obsèques de Charles VI étoient à peine terminées, qu'il chercha à resserrer par un acte solennel les liens qui attachoient à sa cause les cours souveraines, les corporations, les habitans de Paris, et ceux de toutes les villes qui avoient dans le temps adhéré au traité de Troyes. Il fit assembler, dans la grand'chambre du parlement, les présidens et les conseillers, les magistrats des cours supérieures, ceux du châtelet, l'évêque de Paris, l'Université, les prévôts, les échevins, et les principaux bourgeois. Le chancelier, après avoir exposé les motifs du traité de Troyes, rappelé l'exclusion donnée à Charles VII, qu'il appeloit le soi-disant Dauphin, déclara que l'objet de l'assemblée étoit de renouveler le serment qui garantissoit l'exécution du traité conclu pour la paix et le bonheur de la France et de l'Angleterre. Le duc de Bedford fit alors appeler tous les assistans, qui vinrent prêter serment entre ses mains. Il chargea ensuite les prévôts de faire prêter individuellement un pareil serment à tous les habitans de Paris, qui furent mandés à l'hôtel-de-ville. Personne ne put s'y soustraire, pas même les simples religieux, ni les artisans, ni les domestiques. Des ordres furent expédiés dans les villes qui reconnoissoient son autorité; et tous leurs habitans, sans distinction, furent obligés de prêter de semblables sermens. Ces premières mesures prouvoient qu'il comptoit peu sur l'affection et sur le dévouement des Français.

Pendant que le duc de Bedford s'efforçoit ainsi de faire confirmer par la nation l'exclusion donnée à Charles VII, ce prince, qui avoit d'abord été proclamé roi au château d'Espally, alla se faire sacrer à Poitiers. Il étoit accompagné des princes de Clermont, d'Alençon, et d'un grand nombre d'autres seigneurs de son parti. Comme notre travail a principalement pour objet de peindre les mœurs du temps, et de rappeler les divers traits qui peuvent caractériser l'époque, nous ne passerons pas sous silence un événement peu important en lui-même, mais que les contemporains considérèrent comme un pronostic de la destinée de Charles VII. Avant de se rendre à Poitiers, il s'étoit arrêté auprès de La Rochelle, et y tenoit conseil dans une maison dont le plancher s'écroula. Plusieurs seigneurs furent tués ou blessés; on eut peine à tirer de dessous les décombres le Roy, qui n'avoit que de légères meurtrissures. On en conclut qu'il seroit exposé aux plus grands dangers, mais qu'il en sortiroit heureusement; et ce présage ne fut pas indifférent pour soutenir les espérances de son parti.

Les hostilités se poursuivoient avec acharnement, malgré la rigueur de la saison (on étoit au mois de novembre 1422); il n'y avoit pas d'armées considérables réunies, mais la guerre n'en étoit que plus sanglante. On se battoit à la fois sur tous les points par petits détachemens. Les villes étoient successivement prises et reprises, et les campagnes ravagées. Il seroit impossible d'entrer dans le détail de toutes ces expéditions partielles, qui n'étoient subordonnées à aucun plan général, qui ne dépendoient que de la volonté ou des intérêts particuliers des chefs de bandes, et qui n'amenoient aucun résultat. Nous ne parlerons donc que des expéditions qui ont pu avoir quelque influence sur les affaires des deux partis, ou qui font voir comment les opérations étoient dirigées. Graville, partisan de Charles VII, avoit escaladé la ville de Meulan vers le milieu de janvier, et passé la garnison au fil de l'épée. Attaqué bientôt après par le duc de Bedford et par Salisbury, il demande des secours au Roi; on réunit à la hâte six mille hommes, qu'on lui envoie sous la conduite des comtes de Narbonne et d'Aumale. A six lieues de la ville, la mésintelligence se met entre les deux généraux; Tanneguy

Du Châtel, qui étoit chargé de porter l'argent nécessaire pour la solde des troupes, le dissipe en folles dépenses à Orléans, et les soldats se dispersent faute de paie. Les habitans de Meulan, furieux de se voir ainsi abandonnés, arrachent les bannières royales et se rendent aux Anglais; Graville lui-même s'engage sous leurs drapeaux avec sa garnison.

Par ce fait seul on peut juger quelles étoient encore les ressources de Charles VII; mais il faut en même temps reconnoître combien peu alors il savoit en tirer parti. Ce prince, dont le noble caractère et les talens se développèrent plus tard, sembloit accablé sous le poids de la mauvaise fortune qui le poursuivoit dès son enfance. De longs malheurs paroissoient avoir éteint toute énergie dans son ame; et tandis que le duc de Bedford déployoit toute l'activité de son génie, Charles VII, plongé dans la mollesse, étranger aux affaires, voyoit d'un œil indifférent les succès et les revers des guerriers qui se sacrifioient pour sa cause. Cependant la conduite du monarque ne ralentissoit pas le zèle de ses partisans. Quelques bourgeois de Paris tentèrent de livrer la ville aux troupes royales; mais le projet fut découvert, les conjurés livrés au supplice; et pendant les derniers mois de l'année 1422, les royalistes éprouvèrent presque sur tous les points des échecs qui ne furent point compensés par quelques légers avantages.

Au commencement de 1423, le duc de Bedford parvint à détacher le duc de Bretagne de l'alliance de Charles VII. Henri V avoit essayé vainement de terminer cette importante négociation : pour en assurer le succès, il avoit même accordé la liberté sur parole au comte de Richemont, frère du duc, fait prisonnier à la bataille d'Azincourt. Le duc de Bretagne étoit néanmoins resté fidèle à la France; mais ayant eu entre les mains les papiers des seigneurs de Penthièvre, qui lui fournirent la preuve que le conseil du Dauphin avoit approuvé l'entreprise formée en 1419 pour se saisir de sa personne à Champtoceaux en Anjou, il n'hésita plus, et se rendit à Amiens, où il trouva les ducs de Bourgogne et de Bedford. Le comte de Richemont y alla avec lui. Là furent arrêtés le mariage d'Anne de Bourgogne avec le duc de Bedford, et celui de Marguerite de Bourgogne, veuve du dauphin Louis, avec le comte de Richemont. Il n'est pas inutile de faire remarquer que le duc de Bretagne fut obligé de payer six mille livres à Bedford pour les frais de son voyage.

A cette funeste défection succédèrent des événemens plus désastreux encore. Chaque jour Charles VII recevoit la nouvelle de la prise de quelques-unes de ses places, ou des revers éprouvés par les capitaines de son parti. Stuart, connétable d'Ecosse, lui avoit amené des troupes qui, réunies à celles que différens seigneurs avoient levées, formoient un corps de dix mille hommes. On entreprit le siége de Crevant (1), place assez importante qu'on avoit enlevée aux Anglais, et dont ils s'étoient emparés de nouveau. Salisbury, qui assiégeoit Montaguillon, marche au secours de la ville. Les Français occupoient une position excellente sur une colline; le désir de combattre la leur

---

(1) La ville fut défendue par le sire de Châtelus. Les chanoines d'Auxerre, seigneurs de Crevant, lui donnèrent à titre de récompense, pour lui et ses descendans, une prébende canoniale.

fait abandonner : ils attaquent sans ordre, et leur valeur ne peut les sauver d'une entière défaite. Les Anglais leur tuent quinze cents hommes, et font un plus grand nombre de prisonniers, parmi lesquels se trouvent Stuart qui commandoit l'armée, et plusieurs des principaux capitaines. On a prétendu que la més-intelligence qui s'éleva entre les Français et les Ecossais fut en grande partie cause de la déroute. On a aussi accusé le maréchal de Severac d'avoir pris la fuite avec son corps d'armée dès le commencement de l'action : mais le revers s'explique suffisamment par le défaut d'ordre et de discipline.

La naissance d'un premier fils faisoit espérer à Charles VII que la fortune se lassoit enfin de lui être contraire, lorsqu'il apprit la perte de la bataille de Crevant; de plus grands revers devoient bientôt l'accabler encore. Les Anglais victorieux poussèrent leurs conquêtes, et de légers échecs qu'ils éprouvèrent à La Bussière dans le Mâconnois, et à La Gravelle dans le Maine, furent bientôt réparés; plusieurs places furent obligées de leur ouvrir leurs portes. Lorsque les garnisons capituloient dès les premières attaques, elles étoient libres de se retirer, et d'aller rejoindre les troupes royales. Si elles laissoient prendre la ville d'assaut, elles étoient passées au fil de l'épée. On ne faisoit pas même de grâce à celles qui, après une longue résistance, étoient obligées de se rendre à discrétion. Au lieu d'honorer le courage malheureux, les Anglais massacroient impitoyablement les soldats qui tomboient ainsi en leur pouvoir. On cite entre autres exemples celui de la garnison d'Orsay, qui, s'étant vaillamment défendue pendant six semaines, fut envoyée à Paris. L'intention du duc de Bedford étoit de donner au peuple le spectacle du supplice de ces braves soldats, qui n'étoient coupables que d'avoir fait leur devoir. Ils arrivèrent enchaînés, et la corde au cou. La duchesse, qui les vit passer, fut touchée de compassion ; elle eut beaucoup de peine à obtenir leur grâce de son époux.

La régence d'Ecosse, malgré la défaite de ses troupes, s'étoit décidée à envoyer de nouveaux secours au Roi : il est vrai que ce prince, naturellement généreux, combloit de bienfaits les étrangers qui s'attachoient à son service. Archambaud, comte de Douglas, beau-père de ce Stuart qui venoit d'être battu à Crevant, lui amena cinq mille hommes. Charles, non content d'avoir procuré la liberté à Stuart en l'échangeant contre un frère de Suffolck qui avoit été fait prisonnier près de La Gravelle par le comte d'Harcourt, donna le comté de Dreux à cet écossais, et le duché de Touraine à Archambaud. Les autres chefs eurent également part à ses libéralités, et il choisit parmi les soldats une compagnie d'élite, à laquelle il confia la garde de sa personne. De là vient le nom de compagnie écossaise, conservé encore aujourd'hui à la première compagnie des gardes du corps des rois de France.

Les Français, qui s'étoient dévoués à la cause de Charles avec autant de zèle que de désintéressement, ne se montrèrent point jaloux des biens et des distinctions que le Roi prodiguoit à des étrangers ; mais ils eurent peine à dissimuler leur mécontentement lorsqu'ils virent Douglas nommé *lieutenant général sur le fait de la guerre dans tout le royaume*, et le connétable même obligé d'obéir à ses ordres. Un pareil choix blessoit l'orgueil national ; et la bataille de Crevant, perdue l'année précédente par un général écossais, inspiroit de funestes pressentimens. L'événement les justifia : l'armée française, forte de vingt mille hommes, se mit en marche (1). Les Anglais avoient réduit la garnison d'Ivry à capituler : elle devoit rendre la ville le 15 août, si elle n'étoit pas secourue. Douglas se dirigea vers cette place, qu'il étoit important de conserver parce qu'elle ouvroit l'accès de la Normandie et de l'Ile de France. Salisbury, qui commandoit le siége, avoit retranché son camp de manière à ne pouvoir être forcé au combat ; on n'osa point risquer l'attaque, et on se dirigea sur Verneuil, petite ville du Perche, peu distante d'Ivry, dont on se rendit maître sans tirer l'épée. Le duc de Bedford ayant réuni ses troupes vint présenter la bataille. Quelques historiens prétendent que Douglas l'accepta, malgré les remontrances des généraux français ; d'autres soutiennent au contraire que les Français voulurent combattre, contre l'avis de Douglas. Jean Chartier, historien contemporain, se borne à dire, *que, à la volonté d'iceux Ecossais et de plusieurs Français, fut conclue la bataille.* Quoi qu'il en soit, on commit la même faute qu'à Azincourt et à Crevant. Selon la chronique de Berry, le vicomte de Narbonne, qui avoit ordre d'attendre l'ennemi, fit mettre pied à terre à ses gens d'armes, et engagea témérairement l'action ; l'armée, entraînée par son mouvement, quitta une bonne position pour aller attaquer les Anglais, re-

(1) Le duc de Milan avoit envoyé au Roi six cents lances et mille fantassins.

tranchés derrière les pieux ferrés de leurs archers. Les Français, supérieurs en nombre, déployèrent une valeur inutile, parce qu'elle étoit mal dirigée; les Lombards prirent la fuite sans combattre, et commencèrent la déroute : cinq mille hommes restèrent sur le champ de bataille; l'élite de la noblesse, le dernier espoir de la France, périt les armes à la main, ou tomba au pouvoir de l'ennemi. Le vicomte de Narbonne, auquel on attribue la perte de la bataille, fut trouvé parmi les morts. Il étoit un des meurtriers du duc de Bourgogne; les Anglais le firent écarteler et attacher à un gibet.

Le duc de Bedford, aussi habile politique que grand général, enlevoit en même temps à Charles l'espoir des nouveaux secours qu'il auroit pu tirer de l'Ecosse. Jacques, souverain de ce pays, étoit prisonnier à Londres : on lui rendit la liberté en lui faisant signer un traité d'alliance offensive et défensive avec l'Angleterre.

Charles, sans armée, sans alliés, se trouvoit exposé à toutes les forces réunies des Anglais et des bourguignons, qui s'avançoient dans les provinces où le parti royaliste dominoit encore. La ruine de ce parti sembloit inévitable; elle étoit retardée parce que le pays étoit hérissé de forteresses qui presque toutes exigeoient des siéges en forme, et ralentissoient les progrès de l'ennemi. Mais comme on n'avoit plus de troupes à opposer au vainqueur, ses conquêtes devenoient chaque jour plus faciles.

Le Roi, retiré à Bourges, ne sortoit pas de son apathie, malgré la situation presque désespérée de ses affaires; il ne faisoit aucun effort pour les rétablir, et les favoris auxquels il s'abandonnoit partageoient son indifférence. Quelques historiens, qui ont confondu les époques, prétendent qu'il ne s'occupoit que de fêtes, et qu'il dissipoit en folles dépenses les subsides que lui fournissoient les provinces. Ils citent le mot de La Hire, qui, consulté par ce prince sur l'ordonnance d'une fête, répondit *que jamais il ne s'estoit trouvé roy qui perdist si joyeulsement son royaulme.* D'après le témoignage des contemporains, il est constant que le Roi se trouvoit à Bourges dans un état de détresse tel, qu'il fut obligé de composer pour une somme de quarante livres, due au chapelain qui avoit baptisé le dauphin Louis; et que cette somme ne fut acquittée qu'au bout de quelque temps. A peu près à la même époque, le trésorier du Roi à Bourges n'avoit pas plus que quatre écus dans sa caisse. Martial de Paris, dans ses Vigiles de Charles le septiesme, dit :

> Un jour que La Hire et Poton
> Le veindre veoir pour festoyement,
> N'avoit qu'une queue de mouton
> Et deux poulets tant seulement.
> Las ! cela est bien au rebours
> De ces viandes délicieuses,
> Et des mets qu'on a tous les jours
> En dépenses trop somptueuses.

Il est donc démontré que si l'histoire peut reprocher à Charles VII une inconcevable apathie, elle ne doit point l'accuser d'avoir poussé l'oubli de ses devoirs jusqu'à détourner pour ses plaisirs l'argent destiné à l'entretien de ses troupes. Les Anglais se croyoient tellement sûrs d'achever sa ruine, que déjà ils l'appeloient par dérision *le roi de Bourges*, prétendant bientôt le réduire aux murs de cette ville.

Un événement inattendu amena un changement favorable dans les affaires. Jacqueline de Hainaut, femme du duc de Brabant, s'étoit réfugiée en 1421 auprès de Henri v, et avoit réclamé l'appui de ce monarque pour faire casser son mariage. Après la mort de Henri, le duc de Glocester, protecteur du royaume d'Angleterre pendant la minorité du jeune Roi, séduit par les attraits de la princesse, ou plutôt par le désir d'acquérir ses immenses héritages, l'épousa, et voulut se mettre en possession de ses Etats. Le duc de Brabant étoit cousin germain du duc de Bourgogne, qui ne pouvoit souffrir ni un pareil affront fait à sa famille, ni un tel accroissement à la puissance anglaise. Ses protestations n'ayant point été écoutées, et le duc de Glocester ayant débarqué avec une armée pour faire valoir ses droits, il retira les troupes qu'il avoit envoyées contre Charles vii, et marcha à la défense du Hainaut. Nous ne faisons qu'indiquer ici cette rupture entre le duc de Bourgogne et le duc de Glocester : on en trouvera le détail dans le Précis qui sera mis en tête des Mémoires d'Olivier de La Marche, lesquels sont particulièrement consacrés à l'histoire de Philippe-le-Bon, duc de Bourgogne.

A peu près à la même époque, le duc de Bedford avoit été obligé de faire un voyage en Angleterre; et la guerre, pendant son absence, ne se poursuivoit pas avec la même activité. Le conseil de Charles vii (car ce prince, gouverné par ses favoris, semble toujours étranger aux affaires) avoit enfin senti la nécessité de mettre à la tête des troupes royales un général capable de diriger les opérations, et dont le nom rendît la confiance aux troupes découragées. La charge de connétable étoit vacante : on l'offrit au comte de Richemont, frère du duc de Bretagne. Le comte étoit ambitieux, et son génie le portoit à la guerre : n'ayant pu obtenir du duc de Bedford le commandement des armées anglaises, il accepta les propositions qui lui étoient faites au nom du Roi, et décida même son frère à embrasser avec lui le parti de la France ; mais profitant de la foiblesse de Charles VII et du besoin qu'on avoit de ses services, il dicta les conditions du traité. Il exigea le renvoi des ministres qui avoient dans le temps donné la main à l'entreprise tentée contre son frère par les Penthièvre, et de ceux qui avoient pris part à l'assassinat de Jean-sans-Peur, duc de Bourgogne. Il exigea en outre des otages, et plusieurs places de sûreté. Avant de se déclarer, il avoit eu plusieurs conférences avec le duc de Bourgogne, qu'il avoit cru pouvoir détacher de l'alliance de l'Angleterre ; et c'étoit pour rendre un rapprochement plus facile entre ce prince et le Roi, qu'il avoit obligé Charles à éloigner Tanneguy Du Châtel, qui avoit porté les premiers coups à Jean-sans-Peur. Sa négociation ne réussit point ; mais Philippe-le-Bon, qui avoit rompu entièrement avec le duc de Glocester, et qui avoit dès-lors intérêt à arrêter les progrès de la puissance anglaise sur le continent, approuva le traité. Le comte vint à Chinon, où étoit la cour ; on lui remit l'épée de connétable, on lui promit le renvoi des ministres ; il prêta serment de fidélité, et alla en Bretagne pour y lever des troupes.

A peine fut-il parti, que les ministres dont la disgrâce étoit une des conditions du traité résolurent de se maintenir; et le foible Charles VII ne sut ni leur résister, ni braver la présence de Richemont, auquel il manquoit de parole. On vit alors le Roi fuir devant son connétable, qui le poursuivoit de ville en ville. Les plus zélés partisans de Charles désapprouvoient hautement sa conduite; plusieurs villes paroissoient disposées à abandonner sa cause. Tanneguy Du Châtel, qui aimoit véritablement le jeune prince, craignit de l'entraîner à une perte certaine en restant près de lui. Charles s'opposa vainement au départ d'un homme qui lui avoit rendu d'importans services, et qui lui donnoit encore une si grande preuve de dévouement. Ne pouvant le retenir, il le nomma sénéchal de Beaucaire, lui fit une pension, lui fournit une garde pour la sûreté de sa personne, qui pouvoit être menacée par les bourguignons; et en récompensant ainsi un de ses plus fidèles serviteurs, il se montra digne des sacrifices qu'on faisoit pour lui. Les autres ministres furent obligés de suivre malgré eux l'exemple de Du Châtel, et de quitter la cour. Louvet crut qu'il ne lui seroit pas impossible de conserver quelque crédit, et de ménager son retour en choisissant lui-même au Roi un nouveau favori qui veilleroit à ses intérêts pendant son absence. Ce favori étoit Giac, que nous verrons bientôt abuser de la confiance du monarque, et finir misérablement.

Pendant ces débats, les Anglais s'emparèrent du Mans, qu'il n'auroit pas été impossible de secourir. Après le départ des ministres, Richemont vit enfin Charles VII; les traités furent confirmés, et il s'honora en demandant lui-même le rappel du jeune Dunois, bâtard d'Orléans, gendre de Louvet, qui s'étoit retiré avec son beau-père. Le connétable, qui connoissoit la foiblesse du prince et l'avidité des gens qui l'entouroient, crut devoir se mettre en mesure pour que l'argent destiné aux troupes ne fût plus détourné comme il l'avoit été à l'époque du siége de Meulan. Avant d'entrer en campagne, il exigea que les finances du Languedoc, sur lesquelles étoit assignée la solde de l'armée, fussent régies par deux intendans, dont l'un seroit nommé par lui.

Richemont avoit fait des levées considérables ; il se trouvoit à la tête de vingt mille hommes. Après avoir enlevé Pontorson, dont la garnison fut passée au fil de l'épée, il alla mettre le siége devant Saint-James de Beuvron, qui couvroit les frontières de la Basse-Normandie. L'ennemi n'avoit pas dans la province assez de troupes pour empêcher ce siége ; mais la place étoit bonne, et défendue par une garnison de six mille hommes. Les précautions que le connétable avoit prises contre les favoris n'étoient pas suffisantes. Giac, effrayé des premiers succès obtenus par le comte de Richemont, et de l'ascendant qu'un général habile, entreprenant et victorieux exerceroit nécessairement sur le foible Charles VII, le mit hors d'état de continuer ses opérations. Il retint les fonds destinés à la solde et à l'entretien des troupes ; les soldats, qui manquoient de vivres, se débandèrent. Richemont, craignant de n'avoir bientôt plus assez de forces pour continuer le siége, résolut de donner l'assaut, quoique la brèche ne fût point encore praticable. On se battoit de part et d'autre avec acharnement, lorsqu'une terreur panique s'empare des Français, qui abandonnent soudain l'attaque, et se retirent dans le plus grand désordre. Le connétable essaie en vain de rallier ses troupes et de s'opposer à leur fuite : la garnison fait une sortie, achève la déroute ; et le connétable, renversé de cheval, ne se sauve que par une sorte de miracle, laissant au pouvoir de l'ennemi son artillerie et ses bagages (1). Il parvint cependant à rassembler les débris de son armée, s'empara de Galerande et de La Flèche, et vint trouver le Roi, résolu de tirer une vengeance éclatante de son ennemi. Afin que cette vengeance fût plus assurée, il réprima l'impétuosité de son caractère, et dissimula d'abord avec Giac. Puis ayant pris ses mesures avec les principaux de la cour, qui tous détestoient le favori, il le fit enlever, juger et exécuter de sa propre autorité.

Le sort de Giac, que la faveur de son maître n'avoit pu soustraire au supplice, montroit que le poste de favori n'étoit pas sans danger. Mais les exemples les plus terribles n'arrêtent point les ambitieux. Le Camus de Beaulieu captiva la confiance de Charles VII, et ne tarda pas à abuser de son crédit avec plus d'insolence que ne l'avoit fait son prédécesseur. Le connétable, gardant encore moins de ménagement, fit tuer

---

(1) Jean Chartier n'est point d'accord avec les autres historiens sur la relation de ce siége. Il ne porte la garnison anglaise qu'à six ou sept cents hommes, ne fait aucune mention de la solde des troupes retenue par Giac, et attribue la déroute à ce que l'armée du connétable étoit en grande partie composée de soldats qui n'avoient pas encore fait la guerre. Cette dernière circonstance a pu contribuer à la défaite ; mais la vengeance terrible que Richemont exerça bientôt après contre Giac ne permet pas de croire que ce favori ait été étranger au revers de l'armée française.

le favori sous les murs du château de Poitiers où étoit le Roi, et presque à ses yeux. Le maréchal de Boussac ou Bossac s'étoit chargé de cette étonnante expédition; le comte de Richemont exposa au Roi, comme après la mort de Giac, qu'il n'avoit agi que pour le bien de l'Etat; et (ajoute une ancienne chronique) le Roi fut très-content. De pareils attentats, qui paroissent à peine croyables aujourd'hui, n'étoient point nouveaux à la cour du foible et malheureux Charles VII. Quelques années auparavant, Tanneguy Du Châtel avoit tué le comte dauphin d'Auvergne en plein conseil, et en présence du Roi : le fait est attesté par les registres du parlement.

Ce n'étoit pas tout d'avoir par des moyens aussi violens soustrait le Roi au joug d'indignes favoris : il falloit veiller au choix de l'homme auquel ce prince donneroit sa confiance, car on étoit convaincu qu'il avoit besoin d'être dominé. Suivant d'anciennes chroniques, et contre l'opinion de quelques historiens modernes, Charles paroissoit disposé à se livrer entièrement au connétable; mais Richemont, obligé d'aller commander les troupes, ne pouvoit espérer de conserver pendant son absence son ascendant sur l'esprit du prince. Il résolut donc de lui choisir lui-même un favori, et il jeta les yeux sur le sire de La Trémouille, dont la maison devoit son élévation aux ducs de Bourgogne. Il se croyoit assuré du dévouement de ce jeune seigneur, et se flattoit de rendre plus faciles les négociations avec Philippe-le-Bon, qu'il ne désespéroit pas de ramener à l'alliance du Roi. Mais Charles (et ceci prouve que le prince n'avoit point alors l'éloignement qu'on lui suppose pour Richemont) montra beaucoup de répugnance lorsque le connétable lui parla du sire de La Trémouille. « Vous me le laissez, mais vous vous en repentirez, « dit le Roi; je le connois mieux que vous. » Ces paroles, dont l'authenticité est constatée par le témoignage de plusieurs chroniques contemporaines, ne laissent aucun doute sur les dispositions de Charles à l'égard du comte de Richemont. Le connétable insista; et La Trémouille, devenu favori, *ne fit point le Roi menteur*, dit une ancienne chronique. A peine se fut-il rendu maître de l'esprit du prince, qu'il travailla avec acharnement à la perte de son bienfaiteur. Il ne lui fut pas difficile, en rappelant la conduite de Richemont depuis qu'il étoit connétable, de faire entendre au Roi qu'au lieu d'acquérir un capitaine dévoué, il s'étoit donné un maître impérieux qui l'outrageoit par les plus sanglans affronts, et qui disposoit à son gré de la vie de ceux que le prince honoroit de sa confiance. Le comte étoit absent : La Trémouille ne laissoit approcher du Roi qu'un petit nombre de personnes qui lui étoient vendues. Charles se laissa entraîner, et bientôt on cessa de garder toutes mesures avec le connétable : loin de lui fournir des secours, on déconcerta ses projets, et on le mit hors d'état de rien entreprendre. Le favori, éclairé par l'exemple de Giac et de Beaulieu, avoit réuni assez de troupes pour ôter à Richemont tout moyen d'arriver à la cour; et les ressources de la France épuisée étoient employées contre le seul homme qui auroit pu la sauver.

Cependant l'état des affaires devenoit chaque jour plus critique. Le duc de Bedford avoit eu l'art de rétablir la bonne intelligence entre l'évêque de Vincester et le duc de Glocester, qui se disputoient l'autorité en Angleterre; il avoit même appaisé le différend de ce dernier avec le duc de Bourgogne; le parlement lui avoit accordé des subsides et des troupes; il ramenoit vingt mille hommes en France. Nous avons déjà fait remarquer que jusqu'alors il n'y avoit pas ou presque pas de troupes réglées. Une armée réunie pour une expédition de quelque importance se dissipoit aussitôt qu'elle étoit terminée. Les soldats, débandés et sans paie, suivoient le premier chef qui vouloit les conduire; ils ne vivoient que de pillage; les campagnes étoient dévastées : les villes, prises et reprises, changeoient plusieurs fois de maîtres dans la même campagne. On ne faisoit partout qu'une guerre de partisans, qui n'avoit d'autre résultat que la désolation des provinces. Les Anglais faisoient des progrès, mais ces progrès étoient lents, parce que leurs capitaines songeoient beaucoup plus à s'enrichir qu'à travailler dans l'intérêt général de la cause qu'ils avoient embrassée.

Pendant l'absence du duc de Bedford, ses généraux n'avoient donc presque tiré aucun parti de la défaite du connétable : ce ne fut que lorsqu'ils apprirent les divisions qui régnoient à la cour de Charles VII, qu'ils se décidèrent à faire le siége de Montargis. Warwick, Suffolck et Jean de La Poll parurent devant la place; le Roi étoit réduit à un tel état d'abandon, qu'il ne put réunir des forces suffisantes pour les combattre; ils n'avoient cependant que trois mille hommes. La garnison et les habitans se défendirent avec courage; mais leur résistance ne pouvoit être longue. Dans cette extrémité il fallut avoir recours au connétable, qui étoit à Orléans, et qui chargea le jeune Dunois, bâtard d'Orléans, de jeter des secours dans la place. Richemont se tint lui-même à portée de le secourir. Les Anglais furent mis en déroute complète. Nous ne nous arrêterons pas à cette bataille, digne pourtant de fixer l'attention, parce qu'elle est le premier exploit de ce fameux Dunois qui devint l'un des plus grands généraux de son siècle, et qui contribua le plus à chasser les Anglais du royaume : on en trouvera le détail dans les Mémoires sur la Pucelle. Le Roi, qui, lorsqu'il n'étoit point dominé par ses favoris, suivoit la noble impulsion de son caractère généreux, récompensa avec grandeur la garnison et les habitans de Montargis. Si l'on eût profité de l'enthousiasme qu'avoit excité ce succès, on auroit pu réunir une armée, et pousser plus loin les avantages ; mais il auroit fallu mettre le connétable en état d'agir, et La Trémouille sacrifia de nouveau l'intérêt du royaume à sa haine. La défaite des Anglais devant Montargis ne fut qu'un événement presque indifférent pour les affaires de Charles VII.

Le duc de Bedford, de retour en France, résolut de donner une forme régulière à la guerre ; jusque-là ses troupes disséminées sur différens points n'avoient fait que peu de conquêtes, et souvent n'avoient pu les conserver. Il rassembla une armée, décidé à réduire successivement les provinces qui reconnoissoient encore Charles VII ; mais avant de commencer ses opérations, il voulut obliger le duc de Bretagne à renoncer à l'alliance du Roi. Plusieurs détachemens, dirigés par différentes routes, arrivèrent en même temps sur les frontières de Bretagne, où rien n'étoit préparé pour la défense. Le duc, attaqué à l'improviste, entra en négociation, et adhéra de nouveau au traité de Troyes. Le comte de Richemont avoit plus que jamais à se plaindre de la cour; les intrigues de La Trémouille l'avoient réduit à une entière inaction. Quelque juste sujet de mécontentement qu'il eût contre le Roy, il refusa de prendre part au traité conclu par son frère, et resta fidèle à la France; il rassembla même, peu de temps après, quelques troupes pour couvrir l'Anjou qui sembloit menacé d'une invasion : mais l'animosité de La Trémouille étoit telle, que par ses ordres plusieurs places refusèrent d'ouvrir leurs portes au connétable, qui venoit pour les défendre. Le comte alla trouver les princes (les comtes de Clermont et de La Marche), qui s'étoient réunis à Chinon; plusieurs seigneurs mécontens vinrent les joindre; on résolut de forcer le Roi à éloigner son favori, et l'on s'empara de la ville de Bourges. La Trémouille arriva avec le Roi pendant qu'on assiégeoit le château; les deux partis furent sur le point d'en venir aux mains; la France étoit perdue si une nouvelle guerre civile eût éclaté. Le favori parvint à gagner les comtes de La Marche et de Clermont, mais il ne voulut entendre à aucun accommodement avec le connétable; et afin d'ôter jusqu'à l'espoir d'un rapprochement, il appela à la cour le comte de Penthièvre, ancien et implacable ennemi de la maison de Bretagne.

Pendant que La Trémouille privoit ainsi le Roi de son plus ferme appui, le duc de Bedford se disposoit à entrer en campagne. Les divisions de la cour n'avoient permis de faire aucun préparatif de défense, et rien ne sembloit pouvoir arrêter les conquêtes des Anglais. Bedford, se considérant déjà comme maître du royaume, disposoit des plus belles provinces; il s'étoit donné à lui-même les comtés d'Anjou et du Maine; il avoit donné la Champagne au duc de Glocester son frère; et l'on voit, dans les actes publics d'Angleterre, que Salisbury avoit eu le comté du Perche. Ces dispositions, au moins prématurées, augmentoient contre les Anglais la haine des Français qui étoient restés fidèles à Charles VII, et faisoient redouter la domination étrangère à ceux qui avoient embrassé l'autre parti. Ces derniers vouloient bien reconnoître le roi d'Angleterre comme roi de France, en vertu de l'acte signé par Charles VI; mais en se soumettant volontairement, ils se révoltoient à l'idée d'être traités comme un peuple conquis. C'est toujours une grande faute en politique de blesser l'orgueil d'une nation, mais surtout lorsqu'on n'est pas assez fort pour la subjuguer. Les ennemis les plus acharnés du Roi n'obéissoient donc aux Anglais qu'avec une sorte de répugnance. Une nouvelle prétention de Bedford augmenta encore les mécontentemens : dans une grande assemblée convoquée à Paris, il demanda qu'on lui fît abandon, pour les frais de la guerre, de tous les biens qui avoient été donnés aux églises depuis quarante ans. On s'éleva de toutes parts avec tant de force contre cette demande, qu'il fut obligé d'y renoncer.

Quelle que fût la disposition des esprits, la perte de la France pouvoit être retardée; mais elle n'en paroissoit pas moins inévitable si Charles VII ne faisoit aucun effort pour la sauver. Les démêlés du duc de Bourgogne avec le duc de Glocester étoient terminés; l'armée bourguignonne agissoit de concert avec celle de Bedford; de nouvelles troupes anglaises venoient de débarquer à Calais, et d'importantes conquêtes signaloient l'ouverture de la campagne. Tandis que Jean de Luxembourg s'emparoit de différentes places sur la Meuse, Salisbury s'avançoit avec rapidité dans l'Orléanais. Ayant soumis la plus grande partie de la province, et se voyant maître de tous les forts qui environnoient Orléans, il se dirigea sur cette ville alors bien fortifiée, et dont les habitans, soutenus par une bonne garnison, paroissoient disposés à faire une vigoureuse résistance. Quelques historiens pensent que le siége d'Orléans fut résolu, contre l'avis du duc de Bedford; et en effet dans une de ses lettres il parle de la prospérité de ses affaires jusqu'au siége d'Orléans, *entrepris*, dit-il, *Dieu sait par quel avis*. On a vainement cherché à expliquer les motifs qui auroient pu porter le duc à désapprouver cette expédition; aucune des conjectures qu'on a faites n'étant satisfaisantes, il seroit inutile de les reproduire ici. Tout porte donc à croire qu'on a donné une interprétation forcée au passage qui a été cité plus haut. Hume, bien loin de prétendre que le duc de Bedford fût opposé au siége d'Orléans, le loue avec raison d'avoir tenté cette entreprise, qui si elle eût réussi, comme on devoit l'espérer d'après tous les calculs de la prudence humaine, portoit le dernier coup à la puissance de Charles VII. Pour bien juger de l'extrême importance de cette ville, il ne faut pas perdre de vue qu'elle se trouvoit placée entre les provinces que le Roi possédoit encore et celles que les Anglais avoient conquises, et qu'elle étoit devenue la clef des unes et des autres. Le duc de Bedford pouvoit l'attaquer avec une armée redoutable et enhardie par des succès; Charles, hors d'état de réunir assez de troupes pour s'opposer au siége, n'avoit d'autre ressource que de le faire traîner en longueur, en renforçant la garnison, et en pourvoyant abondamment la ville de vivres et de munitions de toute espèce. Mais Bedford, qui avoit tant d'intérêt à se rendre maître de la place, et tant de moyens de la réduire promptement, ne profita pas avec son habileté accoutumée des avantages de sa position. Il laissa commencer le siége avec dix mille hommes seulement; et au lieu d'aller le presser lui-même, *il se reposoit*, dit le Journal d'un bourgeois de Paris, *es citez de France à son ayse luy et sa femme, qui partout le suivoit*. Peut-être aussi n'osoit-il s'éloigner de la capitale, dont la fidélité lui étoit toujours suspecte. Salisbury, ne pouvant investir Orléans avec dix mille hommes, fut obligé de concentrer ses attaques sur un seul point. Il établit son camp vers la Sologne, espérant couper toute communication avec les provinces soumises à Charles VII; mais la ville n'en reçut pas moins journellement des secours par la Beauce : ce qui sauva la France en prolongeant le siége.

Comme notre travail a principalement pour objet de faire voir quels étoient les Français aux différentes époques de notre histoire, et comme le caractère d'une nation se développe tout entier dans les momens de crise, nous indiquerons les particularités les plus intéressantes du siége d'Orléans. Ce siége, sur lequel, suivant Hume, l'Europe avoit les yeux fixés, est d'ailleurs l'événement le plus important du règne de Charles VII (1).

Aussitôt que l'on put soupçonner les projets des Anglais sur Orléans, une foule d'illustres chevaliers se jetèrent dans la place, et les habitans montrèrent autant de dévouement que de résolution. Ils se taxèrent volontairement pour subvenir aux frais du siége, et n'hésitèrent pas à démolir eux-mêmes un riche faubourg qui s'élevoit au-delà de la Loire, et qui pouvoit faciliter les attaques de l'ennemi. Salisbury s'étoit présenté devant la ville le mardi 12 octobre 1428; il essaya d'abord de se rendre maître du pont, qui étoit défendu par le fort des Tournelles, et le fit battre vivement avec son artillerie. Hume et plusieurs autres historiens remarquent que ce fut le premier siège où l'artillerie devint une arme importante; on s'y servit des bombardes, qui lançoient des boulets de pierre du poids de cent livres : dans une ancienne histoire de la Pucelle on prétend même que quelques-unes de ces pierres en pesoient jusqu'à cent cinquante. La garnison ayant été sur le point d'enlever les redoutes de l'ennemi, on les fit entourer de fossés et de palissades. C'est le premier exemple de redoutes fortifiées.

Salisbury, jugeant la brèche praticable, fait donner l'assaut au fort des Tournelles; mais les habitans rivalisent d'ardeur avec la garnison : les femmes elles-

---

(1) Les lecteurs qui voudroient connoître tous les détails du siége d'Orléans peuvent consulter le Journal qui en a été écrit par un contemporain, et qui a été imprimé en 1576. M. Le Brun des Charmettes, dans son Histoire de Jeanne, a donné un extrait curieux de ce Journal, et il l'a enrichi du fruit de ses laborieuses recherches. M. Berriat-Saint-Prix, dans une autre Histoire de Jeanne d'Arc, a discuté et éclairci plusieurs circonstances obscures et importantes.

8.

mêmes donnent l'exemple du courage. « Elles ne ces-
« soient, dit une ancienne histoire du siége d'Orléans
« publiée par Léon Trippaut, de porter très-diligem-
« ment à ceux qui défendoient le boulevard plusieurs
« choses nécessaires, comme eaux, huiles et graisses
« bouillantes, chaux, cendres, chausses trappes... Aul-
« cunes furent vues durant l'assaut, disent nos Mé-
« moires, qui Angloys repoussoient à coups de lances
« des entrées du boulevard, et és fossez les abbattoient. »
Les Anglais ayant été repoussés, Salisbury fit poursuivre les travaux d'une mine qui avoit été commencée dès
les premiers jours du siége, et les chroniques du temps
remarquent que les fortifications n'étoient plus sou-
tenues que sur des étaies auxquelles l'ennemi pouvoit
mettre le feu d'un moment à l'autre : ce qui prouve
qu'on n'avoit point encore imaginé de se servir de la
poudre pour faire sauter les remparts après les avoir
minés. Mais les assiégés avoient construit au milieu du
pont un autre fort adossé à une île; ils mirent eux-
mêmes le feu aux Tournelles qu'ils ne pouvoient plus
défendre, et rompirent la première arche du pont.
Les Anglais reconnurent alors qu'il leur seroit impossible d'entrer dans la place de vive force. Dunois venoit d'y arriver avec un secours de huit cents hommes;
et il n'est pas inutile de remarquer que, malgré l'état
presque désespéré des affaires, La Trémouille avoit
fait rejeter les offres du connétable, qui, retiré à Par-
thenay, sollicitoit avec instance la permission de marcher à la tête des troupes royales. Salisbury se décida
à changer le siége en blocus, à construire des forts
autour de la ville, à les lier ensemble par un double
rang de fossés, et à empêcher ainsi l'entrée de toute

espèce de secours et de convois. Il s'étoit rendu aux Tournelles qu'il avoit fait réparer, et d'où l'on découvroit tous les environs de la place. Glacidas, un de ses capitaines, lui montroit Orléans, et lui disoit : *Monseigneur, regardez icy vostre ville; vous la voyez d'icy bien à plein*, lorsqu'un boulet, frappant la fenêtre, fit voler un éclat de pierre qui lui emporta l'œil et une partie du visage. Suivant Jean Chartier, il survécut trois ou quatre jours à sa blessure, et donna jusqu'à son dernier moment des ordres avec le plus grand sang froid pour la continuation du siége. Comme tout ce qui peut servir à retracer les idées dominantes de cette époque doit être relevé, nous ferons observer que dans le Journal du siége on n'hésite point à attribuer la mort de Salisbury à la vengeance divine; il avoit livré au pillage plusieurs églises, et notamment celle de Notre-Dame de Cléry. On ne pouvoit déterminer avec certitude le lieu d'où étoit parti le boulet; on n'hésita pas à dire que le comte avoit *print telle fin par divin jugement de Dieu*.

Suffolck prit le commandement de l'armée; des renforts assez considérables, composés de troupes anglaises et bourguignonnes que le duc de Bedford envoya sous le commandement de Talbot, lui donnèrent les moyens d'exécuter le plan de Salisbury, et d'entourer la ville par des forts et des retranchemens. Les assiégés faisoient de fréquentes sorties, et ne négligeoient rien pour troubler les travaux; on se battoit sans relâche. A peine y eut-il une suspension d'armes de quelques heures le jour de Noël. Pendant la trève, les Anglais firent demander des musiciens et des instrumens pour célébrer la fête; on les leur envoya. Dunois et Suffolck se firent des présens. Malgré l'animosité des deux partis, la guerre n'avoit pas le caractère de barbarie qui empêche deux nobles ennemis de se donner des témoignages réciproques d'estime. Au milieu de leurs désastres, les Français conservoient cette gaieté qui ne les abandonne jamais. Maître Jean, l'un des meilleurs *couleuriniers* de la ville, faisoit beaucoup de mal aux Anglais, qui dirigeoient sur lui leurs batteries. « Pour « les mocquer, dit le Journal du siége, se laissoit aul-« cune fois cheoir à terre, faignant estre mort ou blessé, « et s'en faisoit porter en la ville. Mais il retournoit « incontinent à l'escarmouche, et faisoit tant que les « Angloys le sçavoient estre vif, en leur tres-grant « dommaige et desplaisir. »

Au commencement de janvier, Louis de Culan, amiral de France, suivi de deux cents hommes, se fit jour au travers de l'armée anglaise, et entra dans la place. D'autres convois et d'autres renforts y arrivèrent successivement. Dans les affaires qui avoient lieu chaque jour sous les murs de la ville, les avantages étoient à peu près balancés entre les assiégés et les assiégeans; mais ceux-ci avançoient leurs travaux; les communications devenoient de plus en plus difficiles, et il étoit à craindre qu'elles ne fussent bientôt entièrement interceptées. On se décida à envoyer auprès de Charles VII, pour lui exposer l'extrémité à laquelle on alloit être réduit, et pour demander de prompts secours; on apprit que trois ou quatre mille hommes réunis à Blois alloient se mettre en marche. L'armée anglaise étoit forte de vingt-quatre mille hommes, mais elle étoit disséminée autour de la ville, et pouvoit être attaquée avec avantage sur le même point par les troupes royales et par la garnison. Tel avoit d'abord été le plan convenu ; mais on apprit que le duc de Bedford envoyoit de Paris un convoi de vivres aux assiégeans, qui commençoient à en manquer, et il fut résolu d'enlever le convoi. On attachoit une si grande importance à cette expédition, qu'on fit sortir quinze cents soldats de la ville pour renforcer l'armée royale, et cette troupe perça les retranchemens ennemis. Falstof escortoit le convoi avec environ deux mille hommes; quelques chroniques lui en donnent quinze cents, d'autres deux mille cinq cents. Les Français, suivant le Journal de Paris, comptoient sept mille combattans, nombre qui paroît exagéré; mais quel que fût leur nombre, ils étoient de beaucoup supérieurs aux Anglais. On voyoit marcher à leur tête Dunois, La Hire, Xaintrailles, le connétable d'Ecosse, et les plus vaillans capitaines du parti royaliste. La victoire ne sembloit pas pouvoir leur échapper : ils furent mis en déroute complète. Les historiens varient sur les causes de ce revers : les uns l'attribuent à la désobéissance des Ecossais (car l'Ecosse, malgré la délivrance de son roi, n'avoit point rompu ses traités avec la France); d'autres à la lenteur de l'un des chefs de l'armée, le comte de Clermont, qui ne fit pas son devoir. En examinant les différentes relations, on explique cette défaite comme la plupart de celles que les Français ont éprouvées, par le défaut d'ordre, qui rend la valeur inutile. Falstof avoit fait les meilleures dispositions de défense; on l'attaqua imprudemment, et avant d'avoir réuni toutes les troupes : la victoire fut à peine disputée. Ce combat fut appelé la journée des Harengs, parce que le convoi se composoit en grande partie de harengs destinés à la nourriture des Anglais pendant le carême. On ramena à Orléans les débris de l'armée : ils étoient plus que suffisans pour continuer la défense de la place; mais la mésintelligence se mit parmi les chefs, qui s'accusèrent réciproquement de la défaite. Le comte de Clermont, ne pouvant supporter les reproches dont on l'accabloit, partit avec un corps considérable de troupes (deux mille hommes), sous prétexte d'aller se joindre au Roi. La Hire et un grand nombre de seigneurs, désespérant de pouvoir sauver la ville, s'éloignèrent avec lui. Les désertions, suite ordinaire du découragement, vinrent encore affoiblir la garnison.

Cependant Dunois, le maréchal de Saint-Sévère (1) et Xaintrailles, restés dans la ville, parvinrent à ranimer les esprits abattus par tant de revers, et repoussèrent les attaques des Anglais; mais comme on n'avoit plus de secours à espérer, et que le défaut de vivres devoit finir par rendre toute résistance inutile, on chercha les moyens d'empêcher au moins que la place ne tombât au pouvoir du duc de Bedford. Déjà plusieurs fois on avoit pressé le duc d'Orléans, prisonnier en Angleterre depuis la bataille d'Azincourt, de demander la neutralité pour son apanage, qu'il ne pouvoit défendre; mais le duc refusoit de souscrire au traité de Troyes. Les Anglais ne vouloient entendre à aucune négociation. Les habitans proposèrent alors de remettre la ville en séquestre entre les mains du duc de Bourgogne; on connoissoit la haine qui divisoit les maisons de Bourgogne et d'Orléans, mais on

---

(1) Le même que le maréchal de Boussac, dont il est parlé à l'occasion de Le Camus de Beaulieu.

fondoit quelques espérances sur le caractère noble et chevaleresque de Philippe-le-Bon. Xaintrailles fut député vers lui avec quelques-uns des principaux habitans, et l'on résolut de se défendre avec courage jusqu'à leur retour.

Nous passerons sous silence une multitude de faits d'armes qui eurent lieu sous les murs de la place pendant leur absence ; mais nous devons rapporter un événement fort extraordinaire qui arriva le 3 avril. Les pages anglais et français se défièrent à un combat dont les conditions furent réglées d'un commun accord entre les généraux des deux nations. Ils n'avoient pour armes offensives que des pierres, et pour armes défensives qu'un léger panier qui leur servoit de bouclier. Le premier jour les pages français eurent l'avantage ; le lendemain ils furent battus, et les Anglais s'emparèrent de leur étendard.

Cependant les députés revinrent ; le duc de Bourgogne avoit accueilli la demande des Orléanais, et s'étoit rendu à Paris pour en conférer avec le duc de Bedford, dont le consentement étoit indispensable. Une assemblée avoit été tenue au Louvre, et on y avoit introduit les députés. Bedford, enivré par les succès, et se croyant assez puissant pour braver le duc de Bourgogne, avoit rejeté hautement la proposition ; il avoit déclaré *qu'il auroit icelle ville d'Orléans à sa volonté, et que ceulx d'Orléans lui payeroient ce que lui avoit cousté ce siége, et qu'il seroit bien marry d'avoir battu les buissons et que d'autres eussent les oisillons.* Telles sont ses propres paroles, rapportées par Jean Chartier. Suivant Monstrelet, maître Raoul *le saige* auroit ajouté *que il ne seroit ja en lieu où on le maschast au dit duc de Bourgogne, et il l'avalleroit.* Philippe irrité avoit sur-le-champ envoyé ordre aux troupes bourguignonnes, qui étoient devant Orléans, d'abandonner le siége, et de cesser toutes hostilités contre la ville. Malheureusement ces troupes étoient peu nombreuses, et leur défection n'affoiblissoit pas sensiblement l'armée anglaise.

La réponse du duc de Bedford excita l'indignation des Orléanais : ils résolurent de s'ensevelir sous les ruines de la ville plutôt que de subir le joug d'un ennemi orgueilleux et implacable. La nuit même qui suivit le retour de leurs députés, ils firent une sortie, surprirent les Anglais, et massacrèrent tout ce qui se présenta sous leurs pas; ils pouvoient rentrer dans la ville chargés de butin, et sans avoir perdu un seul homme; leur ardeur les emporte : ils laissent à l'ennemi le temps de se reconnoître, sont attaqués à leur tour par des forces supérieures, et obligés de soutenir un sanglant combat. Le nombre des morts fut à peu près égal de part et d'autre; mais la garnison déjà très-affoiblie n'avoit aucun secours à espérer, et les pertes qu'elle faisoit étoient irréparables. Les Anglais, rendus plus vigilans par cette dernière attaque, gardèrent mieux leurs retranchemens; toute communication fut interceptée, et la disette se fit bientôt sentir dans la place. *La dite ville,* dit Jean Chartier, *estoit en si grande nécessité, que bonnement ne pouvoit plus durer : si disoit-on communément que icelle ville seroit perdue.*

Charles avoit inutilement épuisé toutes ses ressources pour sauver Orléans; et l'on aura une juste idée de la foiblesse de ces ressources, si l'on considère qu'il fut impossible de payer à chaque soldat plus de trois livres à compte sur la solde. Dans l'extrémité où il se trouvoit, il n'avoit pas cru payer trop cher les secours du roi d'Ecosse, en s'engageant à lui donner le duché de Berri s'il parvenoit à recouvrer son royaume. Ses dernières espérances s'étoient évanouies à la funeste journée des Harengs. La perte n'avoit pas été considérable : mais les troupes découragées avoient quitté leurs drapeaux, et il étoit impossible de les y ramener. Pour bien juger la véritable situation des affaires, il suffit de remarquer que la dispersion d'une armée de trois mille hommes entraînoit la perte de la France. Après la chute d'Orléans, qui étoit inévitable, Charles paroissoit hors d'état de se maintenir dans le Blaisois, dans la Touraine, ni même dans le Poitou, dont les places étoient mal fortifiées et dépourvues de munitions. Comment arrêter les progrès d'un ennemi victorieux, qui alloit envahir les provinces méridionales et achever la conquête du royaume?

Il fut alors sérieusement question, à la cour de Charles VII, d'évacuer, sans attendre l'ennemi, des provinces qu'on croyoit ne pas pouvoir défendre. On a même prétendu que le Roi, découragé par tant de revers, et considérant ses affaires comme entièrement désespérées en France, eut l'intention d'aller chercher un asyle en Espagne ou en Ecosse, et que dans son conseil on proposa de se retirer seulement en Dauphiné. Quelques historiens ont nié l'existence de ces différens projets; mais il est difficile de les révoquer en doute, d'après ce que rapporte Thomassin, l'un des principaux conseillers de Louis XI. « On avoit

« mis en délibération, dit-il, que l'on devoit faire si
« Orleans estoit pris; et fut avisé par la plus grant
« part, s'il estoit pris, qu'il ne falloit tenir compte
« du demourant du royaulme, veu l'estat en quoy il
« estoit; et qu'il n'y avoit remede, fors tant seulement
« de retraire mondit seigneur le Daulphin en cettuy
« pays de Daulphiné, et là le garder en attendant la
« grace de Dieu. » La France étoit perdue si cette
funeste résolution eût été prise; le parti royaliste,
qui étoit découragé plutôt qu'abattu, auroit nécessairement subi le joug dès qu'il auroit été privé de
son chef. Heureusement l'avis contraire prévalut, et
il fut décidé qu'on disputeroit le terrain pied à pied
à l'ennemi. Les historiens expliquent d'une manière
différente la détermination du Roi. Les uns en attribuent l'honneur à la Reine : mais à cette époque elle
habitoit Bourges, et le Roi étoit à Chinon; elle étoit,
par ses vertus et par sa piété, le modèle et l'ornement
de son sexe : mais les favoris étoient parvenus à lui
faire perdre presque tous ses droits sur le cœur de son
époux. Charles lui refusa même, peu de temps après,
la permission de l'accompagner à Reims lorsqu'il
alla s'y faire sacrer, quoiqu'elle l'eût sollicité avec
instance. Cependant il n'est pas impossible que les
nobles représentations d'une épouse vertueuse aient
ranimé le courage du monarque, et influé sur sa détermination. On doit faire remarquer ici que, suivant
les historiens dont nous venons de parler, la Reine
assura Charles de la protection divine.

D'autres historiens prétendent que ce fut Agnès
Sorel qui empêcha la retraite du Roi, et qui le décida à ne pas abandonner lâchement la défense de ses

Etats. Ils s'appuient sur l'anecdote suivante, rapportée par Brantôme : « Agnès dit un jour au Roi que lors-
« qu'elle estoit encore fille, un astrologue lui avoit
« prédit qu'elle seroit aimée et servie d'un des plus
« vaillans et courageux roys de la chrestienté ; que
« quand le Roy lui fit cet honneur de l'aimer, elle
« pensoit que ce fust ce roy valeureux qui luy avoit
« esté prédit : mais le voyant si mol avec si peu de
« soin de ses affaires, elle voyoit bien qu'elle s'estoit
« trompée, et que ce roy si courageux n'estoit pas
« luy, mais le roy d'Angleterre, qui faisoit de si belles
« armes, et luy prenoit de si belles villes à sa barbe.
« Donc, ajouta-t-elle, je m'en vais le trouver : car
« c'est celuy duquel entendoit et parloit l'astrolo-
« gue. » Mais on a rejeté ce récit, en objectant que
le roi d'Angleterre, représenté par Agnès comme *faisant de si belles armes*, n'avoit que sept ans en 1429;
en second lieu, les Mémoires du temps constatent
qu'Agnès Sorel n'étoit point encore maîtresse du Roi,
et qu'elle ne commença à exercer quelque empire sur
l'esprit du monarque qu'en 1432. On ne peut donc
admettre l'anecdote de Brantôme. Mais on croit trouver un témoignage irrécusable dans ces vers si connus
de François 1 :

> Gentille Agnès, plus d'honneur tu mérite,
> La cause estant de France recouvrer,
> Que ce que peut dedans un cloistre ouvrer
> Clause nain ou bien devot hermite.

Nous ferons remarquer que ces vers s'appliquent plus naturellement à une époque postérieure qu'à celle dont il s'agit : car en 1429 Charles se borna seulement à ne point abandonner les provinces qui lui restoient fidèles, mais il ne se mit pas à la tête des affaires : des succès inattendus ne le tirèrent point de son apathie : il continua d'être gouverné par ses favoris, et ce ne fut que quelques années plus tard qu'il se montra digne du trône. On est donc réduit à de simples conjectures sur ce point historique.

La résolution prise par le Roi ne rendoit pas sa position moins critique. La ville d'Orléans, réduite aux dernières extrémités, ne pouvoit plus prolonger sa défense. On alloit être attaqué par une armée victorieuse; on n'avoit point de troupes, et l'on manquoit d'argent pour en lever. Au milieu de ces extrémités, tout-à-coup les choses changent de face par l'événement le plus extraordinaire qui soit consigné dans notre histoire; et, suivant l'expression de Hume, l'une des plus singulières révolutions qui aient jamais confondu les vains projets des hommes est due à une jeune paysanne de Lorraine, qui arrive à Chinon où étoit le Roi le 4 février 1429, avec une escorte que lui avoit donnée le commandant de Vaucouleurs.

Jeanne d'Arc, élevée par des parens remplis de piété, avoit montré dès son enfance la dévotion la plus ardente. Se distinguant de ses trois frères et de sa sœur par son amour pour le travail, par sa douceur et par sa charité, elle portoit la timidité jusqu'à ne pouvoir soutenir les regards d'un homme. A l'âge de treize ans, elle eut des extases qui lui annoncèrent ses hautes destinées : plus tard, elle consacra au ciel sa virginité, et rejeta les vœux de ses parens, qui vouloient la marier avec un jeune homme épris de sa beauté, et fait pour la rendre heureuse. Le moment qu'elle croyoit marqué pour le ciel étant arrivé, elle surmonta sa timidité, fit part de sa résolution au commandant de Vaucouleurs, surmonta les obstacles que l'incrédulité de ce chef lui opposoit, l'entraîna par l'attrait irrésistible et mystérieux que l'enthousiasme et la persuasion attachoient à ses discours, et obtint de lui d'être conduite devant le Roi.

Cette vierge, auparavant si timide, paroît hardiment dans le palais de Charles VII, qui s'étoit caché dans la foule de ses courtisans : elle le reconnoît, quoiqu'elle ne l'eût jamais vu ; et admise à lui parler en particulier, elle lui révèle un secret qui n'étoit su que de lui. Ramenée au milieu des seigneurs, elle s'exprime avec assurance sur sa mission : ses grâces naturelles, sa jeunesse, la chaleur de ses discours, la singularité de l'événement qui s'accordoit avec la piété du siècle, tout contribue à enflammer les esprits, et bientôt elle fait partager l'ardeur qui l'anime. Cependant le Roi la soumet à plusieurs épreuves ; la reine de Sicile, mère de la Reine, l'examine elle-même ; des prélats et des docteurs l'interrogent ; ses réponses, pleines de candeur et de liberté, semblent avoir le caractère de l'inspiration divine : sa mission n'est plus révoquée en doute. Le Roi lui fait donner des pages, des écuyers, des armes, et une bannière dont elle désigne les emblêmes. Pendant qu'on prépare un convoi pour Orléans, elle harangue les troupes, qui se croient invincibles avec elle ; on accourt de toutes parts pour marcher sous sa bannière ; une armée de dix mille hommes est réunie comme par enchantement, et escorte le convoi. On arrive sur les bords de la Loire, en face de la ville ; on embarque une partie des vivres et des munitions, qui entrent à Orléans sans que les Anglais osent s'y opposer. La Pucelle se rend elle-même dans la place, où elle est reçue comme une envoyée du ciel; et les habitans, convaincus que Dieu combat pour eux, ne redoutent plus leurs ennemis. Le convoi principal s'avançoit du côté de la Beauce; les chariots et les troupes passent tranquillement entre les redoutes des Anglais. « Un étonnement stupide, « dit Hume, régnoit parmi leurs soldats naguère si « enorgueillis par la victoire, et si animés au com- « bat. » Tandis que les Français considéroient Jeanne comme ayant une mission divine, les Anglais voyoient en elle une sorcière ou une magicienne; leurs chefs avoient d'abord eux-mêmes répandu parmi les soldats cette idée que peut-être ils partageoient eux-mêmes, et qui leur sembloit devoir avilir l'héroïne et augmenter la haine contre les Français; mais les Anglais redoutoient également Jeanne, protégée soit par le ciel, soit par les enfers.

Les exploits de Jeanne d'Arc, les premiers succès des Français, la délivrance d'Orléans, la marche de l'armée sur Reims, le sacre du Roi, et les différentes expéditions dirigées par la Pucelle, sont racontés avec détail dans les Mémoires. Nous nous bornerons donc à indiquer la série des événemens, et nous ne nous arrêterons qu'à un petit nombre de particularités qui se trouvent dans des histoires peu connues.

L'arrivée de Jeanne d'Arc et le succès de sa première expédition avoient changé la face des affaires: les Français prennent bientôt l'offensive, les Anglais sont obligés de lever le siége d'Orléans, et Suffolck n'évite une déroute complète qu'en se retirant avec précipitation. Jeanne ne permet pas qu'on le poursuive; elle va trouver le Roi, afin de remplir l'autre partie de sa mission, en le faisant sacrer à Reims. On s'oppose en vain à ses projets; en vain on lui objecte qu'il faut traverser plus de soixante lieues d'un pays occupé par l'ennemi, coupé par des rivières, et défendu par des places fortifiées; en vain lui oppose-t-on la difficulté d'assurer les vivres et de transporter l'artillerie : elle insiste, l'expédition est résolue. Avant de se mettre en marche, on fait rentrer sous l'obéissance du Roi presque toutes les places de l'Orléanais, dont les Anglais s'étoient emparés. Suffolck est fait prisonnier à Jargeau, et n'a que la triste consolation de créer chevalier le simple gentilhomme qui le force à lui rendre son épée. Talbot et Falstof sont battus auprès du village de Rouvray, et la honte de la journée des Harengs est effacée; Talbot lui-même est au nombre des prisonniers. Jeanne, en annonçant cette victoire au Roi, essaie de faire rentrer en grâce le connétable, qui avoit amené un secours de quinze cents hommes, et puissamment contribué au succès de la bataille. Charles n'ose refuser entièrement; mais La Trémouille fait défendre à Richemont de suivre le Roi à Reims. On le charge de veiller à la conservation des nouvelles conquêtes. L'armée se mit en marche : elle comptoit dix mille combattans. On franchit tous les obstacles; les villes ouvrent leurs portes, ou sont enlevées de vive force. Au bout de dix-sept jours on arrive devant Reims, que les bourguignons venoient d'évacuer; et Jeanne assiste au sacre du Roi, tenant en main la bannière qui avoit conduit les Français de triomphes en triomphes.

Le sacre de Charles dans la ville de Reims étoit très-important pour le succès de ses affaires. Un prince n'étoit reconnu véritablement roi qu'après avoir été sacré suivant les antiques usages de la monarchie; et l'on voit dans les anciennes chroniques que l'on ne donnoit guère jusqu'alors à Charles que le titre de Dauphin. Jeanne d'Arc l'appelle *gentil Dauphin*, lorsqu'elle lui est présentée la première fois.

Après le sacre, Jeanne d'Arc considérant sa mission comme terminée, demanda avec instance la permission de retourner dans la chaumière de ses vieux parens; mais ses discours et son exemple avoient trop d'influence sur l'esprit des troupes, pour qu'on se privât d'un moyen assuré de succès : le Roi lui ordonna de rester à l'armée, et elle obéit. Jusqu'alors elle avoit prétendu diriger les opérations; les historiens remarquent que dans la suite elle s'abstint même de donner son avis, et qu'elle se borna à exécuter les ordres des généraux, et à exciter l'ardeur des soldats, qu'elle étonnoit par son incroyable intrépidité. Pendant le séjour du Roi à Reims, Laon, Soissons, Château-Thierry, Provins, et un grand nombre d'autres places de la Champagne, de l'Ile de France et de la Brie chassèrent les garnisons anglaises ou bourguignonnes, et arborèrent les couleurs royales.

Cependant l'armée française se mit en mouvement pour suivre le cours de ses succès, et pour profiter de la révolution favorable qui s'opéroit dans les esprits. Charles lui-même sembloit sortir de son apathie; et lorsque dans la plaine de Monpilloi ses troupes se trouvèrent en présence de celles du duc de Bedford, il parcourut les rangs, harangua les soldats, et montra un vif désir de signaler sa valeur; mais les généraux, instruits par l'expérience, ne crurent pas devoir engager l'action, et s'exposer aux chances toujours incertaines d'une bataille, lorsque la fortune leur offroit des moyens assurés de succès.

On n'ignoroit point l'embarras dans lequel se trouvoit le duc de Bedford. Hume s'étonne qu'il ait pu se maintenir après une révolution aussi subite qu'imprévue, et admire l'habileté qu'il déploya dans des circonstances aussi difficiles. Ses soldats, découragés par les revers qu'ils éprouvoient depuis un an, désertoient en foule, et retournoient en Angleterre; la sévérité avec laquelle fut traité Falstof, auquel Bedford attribua la perte de la bataille de Patay (c'est la bataille où Suffolck avoit été fait prisonnier), augmenta les mécontentemens. Le duc de Bourgogne, qu'il avoit cru pouvoir braver impunément l'année précédente, étoit peu disposé à le secourir. Les seigneurs français attachés à son parti, et qu'il avoit humiliés par ses hauteurs, restoient dans leurs châteaux; il n'étoit point assez fort pour les contraindre à prendre les armes, que peut-être d'ailleurs ils eussent bientôt tournées contre lui. On lui apportoit à chaque instant la nouvelle de la défection de quelques villes; et il osoit moins que jamais s'éloigner de Paris, où se manifestoit, comme dans tout le reste du royaume, le dégoût de la domination anglaise. Enfin le parlement d'Angleterre, qui tant qu'il avoit été victorieux lui avoit accordé des secours d'hommes et d'argent, refusoit d'épuiser la nation pour soutenir la guerre, depuis qu'elle étoit devenue malheureuse.

Par ce court exposé, on voit que le duc de Bedford, dans l'enivrement de ses succès, avoit fait naître lui-même une partie des circonstances qui rendoient sa position si critique alors; son génie lui créa des ressources. Le cardinal de Wincester avoit obtenu du parlement l'autorisation de lever des troupes et des subsides pour aller combattre les hussites, prosélytes de Jean Hus, armés en Bohême pour venger la mort de leur maître, que le concile de Constance avoit condamné au feu). Bedford décida le cardinal à lui amener ses troupes; il renforça les garnisons des villes dont la fidélité lui étoit suspecte. Le duc de Bourgogne ayant à se plaindre de Bedford, avoit vu avec plaisir les premiers succès de Charles; mais les progrès trop rapides des affaires de ce prince commençoient à l'inquiéter. Cependant les royalistes négocioient avec lui, et cherchoient, par les offres les plus séduisantes, à lui faire abandonner le parti anglais. *La chose n'étoit point mûre*, comme dit Mézeray; le ressentiment de Philippe n'étoit pas encore entièrement appaisé; et d'ailleurs les Flamands, qui avoient besoin des Anglais pour leur commerce, auroient vu de mauvais œil une rupture avec cette puissance. Le duc de Bedford n'eut donc pas de peine, par des sacrifices faits à propos, à conserver pendant quelque temps encore un allié dont l'assistance lui devenoit chaque jour plus nécessaire, et dont la défection l'eût accablé. Philippe-le-Bon étoit très-aimé des Parisiens; Bedford profita de son séjour dans la capitale pour faire renouveler en sa présence aux habitans le serment de fidélité qu'on avoit déjà exigé d'eux lorsqu'on avoit proclamé Henri VI roi de France et d'Angleterre. Ayant remarqué l'effet qu'avoit produit sur les Français le sacre de Charles VII, il ne crut pas devoir négliger un pareil moyen : il fit venir de Londres le jeune Henri VI, pour le faire sacrer à Paris ; mais le point le plus important étoit de rendre la confiance aux troupes, et de dissiper la terreur que leur inspiroit le nom seul de Jeanne d'Arc. On doit faire remarquer que lui-même n'étoit pas loin de partager l'opinion de ses troupes sur l'héroïne, qui, dit-il dans une de ses lettres, s'est servie d'enchantemens et de sortiléges. Il les conduisit plusieurs fois en présence de l'armée royale qui occupoit les environs de Paris, prit des positions où il ne pouvoit être attaqué qu'à son avantage, fit défier Charles dans les termes les plus injurieux, parut braver l'ennemi, et désirer la bataille que son intention n'étoit pas de livrer. Jugeant enfin ses troupes aguerries, et croyant avoir pourvu à la sûreté de la capitale, il n'hésite pas à marcher contre le comte de Richemont, qui étoit entré en Normandie à la tête de sept mille hommes, et qui faisoit de rapides progrès dans cette province.

Cependant l'armée royale s'avance jusque sous les murs de Paris, tente une attaque qui ne réussit pas, parce que l'on avoit mal à propos compté sur des intelligences dans la ville. Les mesures prises par le duc de Bedford empêchent les partisans du Roi de se déclarer ; les campagnes qui environnoient la capitale étant ravagées, l'armée royale fut obligée de se retirer, faute de vivres. Mais Charles, qui à la fin de 1428 s'étoit vu presque réduit à aller chercher un asyle à l'étranger, avoit, au commencement de 1430, repris l'offensive sur tous les points. L'impulsion donnée aux esprits étoit telle, que la prise même de Jeanne d'Arc sous les murs de Compiègne (1) n'eut presque aucune influence sur les affaires du Roi. Les Anglais firent périr sur un échafaud l'héroïne qui les avoit vaincus au champ d'honneur : cette vengeance, aussi lâche que barbare, souille d'un opprobre éternel la mémoire du duc de Bedford.

Plusieurs causes néanmoins retardoient la délivrance du royaume. Comme on manquoit d'argent pour l'entretien des troupes qui avoient fait l'expédition de Reims, il fut impossible d'empêcher la désertion. Après la fausse attaque dirigée contre Paris, les soldats se répandirent dans les campagnes, où ils vécurent de brigandages; ils pillèrent indistinctement les amis et les ennemis, et refroidirent ainsi l'enthousiasme des peuples, qui se voyoient aussi maltraités par les Français que par les Anglais. D'un autre côté, Charles, après avoir montré quelques étincelles d'énergie, étoit retombé dans la mollesse; La Trémouille, craignant de perdre son crédit auprès d'un prince qui auroit gouverné par lui-même et commandé ses armées, le décida à retourner à Bourges, où il le retint au milieu des plaisirs. Le favori abusa même de la confiance de son maître, jusqu'à se servir des meilleures troupes du Roi pour faire une guerre particulière au connétable; et cette guerre, qui duroit depuis plus

---

(1) Notre intention étant de donner, dans les observations placées à la suite des Mémoires, tous les détails authentiques qui ont été recueillis sur Jeanne d'Arc, nous n'avons dû rappeler dans ce Tableau que les circonstances principales qui se rattachent essentiellement à l'histoire du règne de Charles VII.

de deux ans, étoit plus animée que jamais en 1432, lorsqu'elle fut brusquement terminée par l'enlèvement de La Trémouille. Son insolence, ses injustices, sa mauvaise administration, qui alloient plonger le royaume dans un nouvel abyme, peut-être encore plus que tout cela les jalousies qu'excitoit son crédit, avoient révolté toute la cour. La Reine, épouse de Charles VII, et la reine de Sicile sa mère, eurent connoissance du complot, et l'approuvèrent. La Trémouille fut arrêté à Chinon, dans le château même où il habitoit avec le Roi, qui, fatigué, dit-on, de son favori, ne parut point fâché d'en être délivré. Le comte de Richemont, quoique absent, avoit dirigé l'entreprise. C'étoit le troisième favori qu'il renversoit : singulière destinée pour un connétable de France, de ne pouvoir servir le Roi qu'en l'abreuvant des plus sanglans affronts !

Ces différentes circonstances contribuèrent encore plus que l'habileté du duc de Bedford à soutenir en France les affaires des Anglais, auxquels les divisions de la cour laissoient le temps de reprendre haleine. L'ennemi ne put tirer parti de ces divisions que pour retarder sa chute ; il n'étoit attaqué que par de foibles corps auxquels on ne peut donner le nom d'armées, mais il avoit lui-même trop peu de forces pour tenter de recouvrer les provinces qu'on lui avoit enlevées. Si les Anglais formoient un siége, toute la population prenoit les armes, et rivalisoit de zèle avec les soldats ; si au contraire les Français attaquoient une place, ils n'avoient à combattre que la garnison étrangère : les habitans étoient plus disposés à leur ouvrir les portes qu'à les repousser. Souvent même les villes chassoient leurs garnisons et se soumettoient volontairement. Ainsi par la force seule des choses, et presque sans l'intervention de son chef, le parti royaliste faisoit des progrès, très-lents à la vérité, mais qui avoient le double avantage d'augmenter ses ressources et de diminuer celles de l'ennemi.

Cependant on négocioit toujours avec le duc de Bourgogne, et chaque jour on le trouvoit moins éloigné d'en venir à un accommodement. Le duc de Bedford essayoit en vain de le retenir par les plus importantes concessions : il lui déféra le titre de lieutenant général du royaume, et lui abandonna le gouvernement de Paris. Mais ces concessions tardives n'amenèrent d'autres résultats qu'une trêve dont les conditions furent toutes à l'avantage de Philippe, puisqu'elles ne s'étendoient guère qu'aux provinces limitrophes de ses Etats. La mort de la duchesse de Bedford, sœur du duc de Bourgogne, rompit le dernier lien qui réunissoit les deux princes. Bedford épousa Jacqueline de Luxembourg, sans prévenir Philippe de cette nouvelle alliance. Le duc fut irrité ou feignit de l'être, et dès-lors il prêta ouvertement l'oreille aux propositions de Charles. Il ne voulut pas néanmoins traiter sans son allié, et une grande assemblée fut indiquée à Arras. Le duc de Bourgogne s'y rendit lui-même, et l'on y vit successivement arriver des ambassadeurs de toutes les puissances de l'Europe. A la tête des députés de la France étoient le comte de Richemont, qui pouvoit enfin servir la cause royale avec l'assentiment du Roi, et le duc de Bourbon, qui, ainsi que le connétable, étoit beau-frère du duc de Bourgogne. Le cardinal de Wincester faisoit partie de la députation anglaise, et avoit seul les instructions secrètes du ministère. Les historiens remarquent que les gens qui composoient la suite de ces divers envoyés montoient à plus de dix mille hommes. Les plénipotentiaires de Charles offrirent à l'Angleterre la cession de la Normandie et de la Guyenne, mais sous la condition que les Anglais renonceroient expressément à toutes prétentions sur la couronne de France. Les plénipotentiaires anglais prétendoient au contraire ne laisser à Charles que le titre de dauphin, avec quelques provinces pour apanage, et conserver pour Henri le titre de roi, avec tout le reste du royaume. Il auroit donc fallu que Charles leur livrât les provinces qui lui étoient restées fidèles, les places qu'il avoit conquises dans l'Île de France, dans la Picardie, dans la Champagne; qu'il se dépouillât lui-même du titre de roi, et qu'il se réduisît à une position pire que celle où il étoit avant la levée du siége d'Orléans. De telles conditions ne pouvoient être acceptées. Cependant les plénipotentiaires anglais y persistèrent, et s'éloignèrent d'Arras aussitôt qu'ils eurent reconnu que la paix se feroit sans avoir égard à leurs prétentions.

Tous les documens qui nous ont été transmis sur les événemens de cette époque tendent à prouver que le duc de Bourgogne avoit depuis long-temps pris la résolution de se réconcilier avec Charles VII, et que les Anglais, loin de pouvoir compter sur son appui, étoient à la veille de trouver en lui un ennemi redoutable. Bedford ne l'ignoroit point; la délivrance du royaume sous Charles V offroit un exemple trop récent des ressources de la France, pour que les Anglais pussent espérer de conserver long-temps les provinces qu'on leur cédoit, et où le Roi comptoit de nombreux partisans. Voilà, selon nous, comment on peut expliquer les étonnantes prétentions du duc de Bedford, qui, dans l'extrémité où il étoit réduit, vouloit au moins, par une apparente fermeté, soutenir le courage de ses partisans.

On a jugé très-diversement la conduite que le duc de Bourgogne tint à cette époque. Quelques historiens anglais l'accusent d'une insigne perfidie envers l'Angleterre. On ne peut nier qu'il anéantissoit le traité de Troyes, en approuvant les propositions de Charles; mais les Anglais avoient eux-mêmes, en plusieurs rencontres, violé à son égard les conditions de ce traité. Les avances intéressées et les concessions tardives du duc de Bedford n'avoient pu lui faire oublier ni l'invasion du Hainaut, ni l'affront qu'on lui avoit fait essuyer pendant le siége d'Orléans. Les Anglois lui ayant fait voir ce qu'il devoit attendre d'eux lorsqu'ils auroient soumis la France, il étoit impossible qu'il continuât de seconder leurs projets. Ils avoient donc préparé eux-mêmes la défection de Philippe, qui ne les trahit point en se réconciliant avec Charles, et qui avant de traiter leur fit offrir des conditions aussi avantageuses que la situation des affaires pouvoit le permettre.

Mais d'autres historiens ont prodigué beaucoup trop d'éloges au duc de Bourgogne à l'occasion de ce traité. Voltaire lui-même n'hésite pas à dire qu'il mérita alors le surnom de Bon, que l'histoire lui a conservé. Il est facile d'expliquer en peu de mots sa conduite, et de mettre le lecteur à même de l'apprécier.

Philippe, après l'attentat de Montereau, n'avoit eu

d'autre désir, d'autre projet, d'autre ambition que de venger la mort de son père; devenu ennemi implacable du Dauphin, tous les moyens lui avoient paru bons pour le perdre. Henri v avoit habilement profité de ces dispositions; et le duc de Bourgogne, aveuglé par la haine, avoit signé le traité de Troyes, qui n'étoit pas moins contraire aux intérêts de ses Etats qu'à ceux de sa famille. Il exécutoit franchement les conditions de ce traité, lorsque les Anglais lui ouvrirent les yeux en essayant de s'emparer de vive force des Etats de la duchesse de Brabant. Il parut sentir alors la faute qu'il avoit faite en signant le traité de Troyes, qui étoit tout à l'avantage des Anglais; et tandis que ceux-ci étoient occupés à soumettre la France, il agrandit ses Etats par la réunion du Hainaut, de la Hollande, de la Frise, du Brabant, et de plusieurs autres provinces. Ces agrandissemens rapides inquiétoient les Anglais, qui n'avoient pu y mettre obstacle. Non-seulement le duc étoit en état de leur tenir tête avec ses armées, mais l'amour que les Français portoient à sa maison le rendoit assez puissant pour dicter la loi à Charles vii et au duc de Bedford. S'il persistoit dans l'alliance des Anglais, et s'il les aidoit à conquérir la France, il avoit à redouter les forces réunies des deux nations. Si au contraire Charles recouvroit sa couronne, l'épuisement du royaume ne lui laissoit aucune inquiétude de ce côté. Quinze ans s'étoient écoulés depuis la mort de Jean-sans-Peur; le ressentiment de Philippe ne pouvoit plus être aussi vif; sa vengeance étoit satisfaite par l'abaissement auquel il avoit réduit le Dauphin, et par les réparations qu'on ne cessoit de lui offrir; la passion ne l'empêchoit plus de suivre le conseil d'une bonne politique. En consentant à traiter avec le Roi, et en exigeant qu'il abandonnât aux Anglais la Normandie et la Guyenne, il affoiblissoit encore la France, et paroissoit ménager les intérêts de son allié. Lorsque les Anglais eurent rejeté ses propositions, il ne fit pas la même faute qu'au traité de Troyes, et ne songea plus qu'à tirer parti de ses avantages. Il se fit céder les comtés de Mâcon et d'Auxerre, le comté de Boulogne, la seigneurie de Bar-sur-Seine, Peronne, Roye, Montdidier, et toutes les villes sur les deux rives de la Somme depuis sa source jusqu'à son embouchure, le comté de Boulogne, etc. Le Roi s'obligea à lui payer cent cinquante mille écus d'or, le releva, sa vie durant, de toute espèce de foi, hommage et service pour les terres qu'il tenoit de la couronne, et s'engagea à le secourir de toutes ses forces s'il avoit guerre avec les Anglais. Les autres articles du traité sont relatifs au meurtre de Jean-sans-Peur, que Charles VII désavoua formellement, et dont il promit de faire poursuivre les auteurs. A ces conditions, Philippe reconnut Charles, roi de France, pour son souverain seigneur, et *jura que jamais il ne ramenteroit la mort de feu son pere.* Nous devons faire remarquer que lors de la signature du traité les deux légats relevèrent Philippe de tous les sermens qu'il pouvoit avoir faits aux Anglais; et qu'il fut stipulé que, dans le cas d'infraction à ce traité de la part de Charles, ses vassaux et sujets ne seroient plus tenus de lui obéir, et seroient au contraire tenus de servir le duc de Bourgogne. Il seroit difficile, dans ces conditions si dures imposées au Roi, de découvrir rien qui justifie les éloges que l'on a donnés à la bonté et à la modération de Philippe : mais on doit avouer qu'il se conduisit en politique habile, et qu'il obtint par un simple traité des provinces et des garanties que plusieurs années de victoires n'auroient pu lui assurer.

La paix d'Arras, qui suivant l'expression d'un historien fut plus profitable au Roi qu'elle ne lui fut honorable, devint le signal de la ruine entière de la puissance des Anglais en France. Les seigneurs et les soldats bourguignons abandonnèrent les armées anglaises pour se réunir aux troupes royales, qui occupèrent Pontoise, Poissy, Corbeil, Vincennes, le pont de Meulan, celui de Charenton, et menacèrent Paris sur plusieurs points.

La mort du duc de Bedford laissa pendant longtemps l'ennemi sans chef; et le duc d'Yorck, nommé pour lui succéder, n'avoit ni les talens ni l'expérience que les circonstances exigeoient. Le duc de Bourgogne observoit cependant une espèce de neutralité : plusieurs de ses vassaux servoient dans l'armée royale, mais il ne prenoit lui-même aucune part aux hostilités. Cependant la garnison de Calais ayant fait une tentative sur une de ses places, il envoya défier le roi d'Angleterre, qui eut dès-lors un nouvel ennemi à combattre.

Les troupes royales, commandées par le comte de Richemont, resserroient chaque jour davantage la capitale, où la disette de vivres excitoit les murmures du peuple. La paix conclue entre Charles et le duc de Bourgogne, qui étoit toujours l'idole des Parisiens, avoit achevé de ramener les esprits. Les Anglais, aigris par leurs défaites, gouvernoient avec violence et dureté, et avoient rendu leur domination insupportable; on désiroit vivement de rentrer sous celle du Roi, mais la crainte des supplices empêchoit encore d'éclater. Une victoire remportée à Saint-Denis par le connétable enhardit quelques citoyens courageux, qui résolurent de tout tenter pour remettre la ville au Roi. Ils députent auprès de Charles qui étoit à Bourges, lui exposent leurs projets, et ne demandent pour toute récompense qu'une amnistie générale, que le Roi s'empresse d'accorder, en confirmant tous les priviléges de la capitale. Richemont réunit à son armée les garnisons des villes voisines, et bientôt tout est prêt pour seconder les efforts des habitans. Cependant les Anglais, alarmés par ces préparatifs, dont on n'avoit pu entièrement leur dérober la connoissance, semblent frappés d'un esprit de vertige : au lieu de prévenir le coup qui les menace, ils ordonnent des processions publiques, exigent de nouveaux sermens de fidélité, demandent une suspension d'armes au duc de Bourgogne, et prouvent ainsi leur foiblesse en laissant apercevoir leur crainte. Le 13e avril 1436, jour convenu avec les chefs de l'entreprise, Richemont s'avance près de la porte Saint-Michel, renouvelle l'assurance d'une abolition générale; les habitans lui ouvrent la poterne, on enfonce les barrières, et les cris *vive la paix! vive le Roi! vive le duc de Bourgogne!* retentissent bientôt dans toute la ville. Les Anglais essaient de se retrancher dans les quartiers des halles; mais le peuple les attaque, les pousse de rues en rues jusqu'à la Bastille, où ils sont obligés de capituler deux jours après. Ils obtinrent la permission de se retirer en Normandie, et Richemont eut beaucoup de peine à les soustraire à la fureur du peuple. Lisle-Adam, qui en 1419 avoit livré Paris au duc de Bourgogne, fut un des chefs de l'entreprise.

Le connétable avoit eu la sage précaution de n'entrer dans la ville qu'avec une troupe peu considérable; les dispositions des habitans rendoient inutile la présence de l'armée entière, qui se seroit livrée au pillage. L'ordre ne fut donc point troublé, et les cours de justice reprirent leurs fonctions avec l'autorisation du connétable. Le Roi, bientôt après, confirma le parlement de Paris, auquel il réunit le parlement qu'il avoit établi à Poitiers, pendant que les Anglais occupoient la capitale.

La réduction de Paris avoit tellement abattu les Anglais, qu'ils firent faire des propositions d'accommodement par le cardinal de Wincester : mais cette démarche n'eut aucune suite. Le duc d'Yorck passa en France avec un renfort de troupes, et arrêta les progrès des Français en Normandie. L'alliance de l'Ecosse avoit été trop utile à la France, pour que le Roi ne s'efforçât pas d'en resserrer les liens. Charles avoit arrêté le mariage du dauphin Louis avec Marguerite, fille du roi d'Ecosse; les Anglais essayèrent en vain d'empêcher ce mariage, qui fut célébré à Tours peu de temps après la soumission de Paris.

L'entreprise du duc de Bourgogne sur Calais n'ayant eu aucun résultat, ne mérite pas de fixer l'attention; nous ne nous arrêterons pas davantage aux différentes expéditions tentées par les troupes anglaises et françaises : des combats peu importans, et où les troupes royales ont en général l'avantage;

des villes surprises ou enlevées de vive force, affoiblissent les Anglais, mais ne complètent pas la délivrance du royaume. La guerre traînoit en longueur, parce que le Roi manquoit d'argent, et ne pouvoit entretenir une armée. Il alla dans le Lyonnais, dans le Dauphiné et dans le Languedoc, pour y lever des subsides. A son retour il mit le siége devant Montereau, qui ne se rendit qu'après une longue résistance; et cédant enfin aux vœux des Parisiens, il fit son entrée dans la capitale le 12 novembre 1437. Les anciennes chroniques rapportent avec beaucoup de détail les marques d'amour et d'enthousiasme que donnèrent les habitans à la vue de leur souverain. On avoit déployé toute la magnificence que permettoit l'industrie du siècle : toutes les maisons étoient décorées de riches tapisseries; d'espace en espace on avoit établi des échafauds sur lesquels on représentoit des mystères; et ce qui touchoit le plus le cœur du monarque, des cris de *vive le Roi!* mille fois répétés accompagnoient partout ses pas.

Charles, depuis qu'il n'étoit plus accablé sous le poids de la mauvaise fortune, ne se laissoit plus dominer par d'indignes favoris; le comte du Maine jouissoit de sa confiance, et n'en abusoit pas. Le Roi dirigeoit lui-même ses affaires, et se montroit digne du trône par son activité et par ses talens. Il y a de la force d'ame à supporter le malheur avec courage, mais il en faut peut-être encore plus pour résister à l'enivrement d'une prospérité inattendue; et les historiens, qui ont jugé Charles VII avec trop de sévérité, d'après la conduite qu'il a tenue pendant les premières années de son règne, auroient dû apprécier le noble caractère qu'il déploya dans l'âge mûr.

Le Roi ne pouvoit faire un long séjour à Paris : l'intérêt du royaume exigeoit sa présence à l'armée. Cependant il rendit plusieurs sages ordonnances pour l'administration de la justice, fit des réglemens pour les finances, qui étoient dans le plus grand désordre, et essaya de réformer le luxe, qui ruinoit toutes les classes de l'Etat ; mais son autorité n'étoit point encore assez affermie pour qu'il pût mettre un terme à la licence des gens de guerre : des compagnies s'étoient formées comme sous le règne du roi Jean, et dévastoient les campagnes ; les troupes mêmes du Roi, loin de réprimer ces brigandages, parcouroient les provinces sous prétexte de se procurer des vivres, et se livroient à tous les excès que l'on peut attendre d'une soldatesque effrénée. Les capitaines les plus renommés, tels que les La Hire, les Chabannes, les deux bâtards de Bourbon, ne rougissoient pas de marcher à la tête de ces brigands, et de partager leurs rapines. Sous le roi Jean, il y avoit eu les *tard-venus*, qui, ne s'étant mis à piller que les derniers, se distinguoient par de plus grandes cruautés. On vit sous le roi Charles VII les *écorcheurs* et les *retondeurs*, qui ne laissoient pas même de vêtemens aux malheureux que le sort faisoit tomber entre leurs mains.

Les paysans, dépouillés de tout, abandonnèrent leurs champs, qui ne furent plus cultivés ; des pluies continuelles pendant les années 1437 et 1438 anéantirent presque entièrement les récoltes dans les contrées qui avoient échappé aux ravages ; la peste vint se joindre aux horreurs de la famine; les provinces furent dépeuplées; Paris perdit plus de cinquante mille habitans, la plupart des autres prirent la fuite : et cette grande ville devint tellement déserte, qu'au témoignage des historiens du temps, des loups dévorèrent plusieurs enfans jusque dans le milieu de la rue Saint-Antoine. Ce fut à cette époque que, pour la première fois en France, on promit une récompense de vingt sols à ceux qui apporteroient au magistrat la tête d'un de ces féroces animaux. Au milieu de ces calamités, il étoit impossible au Roi de rétablir l'ordre dans son royaume, et de poursuivre avec activité la guerre contre les Anglais.

Quoique les affaires de l'Eglise n'aient pas eu une influence marquée sur les événemens du règne de Charles VII, on doit faire mention du concile convoqué à Bâle en 1431 par le pape Martin V. Eugène IV, son successeur, ne tarda pas à se brouiller avec le concile, qui avoit déclaré son autorité supérieure à celle du Saint Siége. Le Pape ordonna la dissolution de l'assemblée, et en indiqua une autre à Ferrare; mais le concile ne céda point : il somma Eugène de révoquer sa bulle, et de comparoître par lui-même ou par ses légats. L'intervention de l'empereur Sigismond empêcha pendant quelque temps les choses d'être poussées plus loin; mais ce prince étant mort, on ne garda plus aucune mesure. Charles soutenoit le concile, qui s'étoit prononcé pour lui en refusant de reconnoître le traité de Troyes; et il accueillit avec distinction les ambassadeurs qui lui apportèrent les premiers décrets de l'assemblée. Il réunit dans la sainte chapelle de Bourges les membres les plus éclairés du clergé de France et les principaux seigneurs de son conseil, et les chargea d'examiner ces décrets.

On n'avoit point oublié les désordres et les scandales qui avoient désolé l'Eglise pendant le dernier schisme. Comme on étoit sur le point d'en voir éclater un nouveau, on résolut de prévenir le retour des mêmes abus, et de soustraire le clergé de France aux entreprises souvent téméraires de la cour de Rome. De l'avis du conseil, le Roi arrêta le réglement fameux connu sous le nom de *pragmatique sanction*, qui développa les principes posés par saint Louis dans un acte du même nom, et qui définit, d'une manière plus claire, ce qu'on appelle les libertés de l'Eglise gallicane. La pragmatique, composée de plusieurs décrets du concile de Bâle, qui déclaroit les conciles œcuméniques au dessus du Pape, rétablissoit le droit d'élection pour les évêchés et autres dignités ecclésiastiques, abolissoit les expectatives, les réserves, les annates, etc. Cette pragmatique fut enregistrée au parlement de Paris au mois de juillet 1439, et le Roi ordonna qu'elle ne seroit considérée comme loi du royaume qu'à compter du jour de l'édit, sans avoir égard à la date des décrets du concile. C'est de cet ordre que l'on conclut, suivant la remarque du président Hénault, que les décrets des conciles généraux, pour ce qui regarde la discipline, n'ont de force en France qu'après avoir été passés par édit du Roi. Le Pape avoit envoyé des ambassadeurs au Roi en même temps que le concile : mais leurs efforts ne purent empêcher la promulgation de la pragmatique. Eugène alors prononça de nouveau la dissolution du concile, qui le déposa au lieu de lui obéir, et nomma un autre Pape. Il y eut un schisme qui dura jusqu'en 1450. La sagesse et la fermeté que le Roi déploya lors des affaires de la pragmatique contribuèrent encore à lui concilier davantage l'amour de ses peuples.

Cependant la guerre se poursuivoit avec autant d'acharnement que le permettoit la foiblesse des deux partis. Les Anglais étoient encore maîtres de plusieurs provinces, où ils se maintenoient, moins par leurs forces réelles que parce qu'on manquoit d'armées pour les combattre. « Rien n'est plus étonnant, dit « Hume, que la longueur des efforts que deux nations « puissantes firent pendant plusieurs années, tandis « que l'une défendoit son indépendance, et que l'autre « aspiroit à l'asservissement total de sa rivale. » Mais les maux de toute espèce qui accabloient la France ne permettoient pas à Charles de faire de grands efforts contre l'ennemi; et l'Angleterre, ravagée elle-même par la peste, épuisée par une guerre longue et sanglante, étoit presque hors d'état de faire de nouvelles levées.

Vers la fin de 1439, le cardinal de Wincester fut chargé d'entrer en négociation pour la paix. Il étoit autorisé à faire douze propositions différentes, mais successivement, et à mesure que les premières auroient été rejetées. Quelques conférences eurent lieu, furent bientôt rompues, et renouées sans plus de succès l'année suivante.

Le Roi, obligé de continuer la guerre, chercha du moins à la rendre moins onéreuse à ses peuples, en réprimant, autant qu'il étoit en son pouvoir, la licence effrénée des soldats et des capitaines. Il ordonna qu'à l'avenir un homme d'armes ne pourroit avoir que cinq chevaux, et que sa suite ne seroit composée que d'un coustillier, de deux archers, d'un page et d'un valet; il assigna en même temps la solde des troupes, qui furent payées régulièrement chaque mois, d'après les rôles de revues. Ce premier réglement remédioit à une partie des maux qui pesoient sur le peuple; les circonstances ne permettoient pas de faire davantage pour le moment : mais Charles méditoit d'autres édits qui ne tardèrent pas à être publiés, et qui mirent fin aux désordres.

Ces réformes, qui étoient si avantageuses au peuple, excitèrent le mécontentement de plusieurs seigneurs et de plusieurs capitaines, qui ne pouvoient plus s'enrichir par le pillage. Ce même La Trémouille, que nous avons vu abuser si indignement de l'ascendant qu'il avoit pris sur le Roi, et qu'on avoit dédaigné de punir, profita de la disposition des esprits; il parvint à former un parti, à le rendre redoutable en y attachant les princes et les grands, qui se plaignoient de ne point avoir assez de part au gouvernement du Roi, ou de n'être pas récompensés assez généreusement de leurs services. Les ducs de Bourbon et d'Alençon, le bâtard de Bourbon, le comte de Vendôme, les seigneurs de Chabannes, de Chaumont, de Boucicaut, et Dunois lui-même, cédèrent à ses insinuations. Le dauphin Louis s'étoit réuni aux mécontens, qui publièrent sous son nom un manifeste par lequel ils invitoient tous les Français à prendre parti pour l'héritier présomptif de la couronne, et à l'aider dans ses projets pour la restauration du royaume. La conspiration avoit été conduite avec tant de secret, qu'elle éclata avant que Charles en eût la moindre connoissance. Surpris par la hardiesse de l'entreprise sans en être déconcerté, il ne perd pas un instant, appelle près de lui le connétable de Richemont, marche sur Niort que les révoltés évacuent à son approche, les poursuit dans le Bourbonnais, et les réduit à implorer sa clémence. Dunois dès les premiers instans avoit reconnu sa faute, et la sincérité de son repentir l'avoit fait rentrer dans les bonnes grâces du Roi. Le dauphin Louis avoit inutilement réclamé contre son père les secours du duc de Bourgogne. Cette guerre civile, à laquelle le peuple donna le nom de *praguerie*, pouvoit perdre la France; elle fut terminée en moins de six mois, par la fermeté, l'activité et la prudence de Charles. La conduite qu'il tint dans cette circonstance difficile, peut-être aussi la rapidité de ses succès, attirèrent un grand nombre de soldats sous ses drapeaux. Il s'empara de La Charité, place importante sur la Loire, fit rentrer dans le devoir le comte de Saint-Paul qui s'étoit révolté, soumit Creil, et vint assiéger Pontoise. Les attaques furent pressées vivement, et repoussées avec courage; Talbot parvint à ravitailler deux fois la place. Le duc d'Yorck parut avec une armée. Le Roi, de l'avis de son conseil, ne crut pas devoir risquer la bataille, et fut obligé de lever le siége. Mais tandis que les Parisiens murmuroient de cet acte de prudence, qu'ils taxoient de lâcheté, Charles disposoit tout pour une nouvelle attaque. Il reparut inopinément devant la place; dès que l'artillerie eut rendu la brèche praticable, il conduisit lui-même ses troupes à l'assaut, les anima par son exemple, s'exposa autant que les simples soldats, et disputa, dit un historien, au plus vaillant de ses guerriers le prix de la valeur. Le Dauphin combattit à ses côtés. L'opiniâtre défense des Anglais ne put sauver la place, qui fut emportée après un combat meurtrier. Pendant le siége, les Anglais et les Français, non contens de se combattre les armes à la main, s'envoyèrent réciproquement des ballades satiriques, que l'on trouve rapportées en entier dans l'histoire de Charles VII, par Jean Chartier. On ne doit pas dissimuler que la victoire de Charles fut souillée par la barbarie avec laquelle on traita les prisonniers faits à Pontoise. Ils furent promenés dans Paris, enchaînés deux à deux par le cou ; et tous ceux qui se trouvèrent hors d'état de payer rançon furent précipités dans la Seine. Cet acte de cruauté n'étoit qu'une représaille autorisée en quelque sorte par la conduite des Anglais ; mais on ne peut se défendre d'un sentiment pénible lorsqu'on rencontre de pareils traits dans notre histoire.

Le duc d'Orléans, retenu prisonnier en Angleterre depuis la bataille d'Azincourt, avoit enfin obtenu sa liberté ; et le duc de Bourgogne, oubliant la haine qui depuis si long-temps divisoit leurs maisons, s'étoit engagé pour une partie de sa rançon, fixée à cent vingt mille écus. Sa captivité avoit été prolongée contre l'avis de plusieurs membres du ministère anglais, qui pensoient que le prince, de retour en France, ne manqueroit pas de susciter des embarras au Roi. Leurs conjectures ne furent point trompées. Tandis que le Roi assembloit ses troupes en Guyenne pour sauver la ville de Tartas, qui devoit se rendre aux Anglais si elle n'étoit pas secourue à une époque déterminée, il apprit que le duc de Bourgogne, le duc d'Orléans, le duc de Bretagne, ainsi que les autres princes, et grand nombre de seigneurs mécontens, devoient se réunir à Nevers. Cette assemblée avoit été arrêtée dans une entrevue des ducs d'Orléans et de Bourgogne ; car la réconciliation de ce dernier avec un ancien ennemi n'avoit pas été entièrement désintéressée. Le Roi, menacé ainsi d'une défection générale, déploya une rare habileté. Loin de paroître craindre cette réunion qu'il ne pouvoit empêcher, il l'autorisa, afin de sauver au moins l'apparence de l'autorité royale ; et il engagea les princes à lui adresser leurs remontrances, qu'il promit d'examiner avec attention. Il offrit même un sauf-conduit au duc de Bretagne pour se rendre à Nevers; puis il entama des négociations particulières avec le duc de Bretagne, avec le duc d'Orléans, et avec les seigneurs les plus puissans de la ligue, qu'il parvint ainsi à dissiper.

Cependant Charles se trouvoit en Guyenne à la tête d'une armée dans laquelle on comptoit, suivant quelques historiens, jusqu'à quatre-vingt mille chevaux, sans que les ducs de Bourgogne, de Bretagne, d'Orléans, et les autres princes, réunis à Nevers, eussent contribué à cet armement. Si cette évaluation n'est pas exagérée, elle montre quelles étoient encore les ressources de la France malgré ses désastres, et fournit une nouvelle preuve de la bonne administration du Roi. La ville de Tartas fut délivrée, plusieurs autres places soumises; mais le défaut de vivres obligea bientôt de licencier une partie des troupes, qui commirent de grands dégâts sur leur route. Le fameux La Hire mourut à la fin de cette campagne, n'ayant rien conservé des sommes considérables que le Roi lui avoit données, ni de celles qu'il avoit gagnées par le pillage.

Pendant que le Roi étoit en Guyenne, le Dauphin, qu'il avoit envoyé en Normandie avec Dunois, conquit plusieurs villes, et força les Anglais à lever le siége de Dieppe; mais il avoit peu de troupes : Talbot lui tenoit tête, il ne put poursuivre ses avantages. Le duc de Sommerset, qui venoit prendre le commandement des armées anglaises en remplacement du duc d'Yorck, débarqua avec six mille hommes, peu de jours après la levée du siége; il n'osa entreprendre de nouveau l'attaque d'une place devant laquelle Talbot avoit échoué. Il se jeta dans le Maine, ravagea l'Anjou, une partie de la Touraine; mais il ne put faire aucune conquête importante.

Le secours qu'il avoit amené en France étoit le dernier effort de l'Angleterre, et le parlement étoit décidé à ne plus accorder de subsides. Les ministres de Henri VI (car ce prince étoit incapable de gouverner par lui-même) pensèrent sérieusement à faire la paix. Une trêve indéfinie fut d'abord conclue avec le duc de Bourgogne, puis bientôt après on en signa une de dix-huit mois avec la France [1444.] Le Roi avoit exigé que les conférences se tinssent à Tours, et les Anglais avoient été obligés d'y consentir.

Les peuples soupiroient après la paix, et le Roi lui-même la désiroit vivement, afin de pouvoir rétablir l'ordre dans les différentes parties du royaume. Mais la cessation des hostilités ne mettoit pas les habitans des campagnes à l'abri des excès des gens de guerre : habitués à vivre de pillage, il étoit difficile de les forcer à rentrer dans leurs foyers. Déjà ils se formoient en compagnies qui pouvoient devenir redoutables, si l'on n'y eût apporté un prompt remède. Le Roi, à l'exemple de son aïeul Charles v, résolut d'employer à des expéditions étrangères les soldats licenciés. Le duc d'Autriche sollicitoit avec instance des secours pour défendre ses provinces contre les Suisses, *gens de communauté et de hautain vouloir*, dit Matthieu de Coucy. Charles s'estima heureux d'accueillir une pareille demande. Afin de donner plus d'appareil à l'expédition, il chargea le Dauphin de la diriger, et l'on eut soin de promettre aux soldats le pillage des contrées que l'on alloit envahir. Le Dauphin réunit douze mille Français, auxquels le roi d'Angleterre joignit huit mille Anglais. Charles lui-même, sous prétexte d'embrasser la querelle de René d'Anjou avec les bourgeois de Metz, et prétendant avoir lui-même des droits à faire valoir contre eux, réunit ce qui restoit d'aventuriers, et alla mettre le siége devant la ville. La France se trouva ainsi délivrée des compagnies, et il ne fut pas difficile de réduire quelques bandes éparses qui essayèrent de se réunir.

Le Dauphin, après avoir fait un immense butin, et avoir remporté une victoire que les Suisses lui firent chèrement acheter, vint rejoindre son père auprès de Metz, lorsqu'il vit, dit Mézeray, que *le pesant corps germanique se remuoit, et pourroit l'accabler*. Malgré tous les efforts du Roi, le siége de Metz n'avançoit point; les habitans paroissoient déterminés à s'ensevelir sous les ruines de la place, plutôt que de renoncer à leur indépendance. De part et d'autre l'animosité étoit poussée au point de massacrer les prisonniers. Les troupes de Charles s'affoiblissoient, mais les assiégés se voyoient chaque jour resserrés davantage, et ils craignoient d'être emportés par un assaut. On en vint à un accommodement; les habitans obtinrent la levée du siége, en donnant quittance à René d'Anjou de cent mille écus que ce prince leur devoit, et en payant deux cent mille écus au Roi, qui se réserva de faire valoir plus tard les droits de la France sur cette ville libre, droits qui étoient également revendiqués par le chef de l'Empire. La ville de Metz fut conquise et réunie à la couronne sous François 1.

Au retour de cette expédition, le Roi consentit à une prolongation de la trève jusqu'au mois de novembre 1446. L'Angleterre étoit réduite à solliciter comme une grâce des suspensions d'armes que naguère elle refusoit avec dédain. Le Roi avoit besoin de quelques années pour donner aux provinces le temps de réparer les maux qu'elles avoient soufferts, et pour réformer les innombrables abus qui pendant les troubles civils s'étoient introduits dans toutes les parties de l'administration. D'ailleurs la trève ne pouvoit lui être désavantageuse. Matthieu de Coucy observe que, dans les provinces encore soumises à l'Angleterre, les habitans qui revoyoient leurs anciens compatriotes, attirés chez eux par le commerce ou par les affaires, sentoient renaître avec l'amour de la patrie la haine de la domination étrangère, et brûloient de redevenir Français. La facilité avec laquelle le Roi s'empara de la Normandie et de la Guyenne, lorsque la guerre vint à éclater, prouve la justesse de cette observation.

Charles étoit ainsi sans inquiétude du côté de

l'étranger, et la fermeté qu'il avoit déployée lors de la *praguerie* maintenoit les grands dans le devoir. Il jugea l'instant favorable pour mettre en vigueur les réglemens militaires qu'il méditoit depuis long-temps. Déjà en 1440 nous l'avons vu déterminer le nombre d'hommes qui devoit accompagner chaque homme d'armes. C'étoit un premier bienfait pour le peuple : car au lieu d'un seul page et d'un seul valet, les gens d'armes en avoient quelquefois sept ou huit, qui commettoient plus de dégâts que leurs maîtres. Depuis cette époque il avoit essayé de faire payer et entretenir les troupes par les villes ou par les campagnes dans lesquelles il les avoit cantonnées, et l'essai avoit réussi. La licence des soldats avoit fait éprouver tant de maux, qu'on s'étoit trouvé heureux de n'avoir à fournir que ce qui leur étoit rigoureusement nécessaire. Le projet du Roi étoit d'étendre à toute la France ce qu'il avoit tenté avec succès dans quelques provinces, et d'établir une *taille* annuelle et perpétuelle, exclusivement destinée à l'entretien des troupes; il vouloit aussi réformer l'armée, en créer une permanente, et la soumettre à une discipline telle, qu'elle ne fût point onéreuse aux habitans. Charles craignoit, avec raison, de trouver de l'opposition à ces mesures parmi les grands vassaux; il prit le parti de les réunir, leur communiqua ses plans, parut ne vouloir se déterminer que par leurs conseils, leur fit sentir que les nouveaux réglemens leur seroient avantageux, parce que leurs vastes domaines ne seroient plus exposés aux ravages des gens de guerre; offrit de renoncer au droit d'altérer les monnoies, qui étoit encore plus ruineux pour les riches que pour les pauvres; il séduisit, par des libéralités ou par des promesses, les seigneurs qui pouvoient avoir le plus d'influence dans le conseil, et obtint l'assentiment général. Les grands vassaux, en donnant leur aveu aux projets du Roi, n'en avoient pas prévu les conséquences; ils ne s'étoient pas aperçus qu'ils se dépouilloient eux-mêmes de tout leur pouvoir, et qu'ils seroient désormais hors d'état de résister aux volontés du prince, qui auroit une armée permanente et des fonds assurés pour la payer. Le Roi, ainsi que l'observe un historien, ressaisissoit dans toutes les parties du royaume le pouvoir que l'usurpation féodale avoit arraché à la postérité de Charlemagne. On ne sauroit donc trop admirer la grande habileté que Charles déploya dans cette circonstance délicate. La taille, destinée à l'entretien des troupes, fut établie sans exciter de murmures; et, suivant la chronique de Berri, elle fut appelée *la taille des gens d'armes*. L'armée, qui prit le nom de gendarmerie française, fut divisée en quinze compagnies de cent lances; chaque lance se composoit d'un homme d'armes, de trois archers, d'un coustillier et d'un page. Cette armée devoit être dispersée en petits cantonnemens dans les provinces. Afin de prévenir le pillage et les exactions, le capitaine fut responsable des fautes de sa troupe, et l'homme d'armes de celles de ses suivans; les uns comme les autres furent soumis à la juridiction ordinaire des lieux où leurs quartiers étoient établis : il leur fut expressément défendu de rien exiger de leurs hôtes. Ces dispositions, qui se rapprochent beaucoup de l'ordonnance rendue par Charles v, et dont le Roi fit surveiller l'exécution par des inspecteurs, ne tardèrent pas à dissiper la terreur qu'inspiroient les gens de guerre aux habitans des villes et des campagnes; et comme les soldats enrichissoient le pays en y dépensant leur solde, on sollicita souvent pour en obtenir.

Charles fit choisir dans l'ancienne armée, parmi les hommes les plus robustes et les plus courageux, ceux qui s'étoient distingués par leur bonne conduite, et les admit dans sa gendarmerie; mais il falloit faire rentrer chez eux et y maintenir les soldats licenciés, dont plusieurs étoient souillés de toutes sortes de crimes. Le Roi fit publier une abolition générale, et défendit toutes recherches sur le passé; les mesures les plus sages furent prescrites pour la sûreté des routes; les magistrats secondoient avec zèle les intentions du monarque, et nulle part l'ordre ne fut troublé.

Pendant que nous sommes occupés des réglemens militaires de Charles VII, il convient de parler de deux autres ordonnances qui furent rendues quelques années plus tard : par la première, il créa les francs-archers; dans chaque paroisse on devoit choisir un homme robuste et habile à tirer de l'arc, qui ne servoit et n'étoit payé qu'en temps de guerre, et qui en temps de paix jouissoit d'une exemption absolue de toute espèce d'impôt. On a critiqué cette institution, et on a prétendu que les francs-archers étoient paysans à l'armée et soldats à la campagne; ils valoient mieux que les milices des communes, qui seules avoient jusqu'alors formé l'infanterie française, et qui avoient souvent causé la perte des batailles. D'ailleurs on auroit dû réfléchir qu'aux batailles de Crécy, de Poitiers, d'Azincourt, de Crevant et de Verneuil, les archers anglais avoient décidé la victoire, et que le

Roi ne devoit rien négliger pour avoir des archers habiles à leur opposer. Par la seconde ordonnance, le Roi prescrit les indemnités qui sont dues aux habitans, lorsqu'ils se trouvent obligés de fournir des vivres aux troupes. Cette ordonnance est curieuse, parce qu'elle fait connoître la valeur qu'avoient alors presque tous les objets nécessaires à la vie : le prix d'un mouton étoit taxé à cinq sols tournois, et l'on devoit rendre la peau ; une vache devoit être payée trente sols, avec la même condition ; un veau, dix sols ; un cochon, vingt sols ; un chapon ou une oie, douze deniers ; une poule, six ; un boisseau de froment, vingt deniers ; un boisseau de seigle, quinze ; un boisseau d'avoine, dix ; le service d'un cheval pendant un jour étoit fixé à cinq deniers. Il étoit défendu aux gens de guerre de tuer, sous quelque prétexte que ce fût, des vaches *laitières*, ni des bœufs propres au labourage. Les capitaines devoient faire proclamer tous les huit jours cette ordonnance dans leurs quartiers ; et avant de quitter un cantonnement, il leur étoit enjoint de faire demander par un crieur public si quelque habitant avoit à se plaindre des soldats ; et ils étoient personnellement responsables des dommages qu'ils n'auroient point fait réparer.

D'autres ordonnances rétablirent également l'ordre dans les différentes parties de l'administration. Les habitans des campagnes, n'ayant plus à redouter le pillage, se livrèrent avec sécurité à leurs travaux ; les terres, presque incultes depuis long-temps, produisirent d'abondantes moissons; les villes se repeuplèrent, le commerce reprit son activité, et s'étendit jusque dans les contrées lointaines. Jacques Cœur avoit trois cents facteurs en Italie et dans le Levant; ses immenses richesses lui permirent, sans interrompre ses spéculations, de prêter deux cent mille écus d'or au Roi pour la conquête de la Normandie. La France, naguère si misérable, étoit dans l'état le plus florissant; Charles savoit faire respecter son autorité, et les seigneurs n'osoient plus vexer leurs vassaux. *Nul n'eût osé*, dit un auteur contemporain, *lever de l'argent en sa terre sans la permission du monarque, qui ne la donnoit pas légèrement.*

Lorsqu'un prince travaille avec autant d'ardeur et de succès à assurer le bonheur de ses peuples, l'histoire doit être indulgente sur ses foiblesses. Les soins que Charles donnoit à l'administration du royaume ne l'empêchoient pas de se livrer à son goût pour les fêtes et pour les plaisirs; ses amours avec Agnès Sorel sont trop connus pour que nous ayons besoin d'en parler. Mézeray, qui ménage peu les maîtresses des rois, convient qu'Agnès étoit fort agréable, et généreuse personne; mais il lui reproche d'avoir voulu aller de pair avec les plus grandes princesses, et d'avoir donné de l'envie à la cour et du scandale à toute la France. Les vers de François I et tous les documens historiques prouvent que, loin de chercher à retenir le Roi dans la mollesse, elle excitoit son courage; et plusieurs historiens pensent que ce fut elle qui tira Charles de l'état d'apathie dans lequel il étoit plongé. S'il en est ainsi, les services qu'elle rendit à la France peuvent faire excuser ses foiblesses.

Les prospérités de Charles furent troublées par les attentats du Dauphin; ce jeune prince forma le criminel projet d'enlever son père, et de s'emparer de la couronne. La conspiration fut heureusement découverte; et Louis, relégué en Dauphiné, ne chercha qu'à y donner de nouveaux sujets de plainte au Roi.

Depuis plusieurs années la ville de Gênes étoit déchirée par des factions; les principales familles s'arrachoient successivement l'autorité. Les habitans, fatigués de ces troubles, se donnèrent au Roi; *mais ce ne fut*, dit le président Hénault, *que pour autant de temps qu'il en fallut à Frégose pour en chasser Adorn son rival*. Charles fut assez maître de lui pour ne pas tirer vengeance de cet affront; la vengeance lui eût été facile, mais il ne vouloit pas s'engager dans une guerre étrangère, lorsqu'il avoit encore plusieurs provinces de son royaume à conquérir. Il montra la même prudence, en refusant d'aider le duc d'Orléans à faire valoir les droits que le testament de Valentine lui donnoit sur le Milanais.

Les trèves avec l'Angleterre avoient été successivement renouvelées; mais on avoit tenu d'inutiles conférences pour la paix, et diverses entreprises tentées par les Anglais en contravention des traités annonçoient le renouvellement prochain de la guerre. Sur ces entrefaites, le gouverneur de la basse Normandie surprit une ville de Bretagne, la pilla, et fit passer la garnison au fil de l'épée. Charles demanda sur-le-champ réparation de cet outrage fait à son allié; le ministère anglais chercha à éluder, et les hostilités commencèrent à la fois en Normandie et en Guyenne. La position des deux royaumes étoit bien différente. Charles avoit profité de quatre années de trève pour préparer ses moyens d'attaque et de défense; la guerre ne lui offroit que des chances favorables pour chasser entièrement l'ennemi du royaume. L'Angleterre, au contraire, s'étoit affoiblie pendant la paix; l'incapacité du roi Henri, les intrigues de la Reine avoient ranimé l'esprit de faction; l'assassinat du duc de Glocester avoit augmenté le nombre des mécontens, et ne les avoit point intimidés. Les troupes, dispersées dans la Normandie, dans la Guyenne, et dans les autres provinces françaises, n'étant point payées et vivant de brigandages, les peuples n'attendoient que l'approche des armées royales pour secouer un joug odieux.

Le connétable Dunois et plusieurs autres généraux pénétrèrent en même temps en Normandie par différens points. La plupart des villes ouvrirent leurs portes; celles qui résistèrent furent attaquées et forcées. Rouen n'attendit pas une attaque régulière; dès que Dunois parut devant la place, les habitans se réunirent, et déclarèrent à Talbot et à Sommerset que leur intention étoit de se soumettre au Roi. Les Anglais se retirèrent dans le château, et essayèrent de s'y défendre; mais ils furent bientôt obligés de capituler, et n'obtinrent la liberté de la garnison, forte de trois mille hommes, qu'en abandonnant toute leur artillerie, en s'engageant à payer cinquante mille écus, et à livrer plusieurs places importantes. Les habitans, qui en 1419 avoient défendu leur ville avec tant de courage contre Henri v, eurent ainsi la gloire de la reconquérir eux-mêmes sur les Anglais.

L'entrée de Charles dans la ville de Rouen fut une des plus pompeuses cérémonies que l'on eût encore vues. Matthieu de Coucy la rapporte dans le plus grand détail. Les princes, les grands officiers de la couronne, le chancelier, tous les généraux, l'élite des troupes, précédoient et suivoient le Roi ; les seigneurs étoient vêtus avec la plus grande magnificence : leurs chevaux étoient couverts de housses de soie et de velours, brodées en or. Pour donner une idée du luxe qui fut déployé, il suffira de dire que l'épée seule de Dunois valoit vingt mille écus d'or. Tout le clergé de la ville alla en procession au devant du Roi jusqu'au-delà des portes, et le conduisit à la cathédrale. Talbot, qui avoit été gardé comme otage, vit passer le cortége, d'une fenêtre où il étoit placé avec la comtesse de Dunois et plusieurs dames de la cour. Matthieu de Coucy remarque que ce capitaine étoit vêtu d'une robe de velours fourrée de martre, dont le Roi lui avoit fait présent. On aime à voir un monarque victorieux honorer la valeur dans l'ennemi qu'il a vaincu.

Quoique la saison fût très-avancée, on ne tarda pas à se remettre en campagne. Les Anglais, battus à Formigny, purent à peine défendre quelques places, et la conquête de la Normandie fut terminée en un an et six jours. Le Roi n'y laissa que six cents lances, et dirigea ses troupes en Guyenne. Il y éprouva encore moins de résistance qu'en Normandie ; Bordeaux, voyant les progrès rapides de l'armée royale, se soumit, et obtint de grands priviléges ; Bayonne se fit assiéger, mais finit par suivre le même exemple. C'étoit la dernière ville que les Anglais possédassent en Guyenne ; ils avoient été également chassés des places qu'ils occupoient dans les différentes provinces ; et Charles, qui pendant ces deux campagnes n'avoit pas quitté l'armée, eut, avant la fin de l'année 1451, la gloire d'avoir opéré l'entière délivrance du royaume. La seule ville de Calais restoit au pouvoir de l'ennemi.

Cependant le Pape, qui projetoit une croisade pour arrêter les progrès de Mahomet II, travailloit de tout son pouvoir à rétablir la paix entre la France et l'Angleterre. Le Roi paroissoit disposé à traiter; mais les ministres de Henri répondirent *que quand ils auroient autant conquis de pays sur le roy de France que ledit Roy en avoit conquis sur eux, il seroit alors temps de parler de cette matière.* Ils comptoient sur le succès d'une expédition qu'ils préparoient avec le plus grand mystère contre la Guyenne; Talbot devoit la commander; et les intelligences qu'on s'étoit ménagées dans le pays sembloient devoir en assurer le succès. En effet, les Bordelais ouvrirent leurs portes aux Anglais; grand nombre de seigneurs vinrent se joindre à eux, livrèrent leurs places, et des soulèvemens éclatèrent presque en même temps sur tous les points de la province. Charles, qui avoit voulu se concilier l'amour des habitans en leur témoignant une entière confiance dans leur fidélité, n'avoit laissé que de foibles corps de troupes en Guyenne, et Talbot étoit trop habile pour ne pas profiter de ses avantages; l'invasion pouvoit avoir les suites les plus graves, si on n'arrêtoit promptement les progrès de l'ennemi. Une armée fut bientôt réunie; le Roi la conduisit lui-même en Guyenne. Talbot et son fils ayant été défaits et tués devant Castillon, les rebelles n'osèrent plus tenir la campagne; les villes qui avoient pris part à la révolte furent soumises et punies par la perte de leurs priviléges; le château du

Ha et le château Trompette, que le Roi fit construire aux deux extrémités de la ville de Bordeaux, mirent cette place à l'abri de toute nouvelle tentative.

Après cette expédition, dont le succès étoit dû non moins à son activité qu'au courage de ses troupes, Charles n'eut plus de guerres à soutenir. L'Angleterre ne fit pas la paix; mais loin de pouvoir former aucune entreprise sur le continent, elle eut souvent peine à défendre ses côtes et à repousser les descentes des Français. Les démêlés qui eurent lieu avec le duc de Bourgogne n'amenèrent pas de rupture ouverte, parce que le Roi sentoit que ses peuples avoient besoin de la paix, et il fit tout pour la maintenir. Ce fut donc en vain que le Pape essaya de l'engager dans une croisade, en envoyant à sa cour des ambassadeurs qu'il avoit reçus des différens princes d'Orient après la prise de Constantinople par Mahomet II. *Le Roi*, dit le continuateur de Monstrelet, *fit festoyer et tenir bien aisés les députés*, mais il ne leur donna aucune espérance.

Charles, paisible possesseur de ses Etats qu'il avoit arrachés à une domination étrangère, respecté de ses voisins, aimé de ses peuples qui lui devoient le bonheur et la tranquillité dont ils jouissoient, sembloit devoir être à l'abri des coups de l'adversité jusqu'à la fin de sa glorieuse carrière. Le dauphin Louis, qui avoit déjà conspiré contre lui, cherchant à exciter de nouveaux troubles, se retira chez le duc de Bourgogne, qu'il essaya de brouiller avec le Roi. Il fomenta par ses agens des intrigues à la cour, et forma même plus tard, suivant une chronique du temps, l'exécrable projet d'empoisonner son père, qui, dit-on, se laissa mourir de faim pour prévenir un parricide. Ce dernier fait est loin d'être prouvé; mais le soupçon seul suffit pour montrer ce dont on jugeoit le Dauphin capable. Comme le tableau de la jeunesse de Louis xi appartient à l'histoire de ce prince, nous renvoyons au travail qui accompagnera les Mémoires de Comines, pour le détail des faits que nous avons dû seulement indiquer ici.

Le Roi n'avoit pas éprouvé un chagrin moins cuisant lorsqu'il avoit acquis la preuve que le duc d'Alençon, prince de son sang, ourdissoit un complot pour introduire les Anglais en France, et pour leur livrer le royaume. Il le fit arrêter; la cour des pairs le condamna à mort, et confisqua ses biens. Le Roi, toujours clément, lui fit grâce de la vie, et ne retint qu'une partie des biens confisqués.

Cependant Charles n'en travailloit pas avec moins d'ardeur à consolider ses travaux par de sages ordonnances et par une bonne administration. Aussitôt que les circonstances le lui permirent, il s'attacha à établir un ordre rigoureux dans les finances; les anciennes ordonnances, négligées pendant les troubles, furent remises en vigueur; il en publia de nouvelles; et la chambre des comptes, investie d'une autorité suffisante, eut ordre de tenir la main à leur exécution: le peuple ne fut plus écrasé d'impôts pour enrichir des administrateurs infidèles. Le Roi, dit une ancienne chronique, voyoit lui-même les comptes tous les ans, et s'y entendoit. La longueur des procédures, qui étoient devenues interminables malgré les édits de Charles v, n'étoit pas un moindre fardeau pour le peuple. Le Roi réprima ce désordre; toutes les provinces avoient des coutumes différentes, qui la plupart du temps n'étoient point écrites : il ordonna que les coutumiers praticiens rédigeroient par écrit les usages, styles et coutumes de chaque province ; que ces usages, transcrits sur des registres publics, serviroient seuls de règles pour les jugemens. Il mit un frein à l'avidité des procureurs et autres gens de loi ; il enjoignit même aux juges de ne plus souffrir que les avocats fussent longs dans leurs plaidoiries, *et que où ils les trouveroient faire le contraire sans dissimulation, ils les condamnassent à l'amende.* Les enquêtes faites sur les lieux, par des commissaires des cours supérieures, entraînoient des frais considérables: il décida qu'à l'avenir les informations seroient prises par des officiers du pays. Mais la disposition la plus remarquable de ses ordonnances est sans contredit celle par laquelle il ordonna aux juges de n'obéir à ses lettres que lorsqu'elles seroient *civiles* et *raisonnables;* et de les déclarer *inciviles* et *subreptices,* s'ils *les jugeoient telles en bonne justice.* Il se mettoit ainsi en garde contre les faveurs injustes qu'on auroit pu obtenir de lui.

L'Université de Paris, qui étoit un corps redoutable, et dont plusieurs membres s'étoient prononcés avec acharnement contre le Roi, fut obligée de se soumettre aux réglemens qu'il fit rédiger par le cardinal d'Estouteville. Une ordonnance confirma ses priviléges, mais en corrigea l'abus.

Parmi les actes importans et utiles du règne de Charles VII, il ne faut point oublier le traité d'alliance conclu avec les Suisses, qui étoient parvenus à conquérir leur liberté sur les ducs d'Autriche. Ils s'étoient battus en 1444, avec un incroyable acharnement, contre les Français; le Roi, appréciant leur courage, voulut les avoir pour amis : ils pouvoient être très-utiles en cas de guerre avec le duc de Bourgogne ou avec l'Allemagne.

Peu de monarques ont laissé autant de monumens de leur sagesse et de leur zèle pour le bien de l'Etat : aussi son administration étoit-elle universellement bénie pendant les dernières années de son règne, et il est du petit nombre des princes auxquels le peuple a rendu justice avant leur mort. Henri IV, avec lequel Voltaire juge que Charles VII avoit beaucoup de ressemblance, n'a pas joui de cet avantage.

Charles se montra reconnoissant et généreux pour tous les capitaines qui s'étoient dévoués à sa cause. Dunois fut comblé de bienfaits : non-seulement le Roi se dépouilla de ses préventions contre le connétable dès qu'il ne fut plus obsédé par ses favoris, mais le comte de Richemont reçut de lui des richesses, des honneurs et des dignités. Ses autres généraux furent récompensés en proportion de leurs services. Aussitôt qu'il fut délivré des embarras de la guerre, il s'occupa du soin de faire réhabiliter, par un jugement authentique, la mémoire de l'héroïne à laquelle il devoit sa couronne. Le procès de révision, autorisé par le Pape, fut instruit avec le plus grand appareil; des témoins nombreux furent appelés, et la vertu de Jeanne d'Arc parut dans tout son éclat. On sait que depuis longtemps le Roi avoit anobli toute sa famille, et que, par une honorable exception, les femmes purent transmettre la noblesse à leurs enfans (1).

---

(1) Les lettres d'anoblissement sont du mois de décembre 1429.

Charles VII, dans aucune circonstance de sa vie, ne s'est montré ingrat ni vindicatif. On a donc peine à s'expliquer la rigueur avec laquelle il traita Jacques Cœur, cet illustre négociant qui enrichissoit la France par son industrie, et qui avoit montré tant de zèle pour le bien de l'Etat. Il avoit été accusé par Jeanne de Vendôme d'avoir empoisonné Agnès Sorel, et s'étoit si bien justifié, que l'accusatrice avoit été condamnée à lui faire amende honorable. Un nouveau procès lui fut intenté, sous prétexte de dilapidation et de beaucoup d'autres crimes. Des commissaires nommés pour le juger le déclarèrent digne de mort; le Roi commua la peine en un bannissement perpétuel, et en une amende de quatre cent mille écus. Le caractère connu du monarque ne permet pas de croire que l'appât de cette somme l'ait porté à un tel excès d'injustice. On peut donc supposer qu'il y avoit des circonstances particulières sur lesquelles les chroniques ne nous donnent aucun renseignement : mais en admettant même cette supposition, les services rendus à l'Etat et au Roi par Jacques Cœur auroient dû le faire traiter avec plus d'indulgence.

Charles occupoit le trône depuis quarante-un ans; après avoir commencé sous les plus tristes auspices, il avoit égalé les plus grands monarques. Il avoit assez vécu pour sa gloire, mais non assez pour l'intérêt de ses peuples, qui voyoient le royaume conquis par ses armes, reconstitué par ses édits, fleurir chaque jour davantage sous son heureux gouvernement. Le terme de sa glorieuse carrière approchoit. Les ressorts de la vie étoient usés chez lui par les malheurs qui avoient accablé sa jeunesse, par les fatigues de la guerre, par l'excès du travail, et par un goût immodéré pour les plaisirs. Il fut, au commencement de juillet 1461, attaqué d'une maladie qui ne fut pas d'abord jugée très-sérieuse, mais dont les symptômes devinrent bientôt très-inquiétans. Quels que soient les motifs qui l'ont porté à refuser toute espèce de nourriture, il est certain qu'il passa sept jours sans manger; et que lorsqu'on parvint à lui faire prendre des alimens, son estomac trop foible ne put pas les soutenir. Il mourut le 22 juillet, à l'âge de cinquante-huit ans. On l'a surnommé le Victorieux, et ce titre qu'il a mérité n'est souillé par aucune guerre entreprise pour satisfaire son ambition. Ses exploits se sont bornés à chasser l'ennemi du royaume; ses conquêtes, à reprendre les provinces envahies pendant les troubles. « On auroit pu le nommer Heureux, dit Mézeray, s'il « avoit eu un autre père et un autre fils. »

MÉMOIRES

CONCERNANT

LA PUCELLE D'ORLÉANS.

S'ENSUIVENT les gestes et aucunes choses advenuës du temps du tres-chrestien et tres-noble roy Charles VII de ce nom, qui eut le royaume aprés le trespas de feu son père Charles VI, lequel trespassa l'an 1422, le vingt et uniesme jour d'octobre; auquel temps les choses estoient dans le royaume de France en petit estat : et y eut divers exploits de guerre, et grandes divisions presque par tout. Or il y avoit en Auvergne un grand seigneur terrien nommé le seigneur de Rochebaron, qui possedoit plusieurs belles terres et seigneuries, et tenoit le party du duc de Bourgongne, et par consequent du roy d'Angleterre; lequel eut en sa compagnée un Savoisien, nommé le seigneur de Salenoue; et se mirent sus, accompagnez de bien huict cent hommes d'armes et les archers; et tenoient les champs, et faisoient beaucoup de maux, et endommageoient le pays en diverses manieres. La chose vint à la cognoissance du comte de Perdriac, fils du feu comte d'Armagnac ; du mareschal de France nommé La Fayete, et du seigneur de Groslée, seneschal de Lyon et bailly de Mascon, lesquels assemblerent gens le plus diligemment qu'ils peurent, et se mirent sur les champs, en intention de rencontrer lesdits de Rochebaron et Salenoue : et de faict ils les trouverent, et penserent frapper sur eux ; mais ils n'attendirent pas, et s'enfuirent tres-laschement et deshonnestement, et se retirerent en une place nommée Bousos. Tout au plus prés d'icelle place il y avoit un moulin, auquel un arbalestrier mit le feu; et fut si fort et vehement qu'il entra en la ville, dont on ne se donnoit de garde : tellement que les Bourguignons et Savoisiens en furent surpris, et les capitaines trouverent moyen de se sauver, et s'en allerent : aucuns de leurs gens se vinrent rendre prisonniers, et les autres furent tuez. Aprés cela lesdits seigneurs de Perdriac, le mareschal, et Groslée, allerent devant la place de Rochebaron, qui fut prise, avec toutes les autres places de ce seigneur : et ceux de leurs gens qui s'en peurent fuir furent tuez dans les montagnes en divers lieux par les gens du plat pays, que on nommoit brigans; et tout ce pays fut lors reduit en l'obeïssance du Roy.

Cependant le vicomte de Narbonne et le seigneur de Torsay mirent le siege à Cosne; mais les ducs de Betfort et de Bourgongne assemblerent gens pour venir en faire lever le siege : et les François, voyans qu'ils estoient trop foibles, leverent d'eux-mesmes leur siege, et s'en allerent en Guyenne, à une cité vers Bordeaux, nommée Basas, devant laquelle les Anglois mirent le siege : et finalement lesdits seigneurs françois prirent composition de se rendre, au cas que dedans certain temps les François ne se trouveroient plus forts que les Anglois. Si estoient lors en Languedoc les comtes de Foix, d'Armagnac et autres : et pour le gouvernement des finances y estoit maistre Guillaume de Champeaux, evesque de Laon, qui fit toute la diligence d'assembler gens pour aller devant la place; et fit tant qu'il y eut assez belle compagnée. Or estoit un des principaux chefs de guerre des Anglois un nommé Beauchamps : ledit evesque de Laon avoit mandé ou prié au seigneur de Laigle, vicomte de Limoges, qu'il luy voulust envoyer des gens ; lequel avoit en sa compagnée un chevalier nommé messire Louys Juvenal des Ursins, fils du seigneur de Traignel, lequel faisoit souvent des courses sur les Anglois dans le pays de Guyenne, et ledit Beauchamp anglois le cognoissoit bien : doncques ledit seigneur de Laigle envoya iceluy Juvenal des Ursins, à tout vingt lances et des arbalestriers, devers ledit evesque de Laon ; il arriva environ minuict en l'ost des François, dont plusieurs firent grand bruit, croyans qu'il eust amené bien plus grande compagnée. Sur quoy les François se disposerent le matin de combatre, si mestier estoit : et Beauchamp sceut la venuë dudit Juvenal des Ursins, et luy envoya requerir que s'il y avoit besongne, qu'il advisast comment ils se pourroient rencontrer (car autresfois ils avoient rompu lances ensemble); et que s'il le prenoit, il luy feroit bonne compagnée. Ledit Juvenal des Ursins et aucuns seigneurs du pays furent ordonnez le matin pour aller voir le maintien des Anglois, et veirent que les Anglois estoient quatre fois plus que les François, et estoient campez en place advantageuse, ayans mis paux ou pals devant eux ; et qu'il n'y avoit aucune apparence qu'on les deust combatre, et qu'il valoit mieux laisser perdre la place que de mettre la compagnée en adventure. Et ainsi fut fait et executé.

Environ ce temps, messire Jean Du Bellay et messire Ambroise de Lore firent une assemblée pour cuider aller recouvrer Fresnay, et vinrent courir devant : mais les Anglois ne saillirent aucunement, et ils s'en retournerent repaistre à Sillé-le-Guillaume; et de là partit ledit de Lore pour s'en retourner à Saincte-Susanne, et ledit Du Bellay au Mans, qui avoit environ deux cent chevaux. Guillaume Kyriel, anglois, estoit lors sur les champs, accompagné de quatre-vingt Anglois, lesquels se mirent à pied à l'encontre d'une haye; et les François vinrent tous à cheval frapper vaillamment sur lesdits Anglois, qui avoient quantité de traict. Finalement les François furent deffaits, dont il y eut plusieurs de tuez et pris.

En ce temps, le duc de Bourgongne estoit sur les champs, et aussi y estoient les François. Ils se rencontrerent, et il y eut bien dure et aspre besongne, et plusieurs ruez par terre, et des blessez d'un costé et d'autre. Le duc de Bourgongne s'y comporta vaillamment; et à la fin les François furent deffaits, dont il y eut de tuez et de pris, nonobstant que les Bourguignons y eussent receu grand dommage. Le seigneur de Gamaches et messire Amaury de Sainct-Leger, tenans le party du Roy, trouverent vers la Blanque-taque en Picardie plusieurs Bourguignons : si frapperent sus, et les ennemis se mirent fort en deffense; mais finalement iceux Bourguignons furent deffaits, dont il y eut plusieurs de tuez et de pris. Au pays du Maine, environ Neufville-Lalau (1), le sieur de Fon-

---
(1) La Haiz.

taines et aucuns Anglois se rencontrerent; et après qu'ils se furent bien entre-batus, les Anglois furent deffaits, dont il y eut environ huict vingt de tuez et de pris. Pour ledit temps, le comte de Boucan, Escossois, estoit connestable de France.

L'an 1423, la ville de Cravant tenoit pour le roy de France; et y avoit dedans des compagnons de guerre vaillantes gens, qui couroient tout le pays tenant le party du roy d'Angleterre et de Bourgongne : et pource les comtes de Salisbery et de Sufolc vinrent mettre le siege devant ladite place, et avec eux le mareschal de Bourgongne; et estoient quantité de gens de guerre, garnis de tous habillemens, qui faisoient toute diligence d'avoir la ville, et ceux de dedans se defendoient fort : et pour lever le siege furent assemblez gens de guerre du party du Roy, pour essayer si on pourroit faire lever ce siege; et en furent chefs le sieur de Severac mareschal de France, et le connestable d'Escosse, bien vaillant chevalier, et estoient grande quantité de bonnes gens : y estoit aussi le comte de Ventadour, les seigneurs Du Bellay, de Fontaines, de Gamaches et autres, lesquels vinrent jusques au siege : la venuë desquels fut sceuë des Anglois et Bourguignons, qui en estoient advertis : si se mirent-ils en ordonnance, et le connestable d'Escosse descendit à pied, et avec luy plusieurs vaillans François et Escossois, croyans que Severac et les autres deussent ainsi faire, ou au moins frapper à cheval sur les ennemis : il y fut fort combatu, et finalement les François et Escossois furent defaits, et y en eut plusieurs de tuez et pris, jusques au nombre de deux à trois mille, qui fut un grand dommage pour le roy de France : il y eut aussi des Anglois et Bourguignons de tuez, mais non en si grande quantité. Des François y fut pris le connestable d'Escosse, Ventadour, Bellay et Gamaches; de tuez, le seigneur de Fontaines, messire Thomas Stouhameton, le mareschal de Séverac. Messire Robert de Loré et autres s'enfuirent tres-deshonnestement, qui fut un grand dommage pour le roy de France : car s'ils eussent arresté et fait leur devoir, la chose (comme il est vray-semblable) eust esté autrement. Le Roy avoit envoyé au pays de Champagne, au pays de Retel, et és marches voisines, pour y faire guerre, et faisoient ce que gens de guerre ont accoustumé de faire : et au contraire s'assemblerent le comte de Salisbery, messire Jean de Luxembourg, et nombre de gens de guerre avec eux. Et quand les François apperceurent qu'ils n'estoient pas gens pour resister à si grande puissance, ils passerent la riviere de Meuse, et se retirerent à Mouson, qui est une ville hors du royaume, appartenant au Roy.

En iceluy temps un chevalier d'Angleterre nommé La Poule, de grand sens et lignage, et vaillant chevalier, partit du pays de Normandie avec bien deux mille et cinq cent combatans anglois, et s'en vint courre au pays d'Anjou, et se logea audit pays devant un chasteau nommé Segré; laquelle chose vint à la cognoissance de messire Ambroise de Loré, lequel tres-diligemment envoya et fit hastivement sçavoir au comte d'Aumale, qui estoit à Tours, où il assembloit des gens pour l'execution d'une entreprise qu'il avoit faite sur le pays de Normandie, laquelle ledit seigneur de Lore sçavoit bien, comme ledit de La

Poule estoit entré en iceluy pays d'Anjou. Ledit comte d'Aumale estoit lieutenant du Roy; et aussi-tost qu'il eut receu les lettres d'iceluy de Lore, il s'en vint tres-hastivement en la ville de Laval, et manda gens de toutes parts, à çe qu'ils se rendissent vers luy, lesquels le firent tres-volontiers; et ledit seigneur de Fontaines y alla. Et là vint un chevalier nommé messire Jean de La Haye, baron de Coulonces, qui y amena une belle et gente compagnée de gens de guerre : lequel baron estoit pour lors dans l'indignation d'iceluy comte d'Aumale, pour plusieurs desobeïssances qu'il luy avoit faites dans ledit pays, et ne vouloit point qu'il fust en sa compagnée : toutesfois ledit de Lore fit tant, que pour cette fois il estoit content qu'il y fust, pourveu qu'il ne le veist point, et qu'il ne se monstrast devant luy; si estoit-il tres-vaillant chevalier. Or le lendemain bien matin partit ce comte d'Aumale et sa compagnée (c'estoit un jour de samedy) pour s'aller mettre entre le pays de Normandie et lesdits Anglois, en un lieu qu'on disoit qu'ils devoient passer pour s'en retourner et entrer audit pays de Normandie; et furent choisis plusieurs gens de guerre, des plus suffisans et cognoissans à ce pour les poursuivre, et furent chargez de par ledit comte de luy faire sçavoir toutes nouvelles d'iceux Anglois. Ils trouverent qu'ils estoient partis dudit chasteau de Segré, et s'en venoient par-devant un autre chasteau nommé La Gravelle, et amenoient avec eux les hostages d'iceluy chasteau de Segré et plusieurs prisonniers de leur rançon, et plus de mille à douze cent bœufs et vaches : et s'en vint ledit comte d'Aumale loger en un village nommé le Bourg-neuf-de-la-Forest, là où il eut certaines nouvelles que les Anglois estoient partis à trois lieuës dudit lieu ou environ, et qu'ils tiroient tout droit pour aller passer en un lieu nommé La Brossiniere, à une lieuë dudit lieu de Bourgneuf.

Alors ledit comte d'Aumale, qui estoit sage et vaillant, envoya querir le bastard d'Alençon; et envoya aussi à madame de Laval, luy prier qu'elle luy voulust envoyer l'aisné de ses fils, nommé André de Laval, lors estant jeune d'âge de douze ans; laquélle le fit tres-volontiers, et luy bailla pour l'accompagner messire Guy de Laval seigneur de Mont-Jean, et tous les gens de la seigneurie de Laval, avec plusieurs autres ses vassaux et hommes qu'elle peut recouvrer et avoir promptement d'autre part. Le mesme comte d'Aumale ordonna pareillement d'aller querir Loüis de Tromargon et le sire de Lore, ausquels il dit les nouvelles qui luy estoient venuës d'iceux Anglois, et leur requit conseil, pource qu'il vouloit là conclure ce qu'il avoit à faire; surquoy il y eut diverses opinions et imaginations : après quoy finalement il fut conclu de combatre lesdits Anglois, s'ils vouloient attendre, et que ledit comte avec tous ses gens seroient audit lieu de La Brossiniere le dimanche matin, à soleil levant; et que ledit comte d'Aumale se mettroit audit lieu à pied, avec les seigneurs dessus dits, pour attendre les susdits Anglois; et que ledit de Lore et Loüis de Tromargon seroient à cheval, à tout sept ou huict vingt lances, pour besongner sur iceux Anglois, ainsi qu'ils verroient à faire, sans nulle charge : et que s'ils avoient affaire d'un autre capitaine, ils le pourroient prendre. Et on disoit cela à cause d'iceluy capitaine baron de Coulonces, qui estoit en l'indignation dudit comte d'Aumale. Si se trouverent ainsi qu'il avoit esté ordonné, et à l'heure prescrite, audit lieu de La Brossiniere; et fut la bataille ordonnée à pied, et lesdits de Lore, Tromargon et Coulonces à cheval. Laquelle ordonnance estant ainsi faite, on veit dedans deux heures aprés les coureurs des Anglois qui chassoient aucuns coureurs des François : et lors lesdits capitaines à cheval chargerent sur lesdits coureurs anglois, et leur tinrent tellement l'escarmouche, qu'ils les contraignirent de descendre à pied prés de leur bataille.

Cependant les susdits Anglois venoient en belle ordonnance, marchans contre la bataille du comte d'Aumale, laquelle ils ne pouvoient bonnement voir, pource que ceux de cheval estoient tousjours entre-deux, et se tenoient tous ensemble, se retirans tout bellement vers ledit comte d'Aumale : et quand les batailles dudit comte d'Aumale et du susdit La Poule, anglois, furent prés l'une de l'autre comme d'un traict d'arc, les Anglois marchoient fort, et en marchant ils piquoient devant eux de gros paux [1] qu'ils avoient en grand nombre, et portoient avec eux : et lors lesdits trois capitaines et les gens de cheval passerent par entre les deux batailles, croyans frapper d'un costé sur lesdits Anglois : ce qu'ils ne peurent bonnement faire, par l'occasion des susdits paulx; et pource tout à coup ils tournerent sur un costé de la bataille où il n'y avoit aucuns paulx, et frapperent vaillamment sur eux. Ceux de pied marchoient tousjours les uns contre les autres; et au frapper que firent ceux de cheval, les Anglois se rompirent, et serrerent ensemble contre un grand fossé, et estoient comme sans aucune ordonnance :

[1] *Paux* : espèce de hallebarde.

et lors la bataille à pied joignit aux Anglois, et combatirent main à main. Il y eut de grandes vaillances d'armes faites; mais lesdits Anglois ne peurent soustenir le faix que leur bailloient les François, et furent deffaits au champ; et y en eut de quatorze à quinze cent de tuez, qui furent mis en terre, de l'ordre d'icelle dame de Laval, obstant ce que (1) la bataille avoit esté faite sur sa terre : et y estoit present Alençon le Heraut, qui rapporta le nombre des morts. Il y en eut de tuez à la chasse environ deux à trois cent; et si il y eut plusieurs prisonniers, et entre les autres le susdit seigneur de La Poüle, Thomas Aubourg et messire Thomas Clisseton, et n'en eschappa pas six-vingt, que tous ne fussent tuez ou pris. Il y eut là des chevaliers faits, et entre les autres messire André de Laval (lequel fut depuis seigneur de Loheac et mareschal de France), et plusieurs autres. Il y eut un chevalier françois tué, nommé messire Jean Le Roux, et peu d'autres. De là ledit comte d'Aumale et sa compagnée s'en allerent loger à La Gravelle : dudit lieu de La Gravelle ce comte d'Aumale prit son chemin droit au pays de Normandie, et s'en alla devant Avranches, et y laissa le seigneur d'Aussebourg, avec certaine quantité de gens d'armes, pour voir s'ils pourroient remettre ladite ville d'Avranches en l'obeïssance du Roy : et ledit comte passa outre, et s'en vint loger és fauxbourgs de Sainct-Lo en Normandie, où il fut trois ou quatre jours; et aprés avoir pris plusieurs prisonniers et biens, il revint par devant ladite ville d'Avranches, laquelle pour lors n'estoit pas bien aysée d'avoir; et pource il s'en retourna

---

(1) *Obstant ce que* : parce que.

luy et toute sa compagnée au pays du Mayne, sans faire autre chose.

En ce temps, les Anglois mirent le siege par mer et par terre devant le Mont-Sainct-Michel ; sur la mer il y avoit grande quantité de navires, et nombre de gens de guerre bien armez, habillez et garnis de toutes choses necessaires. Or ils environnerent tellement ladite place, qu'il n'estoit pas possible qu'on la peust avitailler en aucune maniere : et pour secourir icelle ville fut fait une armée à Sainct-Malo-de-l'Isle, de laquelle estoit capitaine un vaillant chevalier, nommé le seigneur de Beaufort de Bretagne, qui fut admiral de ladite armée, et fit tant qu'il eut des navires competemment, et y eut de vaillantes gens, tant d'hommes d'armes que de traict, lesquels tres-volontiers et liberalement se mirent esdits navires ; tellement qu'ils furent bien équippez et garnis de tout ce qui leur falloit, et singlerent par mer tellement qu'ils vinrent à arriver sur les Anglois, lesquels se deffendirent vaillamment, et y eut bien dure et aspre besongne : mais enfin il y fut tellement combatu par les François, que les Anglois furent deffaits, et le siege fut levé ; et y estoit en la compagnie, avec le susdit admiral, le seigneur d'Aussebourg. Quand les Anglois qui estoient à terre sceurent que leurs vaisseaux estoient partis, ils s'en allerent.

En ce mesme temps, les Anglois dresserent et construisirent une bastille à une lieuë prés dudit Mont-Sainct-Michel, en un lieu nommé Ardevon ; et ceux de la garnison dudit Mont sailloient souvent, et presque tous les jours, pour escarmoucher avec les Anglois, et y faisoit-on de belles armes. Messire Jean de La

Haye, baron de Coulonces, estoit lors en un chasteau du bas Mayne, nommé Mayenne-la-Juhais; et alloient souvent de ses gens audit Mont-Sainct-Michel, et pareillement de ceux du Mont à Mayenne. Ledit baron sceut la maniere et l'estat des Anglois, et fit sçavoir à ceux du Mont qu'ils saillissent un certain jour, et livrassent grosse escarmouche un jour de vendredy, et qu'il y seroit sans faute; et ainsi fut fait : car ledit de Coulonces partit de sa place avant jour, accompagné de ceux de sa garnison, qui chevaucherent neuf à dix lieuës, puis eux et leurs chevaux repeurent assez legerement; et aprés ils remonterent à cheval, en venant tout droit vers la place des Anglois : et cependant ceux du Mont, qui avoient bien esperance que ledit baron de Coulonces viendroit, saillirent pour escarmoucher, et aussi firent les Anglois : et tousjours François sailloient de leur place, et aussi faisoient Anglois de leur part; tellement que de deux à trois cent repousserent les François jusques prés du Mont : et lors, environ deux heures aprés midy, arriverent ledit baron de Coulonces et sa compagnée, et se mit entre Ardevon et les Anglois; tellement qu'ils n'eussent peu entrer en leur place, sans passer parmy les François que avoit ledit de Coulonces. Finalement ceux du Mont et les autres François chargerent à coup sur lesdits Anglois, lesquels se deffendirent vaillamment : mais ils ne peurent resister, et furent deffaits, et y en eut de deux cent à douze vingt de morts et de pris; et entre les autres y fut pris messire Nicolas Bordet, anglois. Puis ledit baron de Coulonces et sa compagnée s'en retournerent joyeux en sa place de Mayenne-la-Juhais.

Le quatriesme jour de juillet audit an, nasquit Loüis, aisné fils du roy de France et de madame Marie, fille du roy de Sicile. Le duc d'Alençon le tint sur les fons, et maistre Guillaume de Champeaux, evesque et duc de Laon, le baptisa. Les François faisoient forte guerre en Masconnois, et tenoient une place nommée La Bussiere; et y eut aucuns qui se firent forts de mettre le mareschal de Bourgongne nommé Toulonion, vaillant, sage et discret homme d'armes, dedans la place; lequel se douta fort qu'il n'y eust quelque mauvaistié et tromperie, et pource s'advisa qu'il y viendroit bien accompagné : laquelle chose ceux de la place sceurent, et manderent le seneschal de Lyon, de Grolée, Le Borgne Caqueran et le seigneur de Valpargue, qui avoient plusieurs Lombards en leur compagnée, et firent tant qu'ils trouverent ledit mareschal de Bourgongne et ses gens; si frapperent sur eux, qui firent petite resistance, car les François estoient plus; et si estoient les Lombards bien montez et armez. Il y en eut plusieurs de tuez et de pris, et entre les autres y fut tué ledit mareschal (1) de Bourgongne, et pour luy fut delivré le connestable d'Escosse.

L'an 1424, l'archevesque de Rheims, lequel estoit allé en Escosse pour avoir secours et ayde à l'encontre des Anglois, retourna et amena en sa compagnée le comte Du Glas, avec cinq à six mille Escossois. Il

---

(1) *Fut tué ledit mareschal* : le maréchal de Bourgogne ne fut point tué, mais il fut fait prisonnier; et on l'échangea contre le connétable d'Ecosse, qui avoit été pris à la journée de Crevant. Imbert de Groslée, bailli de Lyon, et Louis de Culant, amiral de France, commandoient les François.

descendit à La Rochelle et vint devers le Roy, lequel le receut grandement et honorablement, et luy fit grande chere; et luy donna le duché de Touraine avec les appartenances et appendances, pour en joüyr sa vie durant, exceptez les chasteaux et places de Loches et de Chinon, qui sont places fortes, que le Roy se reserva. Or est vray que le duc de Betfort, qui se nommoit regent au royaume de France, mit le siege devant une place vers le pays de Normandie, nommée Yvry, dedans laquelle il y avoit de vaillantes gens qui se deffendoient vertueusement, et y fut deux à trois mois devant : mais finalement il y eut appointement ou composition entre ledit duc de Betfort et le capitaine dudit lieu d'Yvry, qui estoit gascon, et se nommoit Girault de La Palliere; c'est à sçavoir qu'il rendroit la place, la ville et le chasteau d'Yvry à ce duc de Betfort, au cas que dedans certain temps il n'auroit secours du roy de France, son souverain seigneur.

Durant ces choses le seigneur de Valpargue, Le Borgne-Caqueran, lombards, le mareschal de La Fayete et le vicomte de Narbonne, s'en allerent vers les marches de Nivernois, où ils firent forte guerre, et prirent deux places, c'est à sçavoir Tuisy et La Guerche. Il se faisoit plusieurs rencontres de François, de Bourguignons et d'Anglois, et y en avoit souvent de tuez et de pris. Or quand la susdite composition fut faite des ville et chasteau d'Yvry, Girault de La Palliere le fit sçavoir au Roy, en luy requerant qu'il luy baillast et envoyast ayde et secours, ou il seroit contraint de rendre la place aux ennemis. Le Roy delibera d'y pourvoir, et manda le duc d'Alençon; les comtes Du Glas, de Boucan connestable de France, le comte d'Aumale, le vicomte de Narbonne, le mareschal de La Fayete et plusieurs autres, et leur ordonna qu'ils advisassent comment ils pourroient faire, et donner le secours que ledit de La Palliere requeroit. Ils delibererent de se mettre sur les champs, et de tirer vers les Anglois audit lieu d'Yvry : si vinrent loger auprés Chartres, dans laquelle ville estoient des gens de guerre tenans le party des Anglois et Bourguignons : et aprés s'en vinrent loger en un village prés de Dreux, nommé Nonancourt; et là ils eurent nouvelles certaines que les ville et chasteau dudit Yvry estoient renduës et livrées audit duc de Betfort. Et pour ce, lesdits duc d'Alençon, comtes Du Glas et de Boucan furent conseillez de tirer vers la ville de Verneüil, qui competoit et appartenoit audit duc d'Alençon de son propre heritage, et y vinrent. Et quand ceux de la ville veirent leur droit seigneur, ils se mirent en son obeïssance et se rendirent à luy, excepté la tour, dans laquelle plusieurs Anglois s'estoient retirez : laquelle tour fut assez tost aprés renduë par composition par les Anglois qui estoient dedans, lesquels s'en allerent leurs corps et biens saufs : et ainsi la ville et la tour furent nuëment en l'obeïssance du Roy et de monseigneur d'Alençon. Puis s'assemblerent les seigneurs et capitaines, pour sçavoir ce qu'on avoit à faire : plusieurs furent d'opinion qu'on mît une bonne grosse garnison dedans Verneüil contre les Anglois, et que lesdits seigneurs et le demeurant de la compagnée s'en allassent diligemment devant plusieurs places que tenoient les Anglois, lesquelles estoient despourveuës de gens, et n'y avoit point de garnison; et que veu que lesdits chasteau et ville d'Yvry estoient rendus, il n'estoit pas de necessité ou expedient de combatre pour ledit temps, et à cette heure.

De cette opinion estoient les comtes d'Aumale, vicomte de Narbonne, et autres anciens capitaines et gens de guerre, qui sçavoient parler de telles matieres, renommez d'estre vaillans, et se cognoissans en faict de guerre : car oncques on ne conseilla dans le royaume de France de combatre les Anglois en batailles rangées; et quand on l'avoit fait, il en estoit mal advenu : au contraire, les comtes Du Glas et de Boucan, les Escossois, et aucuns François jeunes, de grand courage et de leur volonté, qui n'avoient pas si bien cognoissance des faicts de guerre, et venoient droict de leurs maisons, estoient d'autre opinion; et y eut aucuns qui disoient qu'il sembloit que ceux qui estoient d'opinion qu'on ne combatist point avoient peur; et toutesfois c'estoit des plus vaillans et mieux cognoissans en faict de guerre. Or en parlant et debatant de la matiere pour sçavoir ce qu'on avoit à faire, il vint nouvelles que le duc de Betfort et sa compagnée, qui estoit grande et puissante, estoient logez à trois ou quatre lieuës dudit lieu de Verneüil, et qu'il venoit pour combatre.

Alors il ne fut plus mis en question si on combatroit; car les Escossois et aucuns François conclurent que on combatroit, et que bataille se feroit. Et un jeudy matin aprés la Nostre-Dame de la my-aoust, les duc d'Alençon, comte Du Glas, de Boucan, d'Aumale et les autres François se mirent sur les champs, et s'ordonnerent en bataille assez prés de ladite ville de Verneüil; et furent commis gens à cheval aux deux aisles, pour frapper sur les archers : et specialement les Lombards sur l'une des aislés, qu'on estimoit à environ cinq cent hommes, lances au poing; et de l'autre estoient des François, de deux à trois cent lances : les princes et seigneurs dessus dits estoient à pied. Les choses estans ainsi ordonnées, le duc de Betfort, les comtes de Suffolc et de Salisbery parurent assez-tost aprés, à fort grande compagnée; lesquels, aussi-tost qu'ils veirent les François, se mirent à pied en fort belle ordonnance, et leurs archers estoient aux aisles, d'un costé et d'autre; si firent reculer leurs chevaux et bagages. Alors commencèrent à marcher les uns contre les autres; mais les Anglois marchoient lentement et sagement, sans se gueres eschauffer : et au contraire les Escossois marchoient legerement et trop hastivement, du desir qu'ils avoient de parvenir à leurs ennemis; et de pareille alleure s'avançoient les François : tellement qu'on disoit que la pluspart d'èux estoient hors d'haleine avant que de se joindre aux ennemis. Le vicomte de Narbonne s'avança devant les autres, et s'adressa au comte de Salisbery, contre lequel il se porta vaillamment. Les Lombards qui estoient à cheval frapperent aucunement à l'assembler sur un coing des archers anglois; si passerent outre, puis allerent au bagage, et le gagnerent; puis ils en partirent, et passerent outre, sans plus rien faire. Les François à cheval, qui estoient de deux à trois cent lances, frapperent vaillamment sur l'autre costé, où il y avoit bien de deux à trois mille archers, et deux cent lances d'Anglois; et s'y comporterent si bien et honorablement, qu'ils rompirent et deffirent lesdits Anglois, dont il y eut quantité de tuez et de pris.

Cela fait, ils ne s'attendoient qu'à eux, et croyoient certainement que tous les Anglois fussent deffaits. Mais la chose estoit autrement : car la deffaite fut bien grande pour les François, et y eut une bien aspre et dure besongne : et y furent tuez le comte Du Glas, Jamet son fils, et Boucan, escossois ; et de leurs gens plus que d'autres. Et aussi le comte d'Aumale, le comte de Ventadour, le vicomte de Narbonne, le comte de Tonnerre, les seigneurs de Graville, de Beausault, messire Charles Le Brun, messire Antoine de Caourse, seigneur de Malicorne, messire Guillaume de La Palu, et plusieurs autres, jusques au nombre de six à sept mille hommes : et y furent pris le duc d'Alençon, le bastard d'Alençon, le seigneur de La Fayete mareschal de France, le seigneur de Mortemer, et plusieurs autres. Et quand ils trouverent le vicomte de Narbonne mort, ils firent pendre le corps en un arbre, pource qu'il avoit esté à la mort du duc de Bourgongne. Et le lendemain leur fut renduë la ville de Verneüil et la tour, où s'estoient retirez plusieurs François, lesquels par l'ordonnance du duc de Betfort s'en allerent, sauves leurs vies et biens. En cette bataille mourut grande quantité d'Anglois, et autres tenans leur party ; tellement que ledit duc envoyant par les citez et villes de leur party dire les nouvelles de la victoire, manda expressément qu'on n'en fist aucune solemnité (1) : car combien qu'ils eussent eu l'honneur, toutesfois

---

(1) *Qu'on n'en fist aucune solemnité* : Cette défense de solenniser

ils y avoient receu beaucoup de dommage. Les Anglois souffrirent prendre et emporter les corps des seigneurs morts, et le Roy les fit enterrer, et faire leurs services bien honorablement.

Deux mois ou environ aprés, messire Jean Fastol, chevalier anglois, lequel estoit capitaine d'Alençon et gouverneur desdites marches, de par le duc de Bethfort dressa une armée, et s'en vint mettre le siege devant une place du pays du Maine, nommée Tannie, et n'y fut gueres : car ledit chasteau luy fut rendu par composition.

En ce mesme temps aussi, le comte de Salisbery delibera d'aller mettre le siege devant la cité du Mans,

---

par des fêtes la victoire des Anglois se trouve contredite dans le Journal de Paris (p. 161).

« Laquelle bataille dessus dicte fut le jeudy dix-septiesme jour du mois
« d'aoust l'an 1424, et le vendredy ensuivant dix-huitiesme jour dudit
« mois fist-on les feux partout Paris et moult grant feste, pour la perte
« des arminaz : car on disoit qu'ils s'estoient vantés que se ils eussent
« le dessus de nos gens, qu'ils n'eussent espargné ne femmes, ne enf-
« fants, ne héraux, ne menestriers, que tout ne fust mort à l'espée....

« Le jour de la Nativité Notre Dame, en septembre, vinst le Régent,
« et fust Paris paré par-tout où il devoit passer, et les rues parées et
« nestoiées ; et furent audevant de luy ceulx de Paris vestus de ver-
« meil... Par-tout où il passoit, on crioit haultement Nouel... Devant
« le chastelet avoit un moult bel mystére du vieil Testament et du nouvel,
« que les enffants de Paris firent ; et fust fait sans parler ne sans signer,
« comme ce fussent ymages enlevés contre un mur. Aprés quand il ot
« moult regardé ce mystére, il s'en alla à Nostre Dame, où il fust receu
« comme ce fust Dieu : car les processons qui n'avoient pas esté aux
« champs, et les chanoines de Notre Dame, le reçurent à la plus grant
« honneur, en chantant hymnes et louanges que ils purent ; et jouoit-
« on des orgues et des trompes, et sonnerent toutes les cloches. Brief
« on ne vit oncques plus d'honneur faire.... qu'on luy fist à cette
« journée et à sa femme, qui alloit toujours aprés luy, quelque part qu'il
« allast. »

et se mit en chemin pour y aller. Il y avoit à Maine-la-Juhais un chevalier, capitaine de la place, nommé Pierre Le Porc, qui estoit un vaillant chevalier, et accompagné de vaillantes gens, auquel l'entreprise dudit comte vint à cognoissance. Si partit de sa dite place de Maine, ayant en sa compagnée de huict vingt à deux cent combatans, et alla mettre une embuscade prés de Sées en Normandie, sur le chemin dudit comte de Salisbery et de son ost, qui assez loin au devant de luy avoit de ses gens qui chevauchoient et ne se doutoient de rien ; sur lesquels iceluy Pierre Le Porc et ses gens frapperent, et en tuerent et prirent grand nombre ; puis aprés, ce nonobstant, ils s'en retournerent arriere en leur place avec toute leur prise. Or combien que le susdit comte en fust bien desplaisant, il ne laissa pas de poser son siege, et fit mander et assembler gens de toutes parts, et mit et forma son siege devant ladite ville, et y fit assortir grosses bombardes et autres engins, pour abbatre les murs d'icelle cité ; et de faict, il y en eut une grande partie d'abbatuë du costé de la maison de l'evesque : ce nonobstant, ceux de dedans se deffendoient vaillamment, et firent plusieurs et diverses saillies, en grevant leurs ennemis. Toutesfois ils consideroient bien qu'ils n'auroient aucun secours, et qu'ils n'eussent peu tenir longuement ; et pour ce delibererent-ils de trouver expedient le meilleur qu'ils peurent : tant que finalement la ville fut renduë audit comte de Salisbery par composition telle, que les gens de guerre et autres qui s'en voudroient aller et partir de la ville s'en iroient, et ceux qui voudroient demeurer demeureroient en l'obeïssance des Anglois.

Et les François estans en icelle ville payèrent mille et cinq cent escus, pour les fraiz et mises que ce comte avoit faits à mettre le siege devant ladite cité.

Cette prise ainsi faite, le mesme comte de Salisbery voyant et considerant la puissance des François estre ainsi diminuée, et qu'il seroit difficile au Roy de trouver ou assembler gens pour le grever, poursuivit sa conqueste, et vint mettre le siege devant les chastel et ville de Saincte-Suzanne, au mesme pays du Maine, où estoit capitaine messire Ambroise de Lore; et iceluy comte y fit assortir et asseoir plusieurs grosses bombardes : à la venuë duquel ledit messire Ambroise fit plusieurs belles escarmouches et saillies, lesquelles porterent grand dommage aux Anglois; et apres, le siege fut clos de toutes parts. Et quand il y eut esté quelques dix jours devant, il commença à faire tirer lesdits canons et bombardes incessamment jour et nuit, tellement qu'ils abbatirent grande quantité des murs de ladite ville; et y fit-on plusieurs escarmouches et saillies d'un costé et d'autre, et essays pour assaillir : et finalement ledit de Lore et ses compagnons furent contraints de rendre iceux chastel et ville audit comte de Salisbery, et luy et ses compagnons perdirent tous leurs biens et leurs prisonniers, et s'en allerent aprés que ladite place eut ainsi esté renduë, tous à pied, un baston en leur poing : et pour les fraiz faits par ledit comte à mettre iceluy siege, ledit Ambroise de Lore luy bailla deux mille escus d'or comptant.

Ladite ville de Saincte-Susanne estant ainsi euë par iceluy comte de Salisbery, il alla mettre le siege devant le chasteau de Mayenne-la-Juhais, et y fit mener plusieurs grosses bombardes, comme devant les autres places. Un vaillant chevalier nommé Pierre Le Porc estoit capitaine d'iceluy chasteau, lequel y fut fortement batu de grosses bombardes : et si il y eut plusieurs et diverses mines faites, et les Anglois y donnerent plusieurs et divers assauts; et mesmement un bien merveilleux, tant par les murailles que par les mines, ausquels il fut vaillamment et vigoureusement resisté par ceux de dedans; et y eut plusieurs Anglois de tuez et blessez. Or il n'estoit doute qu'ils n'eussent pu avoir aucun secours, et pource la place fut renduë par composition audit comte de Salisbery; suivant laquelle composition ceux qui s'en voulurent aller s'en allerent, et ceux qui voulurent demeurer demeurerent. Mais il fut payé deux mille escus par ledit capitaine et autres François, pour les fraiz et mises que ledit comte de Salisbery avoit faites à mettre ce siege.

L'an 1425, le Roy envoya vers le duc de Bretagne messire Tanneguy Du Chastel, qui estoit natif du pays de Bretagne, et lequel on disoit estre luy et ses parens bien aymez du duc; et luy fit prier et requerir qu'il le voulust ayder et secourir, en luy remonstrant qu'il y estoit tenu en plusieurs et diverses manieres. Ledit duc respondit pleinement qu'il n'y entendroit en rien, sinon que prealablement et avant tout œuvre le Roy mît hors de sa compagnée et de son hoste tous ceux qui estoient consentans de sa prise; et les nomma. Le Roy envoya pareillement vers le duc de Savoye, pour sçavoir si le duc de Bourgongne ne voudroit point entendre à quelque traité; et aussi si ledit duc ne voudroit point ayder au Roy. Lequel respondit qu'il sçavoit bien que le duc de Bourgongne n'entendroit à aucun traité, sinon que prealablement le Roy mît hors d'avec luy ceux qui avoient esté consentans de la mort du feu duc de Bourgongne son pere; et ce fait, aussi que le duc de Savoye ayderoit volontiers au Roy de ce qu'il pourroit. Et estoit aucune renommée que le duc de Bourgongne se lassoit fort d'estre allié avec les Anglois; et aucuns estans prés de luy l'induisoient fort de s'en demettre : car ce qu'il avoit fait fut bien soudainement, et par une chaleur causée du desplaisir de la mort de son pere ainsi tué. Ceux qui furent envoyez devers lesdits seigneurs retournerent devers le Roy, et luy exposerent les responses qui leur avoient esté faites par lesdits seigneurs : mesme ledit Tanneguy, qui estoit present, et lequel rapporta ce que le duc de Bretagne luy avoit respondu, dit : Que combien qu'il ne fust consentant ny de la mort du duc de Bourgongne ny de la prise du duc de Bretagne, toutesfois, pource qu'au temps des choses advenuës il estoit prés du Roy, il estoit content de s'en partir : et de faict s'en alla en Languedoc, en une place nommée Beaucaire. Et au regard du president de Provence, il luy faisoit mal d'en partir, et dit qu'il ne s'en iroit point : toutesfois il s'en partit et alla à la fin : et aussi fit le physicien nommé maistre Jean Cadart, lequel on tenoit le plus sage et mieux advisé : car il s'en alla riche de vingt-cinq à trente mille escus; et ledit president mit en son lieu le seigneur de Giac, lequel estoit des plus prochains du Roy.

Le comte de Salisbery, en continuant ses conquestes, assembla une grande armée, et vint mettre le siege devant La Ferté-Bernard, au pays du Maine, de laquelle place estoit capitaine un escuyer nommé Loüis d'Avaugour. Il estoit garny et fourny de tous les habillemens de guerre dessus declarez, et si fut-il devant trois à quatre mois sans ce qu'il la peust avoir. Ladite place fut bien batuë, et ceux de dedans se defendirent le mieux qu'ils peurent ; mais finalement ils furent contraints de se rendre à ce comte de Salisbery comme à sa volonté, et la place luy fust baillée. Il retint prisonnier par aucun temps ledit mèssire Loüis d'Avaugour ; mais combien qu'il fust bien gardé, il trouva moyen de soy eschapper.

Environ ce temps, il vint à la cognoissance du Roy que Artus, fils et frere des ducs de Bretagne, comte de Richemont, avoit grand desir de venir vers luy, dont il estoit bien joyeux. Ledit seigneur comte de Richemont avoit esté pris à la bataille d'Azincourt en 1415, et estoit dés son jeune âge de grand, noble et vaillant courage ; mais il n'avoit pas grande portion de terre pour soustenir son estat. Le duc de Bretagne son frere, et aussi le duc de Bourgongne, voulurent bien trouver moyen de le mettre à delivrance ; et fut comme contraint (ou jamais n'eût esté delivré) de faire ce que lesdits deux ducs ordonneroient : c'est à sçavoir qu'il feroit serment au roy d'Angleterre Henry v de le servir : ce qu'il fit ; mais ses volonté et courage estoient tousjours portez envers la couronne de France. Or quand ce roy d'Angleterre, à qui il avoit fait ce serment, fut mort en 1422, il luy sembla (et aussi estoit-il vray) qu'il estoit quitte de toutes les promesses qu'il avoit faites au roy d'Angleterre : car elles n'estoient que personnelles, sçavoir à la personne du roy d'Angleterre, et non d'autre. Toutesfois il doutoit fort de venir devers le Roy, s'il n'avoit aucunes seuretez; ny son frere le duc de Bretagne ne le vouloit souffrir, veu que ledit duc avoit autresfois (comme il estoit renommée) fait serment au roy d'Angleterre, et ledit de Richemont servy ledit Roy. Et pource que le Roy sçavoit assez la bonne volonté qu'il avoit, il fut content, pour la seureté qu'il desiroit, de luy bailler et mettre pour lors en ses mains Lusignan, Chinon et Loches, qui estoient les plus belles places qu'il eust, afin d'y mettre telles gens que bon luy sembleroit; et ainsi fut fait : et il promit aussi de les rendre et remettre és mains du Roy, la chose estant accomplie et parfaite.

Aprés quoy il fut ordonné que le Roy viendroit à Angers, et que là ledit comte de Richemont viendroit vers luy. Il estoit lors bien accompagné, car les barons d'Auvergne et de Bourbonnois, et cinq à six cent chevaliers et escuyers, se vinrent (aprés ladite besongne de Verneüil) offrir à son service : aussi firent ceux de Guyenne et de Languedoc; et y eut un seigneur d'Arpajon qui vint vers le Roy, en luy disant qu'il estoit encores assez puissant pour resister à ses ennemis; et que le Roy fineroit, és pays dont il venoit, de dix à douze mille arbalestriers d'arbalestes d'acier. Le Roy s'en alla donc à Angers bien accompagné, comme dit est; et le comte de Richemont vint devers luy en ladite cité, habillé et monté bien gentement, et s'offroit à son service, comme celuy auquel le courage et la volonté n'avoit oncques changé ou mué depuis le jour qu'il avoit esté pris à la susdite bataille d'Azincourt, quelques feintes que sagement il eust faites pour procurer

8. 8.

sa delivrance, et y estant comme contraint. Or le Roy voyant la loyale volonté d'iceluy comte de Richemont, le receut à grande joye et grand honneur, et se monstra fort joyeux de sa venuë. Et pource que la connestablie de France estoit lors vacante par la mort du comte de Boucan, lequel n'agueres avoit esté tué à la bataille de Verneüil, dont dessus est fait mention, le Roy le fit et ordonna en sa place connestable de France. Mais ledit comte de Richemont s'en excusa aucunement, bien et grandement, en remonstrant la charge que c'estoit : et aprés plusieurs paroles et difficultez, il prit et accepta cette charge et cét office de connestable, et receut l'espée, et fit les sermens au Roy et au royaume, en la forme et maniere accoustumée : de quoy on fit dans Angers de tres-grandes joyes, et cheres; puis il remit en la main du Roy les places sus mentionnées qu'il avoit euës pour seureté, en intention de se mettre sus en armes, afin de resister et faire guerre aux Anglois.

En ce temps messire Olivier de Mauny et le sire de Coëquen firent une grande assemblée de gens d'armes en Bretagne, et vinrent courre devant le Parc-l'Evesque, qui estoit une place appartenant à l'evesque d'Avranches, auquel lieu il y avoit quantité d'Anglois, et plus largement que les Bretons ne croyoient; et pource lesdits Anglois saillirent bien et vaillamment, et combatirent fort; et finalement les Anglois deffirent les Bretons, dont il y eut plusieurs de tuez et pris : entre les autres y fut pris le susdit messire Olivier de Mauny, lequel s'estoit vaillamment deffendu ; et si chascun eust fait comme luy, la chose eust autrement esté.

En ce temps il advint un grand brouillis en Rouergue et en la comté d'Armagnac, dont fussent advenus plusieurs inconveniens, s'il n'y eust esté mis remede : car la mère du comte d'Armagnac et du seigneur de Perdriac son frere avoit plus grand amour pour ledit Perdriac son puisné, que pour l'aisné; et eust bien voulu pouvoir tant faire que l'aisné eust laissé la comté à Perdriac, ou qu'il eust eu bien largement de la succession du pere. Le mareschal de Severac, qui estoit lors puissant de gens, estoit de cette volonté, et tendoit à cela; ledit de Perdriac l'appelloit son pere, et Severac l'appeloit son fils, et disoit qu'il seroit son heritier; (et est vray que ledit Severac estoit subjet et vassal du comte d'Armagnac). Finalement ils firent tant, que ledit comte d'Armagnac avec sa mere et Severac vinrent aux Cordeliers de Rhodez hors la ville, et tinrent là ledit comte comme prisonnier par aucun temps, et le vouloient induire à consentir à aucunes choses à luy bien prejudiciables; et cependant on gardoit les entrées des maisons desdits cordeliers tellement, que personne n'y entroit sans le congé d'iceluy Severac.

Or le comte d'Armagnac fit tant, qu'il trouva un compagnon qui alla vers le seigneur d'Arpajon luy requerir qu'il vînt parler à luy; et y alla le message; et luy dit les manieres qu'on tenoit envers ledit comte. Alors ledit d'Arpajon, comme bon et loyal serviteur et vassal, en eut grand desplaisir, et vint ausdits Cordeliers; et fit tant qu'il y entra et parla au comte, lequel luy dit les choses qu'on luy faisoit et vouloit faire, et specialement ledit de Severac. Alors il y eut de hautes paroles entre ledit d'Arpajon et Severac; et

8.

ledit d'Arpajon en s'en allant dehors dit que Severac, en faisant ce qu'il faisoit, estoit faux et mauvais, traistre et desloyal; puis il monta à cheval, et s'en alla. Ledit seigneur de Severac se sentit fort injurié, et s'en alla aussi; et par ce moyen tout fut rompu : et assez tost aprés il envoya un poursuivant vers ledit d'Arpajon, avec lettres de deffiances parties par *a*, *b*, *c*, c'est à sçavoir qu'elles estoient escrites dessus et dessous d'une feüille de papier, et au milieu estoient lesdites trois lettres parmy coupées (1), contenant deffiances. Ledit d'Arpajon ne faillit pas à faire response, et tellement que guerre mortelle estoit ouverte : et tous les deux disoient et maintenoient qu'ils pouvoient en Guyenne faire guerre l'un à l'autre de leur propre auctorité, et qu'ils en avoient ainsi usé au temps passé.

Or la chose vint à la cognoissance du Roy, lequel leur envoya diligemment deffendre la voye de faict, et ordonna qu'on les adjournast tous deux en parlement pour comparoir en personne, afin de faire telles demandes qu'ils vouloient l'un contre l'autre, fust en gage de bataille ou autrement : car on craignoit fort la division au pays de par delà, veuë la guerre qui y estoit. Les parties comparurent au jour assigné, ou autres dependans d'eux, par plusieurs et diverses fois, et y eut sur ces matieres de grands plaidoyers et escritures longues et prolixes : et le Roy et autres leur parloient souvent d'accorder, leur remonstrant que les paroles avoient esté chaudement dites; mais remede ne s'y pouvoit trouver, combien qu'ils s'entre-aimassent auparavant comme freres.

(1) *Ou* demy-coupées.

Or advint une fois que tous deux estoient à Meun-sur-Yevre ; et Severac estoit dans la chambre du Roy, dont il vouloit sortir, et le seigneur d'Arpajon ignorant qu'il y fust pensoit y entrer ; et se rencontrerent l'un l'autre, et se heurterent des poitrines, et s'accollerent et baiserent soudainement, pleurans à chaudes larmes, et pardonnerent l'un à l'autre tous mal-talens, et furent bons amis ensemble ; qui fut un grand bien, car ils pouvoient fort ayder au Roy, et resister aux ennemis : ce qu'ils firent, et laisserent la division, qui sembloit bien perilleuse à ceux qui cognoissoient l'estat du royaume.

L'an 1426, le Roy envoya une notable ambassade devers le duc de Bretagne, en luy faisant sçavoir qu'il avoit mis hors ceux dont il avoit fait mention, et qu'ils s'en estoient partis et allez, en le requerant qu'il luy voulust ayder. Le duc assembla sur ce un grand conseil, afin d'avoir advis sur ce qu'il avoit à faire ; et il y eut sur cette matiere diverses opinions, et n'est doute qu'en ce temps-là il y avoit des differens et imaginations bien merveilleuses : toutesfois le duc delibera, et conclud de servir le Roy. En aprés le Roy vint à Saumur, et le duc s'en vint là vers luy bien habillé et ordonné, et ses gens aussi, et fut receu à bien grande joye, et luy fit-on tres-bonne chere : et il y fit l'hommage de la duché, et le serment au Roy comme à son souverain seigneur, et se disposa et ordonna luy et ses gens de faire guerre aux Anglois.

En ce temps il y avoit une place tenuë par les Anglois, nommée Pontorson, qui portoit grand dommage à plusieurs pays. Le comte de Richemont, connestable de France, y mit le siege, et la prit : il y eut plusieurs Anglois de tuez et pris ; puis il la fit razer et abbatre.

Le Roy s'en vint après à Yssoudun, et estoit avec luy le seigneur de Giac, qui estoit bien hautain ; et disoit-on que le Roy l'aymoit fort, et qu'en effect il faisoit ce qu'il vouloit ; dont les choses alloient tres-mal.

Le Roy fit une fois assembler ses trois Estats à Meun-sur-Yevre. Ce n'estoit que pour avoir argent, sous ombre de faire cesser les pilleries et roberies, qui estoient bien grandes, et trop destructives du peuple et du royaume ; et y eut des gens des bonnes villes qui furent contens d'ayder au Roy, mais que premierement on veit les choses disposées à oster les pilleries, et non autrement : et entre les autres il y avoit un evesque, nommé maistre Hugues Comberel, qui soustint fort cette opinion ; et pour abreger fut concluë une taille : et quand le Roy fut entré en sa chambre, ledit Giac vint à dire que qui l'en croiroit, on jetteroit ledit Comberel en la riviere, avec les autres qui avoient esté de son opinion. Et dés lors plusieurs seigneurs et autres furent tres-mal contens de luy. Les seigneurs de Lignieres et de Culant, qui avoient noise et debats ensemble, estoient adjournez audit lieu de Mehun, où le Roy leur avoit donné jour : et estoient pour lors à la cour les comtes de Foix et de Comminges, ayans quantité de capitaines et gens d'armes de leurs pays : et si y estoit le seigneur de La Trimoüille, lequel soûtenoit Culant ; et Giac soustenoit Lignieres.

Or advint un jour qu'on parloit en la presence du Roy du debat entre lesdites parties. Giac parla bien hautainement, en chargeant en aucune maniere le seigneur de La Trimoüille : et en multipliant les paroles de part et d'autre, il advint que La Trimoüille dementit Giac; dont le Roy, à sa suggestion, fut tres-mal content. Puis ledit de La Trimoüille partit du chasteau : car le comte de Foix, qui avoit espousé sa sœur de mere, luy manda qu'il en partist bien tost, ou qu'il auroit desplaisir; et il s'en vint hastivement à Yssoudun, et le lendemain à Sully, là où il se tint par aucun temps, se doutant tousjours qu'il ne luy survînt quelque grand empeschement; car Giac excitoit fort le Roy à faire quelque desplaisir au seigneur de La Trimoüille : et aussi d'autre part ledit de La Trimoüille et le connestable considerans que ledit de Giac avoit fait de l'argent de la taille dessus dite ce que bon luy avoit semblé, et l'avoit dissipé sans en employer comme rien à resister aux ennemis, pensoient tousjours aux moyens comme ils le pourroient oster d'auprés le Roy.

Enfin, au mois de janvier audit an, le Roy estant à Yssoudun et ledit de Giac ne se doutant de rien, lesdits connestable et de La Trimoüille entrerent à un poinct du jour dedans le chasteau, et vinrent jusques à la chambre dudit Giac, dont ils rompirent l'huis, le prirent en son lict, et le menerent à Bourges, et depuis à Dun-le-Roy, où ils le firent examiner par un homme de justice qui estoit à la disposition du connestable, sur le faict des susdites finances prises. Sur quoy il en confessa bien et largement : et pource qu'il estoit aucune renommée qu'il avoit par poisons fait mourir sa femme, en intention d'avoir en sa place dame Catherine de Lisle-Bouchart, belle et bonne dame (laquelle avoit esté auparavant mariée à messire Hugues de Chalons comte de Tonnerre), on l'interrogea sur ce cas, et il le confessa avec autres choses, ainsi qu'on disoit. Parquoy il fut jetté et noyé dans la riviere, puis son corps fut tiré de l'eauë, et baillé à aucuns de ses gens pour enterrer : et assez tost aprés ledit de La Trimoüille espousa icelle dame Catherine, et en eut plusieurs beaux enfans. Et lors un escuyer, nommé Le Camus de Beaulieu, se mit auprés du Roy.

En ce temps les Anglois avoient esté remparer une place en Normandie nommée Sainct-Jame-de-Beuvron, vers les marches de Bretagne ; et estoient dedans messires Thomas de Rameston, Philippe Branche, et Nicolas Bourdet anglois, accompagnez de six à sept cent Anglois, lesquels couroient le pays, et faisoient plusieurs grands dommages en Bretagne et au pays de Normandie : et pour cette cause fut faite une grande armée par le connestable au pays de Bretagne, en bien grand nombre de gens, tant du pays de Normandie que de Bretagne, et tant du commun du peuple que d'hommes d'armes et de traict, qu'on estimoit bien de quinze à seize mille combatans ; et vint mettre le siege devant ladite place de Sainct-Jame-de-Beuvron, durant lequel les Anglois firent plusieurs saillies sur le connestable, et y eut de dures escarmouches tant d'un costé que d'autre.

Or advint un jour que les gens du siege du connestable delibererent d'assaillir cette place ; et de faict le firent, et y eut un tres-aspre assaut qui dura de trois à quatre heures, et les gens du connestable combatoient souvent main à main avec les Anglois. Il y avoit une poterne en ladite ville de Sainct-Jame prés d'un estang, du costé de laquelle les François n'eussent pas peu s'ayder l'un à l'autre. Les Anglois saillirent dehors par là, et vinrent frapper sur ceux qui assailloient, qui en furent bien esbahis, et non sans cause; et y en eut bien quatre cent de morts, tant de glaive, que de noyez audit estang, et rompirent l'assaut par le moyen de ladite saillie; et aprés le connestable et ses gens se retirerent en leur logis, et les Anglois dedans ladite ville de Sainct-Jame-de-Beuvron. Environ deux heures aprés minuict survint un grand bruit et desarroy en l'ost des François : et si ne sçavoit-on ny ne sceut oncques depuis la cause pourquoy; et s'en alla tumultuairement chacun où il peut, et où il sçavoit le chemin. Ils laisserent et abandonnerent leur artillerie, sans sçavoir d'où venoit ce desarroy, ny qu'il en fust aucune necessité : ce qu'estant sceu dudit connestable, il en fut fort courroucé et dolent, non sans cause; mais il n'y peut mettre remede pour cette fois. Aucuns disoient qu'icelle compagnée estoit pour la pluspart de gens qui oncques-mais n'avoient esté en guerre, dont la plus grande partie estoient venus de Bretagne à l'ayde et au secours du connestable.

Audit temps, le seigneur de Filvastre, anglois, descendit dans le pays de Hainaut avec bien trois à quatre mille combatans, croyant aysément conquester ladite comté de Hainaut. Laquelle chose estant venuë à la cognoissance de Philippe duc de Bourgongne, il assembla diligemment et hastivement des gens d'armes de toutes parts, et vint trouver ledit seigneur de Filvastre et les Anglois à la descente de leurs vaisseaux, et les combatit audit lieu. Il y fut vaillamment fait, tant d'un party que d'autre; mais finalement les

Anglois furent deffaits, et y en eut de tuez, comme on disoit, bien mille et cinq cent, et grand nombre de prisonniers; et ledit seigneur Filvastre fut contraint de se retirer et rentrer dans ses vaisseaux; et retourna, à tout ce qu'il peut recouvrer de ses gens, en Angleterre.

En ce temps, le comte de Richemont connestable de France dressa une armée, et vint à La Fléche, au pays d'Anjou; puis il envoya ses gens mettre le siege devant une place nommée Galerande, où il y avoit assez forte basse-court avec un donjon; et assez-tost aprés ladite basse-court fut assaillie et prise d'assaut, et les Anglois se retirerent audit donjon; puis ils se rendirent par composition.

En ce mesme temps, les Anglois prirent d'escalade une place nommée Reinefort ou Romefort en Anjou: et assez-tost aprés le seigneur de Rays et le seigneur de Beaumanoir, qui estoit capitaine de Sablé, firent une assemblée de gens de guerre, et s'en vinrent loger à Sainct-Laurens-des-Mortiers, environ deux lieuës dudit Reinefort ou Romefort; et ce jour mesme messire Ambroise, seigneur de Lore, s'alla loger devant ladite place, où il y eut dure et grande escarmouche, en laquelle plusieurs d'un costé et d'autre fûrent tuez ou pris: enfin le boulevart dudit chasteau fut pris d'assaut; et ledit seigneur de Lore demeura devant cette place toute la nuict, jusques au lendemain dix heures, à laquelle heure les Anglois se mirent à composition, et promirent audit chevalier de rendre la place le lendemain; et de ce luy baillerent ostages. Ce mesme jour vinrent lesdits seigneurs de Rays et de Beaumanoir, et fut renduë la place, et le chasteau livré et baillé par lesdits Anglois. On y trouva dedans plusieurs de la langue françoise, lesquels furent pendus : car ils n'estoient en rien compris en icelle composition.

Environ ce temps estoit un capitaine françois nommé Guyon Du Coing, lequel, pour trouver son adventure, partit de Sablé, ayant en sa compagnée de cent à six-vingt chevaux, et rencontra à une lieuë prés du Mans un chevalier anglois nommé messire Guillaume Hodehal, qui avoit en sa compagnée seulement de seize à vingt Anglois : lequel quand il véid lesdits François venir devers luy, il descendit, et ses gens aussi à pied, en un grand chemin prés d'une haye, pour se defendre et combatre contre iceux François, lesquels luy vinrent courir sus tout à cheval. Mais il se gouverna et deffendit si vaillamment, qu'il demeura luy et ses gens tousjours ferme en sa place, sans recevoir comme point de dommage; au contraire, il y eut des François de tuez et de pris, et entre les autres un escuyer de Bretagne nommé Jean Soret; puis iceluy Hodehale s'en alla, sans rien perdre, en la ville du Mans.

Assez tost aprés les seigneurs de Rays et de Beaumanoir leverent une armée, et allerent mettre le siege devant un chasteau nommé Malicorne, que les Anglois occupoient, et estoient une gaillarde compagnée dedans, tous bien vaillans. La place fut aucunement batuë d'engins, puis on l'assaillit, et il y eut bien dur assaut : car il y en eut peu de ceux de dedans qui ne fussent blessez. Aprés quoy, quand le capitaine veit qu'il ne povoit plus bonnement gueres tenir, il commença à parlementer avec messire Ambroise de Lore qui n'agueres y estoit arrivé, et se rendirent tous prisonniers. Les Anglois furent tous mis à finance; mais ceux de la langue de France, qui s'estoient rendus à la volonté d'iceux seigneurs de Rays et de Beaumanoir, furent tous pendus.

L'an 1427, les comtes de Warwich et de Sufolc, anglois, delibererent de mettre le siege à Montargis, et manderent à cét effet gens de toutes parts en grand nombre, tant Anglois que de leurs alliez; et si firent provision d'artillerie, puis vinrent mettre le siege tant devant la ville comme devant le chasteau : il y avoit dedans un gentilhomme gascon nommé Bouzon-de-Failles, et de vaillantes gens en sa compagnée. A l'arrivée des Anglois, aucuns compagnons saillirent, et il y eut par diverses fois de gaillardes escarmouches. Les Anglois fermerent tellement leur siege, qu'on n'y eust pû, sinon à grande difficulté, entrer ny sortir; et firent par dehors des fossez et hayes, en reservant seulement aucunes entrées par lesquelles on pouvoit venir en leur ost : avec iceluy Bouzon et ses gens estoient les habitans de cette ville-là, qui avoient tous bonne volonté de se bien deffendre. Les Anglois faisoient grandement tirer leurs bombardes et canons, tellement que la ville fut fort batuë en divers lieux; et nonobstant ceux de dedans se defendoient vaillamment, et grevoient beaucoup les Anglois, specialement de coups de traict, tant de grosses arbalestes que de canons.

Or un certain jour fut fait une sortie, en laquelle fut pris un de ceux de la garnison, lequel avoit autresfois esté du party du duc de Bourgongne; et pour se delivrer il dit aux Anglois que s'ils le vouloient laisser aller, qu'il luy sembloit bien qu'il trouveroit moyen de leur bailler le chasteau par un lieu dont il avoit la garde quand il y estoit : et entre autres il le dit à messire Simon Morhier, un chevalier françois, et leur monstra par dehors la maniere et le lieu; et les Anglois adviserent sur cela que la chose estoit bien faisable, et fut pris à ce dessein le jour et l'heure; puis ils le laisserent aller. Il entra donc dedans la place; et aussi-tost qu'il y fut, il dit audit Bouzon tout ce qu'il avoit dit et fait; lequel en fut bien joyeux, car il luy sembloit bien que par ce moyen il en pourroit bien prendre et accabler.

Or les Anglois et Bourguignons vinrent precisément au jour assigné et à l'heure entreprise; et furent diligens de dresser leurs eschelles, puis entrerent dedans : mais aussi-tost qu'ils estoient entrez on les prenoit et desarmoit-on, et entre les autres le susdit messire Simon y entra luy-mesme, et fut pris. Il ne retournoit personne à la fenestre par où ils entroient : de sorte que les Anglois apperceurent bien qu'il y avoit de la tromperie; neantmoins il y en eut quinze ou seize de pris. Ceux de dedans tinrent longuement, et se defendoient fort; mais vivres leur failloient, et n'estoit pas possible qu'ils peussent plus gueres longuement tenir. Laquelle chose estant venuë à la connoissance du comte de Richemont connestable de France, et du comte de Dunois, ils assemblerent vivres le plus qu'ils peurent, et aussi des gens de guerre : entre les autres estoient en leur compagnée les seigneurs de Graville, de Gaucourt, Estienne de Vignoles, dit La Hire, et autres, pour adviser comment on pourroit mettre des vivres dedans la ville et le chasteau; et fut advisé que si on livroit ou faisoit une forte escarmouche en un certain lieu, qu'on y pourroit jetter et mettre vivres par un autre costé. Le connestable se tint cependant à Jargeau avec ses gens, et le comte de Dunois alla vers Montargis, avec lequel estoit Estienne de Vignoles, dit La Hire, lequel, accompagné de soixante lances, fut chargé d'aller faire une course devant le siege, pour sçavoir leur maintien; auquel ledit comte de Dunois promit de le suivre, et aussi le fit-il. Les Anglois, comme dessus a esté touché, avoient fermé et clos leurs logis de paulx et de fossez, au long desquels estoient les logettes de ceux qui tenoient le siege, couvertes de chaumes, de feure, et d'herbes seiches.

Or avec La Hire estoit aussi un capitaine d'Escosse nommé Quennede, et l'abbé de Serquenciaux, qui avoient bien de trois à quatre mille hommes de pied. Quand La Hire approcha du siege, et eut apperceu que c'estoit chose tres-difficile d'y entrer, il advisa un passage par où il luy sembla qu'on passeroit bien : alors luy et ses compagnons prirent leurs salades (1), et leurs lances au poing; et y estoit le seigneur de Graville, Brangonnet d'Arpajon, Saulton de Mercadieu, et autres. La Hire trouva un chapelain, auquel il dit qu'il luy donnast hastivement absolution; et le chapelain luy dit qu'il confessast ses pechez. La Hire luy respondit qu'il n'auroit pas loisir : car il falloit promptement frapper sur l'ennemi, et qu'il avoit fait ce que gens de guerre ont accoustumé faire. Surquoy le chapelain luy bailla absolution telle quelle; et lors La Hire fit sa priere à Dieu, en disant en son gascon, les mains jointes : « Dieu, je te prie que tu

---

(1) *Salades* : casques fort légers.

« fasses aujourd'huy pour La Hire autant que tu vou-
« drois que La Hire fist pour toy si il estoit Dieu, et tu
« fusses La Hire. » Et il cuidoit tres-bien prier et dire.
Advisant donc une des entrées du siege, luy et ses
compagnons y entrerent comme environ l'heure de
midy, les lances au poing, pendant que ceux du siege
disnoient.

On cria aussi-tost à l'arme, et les Anglois se mirent incontinent sus armez et habillez. Surquoy les
François et Escossois qui estoient avec les susdits
abbé et Quennede se rangerent, et mirent le long
des fossez que les Anglois avoient faits autour de leur
siege, et entrerent és logis, mettans le feu dedans,
et combattirent contre ceux qu'ils trouvoient et ren-
controient; puis ils se joignirent aux gens de cheval.
Là dessus les bannieres et estendarts des Anglois furent levez, lesquels s'assemblerent et rallierent par diverses fois. Les seigneurs de leurs troupes estimoient
au commencement que ce ne fussent que coureurs
et compagnons qui vinssent escarmoucher; et il y
eut de fort-belles armes faites d'un costé et d'autre, et
furent les bannieres et estendarts ruez par terre et
abbatus. En suite dequoy les comtes de Warwic et
de Suffolc commencerent à se retirer avec une partie
de leurs gens en passant la riviere, et les François
les suivirent; tellement que les Anglois furent defaits,
dont il y eut plusieurs de tuez et de pris. Ledit
comte de Dunois arriva aussi de bonne heure avec
belle compagnée; et les François ne trouverent depuis aucune resistance, sinon d'un chevalier anglois
nommé Henry Biset, qui estoit encores en son parc,
et avoit environ deux cent Anglois. Il se defendit

vaillamment, mais à la fin il fût pris, et ses gens furent mis à mort. Aucuns saillirent de la ville, qui firent grande tuerie sur les Anglois : ceux qui tenoient le siegé de l'autre costé de la riviere se rangerent comme en bataille, et les François aussi d'autre costé, lesquels n'entrerent oncques és ville et chasteau de Montargis jusques à ce qu'il fust nuict close, et que les Anglois fussent entierement partis et en allez.

Et ainsi fut le siege levé, qui fut, comme on disoit, une bien vaillante entreprise mise à effet par ledit Estienne de Vignoles, dit La Hire; et y furent gagnées plusieurs bombardes et canons, biens, meubles et vivres. Au sujet de quoy les pauvres gens firent la nuict grande joye et chere dans la ville. Le seigneur de Graville et ledit d'Arpajon s'y comporterent vaillamment, et aussi fist Saulton de Mercadieu, lequel y receut un coup de lance par la bouche, qui passa outre plus de demy pied. Il se deferra hardiment luy-mesme en la retirant, et ne cessa point pour cela de tousjours combattre.

Environ ce temps, Le-Camus-de-Beaulieu, lequel, comme il a esté dit cy-dessus, estoit auprés du Roy en grand credit, et auquel le Roy faisoit du bien, commença à entrer en hautesse du courage, en mesprisant aucuns. Or une journée le Roy estant dans le chasteau de Poitiers, ledit de Beaulieu se voulut aller esbattre hors du chasteau, n'ayant avec luy qu'un gentilhomme nommé Jean de La Granche; et estant dans un pré sur une riviere, où le lieu estoit assez plaisant et agreable, survinrent là soudainement cinq ou six compagnons qui tirerent tout à coup leurs espées, et frapperent sur luy tellement qu'ils le tuerent tout roide : laquelle chose estant venuë à la connoissance du Roy, il en fut bien desplaisant, et ordonna qu'on suivît diligemment les meurtriers, pour les prendre et en faire justice. Plusieurs monterent à cheval, mais on ne les peut trouver ny attrapper ; aucuns furent soupçonnez de cette action, qui en estoient innocens : enfin il n'en fut autre chose. Et lors le seigneur de La Trimoüille, qui estoit grand et puissant seigneur, tant de parens et amis que de terres et seigneuries, se mit et tint auprés du Roy.

Le jour mesme que le siege de Montargis fut levé, messire Ambroise, seigneur de Lore, partit de Sablé avec sept ou huict vingt combatans, et prit son chemin vers la ville de Saincte-Suzanne, auquel lieu estoit logé un Anglois nommé Jean Fastot, accompagné de deux à trois mille combattans : et un capitaine anglois, nommé Henry Branche, se vint loger en un village à demie lieuë de Saincte-Suzanne, avec bien deux cent à douze vingt combattans, lequel village on nomme Ambrieres. Laquelle chose estant venuë à la connoissance dudit seigneur de Lore, il s'en vint accompagné de ses gens frapper sur les logis d'iceluy Branche, où ils trouverent forte defense et grande resistance : mais finalement les Anglois furent deffaits, dont il y eut sept à huict vingt de tuez, et n'y eut prisonnier que ledit Branche et un autre gentilhomme d'Angleterre, et les autres s'enfuirent. Cela estant fait, ledit chevalier s'en retourna audit lieu de Sablé, avec plusieurs chevaux et harnois gagnez sur iceux Anglois. Peu de temps aprés, le dessus dit Fastot mit le siege devant un chasteau nommé Sainct-Oüan, qui appartenoit au seigneur de Laval, et le prit par composition; et aussi n'estoit-il pas tenable.

Tantost aprés ledit Fastot assiegea un chasteau nommé La Gravelle, et ceux de dedans le tinrent par aucun temps, puis se mirent à composition, au cas qu'ils n'auroient secours à certain jour, et en baillerent ostages : et cependant aucuns François plus forts que ceux de la garnison y entrerent. Le duc de Betfort vint au jour assigné, requerant qu'on luy rendît la place : mais il n'y eut aucuns de ceux qui avoient assisté à la susdite composition qui dissent parole ou mot; et pour ce fit-il couper la teste aux ostages, au grand desplaisir de ceux qui avoient fait cette composition; puis le siege fut levé, et les Anglois s'en allerent.

En ce temps le duc d'Alençon, qui avoit esté prisonnier à la bataille sus-mentionnée de Verneüil, fut delivré des Anglois, ausquels il paya bien deux cent mille escus, dont il donna partie comptant, et de l'autre bailla pour ostages le sire de Beaumesnil, messire Jean Le Verrier, Ferblen de Villepromis ou Villeprovins, Hardoüin de Montlorées, Jean Le Seneschal, Huë de Fontenay, et le seigneur de Boissenver; et puis fit telle diligence, qu'il mit ses ostages à pleine delivrance. Pourquoy faire il vendit sa terre et seigneurie de Fougeres, afin de leur tenir ce qu'il leur avoit promis; et luy cousta en outre tout ce qu'il avoit et peut finer de meubles.

Assez-tost aprés les seigneurs de Rays et de Beaumanoir dresserent une armée, et assemblerent des François ce qu'ils peurent, et mirent le siege devant une place nommée Le Lude, sur la riviere du Loir, de laquelle estoit capitaine un Anglois nommé Blanqueborne, qui avoit en sa compagnée de vaillans Anglois, bien munis de vivres, et garnis d'habillemens de guerre. Lesdits seigneurs y firent asseoir certains canons; tellement que cette place fut bien batuë en aucuns lieux, puis assaillie, et prise d'assaut par les François. Là furent tuez ou pris plusieurs Anglois, et par especial y fut tué ledit Blanqueborne, capitaine de la place.

Audit temps il y avoit tousjours des debats et broüillis touchant le faict du gouvernement du royaume; et le duc de Bourbon, le connestable, le comte de La Marche et autres seigneurs estoient mal-contens de ce que le Roy n'entendoit autrement au gouvernement de son royaume et à la deffense d'iceluy contre ses ennemis : pourquoy ils s'en vinrent à Bourges, et entrerent dedans, puis mirent le siege devant la tour, dedans laquelle estoit en deffense un vaillant chevalier nommé le seigneur de Prye, lequel fut plusieurs fois sommé de bailler la place; mais il respondoit tousjours que le Roy la luy avoit baillée, et qu'il ne la rendroit à autre sinon à luy. Il y eut diverses escarmouches; et un jour que ledit de Prye entendoit et s'appliquoit à la deffense de la place, il fut frappé d'un vireton, dont il alla de vie à trespas : ce nonobstant, le seigneur de La Borde tint ladite place contre lesdits seigneurs. Or la chose estant venuë à la cognoissance du Roy, il partit de Poictiers, et le seigneur de La Trimoüille avec luy : si vinrent devant Bourges, et estoit le Roy tres-mal content desdits seigneurs, et de leur maniere de faire. Enfin leur paix fut faite par le moyen d'iceluy seigneur de La Trimoüille, lequel y travailla de tout son pouvoir;

puis le Roy entra à Bourges, et firent tres-bonne chere ensemble.

L'an 1428, aucuns seigneurs entreprirent d'entrer dedans la cité du Mans, et y avoit aucuns des habitans de la ville qui se faisoient forts de mettre les François dedans; et à ce faire mirent-ils grande peine et diligence. Or à executer cette entreprise estoient le seigneur d'Orval frere du seigneur d'Albret, le sire de Bueil, le seigneur de Beaumanoir, Estienne de Vignoles dit La Hire, Roberton des Croix, et plusieurs autres capitaines et gens de guerre, lesquels vinrent devant la place au jour qui leur avoit esté dit et assigné, et entrerent assez soudainement dedans la cité par le moyen d'iceux habitans, dont ceux de la ville furent bien esbahis, et mesmement les Anglois estans en icelle. Parquoy ils se retirerent en une tour appellée la tour Ribendele, assise prés d'une des portes de ladite ville, appellée la porte Sainct-Vincent, laquelle les Anglois tinrent avec ladite tour, et se deffendirent fort, et resisterent tout le jour tres-vaillamment contre les François.

Or est vray que le seigneur de Talbot, un vaillant chevalier anglois, estoit lors à Alençon, et avoit assemblé grande quantité d'Anglois, pour certaine entreprise qu'il avoit faite sur les François. Les Anglois de ladite tour se voyans en tel party, luy envoyerent demander secours; et tantost qu'il en sceut les nouvelles, il vint hastivement audit lieu du Mans, avec environ trois à quatre cent combatans, et arriva entre le poinct du jour et le soleil levant ausdites tour et porte, où les François mal-advisez et conseillez n'avoient mis aucune provision et fortification, mais estoient en leurs licts et logis, où le soir ils avoient fait bonne chere; puis il entra dedans la ville en criant *Sainct-George!* Les François furent de ce bien esbahis : dont les uns monterent hastivement à cheval, et partirent hors d'icelle ville; les autres resisterent le mieux qu'ils peurent : mais la plus grande partie furent tuez et pris. Assez-tost aprés survint le seigneur de Beaumanoir, qui pensa repousser ledit Talbot, mais il ne trouva aucun ayde; et pour ce, il s'en retourna. Et ainsi cette cité fut recouvrée par ledit Talbot, lequel fit incontinent enquerir des consentans de l'entrée et entreprise susdite faite par les François, et en trouva aucuns : si les prit, et les fit piteusement mourir; et si en outre fit-il punition de ceux qui avoient aucunement fait semblant d'estre joyeux de ladite entrée; et y moururent, à cette occasion, des François, plusieurs gens de bien.

Environ ce temps, le comte de Richemont connestable de France, fit reparer la ville de Pontorson en Normandie, et y mit grosse garnison contre les Anglois : dont il fit et ordonna capitaine un vaillant chevalier nommé le seigneur de Rotelan, lequel assez-tost aprés fit une course en Normandie devant Avranches. Les François et Anglois se trouverent sur les champs, et se batirent tres-bien l'un l'autre; finalement les François furent deffaits, et ledit seigneur de Rotelan pris par les Anglois. Aprés la prise dudit Rotelan, fut mis et estably capitaine en sa place, dans ladite ville de Pontorson, Bertran de Dinan, frere du seigneur de Chasteaubriant, mareschal du duc de Bretagne, avec bien grosse compagnée de gens, pource qu'on se doutoit que les Anglois n'y vinssent mettre le siege : et ne demeura point long-temps que le comte de Warwich et le seigneur de Talbot, avec grande compagnée d'Anglois, vinrent mettre et asseoir le siege devant icelle ville de Pontorson, où ils furent par long-temps; durant lequel temps il y eut de fort grandes escarmouches et divers assauts, où les Anglois perdirent de leurs gens : et durant iceluy siege le baron de Coulonces, le seigneur de La Hunaudaye, le seigneur de Chasteau-Giron, le vicomte de La Beliere et autres, saillirent de ladite ville (car elle n'estoit pas du tout assiegée), et vinrent rencontrer és gréves de la mer, entre Avranches et le Mont-Sainct-Michel, le seigneur de Scales, avec grande compagnée d'Anglois, lesquels conduisoient vivres en l'ost devant icelle ville de Pontorson. Là se combatirent-ils tres-fort et tres-longuement ensemble; et finalement les baron de Coulonces, Hunaudaye et Chasteaugiron furent deffaits, et y moururent tous trois; et y en eut plusieurs de pris prisonniers, entre lesquels fut le vicomte de La Beliere : et ce fait, ledit seigneur de Scales mena et conduisit lesdits vivres jusques au siege que tenoit iceluy comte de Warwic devant Pontorson; et aprés aucun temps ladite ville fut renduë par composition, et ceux de dedans s'en allerent saufs leurs corps et biens.

En ce temps, Talbot et ses gens prirent par escalade la ville de Laval, et y entrerent; il y avoit beaucoup de richesses dedans qu'ils pillerent, et firent tout ce qu'ennemis pouvoient faire. Messire André de Laval, seigneur de Loheac, estoit pour lors dedans icelle ville; mais il se retira au chasteau, et paya aprés par composition vingt mille escus.

La ville et cité de Tournay, qui estoit comme entre les mains du duc de Bourgongne, obeït tout pleinement, et se tint nuëment au Roy.

Messire Jacques de Harcourt tenoit le Crotoy, et avoit des gens de guerre avec luy; les Anglois y mirent le siege, et la prirent par composition. Ledit de Harcourt, qui estoit neveu du seigneur de Partenay, s'en vint en Poictou, et se disoit avoir droict en ladite place de Partenay; nonobstant quoy il alla voir son oncle, seigneur de ladite place, lequel luy fit grande chere, et le receut honorablement. Ledit de Harcourt regarda fort icelle place, qui sembloit belle et forte, et convoita fort de l'avoir, s'imaginant et considerant que son oncle n'estoit pas bien sage, comme l'on disoit : puis s'en retourna, pensant qu'il retourneroit une autre fois, et qu'il auroit la place s'il pouvoit; car si luy et ses gens pouvoient entrer au chasteau, ils seroient les plus forts. Ce qui luy sembloit bien facile à executer, veu qu'audit chasteau il y avoit une yssuë qui sailloit aux champs, laquelle il ouvriroit à force, et mettroit gens par là, puis feroit lever le pont-levis du costé de la ville, tellement qu'on ne pourroit secourir ceux de dedans. Or pour mettre son imagination à execution, il s'en vint à Partenay, et fit mettre une embusche assez prés du pont-levis ou de l'entrée qui sortoit du chasteau aux champs. Entré qu'il fut au chasteau, on luy fit bonne chere, et il y disna, et ne se donnoit-on de garde de ce qu'il vouloit faire. Aprés le disner il vint au seigneur de Partenay son oncle, et luy dit pleinement qu'il avoit sa part audit chasteau, et qu'il falloit qu'il le gardast à son tour; et que s'il y avoit homme qui l'en voulust empeschèr, qu'il le tueroit et feroit mourir; et dit-on que luy et ses gens tirerent leurs espées. Le seigneur et ses gens furent bien esbahis, desquels aucuns se retirerent en la tour du pont-levis de devers la ville, lequel estoit levé : si tinrent ladite tour, et commencerent d'enhaut à crier l'allarme : pourquoy le peuple de la ville s'esmeut tout à coup, et apporterent eschelles. Si gagnerent et abbatirent le pont-levis, et entrerent dedans la place à l'ayde de ceux de dedans la tour, puis tuerent tous les gens dudit de Harcourt, lequel se retira en une tour en bas, où il y avoit de petites arbalestes et fenestres qui estoient bien estroites. Toutesfois on luy perça les deux cuisses d'une lance par une des lucarnes : et pour abreger, il fut tué, et ses gens furent jettez tous morts en la riviere, et il fut enterré en un cimetiere.

En l'an 1428, Thomas de Montagu, chevalier, comte de Salisbery, fut ordonné, commis et deputé par les trois Estats d'Angleterre pour venir en France faire guerre : laquelle chose estant venuë à la cognoissance du duc d'Orleans, encor prisonnier en Angleterre, il pria ce comte qu'il ne voulust faire aucune guerre en ses terres ny à ses subjets, veu qu'il estoit prisonnier, et qu'il ne se pouvoit deffendre; et dit-on qu'il luy promit et octroya sa requeste. Il passa la mer à grande puissance, et vint en France; si vint premier devant Nogent-le-Roy, dont l'obeïssance luy fut baillée par ceux de la garnison, qui se rendirent à sa mercy, sans livrer aucun assaut : puis les François vuiderent en peu de jours, par composition, les places de Chasteau-neuf-sur-Loire, Ramboüillet, de Berthencourt et Rochefort.

En juillet iceluy an, le comte de Salisbery vint au Puiset, et prit la forteresse d'assaut, et fit par sa cruauté pendre tous ceux qui furent pris dedans.

Girault de La Palliere tenoit Thury en Beausse; mais il s'enfuit hastivement, pour la venuë du comte de Salisbery, aprés le partement duquel ses compagnons qui estoient dedans rendirent par composition la place au comte, qui fit mettre le feu dedans. Puis mit le siege de toutes parts devant Yenville, laquelle place il fit fort battre de bombardes et canons, qui y firent peu d'effect; et nonobstant que dedans ils fussent peu de gens pour la deffense, si est-ce qu'ils se deffendoient vaillamment. Le jour de la decolation de sainct Jean, vingt-neufieme jour d'aoust en iceluy an, le comte de Salisbery fit assaillir vers le soir la ville d'Yenville; et en iceluy assaut, qui fut fier et merveilleux, il y en eut tant de ceux de la ville blessez, qu'ils furent conquis par force : dont aucuns se retirerent en la tour; mais à la fin il leur convint de se rendre, avec le chasteau. Là furent pris Le Galois de Villiers, Pregent de Coitivy, qui fut depuis admiral de France, et autres nobles, avec les bourgeois de la ville.

Aprés la prise de Yenville, le comte de Salisbery y sejourna par aucuns jours, pendant lesquels ceux de Meun-sur-Loire envoyerent par devers luy; et traita là avec leurs messages, qui mirent les Anglois dedans, un jour de samedy, au mois de septembre; et firent tant qu'ils leur livrerent en ce mesme jour le pont de Meun, lequel les Anglois fortifierent. Aprés la reduction de la ville et du chasteau de Meun-sur-Loire, le comte fit mener à Paris tous ses prisonniers, pour plus entretenir son commun peuple, et leur donner plus d'esperance; et ce faict, vint de Meun par devant Montpipeau, qui luy fut rendu par composition. Luy venu à Meun, il envoya grand nombre de gens à Beaugency, qui trouverent la ville ouverte et vuide: les François s'estoient retirez au pont et au chasteau. Neantmoins les Anglois se logerent dedans la ville, sans assaillir.

Au mois de septembre, du mesme an 1428, le comte de Salisbery envoya des Anglois en tres-grand nombre en l'eglise de Clery, qui la pillerent, et les chanoines et autres là retirez; et y firent des maux innombrables.

Le comte avoit laissé dans la ville de Yenville, à son depart, ses canons, munitions et habillemens; et pource qu'il fut en doute de les faire amener devers luy sans grande conduite, il vint à grande puissance en bataille ordonnée faire visage devant Orleans, le huitiesme jour de septembre environ midy; et là se tint jusques à la basse-vespre, pour empescher que les François ne fussent au devant; pendant laquelle demeure son charroy passa. Le bastard d'Orleans, La Hire, Poton de Sainte-Traille, et autres nobles, avec les bonnes gens d'Orleans, sortirent de la ville à l'arrivée de ce comte, et se continrent honorablement et vaillamment. Il y eut de fort grandes escarmouches, là où les Anglois perdirent, et se retirerent sur la nuitée à Meun.

Audit mois de septembre d'iceluy an 1428, ce comte de Salisbery mit le siege devant Baugency du costé de la Beausse et de la Solongne, et fit batre le chasteau et le pont de bombardes; lesquels luy furent rendus par composition avec l'abbaye, le jour Sainct Fremin en iceluy mois : puis l'abbé, avec autres, fit le serment aux Anglois.

Environ ce temps, le comte de Salisbery envoya grand nombre de gens devant Marchesnoir, qui fut rendu en son obeïssance. Il envoya aussi devant La Ferté-Hubert, dont le chasteau luy fut rendu par composition.

En ce temps, messire Jean de Lesgot avoit la garde de la ville et du chasteau de Sully pour le sire de La Trimoüille; auquel lieu vint messire Guillaume de Rochefort, qui en fit partir ledit de Lesgot et sa compagnée, puis y ordonna garnison de Bourguignons et Anglois. Et tost aprés y vint le seigneur de Jonvelle, frere du sire de La Trimoüille, qui prit la garde de la ville et du chasteau.

Le second jour d'octobre du mesme an 1428, le susdit comte de Salisbery envoya devant Jergeau messire Jean de La Poule, avec grand nombre de gens et appareil, qui aussi-tost conquit le pont, et fit fort batre la ville, qui estoit tres-foible; dedans laquelle s'estoient retirez les compagnons qui avoient esté en garnison en plusieurs forteresses de la Beausse et du Gastinois, lesquelles avoient esté renduës par composition aux Anglois. Si entrerent ces gens en composition : dont partie prit le party des Anglois, et rendirent cette ville de Jargeau ausdits Anglois, le cinquiesme jour du mois d'octobre. Iceluy de La Poule mit grande garde en cette ville, et ensuite envoya grand nombre de gens devant Chasteau-neuf-sur-Loire, qui se mit en son obeïssance.

Le septiesme jour d'octobre 1428, La Poule partit

de Jergeau, et prit à force de puissance logement à Olivet prés Orleans; et les Anglois vinrent courir et donner jusques aux barrieres de Sainct-Marcel. Là y eut grande escarmouche, en laquelle les Anglois furent repoussez, lesquels se retirerent le lendemain à Meun et Baugency.

Le mardy douziesme jour d'octobre de l'an 1428, le comte de Salisbery, accompagné de La Poulle, Glacidas, du seigneur de Ros, Lancelot de Lisle, Gilbert de Halsale, Thomas Guerard, le sire de Scales, Guillaume de Rochefort, et autres chevaliers et escuyers, tant Anglois comme faux et renegats François, avec ceux des villes de Paris et Chartres, et de la province de Normandie, vint à toute puissance mettre le siege devant Orleans. A la venuë duquel saillirent contre les Anglois le susdit bastard d'Orleans, les nobles et bourgeois, qui avoient auparavant abbatu partie des fauxbourgs du Portereau, et avoient commencé devant les tournelles un boulevart qui n'estoit pas encores parfait; mais ils y travailloient jour et nuict. Si mirent les François le feu au demeurant d'iceux fauxbourgs, et en l'eglise des Augustins : et les Anglois tinrent loin de là leurs tentes, sans approcher le pont, jusques à ce que le feu desdits fauxbourgs fut cessé. Et cependant ceux d'Orleans abbatirent la muraille des fauxbourgs, et remplirent le boulevart, à l'opposite duquel les Anglois fermerent une bastide dans l'eglise et en l'hostel des Augustins, qui n'estoient du tout abbatus; laquelle bastide les Anglois fortifierent de profonds fossez et de closture, et vinrent souvent faire des escarmouches devant le boulevart; de plus, ils assortirent de merveilleuses bombardes et canons, dont ils firent jetter jour et nuict contre la muraille de la cité et des tournelles du pont. Le comte de Salisbery se vint loger en cette bastille, et fit commencer la mine pour conquerir le boulevart. Ceux d'Orleans en eurent cognoissance, qui se prirent alors à contreminer; et furent tant menées les mines et contremines, qu'ils furent fort approchez. Là dessus ledit comte fit appareil d'eschelles et autres habillemens pour assaillir le boulevart; dont ceux d'Orleans s'apperceurent bien, et garnirent leur boulevart de gens de faict, et d'habillemens de guerre pour la defense : entre lesquels furent le sire de Villars, le sire de Guitry, le sire de Couraze, messire Nicole de Giresme, chevalier de Rhodes, Poton de Sainte-Traille, Pierre de La Chapelle, et autres chevaliers et escuyers de nom et d'armes, et avec eux les bourgeois d'Orleans en bien grand nombre.

Le jeudy vingt et uniéme jour d'octobre du susdit an 1428, les Anglois livrerent à toute puissance, environ l'heure de midy, un fier et merveilleux assaut contre les François qui tenoient le boulevart du bout du pont d'Orleans. L'assaut dura longuement, auquel furent tuez et blessez plusieurs Anglois : car les François les abbatoient des eschelles dedans les fossez, dont ils ne se pouvoient relever, attendu qu'on jettoit sur eux cercles liez et croisez, cendres vives, chaux, gresses fonduës, et eauës chaudes, que les femmes d'Orleans leur apportoient : et pour rafraischir les François du grand travail qu'ils souffroient, lesdites femmes leur bailloient vin, viandes, fruits, vinaigre et toüailles blanches; et aussi leur portoient des pierres, et tout ce qui pouvoit servir à la defense : dont aucunes furent veuës, durant l'assaut, qui repoussoient à coups de lances les Anglois des entrées du boulevart, et les abbatoient és fossez. Les Anglois furent là grevez à merveilles, et tant qu'ils cesserent l'assaut, où ils firent grande perte.

Or en iceluy assaut fut blessé Pierre de La Chapelle, dont il mourut le second jour d'aprés, et fut fort plaint. Aussi y furent blessez les seigneurs de Guitry, de Conraze, de Villars, Nicole de Giresme et Poton de Sainte-Traille, lesquels furent du depuis gueris. Aprés lequel assaut les Anglois, qui n'avoient parachevé la mine encommencée, y besongnerent tant jour et nuict, que ledit boulevart fut presque tout miné, et n'estoit retenu que sur estayes, où il ne failloit sinon que mettre le feu, pour faire fondre iceluy boulevart et accabler ceux qui estoient dedans. Mais le samedy ensuivant, vingt et troisiesme jour dudit mois d'octobre, ceux d'Orleans, qui de ce eurent cognoissance, mirent le feu audit boulevart à la veuë des Anglois, et se retirerent és tournelles du pont, dont ils leverent le pont. Et se doutant tousjours qu'ils ne peussent longuement tenir les tournelles, dont partie estoit fort batuë et empirée, ils rompirent aucunes arches du pont, outre et au delà desquelles ils leverent un boulevart du costé par devers la ville, et fortifierent ledit pont.

Or advint que le dimanche vingt et quatriesme jour d'octobre en iceluy an, les Anglois vinrent à puissance assaillir les tournelles, qui estoient peu garnies de gens de faict : car la pluspart avoient esté blessez en l'assaut du jeudy fait au boulevart. Si dresserent les Anglois des eschelles, tant par terre comme par le costé de la riviere de Loire, qui estoit lors fort basse; et firent tant qu'ils prirent et emporterent, aprés un peu de resistance, lesdites tournelles environ deux heures aprés midy, et rompirent une arche entre icelles et le boulevart du pont; puis fortifierent jour et nuict icelles tournelles en telle maniere, que ce lieu fut mis en defense, et rendu tenable contre toute puissance : dont le comte de Salisbery commit la garde et defense à Glacidas, qui estoit de haut courage, plein de toute tyrannie et orgueil. Cestuy Glacidas fit reparer et renforcer le boulevart qui avoit esté abandonné, et assortit, tant là comme és tournelles, des canons et merveilleuses bombardes, dont il fit jetter jour et nuit en la cité et contre le boulevart du pont; duquel messire Nicole de Giresme eut la garde, avec grande compagnée de nobles et bourgeois d'Orleans, lesquels d'autre part firent grandement battre de canons et merveilleuses bombardes les tournelles, dont en peu de temps ils abbatirent tout le comble avec la pluspart de la muraille. Mais les Anglois se fortifierent tant par dedans de bois, qu'on ne les pouvoit que peu grever.

Les bourgeois d'Orleans furent en grande douleur pour cette prise des tournelles : mais le bastard d'Orleans, La Hire, monseigneur de Bueil, monseigneur de Chaumont, et messire André d'Averton, messire Théaulde de Valepergue, le seigneur de Saincte-Severe, et de Boussac mareschal de France, messire Jacques de Chabannes seneschal de Bourbonnois, le sire de Villars, le sire de Conraze, et autres nobles, vinrent le lundy aprés la susdite prise en grande compagnée de bonnes gens d'armes, dont ceux d'Orleans furent fort resjoüis, et fortifierent et garnirent leur pont de plus en plus, faisans jetter jour et nuict canons et vuglaires : au subjet de quoy Glacidas usa souvent de grandes menaces, et s'alloit ventant par son orgueil qu'il feroit tout tuer à son entrée dedans la ville, tant hommes comme femmes, sans en espargner aucuns. Aprés la venuë du bastard d'Orleans et de la chevalerie, advint un jour que le comte de Salisbery vint aux susdites tournelles par l'enhortement de Glacidas, pour voir plus à plain la fermeture et l'enceinte du siege de la cité d'Orleans. Mais ce comte estant prés d'une fenestre dedans lesdites tournelles, où il regardoit et visoit la cité, il fut (par juste jugement de Dieu, qui tout cognoit, et qui traite et recompense les hommes selon leurs merites) frappé de l'esclat d'une pierre de cañon qui entra par ladite fenestre; et perdit soudain l'œil du coup, et cheut à terre prés de Glacidas, avec un autre chevalier qui fut tué de ce mesme coup.

Alors les Anglois, qui estoient bien dolens et courroucez de cette adventure, prirent ledit comte et l'envoyerent à Meun le plus clandestinement qu'ils peurent, auquel lieu il trespassa au mois de novembre 1428; au sujet de quoy le courage des Anglois fut grandement affoibly : lesquels envoyerent hastivement devers le duc de Betfort, qui se disoit regent de France, requerant un chef au lieu d'iceluy comte, avec secours de gens, argent et vivres; lequel regent envoya grande chevalerie, argent et vivres, pour maintenir ce siege : et pour gouverner la guerre, fit principaux chefs et capitaines messire Guillaume La Poule, comte de Suffort, les seigneurs de Talbot, de Gray, de Scales, messire Robert Heron, Lancelot de Lisle, Gilbert de Halsates, Glacidas, et autres chevaliers et escuyers anglois, avec aucuns faux François; entre lesquels fut messire Guillaume de Rochefort, Huë des Prez, Eustache Gaudin, Geoffroy de Lamé, Jean de Chainviller, Jean Le Baveux, Guillaume Languedoc, Jean de Mazis, Guillaume Du Broillac; et fut bien la puissance du siege nombrée de dix mille hommes. Ces chefs de guerre tinrent plusieurs conseils à Baugency, à Meun, à Jargeau, et finalement delibererent que aux tournelles, au boulevart de devant, és bastides des Augustins, de Sainct Privé et de Sainct Jean-le-Blanc, qui furent bien grandement fortifiez, gens seroient establis pour garder les passages par eauë et par terre, sous le gouvernement de Glacidas, capitaine des tournelles; et ce faict, qu'ils mettroient siege de l'autre part de la cité d'Orléans.

L'an 1428, le vingt-neufiesme jour de decembre, le comte de Suffort, les seigneurs de Talbot, de Scales, et autres grands seigneurs anglois et bourguignons chefs de guerre, partirent de Jargeau, et vinrent à puissance mettre le siege devant Orleans, du costé devers la Beausse; et pour enclore la cité, fermerent et fortifierent plusieurs boulevarts et bastides encloses de fossez et de tranchées sur tous les grands chemins passans, c'est à sçavoir la bastide Sainct-Laurens, la bastide du Colombier, la bastide de la Croix Boissée, la bastide qu'ils nommerent Londres, au lieu des douze Pairs; la bastide Aro, nommée Roüan; la bastide de Sainct-Povoir, nommée Paris; la bastide Sainct-Loup : et edifierent dedans la Loire, au droict de Sainct-Laurens, en l'isle Charlemagne, une autre bastide, et là leverent un port et passage par eauë, en telle maniere qu'un des sieges pouvoit entre-secourir l'autre : et ainsi appert que la ville fut enclose, tant du costé de Beausse que de Soulongne, de treize places fortifiées, tant boulevarts comme bastides : parquoy cette cité fut reduite en telle detresse, qu'ils ne peurent avoir secours de vivres par eauë ny par terre. Neantmoins les nobles et les bourgeois qui estoient dedans la cité sortirent souvent, et firent de grandes et frequentes saillies ; et si furent assaillir les Anglois jusques aux susdites bastides, lesquels sortoient aucunesfois. Il y eut beaucoup de grandes escarmouches, où il y eut grand nombre des chevaux du mareschal de Saincte-Severe de tuez. Ce mareschal fut de grande entreprise et hardy, et gouverna tant honorablement les gens de guerre qu'il tenoit à Orleans, qu'ils y sejournerent depuis la Toussaints jusques à l'Ascension, sans faire aucun excés entre eux et ceux d'Orleans.

Durant ce siege, Charles comte de Clermont, fils aisné du duc de Bourbon, se mit sus pour secourir la cité d'Orleans ; il vint avec puissance à Blois, où il sceut nouvelles que le duc de Betfort avoit mis sus des Anglois en grand nombre, qui estoient partis de Paris avec grande quantité de vivres, pour avitailler l'ost des Anglois, et le secourir de gens : si partit-il de Blois pour aller au devant, et fit sçavoir son entreprise au bastard d'Orleans et aux chefs de guerre qui estoient avec luy dans Orleans, lesquels se tirerent hastivement par devers luy, et trouverent prés d'Yenville iceluy comte et sa compagnée, qui furent joyeux de leur venuë, et eurent tantost nouvelles que les Anglois estoient prés de Rouvray-Sainct-Denys, qui conduisoient au siege un grand charroy chargé de vivres et d'artillerie. Les François furent tres-desireux de combatre les Anglois, et pour ce faire ils mirent et joignirent ensemble leur puissance, qui estoit grande : car là estoient le comte de Clermont, accompagné de tous les hauts barons d'Auvergne et de Bourbonnois, le bastard d'Orleans, les sires de La Fayete et de Saincte-Severe, mareschaux ; le sire de Culant, admiral de France ; le vicomte de Thoüars, le sire de Belleville, les plus fameux chevaliers et escuyers du Berry et de Poitou, messire Jean Estuart ou Stuart, connestable des Escossois, comte d'Evreux (auquel le Roy avoit donné cette comté), et son frere, avec grande compagnée d'Escossois; messire Guillaume d'Albret, sire d'Orval; messire Jean de Nilhat (1), seigneur de Chateaubrun, vicomte de Bridiers ; messire Jean de Lesgot, La Hire, et plusieurs chevaliers et escuyers, et chefs de guerre, qui ordonnerent leurs batailles : et fut conclud qu'ils ne descendroient point de cheval, fors seulement les gens de traict, qui à la veuë des Anglois et à leur venuë assortiroient leurs canons, coulevrines, et autre traict.

Or les François allerent tant qu'ils trouverent les Anglois prés Rouvray, qui, dans le doute qu'ils en avoient, s'attendoient d'avoir bataille. Ils estoient enclos de leur charroy, pour lequel garder ils ordonnerent leurs gens de traict, avec les marchands qui estoient là venus de Paris et autres citez, et planterent tout autour le parc où ils estoient retirez grande quantité de paux aigus. Alors les batailles de pied

(1) *Ou* Nilhac.

françoises assortirent leurs canons, coulevrines et autre traict, puis approcherent le charroy et les archers anglois, contre lesquels ils commencerent à tirer de telle sorte, que peu tinrent-ils leurs places : car ceux d'Orleans, qui estoient là en grand nombre, les chargerent à merveilles de belles coulevrines, contre lesquelles rien ne resistoit qu'il ne fust mis en pieces. Là fut fait à cette attaque grande tuerie d'Anglois et de marchands de Paris, pour lesquels secourir les Anglois n'ozerent partir de leur parc, redoutans les batailles de cheval qui estoient en leur veuë. Mais le connestable d'Escosse fut tant desireux d'assembler contre ses ennemis, que luy et tous ses gens descendirent à pied pour aller chercher les Anglois jusques dans leur parc, outre et contre le premier ordre donné, et sans attendre les autres ; avec lequel descendit le bastard d'Orleans, les seigneurs d'Orval et de Chambrun ou Chasteaubrun, messire Jean de Lesgot, et aucuns nobles qui croyoient bien que les batailles de cheval deussent à l'assembler frapper sur les Anglois; mais ils n'en firent oncques rien. A cette heure, qui fut environ vespres, le samedy douziesme jour de fevrier, veille des brandons, l'an 1428, les Anglois sortirent tout à coup de leur enclos, et s'assemblerent et s'unirent contre les susdits Escossois, qui furent deffaits en peu d'heure. Ce que voyans les Auvergnacs et autres, ils se prirent à fuir, sans s'assembler contre les Anglois, et se retirerent à Orleans, et avec eux le susdit bastard, qui fut griefvement blessé en cette bataille, où furent tuez lesdits connestable d'Escosse, sires d'Orval, de Chasteaubrun, de Lesgot, et autres nobles de renom, jusques au nombre d'environ trois à quatre cent combatans, et la pluspart hommes d'armes : il y eut aussi plusieurs Anglois de tuez. Messire Jean Fastot fut chef de la bataille des Anglois; lequel amena à la veuë des François les vivres et le charroy en l'ost devant Orleans, le mardy aprés icelle deffaite.

Or aprés que ledit comte de Clermont se fut retiré à Orleans, il tint là aucuns conseils, et jura et promit à son depart de secourir la ville de gens et de vivres dedans un certain jour, auquel il defaillit; et demeurerent seulement pour conforter la ville le mareschal de Saincte-Severe avec le bastard d'Orleans. Et dautant que ceux d'Orleans n'esperoient plus avoir secours du Roy, eux tendans à conserver la seigneurie du duc d'Orleans leur naturel seigneur, qui estoit prisonnier en Angleterre, et sçachans de certain que tout le plus des nobles de France avoient compassion de sa personne, et que le conseil d'Angleterre luy avoit octroyé pour ses pays abstinence de guerre à certain temps, sous la puissance du duc de Betfort, soy disant regent de France, lequel, par la dureté du conseil de Paris, ne voulut passer l'abstinence, mais fit mettre le siege devant icelle ville : pour venir à cette fin, aucuns nobles et bourgeois de la ville d'Orleans se retirerent par devers le duc de Bourgongne et messire Jean de Luxembourg, requerans que pour pitié il leur pleust tant faire que par leur moyen ladite abstinence peust sortir à aucun effect; à quoy ils furent fort enclins. A cette fin, lesdits ducs de Bourgongne et Luxembourg allerent à Paris, en y menant avec eux les messagers d'Orleans, et requirent le duc de Betfort qu'il voulust faire lever le siege, et consentir icelle abstinence; dequoy il les refusa tout à plein. Pourquoy le duc de Bourgongne en prit grand desplaisir, et envoya avec les messagers d'Orleans l'un de ses herauts, lequel vint en l'ost par devers tous ceux qui estoient du party dudit duc, leur faire commandement qu'ils se departissent de ce siege; et ainsi le firent la pluspart des Picards, Champenois et Bourguignons; dequoy la puissance des Anglois s'affoiblit fort. Ladite cité d'Orleans ainsi assiegée, et d'autre costé garnie de vaillantes gens; et de plus les habitans de la ville ayans bon et grand courage de tenir et se defendre, comme ils avoient desja bien monstré, faisans abbatre leurs beaux fauxbourgs (presque aussi grands, s'ils eussent esté ensemble, comme la ville), et vingt-six eglises, dont celle de Sainct Aignan d'Orleans (qui estoit collegialé, et un cloistre pour les chanoines, et où il y avoit de belles et grandes maisons canoniales) en estoit une. Les habitans donc estans en grand doute et danger d'estre perdus, et reduits à la fin en la subjection de leurs ennemis, oüyrent nouvelles qu'il venoit une pucelle par devers le Roy, laquelle se faisoit fort de faire lever le siege de ladite ville d'Orleans.

L'an 1429, il y avoit une jeune fille vers les marches de Vaucouleur, natifve d'un village nommé Domp-Remy, de l'eslection de Langres (qui est tout un avec le village de Gras), fille de Jacques Daix et d'Ysabeau sa femme, simple villageoise qui avoit accoustumé aucunesfois de garder les bestes; et quand elle ne les gardoit, elle apprenoit à coudre, ou bien filoit: elle estoit âgée de dix-sept à dix-huict ans, bien compassée de membres, et forte; laquelle un jour, sans congé de pere ou de mere (non mie qu'elle ne les

eust en grand honneur et reverence, et qu'elle ne les craignoit et redoutoit, mais elle ne s'ozoit descouvrir à eux, pour doute qu'ils ne luy empeschassent son entreprise), s'en vint à Vaucouleur devers messire Robert de Baudricourt, un vaillant chevalier tenant le party du Roy, et avoit dans sa place quantité de gens de guerre vaillans, faisans guerre tant aux bourguignons qu'autres tenans le party des ennemis du Roy ; et luy dit ladite Jeanne tout simplement les paroles qui s'ensuivent : « Capitaine messire, sçachez
« que Dieu depuis aucun temps en çà m'a plusieurs
« fois fait à sçavoir et commandé que j'allasse devers
« le gentil Dauphin, qui doit estre et est vray roy
« de France ; et qu'il me baillast des gens d'armes, et
« que je leverois le siege d'Orleans et le menerois
« sacrer à Rheims. » Lesquelles choses messire Robert reputa à une moquerie et derision, s'imaginant que c'estoit un songe ou fantaisie, et luy sembla qu'elle seroit bonne pour ses gens à se divertir et esbatre en peché ; mesmes il y eut aucuns qui avoient volonté d'y essayer. Mais aussi-tost qu'ils la voyoient ils estoient refroidis, et ne leur en prenoit volonté : elle pressoit tousjours instamment ledit capitaine à ce qu'il l'envoyast vers le Roy, et luy fist avoir un habillement d'homme, avec un cheval, et des compagnons pour la conduire ; et entre autres choses luy dit : « En nom Dieu, vous mettez trop à m'envoyer :
« car aujourd'huy le gentil Dauphin a eu assez prés
« d'Orleans un bien grand dommage, et sera-il encores taillé de l'avoir plus grand, si ne m'envoyez
« bien-tost vers luy : » lequel capitaine mit lesdites paroles en sa memoire et imagination, et sceut de-

puis que ledit jour fut quand le connestable d'Escosse et le seigneur d'Orval furent deffaits par les Anglois; et estoit ledit capitaine en grande pensée de ce qu'il en feroit.

Si delibera et conclud qu'il l'envoyeroit, et luy fit faire robe et chaperon à homme, gipon, chausses à attacher houseaux et esperons, et luy bailla un cheval; puis ordonna à deux gentilshommes du pays de Champagne, et un varlet, qu'ils la voulussent conduire: l'un des gentilshommes nommé Jean de Metz, et l'autre Bertrand de Pelonge, lesquels en firent grande difficulté, et non sans cause : car il falloit qu'ils passassent par les dangers et perils des ennemis. Ladite Jeanne recognut bien la crainte et le doute qu'ils faisoient; si leur dit : « En nom Dieu, menez-« moy devers le gentil Dauphin, et ne faites aucun « doute que vous ny moy n'aurons aucun empesche-« ment : » (et est à sçavoir qu'elle n'appella le Roy que Dauphin jusques à ce qu'il fust sacré.)

Et lors lesdits compagnons conclurent qu'ils la meneroient vers le Roy, lequel estoit lors à Chinon : si partirent-ils, et passerent par Auxerre, et plusieurs autres villes, villages et passages de pays des ennemis, et aussi par les pays obeïssans au Roy, où regnoient toutes pilleries et roberies, sans ce qu'ils eussent ou trouvassent aucuns empeschemens, et vinrent jusques en icelle ville de Chinon : eux-mesmes disoient qu'ils avoient passé aucunes rivieres à gué bien profondes, et des passages renommez pour leurs perils et dangers, sans quelconque inconvenient; dont ils estoient esmerveillez. Eux doncques estans arrivez en ladite ville de Chinon, le Roy manda ces gentilshommes qui estoient venus en sa compagnée, et les fit interroger en sa presence, lesquels ne sceurent que dire, sinon ce qui est recité cy-dessus. Si eut le Roy et ceux de son conseil grand doute si ladite Jeanne parleroit au Roy ou non, et s'il la feroit venir devers luy. Sur quoy il y eut diverses opinions et imaginations, et fut conclu qu'elle verroit le Roy.

Ladite Jeanne fut donc amenée en sa presence, et dit « qu'on ne la deceust point, et qu'on luy mons« trast celuy auquel elle devoit parler. » Le Roy estoit bien accompagné; et combien que plusieurs feignissent qu'ils fussent le Roy, toutesfois elle s'adressa à luy assez pleinement, et luy dit que Dieu l'envoyoit là pour luy ayder et le secourir, et qu'il luy baillast gens, et elle leveroit le siege d'Orleans, et si le meneroit sacrer à Reims, et que c'estoit le plaisir de Dieu que ses ennemis les Anglois s'en allassent en leurs pays; que le royaume luy devoit demeurer; et que s'ils ne s'en alloient, il leur mescherroit. Aprés ces choses ainsi faites et dites, on la fit remener en son logis, et le Roy assembla son conseil pour sçavoir ce qu'il avoit à faire : auquel conseil estoit l'archevesque de Reims son chancelier, et plusieurs prelats, gens d'eglise, et laïcs. Si fut advisé que certains docteurs en theologie parleroient à elle et l'examineroient, et aussi avec eux des canonistes et legistes; et ainsi fût fait. Elle fut donc examinée et interrogée par diverses fois et par diverses personnes. C'estoit chose merveilleuse comme elle se comportoit et conduisoit en son faict, avec ce qu'elle disoit et rapportoit luy estre enchargé de la part de Dieu; comme elle parloit grandement et notablement, veu que en autres choses elle estoit la plus simple bergere que on véit oncques. Entre autres choses on s'esbahissoit comme elle dit à messire Robert de Baudricourt le jour de la bataille de Rouvray, autrement dite des Harencs (dont cy-dessus est fait mention), ce qui estoit advenu, et aussi de la maniere de sa venuë, et comme elle estoit arrivée sans empeschement jusques à Chinon. Un jour elle voulut parler au Roy en particulier, et luy dit : « Gentil Dauphin, pourquoy ne « me croyez-vous? Je vous dis que Dieu a pitié de « vous, de vostre royaume et de vostre peuple; car « sainct Louys et Charlemagne sont à genoux de- « vant luy, en faisant prieres pour vous; et je vous « diray, s'il vous plaist, telle chose qu'elle vous don- « nera à cognoistre que me devez croire. » Toutesfois elle fut contente que quelque peu de ses gens y fussent; et en la presence du duc d'Alençon, du seigneur de Treves, de Christofle de Harcourt, et de maistre Gerard Machet son confesseur, lesquels il fit jurer, à la requeste de ladite Jeanne, qu'ils n'en reveleroient ny diroient rien, elle dit au Roy une chose de grand [1], qu'il avoit faite bien secrete; dont il fut fort esbahy : car il n'y avoit personne qui le peust sçavoir que Dieu et luy : et dés lors il fut comme conclu que le Roy essayeroit à executer ce qu'elle disoit. Toutesfois il advisa qu'il estoit expedient qu'on l'amenast à Poictiers, où estoit la cour de parlement, et plusieurs notables clercs de theologie, tant seculiers comme reguliers; et que luy-mesme iroit jusques en ladite ville. Et de faict le

[1] De grande conséquence.

Roy y alla, et faisoit amener et conduire ladite Jeanne, laquelle, quand elle fut comme au milieu du chemin, demanda où on la menoit. Il luy fut respondu que c'estoit à Poictiers. Alors elle dit : « En nom Dieu, je sçay que j'y auray bien affaire, « mais Messires m'aydera; or allons de par Dieu. » Elle fut doncques amenée en la cité de Poictiers, et logée en l'hostel d'un nommé maistre Jean Rabateau, lequel avoit espousé une bonne femme, à laquelle on la bailla en garde. Elle estoit toujours en habit d'homme, ny n'en vouloit autre vestir. Si fit on assembler plusieurs notables docteurs en theologie, et des bacheliers, lesquels entrerent en la salle où elle estoit; et quand elle les veid, elle s'alla seoir au bout du banc, et leur demanda ce qu'ils vouloient. Lors il luy fut dit par la bouche de l'un d'eux qu'ils venoient devers elle, pource qu'on disoit qu'elle avoit dit au Roy que Dieu l'envoyoit vers luy; et monstrerent, par belles et douces raisons, qu'on ne la devoit pas croire. Ils y furent plus de deux heures, où chacun d'eux parla sa fois, et elle leur fit des responses dont ils furent grandement esbahis; sçavoir comme une si simple bergere, jeune fille, pouvoit ainsi prudemment respondre. Entre les autres, il y eut un carme docteur en theologie, bien aigre homme, qui luy dit que la saincte Escriture defendoit d'adjouster foy à telles paroles, si on ne monstroit signe; et elle respondit pleinement qu'elle ne vouloit pas tenter Dieu, et que le signe que Dieu luy avoit ordonné, c'estoit lever le siege de devant Orleans, et de mener le Roy sacrer à Reims; qu'ils y vinssent, et ils le verroient : qui sembloit lors chose fort difficile à croire, et comme impossible, veuë la puissance des Anglois, et que d'Orleans ny de Blois jûsques à Reims il n'y avoit aucune place françoise. Il y eut un autre docteur en theologie, de l'ordre des freres prescheurs, qui luy va dire : « Jeanne, « vous demandez des gens d'armes, et si vous dites « que c'est le plaisir de Dieu que les Anglois laissent « le royaume de France, et s'en aillent en leur pays; « si cela est, il ne faut point de gens d'armes : car le « seul plaisir de Dieu les peut destruire, et faire aller « en leur pays. » A quoy elle respondit qu'elle demandoit des gens, non mie en grand nombre, lesquels combatroient, et Dieu donneroit la victoire. Aprés laquelle response faite par icelle Jeanne, les mesmes theologiens s'assemblerent pour voir ce qu'ils conseilleroient au Roy, et conclurent sans aucune contradiction (combien que les choses dites par ladite Jeanne leur sembloient bien estranges) que le Roy s'y devoit fier, et essayer à executer ce qu'elle disoit. Le lendemain y allerent de nouveau plusieurs notables personnes, tant de presidens et conseillers de parlement, que autres de divers estats : et avant qu'ils y allassent, ce qu'elle disoit leur sembloit impossible à faire, disans que ce n'estoient que resveries et fantaisies : mais il n'y eut celuy, quand il en retournoit et l'avoit oüye, qui ne dit aprés que c'estoit une creature de Dieu ; aucuns mesmes, en retournans, pleuroient à chaudes larmes. Semblablement y furent dames, damoiselles et bourgeoises, qui luy parlerent ; et elle leur respondoit si doucement et gracieusement, qu'elle les faisoit pleurer. Entre autres choses ils luy demanderent pourquoy elle ne prenoit

pas un habit de femme; et elle leur respondit : « Je
« croy bien qu'il vous semble estrange, et non sans
« cause; mais il faut, pource que je me dois armer
« et servir le gentil Dauphin en armes, que je prenne
« les habillemens propices et nécessaires à cela; et
« aussi quand je serois entre les hommes, estant en
« habit d'homme, ils n'auront pas concupiscence
« charnelle de moy, et me semble qu'en cét estat je
« conserveray mieux ma virginité de pensée et de
« faict. »

Pour le temps de lors, on faisoit grande diligence
d'assembler vivres, et specialement bleds, chairs salées et non salées, pour essayer à les conduire et jetter
dedans la ville d'Orleans. Si fut deliberé et conclu qu'on
esprouveroit ladite Jeanne sur le fait desdits vivres;
et luy furent ordonnez harnois, cheval et gens; et luy
fut specialement baillé, pour la conduire et estre avec
elle, un bien vaillant et notable escuyer nommé Jean
Dolon, prudent et sage; et pour page un bien gentilhomme nommé Loüis de Comtes, dit *Imerguet*, avec
des autres valets et serviteurs. Durant ces choses, elle
dit qu'elle vouloit avoir une espée qui estoit à Saincte
Catherine du Fierbois, où il y avoit en la lame, assez
prés du manche, cinq croix. On luy demanda si elle
l'avoit oncques veuë, et elle dit que non; mais qu'elle
sçavoit bien qu'elle y estoit. Elle y envoya donc; et
n'y avoit personne qui sceust où elle estoit, ny ce que
c'estoit. Toutesfois il y en avoit plusieurs qu'on avoit
autresfois données à l'eglise, lesquelles on fit toutes
regarder, et on en trouva une toute enroüillée qui
avoit lesdites cinq croix; on la luy porta, et elle dit
que c'estoit celle qu'elle demandoit. Si fut elle fourbie

et bien nettoyée, et luy fit-on faire un beau fourreau tout parsemé de fleurs de lys.

Tant que ladite Jeanne fut à Poitiers, plusieurs gens de bien alloient tous les jours la visiter, et tousjours disoit de bonnes paroles. Entre les autres, il y eut un bien notable homme, maistre des requestes de l'hostel du Roy, qui luy dit : « Jeanne, on veut que « vous essayiez à mettre les vivres dedans Orleans; « mais il semble que ce sera forte chose, veuës « les bastilles qui sont devant, et que les Anglois « sont forts et puissans. — En nom Dieu (dit-elle), « nous les mettrons dedans Orleans à nostre aise; et si « il n'y aura Anglois qui saille, ne qui fasse semblant « de l'empescher. » Elle fut donc armée et montée à Poitiers; puis elle en partit, et en chevauchant elle portoit aussi gentiment son harnois que si elle n'eust fait autre chose tout le temps de sa vie; dont plusieurs s'esmerveilloient, mais bien davantage les docteurs, capitaines de guerre et autres, des responses qu'elle faisoit, tant des choses divines que de la guerre.

Le Roy avoit mandé plusieurs capitaines pour conduire et estre en la compagnée de ladite Jeanne, et entre autres le mareschal de Rays, messire Ambroise de Lore, et plusieurs autres, lesquels conduisirent icelle Jeanne jusques en la ville de Blois. Les nouvelles de cette pucelle vinrent à Orleans, sçavoir comme c'estoit une fille de saincte et religieuse vie, qui fut fille d'un pauvre laboureur de la contrée de l'eslection de Langres prés de Barrois, et d'une pauvre femme du mesme pays, qui vivoient de leur labeur; qu'elle estoit aagée environ de dix-huict à dix-neuf ans, et avoit esté pastoure (1) au temps de son enfance; qu'elle sçavoit peu de choses mondaines, parloit peu; et le plus de son parler estoit seulement de Dieu, de sa benoiste mere, des anges, des saincts et sainctes de paradis; disoit que par plusieurs fois luy avoient esté dites aucunes revelations touchant la salvation du Roy et preservation de toute sa seigneurie, laquelle Dieu ne vouloit luy estre tolluë ny usurpée, mais que ses ennemis en seroient deboutez; et estoit chargée de dire et signifier ces choses au Roy dedans le terme de la Sainct Jean 1429; que ladite Pucelle avoit esté oüye par le Roy et son conseil, où elle ouvrit les choses à elle chargées, et traita merveilleusement des manieres de faire vuider les Anglois hors du royaume; et ne fut là chef de guerre qui sceust tant proprement qu'elle remonstrer les manieres de guerroyer ses ennemis : dont le Roy et tout son conseil fut esmerveillé, car elle fut autant simple en toutes autres manieres, comme une pastourelle; que pour cette merveille le Roy alla à Poitiers, et mena là la Pucelle, qu'il fit interroger par notables clercs du parlement, et par docteurs bien renommez en theologie; et elle oüye, affermerent qu'ils la reputoient inspirée de Dieu, et approuverent tout son faict et ses paroles. Pourquoy le Roy la tint en plus grande reverence, et manda dés lors gens de toutes parts, et fit mener à Blois grande quantité de vivres et d'artillerie pour secourir la cité d'Orleans; que la Pucelle requit, pour conduire le secours, qu'il pleust au Roy luy bailler telles gens et tel nombre qu'elle requerroit, qui ne seroit pas grand nombre, ny grande

(1) *Pastoure* : bergère.

puissance ; et pour son corps se fit administrer un harnois entier.

Alors le Roy ordonna que tout ce qu'elle réquerroit luy fust baillé ; puis la Pucelle prit congé du Roy pour aller en la cité d'Orleans (1); et elle venuë à Blois à peu de gens, sejournoit illec par aucuns jours, attendant plus grande compagnée. Pendant son sejour, elle fit faire un estendart blanc, auquel elle fit portraire la presentation du sainct Sauveur et de deux

---

(1) « En celluy tems avoit une Pucelle, comme on disoit, sur la
« riviere de Loire, qui se disoit prophete, et disoit *Telle chose ad-*
« *viendra* pour vray, et estoit contraire au régent de France et à
« ses aidants ; et disoit-on que maulgré tous ceux qui tenoient le
« siége devant Orléans elle entra à la cité à tout grant foyson d'armi-
« naz et grant quantité de vivres ; que oncques ceux de l'ost ne s'en
« mûrent ; et si les veoient passer à ung trait ou deux d'arc prés
« d'eulx, et si avoient si grant nécessité de vivres que ung homme
« eust bien mangé pour trois blancs de pain à son disner ; et plusieurs
« autres choses de elle racontoient ceux qui mieux aimoient les armi-
« naz que les bourguignons, ne que le régent de France. Ils affer-
« moient que quant elle estoit bien petite, qu'elle gardoit les brebis,
« que les oiseaux des boiz et des champs, quant elle les appelloit,
« ils venoient manger son pain dans son giron comme privez.

« *In veritate apocriphum est.*

« En celluy tems leverent le siége les arminaz, et firent partir les
« Anglois par force de devant Orléans ; mais ils allerent devant Ven-
« dosme, comme on disoit ; et partout alloit cette Pucelle armée avec
« les arminaz, et portoit son estendart où estoit tant seulement en
« escript *Jhesus;* et disoit-on qu'elle avoit dit à un cappitaine angloys
« qu'il se despartit du siége avec sa compaignie, ou mal leur vendroit
« et honte à tretous : lequel la diffama moult de langaige, comme cla-
« mer *ribaulde* et *putain* ; et elle lui dist que maulgré eux tous ils
« partiroient bien bref, mais il ne le verroit jà, et si seroient grant
« partie de sa gent tué ; et ainsi en advint-il, car il se noya le jour
« devant que l'occision fut faite ; et depuis fust pêché et fut despecé
« par quartiers, et embosmé.... » (Journal de Paris, p. 122.)

anges, et le fit benistre en l'eglise Sainct Sauveur de Blois : auquel lieu vinrent tantost aprés le mareschal de Saincte-Severe, les sires de Rays et de Gaucourt, à grande compagnée de nobles et de commun, qui chargerent une partie des vivres pour les mener à Orleans. Ladite Pucelle se mit en leur compagnée, et cuidoit bien qu'ils deussent passer par devant les bastides du siege, devers la Beausse : mais ils prirent leur chemin par la Solongne; et ainsi fut menée à Orleans le penultiesme jour d'avril au mesme an.

Cette Pucelle sejournant à Blois, en attendant la compagnée qui la devoit mener à Orleans, escrivit et envoya par un heraut, aux chefs de guerre qui tenoient siege devant Orleans, une lettre dont la teneur s'ensuit et est telle : « *Jesus Maria*, roy d'Angleterre, « faites raison au roy du ciel de son sang royal, ren-« dez les clefs à la Pucelle de toutes les bonnes villes « que vous avez enforcées : elle est venuë de par « Dieu pour reclamer le sang royal, et est toute « preste de faire paix, si vous voulez faire raison; par « ainsi que vous mettrez jus, et payerez de ce que « vous l'avez tenuë. Roy d'Angleterre, si ainsi ne le « faites, je suis chef de guerre : en quelque lieu que « j'attendray vos gens en France, s'ils ne veulent « obeïr, je les feray issir, veüillent ou non; et s'ils « veulent obeïr, je les prendray à mercy. Croyez que « s'ils ne veulent obeïr, la Pucelle vient pour les oc-« cire : elle vient de par le roy du ciel, corps pour « corps, vous bouter hors de France; et vous promet « et certifie qu'elle y fera si gros hahay, que de-« puis mille ans en France ne fut veu si grand, si « vous ne luy faites raison; et croyez fermement

« que le roy du ciel luy envoyera plus de forces à elle
« et à ses bonnes gens d'armes, que ne sçauriez avoir
« à cent assauts. Entre vous, archers, compagnons
« d'armes, gentils et vaillans qui estes devant Or-
« leans, allez-vous-en en vostre pays, de par Dieu;
« et si ne le faites ainsi, donnez-vous garde de la Pu-
« celle, et qu'il vous souvienne de vos dommages.
« Ne prenez mie vostre opinion que vous tiendrez
« France du roy du ciel le fils saincte Marie; mais la
« tiendra le roy Charles, vray heritier à qui Dieu l'a
« donnée, qui entrera à Paris en belle compagnée.
« Si vous ne croyez les nouvelles de Dieu et de la Pu-
« celle, en quelque lieu que vous trouverons, nous
« ferirons dedans à horions; et si verrez lesquels au-
« ront meilleur droict de Dieu ou de vous. Guillaume
« de La Poule comte de Suffort, Jean sire de Talbot,
« et Thomas sire de Scales, lieutenans du duc de
« Betfort, soy disant regent du royaume de France
« pour le roy d'Angleterre, faites response, si vous
« voulez faire paix à la cité d'Orleans; si ainsi ne le
« faites, qu'il vous souvienne de vos dommages. Duc
« de Betfort, qui vous dites regent de France pour
« le roy d'Angleterre, la Pucelle vous requiert et
« prie que vous ne vous faciez mie destruire. Si vous
« ne luy faites raison, elle fera tant que les François
« feront le plus beau faict qui oncques fut fait en la
« chrestienté. Escrit le mardy en la grande semaine. »
Et sur le dos estoit escrit : « Entendez les nouvelles
« de Dieu et de la Pucelle. *Au duc de Betfort, qui se*
« *dit regent du royaume de France pour le roy d'An-*
« *gleterre.* »

Aprés lesdites lettres ainsi envoyées par la Pucelle

aux Anglois, il fut conclu qu'on iroit à Orleans mener des vivres; et furent chargez en ladite ville de Blois, plusieurs chariots, charettes et chevaux, de grains, et y assembla-on quantité de bestail, comme bœufs, vaches, moutons, brebis et pourceaux ; et fut conclu par les capitaines, tant par ceux qui les devoient conduire comme par le bastard d'Orleans, qu'on iroit par la Solongne, pource que toute la plus grande puissance estoit du costé de la Beausse. Ladite Jeanne ordonna là-dessus que tous les gens de guerre se confessassent, et se missent en estat d'estre en la grace de Dieu; de plus, elle leur fit oster leurs fillettes, et laisser tout le bagage; puis ils se mirent tous en chemin pour tirer à Orleans; ils couchèrent en chemin une nuict dehors. Et quand les Anglois sceurent la venuë de ladite Pucelle et des gens de guerre, ils desemparerent une bastide qu'ils avoient faite en un lieu nommé Sainct-Jean-le-Blanc; et ceux qui estoient dedans s'en vinrent en une autre bastille que les mesmes Anglois avoient faite aux Augustins, auprés le bout du pont; et ladite Pucelle et ses gens, avec les vivres, vinrent vers la ville d'Orleans au dessus d'icelle bastille, à l'endroit dudit lieu de Sainct-Jean-le-Blanc.

Ceux de la ville, tantost et incontinent, preparerent et habillerent vaisseaux pour venir querir tous lesdits vivres; mais la chose estoit si mal à poinct, que le vent estoit contraire : or ne pouvoit-on monter contremont (car on n'y peut conduire les vaisseaux sinon à force de voile); laquelle chose fut dite à la susdite Jeanne, qui dit : « Attendez un petit, car, en « nom Dieu, tout entrera en la ville. » Et soudaine-

ment le vent se changea, en sorte que les vaisseaux arriverent tres-aisément et legerement où estoit icelle Jeanne : en iceux estoit le bastard d'Orleans, et aucuns bourgeois de la ville qui avoient grand desir de voir ladite Jeanne, lesquels luy prierent et la requirent, de la part de toute la ville et des gens de guerre estans en icelle, qu'elle voulust venir et entrer en la ville, et que ce leur seroit un grand reconfort s'il luy plaisoit d'y venir. Alors elle demanda audit bastard : « Estes-vous le bastard d'Orleans? » et il respondit : « Oüy, Jeanne: » Aprés elle luy dit : « Qui
« vous a conseillé de nous faire venir par la Sou-
« longne, et que n'avons nous esté par la Beausse
« tout emprés la grande puissance des Anglois? Les
« vivres eussent entré, sans les faire passer par la ri-
« viere. » Le bastard, en s'excusant, luy respondit que ç'avoit esté par le conseil de tous les capitaines, veuë la puissance des Anglois dans la Beausse. A quoy elle repliqua : « Le conseil de Messires (c'est à
« sçavoir Dieu) est meilleur que le vostre et celuy
« des hommes, et si est plus seur et plus sage. Vous
« m'avez cuidé decevoir, mais vous vous estes deceus
« vous-mesmes : car je vous amene le meilleur secours
« que eut oncques chevalier, ville ou cité; et ce est
« le plaisir de Dieu et le secours du roy des cieux,
« non mie pour l'amour de moy, mais procede pu-
« rement de Dieu, lequel, à la requeste de sainct
« Loüis et de sainct Charles le Grand, a eu pitié
« de la ville d'Orleans, et n'a pas voulu souffrir que
« les ennemis eussent le corps du duc d'Orleans [1],
« et sa ville. Quant est d'entrer en la ville, il me fe-

[1] Il étoit encore prisonnier en Angleterre.

« roit mal de laisser mes gens, et ne le dois pas
« faire; ils sont tous confessez, et en leur compa-
« gnée je ne craindrois pas toute la puissance des
« Anglois. »

Alors les capitaines luy dirent : « Jeanne, allez y
« seurement, car nous vous promettons de retourner
« bien brief vers vous. » Sur ce, elle consentit d'entrer en la ville avec ceux qui luy estoient ordonnez; et y entra, et fut reçeuë à grande joye, et logée en l'hostel du tresorier du duc d'Orleans, nommé Jacques Beucher, où elle se fit desarmer; et est vray que depuis le matin jusques au soir elle avoit chevauché toute armée, sans descendre, boire ny manger. On luy avoit fait appareiller à souper bien et honorablement; mais elle fit seulement mettre du vin en une tasse d'argent, où elle mit la moitié d'eau, et cinq ou six soupes dedans, qu'elle mangea, et ne prit autre chose tout le jour pour manger ny boire, puis s'alla coucher en la chambre qui luy avoit esté ordonnée ; et avec elle estoient la femme et la fille dudit tresorier, laquelle fille coucha la nuict avec ladite Jeanne. Et ainsi vint ladite Pucelle en la ville d'Orleans le penultiesme jour d'avril l'an 1429.

Or aussi-tost elle sceut que les chefs du siege ne tinrent compte de ses lettres sus-mentionnées, ny de tout leur contenu, mais qu'ils reputerent tous ceux qui croyoient et adjoustoient foy à ses paroles pour heretiques contre la saincte foy, et si avoient fait prendre les herauts, et les vouloient faire ardoir (1); laquelle prise estant venuë à la cognoissance du bastard d'Orleans, lequel estoit pour lors à Orleans, il

(1) *Ardoir* : brûler.

manda aux Anglois par son heraut qu'ils luy renvoyassent lesdits herauts, en leur faisant sçavoir que s'ils les faisoient mourir, il feroit mourir de pareille mort leurs herauts qui estoient venus à Orleans pour le faict de prisonniers : lesquels il fit arrester, et feroit le mesme de tous les prisonniers anglois, qui y estoient lors en bien grand nombre ; et tantost aprés lesdits herauts furent rendus. Toutesfois aucuns disent que quand la Pucelle sceut qu'on avoit retenu les herauts, elle et le bastard d'Orleans envoyerent dire aux Anglois qu'ils les renvoyassent : et ladite Jeanne disoit tousjours : « En nom Dieu, ils ne leur « feront ja mal. » Mais lesdits Anglois en renvoyerent seulement un, auquel elle demanda : « Que dit Tal-« bot? » Et le heraut respondit que luy et tous les autres Anglois disoient d'elle tous les maux qu'ils pouvoient, en l'injuriant ; et que s'ils la tenoient, ils la feroient ardoir. « Or t'en retourne, luy dit-elle, « et ne fais doute que tu ameneras ton compagnon ; « et dis à Talbot que s'il s'arme, je m'armeray aussi, « et qu'il se trouve en place devant la ville ; et s'il me « peut prendre, qu'il me face ardoir ; et si je le des-« confis, qu'il face lever les sieges, et s'en aillent en « leur pays. » Le heraut y alla, et ramena son compagnon. Or, auparavant qu'elle arrivast, deux cent Anglois chassoient aux escarmouches cinq cent François ; et depuis sa venuë, deux cent François chassoient quatre cent Anglois, et en crut fort le courage et la bonne volonté des François.

Quand les vivres sus-mentionnez furent mis dans les vaisseaux ou bateaux avec ladite Jeanne, les mareschal de Rays, seigneur de Lore, et autres s'en retournerent audit lieu de Blois, et là trouverent l'archevesque de Reims, chancelier de France, et tinrent conseil pour sçavoir ce qu'on avoit à faire. Aucuns estoient d'opinion que chacun s'en retournast en sa garnison; mais ils furent aprés tous d'opinion qu'ils devoient retourner audit lieu d'Orleans, afin de les ayder et conforter pour le bien du Roy et de la ville : et ainsi qu'ils parloient de la maniere, il vint nouvelles du bastard d'Orleans, lequel leur faisoit sçavoir que s'ils desemparoient et s'en alloient, ladite cité estoit en voye de perdition. Et lors il fut conclu presque de tous de retourner, et de mener derechef des vivres à force de puissance, et qu'on iroit par la Beausse, où estoit la puissance des Anglois, en la grande bastille qu'on nommoit Londres, combien qu'à l'autre fois ils vinrent par la Soulongne : et toutesfois ils estoient trois fois plus de gens qu'on n'estoit à venir par la Beausse. Ils firent donc provision de quantité de vivres, tant de grains que de bestail, et partirent le troisiesme jour de may, et coucherent la nuit en un village estant comme à my-chemin de Blois et d'Orleans, et prirent le lendemain leur chemin vers ladite ville. Le susdit troisiesme jour de may vinrent aussi à Orleans les garnisons de Montargis, Gien, Chasteau-Regnard, du pays de Gastinois et de Chasteaudun, avec grand nombre de gens de pied garnis de traict et de guisarmes. Et le mesme jour, au soir, vinrent nouvelles que le mareschal de Saincte-Severe, le sire de Rays, monseigneur de Bueil et La Hire (qui amenoient et conduisoient les vivres et l'artillerie) venoient de Blois par la Beausse. Si se doutoit-on que les Anglois deussent aller au-devant d'eux; pourquoy le mercredy matin, veille de l'Ascension, quatriesme jour de may 1429, partirent de tres-grand matin d'Orleans le bastard et la Pucelle armée, avec grande compagnée de gens d'armes et de trait, et allerent à estendard desployé, au devant des vivres, qu'ils rencontrerent; et si passerent pardevant les Anglois, qui n'oserent sortir ny issir de leurs bastides, et puis entrerent dedans la ville environ prime.

Ledit jour, environ midy, aucuns des nobles firent une sortie d'Orleans, avec grand nombre de gens de traict et du commun, qui livrerent un fier et merveilleux assaut contre les Anglois qui tenoient la bastide Sainct Loup, laquelle estoit de grande defense et beaucoup fortifiée : car elle avoit esté grandement bien garnie par le sire de Talbot, tant de gens, vivres, comme d'habillemens. Les François furent fort grevez en iceluy assaut, durant lequel y survint tres-hastivement la Pucelle armée, à estendart desployé : parquoy l'assaut renforça de plus en plus. Cette Pucelle ne sçavoit rien de la sortie d'iceux gens de guerre hors de la ville, ny n'en estoient nouvelles en son hostel ny en son quartier, et s'estoit mise à dormir; et n'y avoit audit hostel que son page et la dame de leans, qui s'esbatoient à l'huis; et soudainement elle s'esveilla, puis se leva, et commença à appeller des gens. Alors vint la dame et le page, auquel elle dit : « Va querir « mon cheval; en nom Dieu, les gens de la ville ont « affaire devant une bastille, et y en a de blessez. » Si dit qu'on l'armast hastivement, et qu'on luy aydast à s'armer : et quand elle fut preste, elle monta à cheval, et courut sur le pavé tellement que le feu en sailloit, et alla aussi droict comme si elle eust bien sceu le chemin auparavant, et toutesfois oncques n'y avoit-elle entré.

Ladite Jeanne dit depuis que sa voix (1) l'avoit esveillée, et luy avoit enseigné le chemin, et que Messires (2) luy avoit fait sçavoir. Et depuis sa venuë et arrivée audit lieu, il ne fut Anglois qui peust illec blesser aucun François : mais bien les François conquirent sur eux la bastide; puis les Anglois se retirerent au clocher de l'eglise, et là les François commencerent l'assaut, qui dura longuement : pendant lequel Talbot fit issir les Anglois à grande puissance des autres bastides, pour secourir ses gens. Mais à cette mesme heure estoient saillis d'Orleans tous les chefs de guerre, à toute leur puissance, qui se mirent aux champs, et se rangerent en batailles ordonnées entre la bastide assaillie et les autres bastides angloises, attendans illec les Anglois pour les combatre. Mais le susdit de Talbot, en voyant cela, fit retirer les Anglois au-dedans de leurs bastilles, estant ainsi contraint de delaisser à l'abandon les Anglois de la bastide Sainct-Loup, qui furent conquis par puissance environ l'heure de vespres.

Il y eut là des Anglois audit clocher qui se desguiserent, et qui prirent des habillemens de prestres ou de gens d'eglise, pour par ce moyen se sauver, lesquels neantmoins on voulut tuer; mais ladite Jeanne les garda et preserva, disant qu'on ne devoit rien demander aux gens d'eglise, et les fit amener à Orleans, dont y fut l'occision nombrée à huict vingt hommes; et la bastide fut arse et demolie, en laquelle les François conquirent tres-grande quantité de vivres et au-

---

(1) *Ou que une voix.* — (2) *C'est-à-dire Dieu.*

tres biens. Cela fait, la Pucelle, les grands seigneurs et leur puissance rentrerent à Orleans : duquel bon succés furent à cette mesme heure renduës graces et louanges à Dieu par toutes les eglises, en hymnes et devotes oraisons, avec le son des cloches que les Anglois pouvoient bien oüyr : lesquels furent fort abaissez de puissance et aussi de courage, par le moyen de cette perte.

La Pucelle desiroit fort de faire partir et retirer entierement les Anglois du siege, et pour ce requit les chefs de guerre qu'ils fissent une sortie à toute puissance, le jour de l'Ascension, pour assaillir la bastide Sainct-Laurens, où estoient renfermez tous les plus grands chefs de guerre, et le plus de la puissance des Anglois; et neantmoins elle ne fit aucun doute que tantost ne les deust conquerir, mais bien se tenoit seure de les avoir, et disoit ouvertement que l'heure estoit venuë; mais les chefs de guerre ne furent point d'accord de sortir ny de besongner cette journée, pour la reverence du jour : et d'autre part furent-ils d'opinion de premierement tant faire que les bastides et boulevars du costé de la Soulongne peussent estre conquises avec le pont, afin que la ville peust recouvrer vivres du costé du Berry et autres pays.

Ainsi la chose prit delay cette journée, au grand desplaisir de la Pucelle, qui s'en tint mal-contente des chefs et capitaines de guerre. Ladite Pucelle avoit grand desir de sommer elle-mesme ceux qui estoient dans la bastille du bout du pont et des tournelles, où estoit Glacidas : car on pouvoit parler à eux de dessus le pont. Si y fut-elle menée : et quand les Anglois sceurent qu'elle y estoit, ils vinrent en leur garde; puis elle

leur dit : « Que le plaisir de Dieu estoit qu'ils s'en allas-
« sent, ou sinon qu'ils s'en trouveroient courroucez. »
Alors ils commencerent à se mocquer, et à injurier ladite Jeanne ainsi que bon leur sembla; dont elle ne
fut pas contente, et son courage luy en creut. Si deli-
bera-elle le lendemain de les aller visiter.

La mesme année 1429, le vendredy sixiesme jour
de may, les François passerent outre la Loire avec
grande puissance à la veuë de Glacidas, lequel aussi-
tost fit deseniparer et brusler la bastide de Sainct-
Jean-le-Blanc, et fit retirer ses Anglois, avec ses habillemens, en la bastide des Augustins, au boulevart
et aux tournelles. Si marcha avant la Pucelle à tout
ses gens de pied, tenant sa voye droit à Portereau;
et à cette heure n'estoient encores tous ses gens passez; ains y en avoit grande partie en une isle qui pouvoient peu finer et avoir de vaisseaux pour leur passage. Neantmoins la Pucelle alla tant qu'elle approcha du boulevart, et là planta son estendart avec peu
de gens : mais à cette heure il survint un cry que
les Anglois venoient à puissance du costé de Sainct-
Prive; pour lequel cry les gens qui estoient avec la
Pucelle furent espouventez, et se prirent à retirer
droit audit passage de Loire : dequoy la Pucelle fut en
grande douleur, et fut contrainte de se retirer à peu
de gens.

Alors les Anglois leverent grande huée sur les François, et issirent à puissance pour poursuivre la Pucelle, faisans de grands crys aprés elle, et luy disans
des paroles diffamantes : et tout soudain elle tourna
contre eux; et tant peu qu'elle eust de gens elle leur
fit visage, et marcha contre les Anglois à grands pas,

et estendart desployé : si en furent les Anglois, par la volonté de Dieu, tant espouventez, qu'ils prirent la fuite laide et honteuse. Alors les François retournèrent, qui commencerent sur eux la chasse, en continuant jusques à leurs bastides, où les Anglois se retirerent à grande haste. Ce veu, la Pucelle assit son estendart devant la bastide des Augustins sur les fossez du boulevart, où vint incontinent le sire de Rays; et tousjours les François allerent croissant, en telle sorte qu'ils prirent d'assaut la bastide desdits Augustins, où estoient des Anglois en tres-grand nombre, lesquels furent là tous tuez. Il y avoit quantité de vivres et de richesses; mais dautant que les François furent trop attentifs au pillage, la Pucelle fit mettre le feu en la bastide, où tout fut bruslé.

En iceluy assaut la Pucelle fut blessée de chausse-trapes en l'un des pieds; et à cause qu'il ennuitoit, elle fut ramenée à Orleans; et laissa nombre de gens au siege devant le boulevart et les tournelles. Cette nuict les Anglois, qui estoient dedans le boulevart de Sainct-Prive s'en départirent, et y mirent le feu; puis passerent la Loire en des vaisseaux, et se retirerent en la bastide Sainct-Laurens. La Pucelle fut cette nuict en grande doute que les Anglois ne frappassent sur ses gens devant les tournelles; et pour ce, le samedy septiesme jour du mois de may, environ le soleil levant, par l'accord et consentement des bourgeois d'Orleans, mais contre l'opinion et volonté de tous les chefs et capitaines qui estoient là de par le Roy, la Pucelle partit à tout son effort, et passa la Loire : et ainsi qu'elle deliberoit de passer, on presenta à Jacques Boucher son hoste une alose; et lors il luy dit : « Jeanne, mangeons cette alose avant que « partiez. — En nom Dieu, dit-elle, on n'en mangera « jusques au souper, que nous repasserons par dessus « le pont, et ramenerons un godon (1) qui en man- « gera sa part. » Si luy baillerent ceux d'Orleans des canons, coulevrines, et tout ce qui estoit necessaire pour attaquer d'un costé le susdit boulevart et les tour- nelles, avec des vivres, et des bourgeois d'Orleans, afin de la seconder : et pour assaillir icelles tournelles et conquerir le pont, ils establirent de la partie de la ville sur ledit pont, de l'autre part, grand nombre de gens d'armes et de traict, avec grand appareil que les bourgeois avoient fait pour passer les arches rom- puës et assaillir les tournelles.

A iceluy assaut fut ladite Jeanne blessée dés le matin d'un coup de traict de gros garriau par l'es- paule, tout outre ; en suite de cette blessure, elle- mesme se deferra, et y fit mettre du coton et autres choses, pour estancher le sang : ce nonobstant, elle n'en laissa oncques à faire les diligences de faire as- saillir. Or quand ce vint sur le soir, il sembla au bastard d'Orleans et à d'autres capitaines qu'en ce jour-là on n'auroit point ce boulevart, veu qu'il estoit desja tard; si delibererent de se retirer de l'assaut, et faire reporter l'artillerie en la ville jusques au lende- main, et dirent cette conclusion à Jeanne; laquelle leur respondit : « Que en nom Dieu ils y entreroient « en brief, et qu'ils n'en fissent doute. » Neantmoins on assailloit tousjours : et lors elle demanda son che- val, si monta dessus, et laissa son estendart; puis elle

(1) Elle entendoit par ce sobriquet quelque Anglois.

alla en un lieu destourné, où elle fit son oraison à Dieu, et ne demeura gueres qu'elle ne retournast et descendist; puis elle prit son estendart, et dit à un gentilhomme qui estoit auprés d'elle : « Donnez-vous « garde quand la queuë de mon estendart touchera « contre le boulevart; » lequel luy dit un peu aprés : « Jeanne, la queuë y touche. » Alors elle dit : « Tout « est vostre, et y entrerez. » Si furent les Anglois assaillis des deux parties tres-asprement : car ceux d'Orleans jetterent à merveilles contre les Anglois des coups de canons, de coulevrines, de grosses arbalestes, et d'autre traict. L'assaut fut fier et merveilleux, plus que nul qui eust esté veu de la memoire des vivans; auquel vinrent les chefs qui estoient dedans Orleans, quand ils en aperceurent les manieres. Les Anglois se deffendirent vaillamment, et tant jetterent, que leurs poudres et autre traict s'en alloient faillant, et deffendoient de lances, guisarmes, et autres bastons et pierres, le boulevart et les tournelles.

Et est à sçavoir que du costé de la ville on trouvoit tres-mal aisé la maniere d'avoir une piece de bois pour traverser l'arche du pont, et de faire la chose si secretement que les Anglois ne s'en apperceussent. Or par adventure on trouva une vieille et large goutiere, mais il s'en falloit bien trois pieds qu'elle ne fust assez longue : et aussi-tost un charpentier y mit et adjousta un advantage attaché avec de fortes chevilles; et descendit en bas pour y mettre une estaye, et fit ce qu'il peut pour la seureté; puis y passerent le commandeur de Giresme, et plusieurs hommes d'armes. Si reputoit-on comme une chose impossible, ou au moins bien difficile, d'y estre passez; et tousjours on asseuroit ledit passage. La Pucelle fit de son costé dresser des eschelles contremont par ses gens dans le fossé du boulevart, et renforça de toutes parts l'assaut de plus en plus, qui dura depuis jusques à six heures aprés midy. Si furent tant les Anglois chargez de coulevrines et autre traict, qu'ils ne s'ozoïent plus monstrer à leurs defenses, et furent aussi assaillis de l'autre part du costé des tournelles, dedans lesquelles les François mirent le feu.

Enfin les Anglois furent tant oppressez de toutes parts, et il y en eut tant de blessez, qu'il n'y eut plus en eux de defense. A cette heure Glacidas et autres seigneurs anglois se penserent retirer du boulevart és tournelles, pour sauver leurs vies; mais le pontlevis rompit soubs eux, par juste jugement de Dieu: et par ainsi se noyerent dans la riviere de Loire. Alors les François entrerent de toutes parts dedans le boulevart et les tournelles, qui furent conquises à la veuë du comte de Suffort, de Talbot et autres chefs de guerre anglois, sans qu'ils monstrassent ou fissent semblant d'aucun secours. Là fut fait grand carnage d'Anglois : car du nombre de cinq cent chevaliers et escuyers reputez les plus preux et hardis de tout le royaume d'Angleterre, qui estoient là soubs Glacidas, avec d'autres faux-François, n'en furent retenus prisonniers et en vie, fors environ deux cent. En cette prise furent tuez ledit Glacidas, les seigneurs de Ponvains, de Commus, et autres nobles d'Angleterre et d'autres pays.

Si nous dirent et affirmerent des plus grands capitaines des François, que aprés que ladite Jeanne eut prononcé les paroles dessus dites, ils monterent contremont le boulevart aussi aysement comme par un degré; et ne sçavoient considerer comment il se pouvoit faire ainsi, sinon par ouvrage comme divin et tout extraordinaire. Aprés laquelle glorieuse victoire les cloches furent sonnées, par le mandement de la Pucelle, qui retourna cette nuictée par dessus le pont; et rendirent graces et loüanges à Dieu en fort grande solemnité, par toutes les eglises d'Orleans.

La Pucelle fut blessée de traict, comme dit est: avant lequel coup advenu elle avoit bien dit qu'elle y devoit estre frappée jusques au sang. Mais aussi-tost elle revint à convalescence; aussi aprés son arrivée fut-elle diligemment appareillée, desarmée et tres-bien pensée: si voulut-elle seulement avoir du vin en une tasse, où elle mit la moitié d'eauë, et s'en alla coucher et reposer. Or est à noter que avant son partement elle oüyt la messe, se confessa, et receut en grande devotion le precieux corps de Nostre Seigneur Jesus-Christ; aussi se confessoit-elle et le recevoit-elle tres-souvent. Si se confessa à plusieurs gens de grande devotion et austere vie, lesquels disoient pleinement que c'estoit une creature de Dieu.

Les Anglois furent reduits en grande detresse de cette défaite, et tinrent cette nuictée grand conseil. Si sortirent de leurs bastides le dimanche huictiesme jour de may 1429, avec leurs prisonniers, et tout ce qu'ils pouvoient emporter, mettans à l'abandon tous leurs malades, tant prisonniers comme autres, avec leurs bombardes, canons, artilleries, poudres, pavois, habillemens de guerre, et tous leurs vivres et biens; et s'en allerent en belle ordonnance, leurs estendars desployez, tout le chemin d'Orleans jusques à Meun-sur-

Loire. Si firent les chefs de guerre, estans dans Orleans, ouvrir les portes environ le soleil levant, dont ils sortirent partie à pied et à cheval, à grande puissance, et voulurent aller donner et frapper sur les Anglois. Mais là survint la Pucelle, qui desconseilla la poursuite, et voulut qu'on les laissast libres de pouvoir partir sans les assaillir de celle journée, s'ils ne venoient contre les François pour les combattre. Mais les Anglois tournerent en crainte le dos, et se retirerent tant à Meun comme à Jargeau.

Or par ce desemparement de siege se departit le plus de la puissance des Anglois, qui se retirerent tant en Normandie comme autre part. Et après ce desemparement les Anglois estans encores postez à la veuë de la Pucelle, elle fit venir aux champs les gens d'eglise revestus, qui chanterent en grande solemnité des hymnes, respons, et oraisons devotes, rendans loüanges et graces à Dieu. De plus elle fit apporter une table et un marbre, et dire deux messes, lesquelles estans dites et achevées, elle demanda : « Or regardez s'ils ont les visages tournez devers « vous, ou le dos ? » Et on luy dit qu'ils s'en alloient, et avoient le dos tourné. A quoy elle repliqua : « Lais- « sez les aller, il ne plaist pas à Messire (1) qu'on les « combatte aujourd'huy; vous les aurez une autre « fois. » Elle estoit lors seulement armée d'un jesseran, à cause de la blesseure qu'elle avoit receuë la journée de devant.

Ce fait, la commune d'Orleans sortit, qui entra és bastides, où ils trouverent largement des vivres et autres biens : puis toutes les bastides furent jettées et ren-

(1) A Dieu.

versées par terre, suivant la volonté des seigneurs et capitaines; mais leurs canons et bombardes furent retirées en la ville d'Orleans. Si se retirerent les Anglois en plusieurs places par eux conquises, c'est à sçavoir le comte de Suffort à Jargeau, et les seigneurs de Scales, de Talbot, et autres chefs de leur party se retirerent tant à Meun, à Baugency, comme en d'autres places par eux conquises; lesquels manderent hâtivement ces choses au duc Jean de Betfort regent, qui de ce fut beaucoup dolent, craignant bien qu'aucuns de ceux de Paris se deussent pour ceste défaite reduire en l'obeïssance du Roy, et faire esmouvoir le commun du peuple contre les Anglois. Sur quoy il partit à tres-grande haste de Paris, et se retira au bois de Vincennes, où il manda gens de toutes parts; mais peu y en vint, car les Picards et autres gens qui tenoient leur party se prirent à delaisser les Anglois, et à les haïr et mepriser.

Or ainsi que les susdits Anglois s'en alloient, Estienne de Vignolles dit La Hire, et messire Ambroise de Lore, accompagnez de cent à six vingt lances, monterent à cheval, et les chevaucherent et poursuivirent, en les costoyant bien trois grosses lieües, pour voir et regarder leur maintien; puis ils s'en retournerent en ladite ville. Les Anglois detenoient prisonnier en leur bastille un capitaine françois nommé Le Bourg-de-Bar, lequel estoit enferré par les pieds d'un gros et pesant fer, tellement qu'il ne pouvoit aller, et estoit souvent visité par un augustin anglois, confesseur de Talbot, maistre dudit prisonnier. Ledit augustin avoit accoustumé de luy donner à manger, et ledit de Talbot se fioit en luy de le bien garder comme son prisonnier, esperant d'en avoir une grosse finance, ou delivrance d'autres prisonniers. Donc quand cét augustin vid les Anglois se retirer ainsi hastivement, il demeura avec ledit prisonnier, en intention de le mener aprés ledit de Talbot son maistre; et le mena par dessous le bras, bien demy traict d'arc de distance : mais ils n'eussent jamais peu atteindre les Anglois. Lors iceluy Bourg voyant les Anglois s'en aller en grand desordre, reconnut bien qu'ils avoient du pire; si prit l'augustin à bons poings; et luy dit qu'il n'iroit plus avant, et que s'il ne le portoit jusques à Orleans, il luy feroit ou feroit faire desplaisir. Et combien qu'il y eût tousjours des Anglois et François qui escarmouchoient encore, toutesfois cét augustin par force et contrainte le porta sur ses espaules jusques à Orleans, et par iceluy augustin on sceut et descouvrit plusieurs choses de la commune des Anglois.

La Pucelle ne pouvant à cette heure entretenir l'armée, par defaut de vivres et de payement, elle partit le mardy treiziesme,(1) jour de may, accompagnée de hauts seigneurs, et s'en alla par devers le Roy, qui la receut à grand honneur, et tint à Tours aucuns conseils; lesquels finis, il manda de toutes parts ses nobles; et pour nettoyer la riviere de Loire bailla la charge au duc d'Alençon, qui voulut avoir la Pucelle en sa compagnée. Si vinrent à grande puissance devant Jargeau; où estoit le comte de Suffort avec grande compagnée d'Anglois, qui avoient fortifié la ville et le pont.

Les François mirent là le siege de toutes parts, un samedy jour de la Sainct Barnabé, vingt et uniesme jour du mois de juin; et fut en peu d'heure cette ville

---

(1) Un autre manuscrit porte *dixiesme*.

fort battuë et empirée des coups de bombardes et de canons : enfin le dimanche ensuivant vingt-deuxiesme jour du mesme mois, la ville et le pont furent pris d'assaut, où fut tué Alexandre La Poulle, avec grand nombre d'Anglois. Si furent là pris prisonniers Guillaume de La Poulle comte de Suffort, Jean La Poulle son frere; et fut la défaite et perte des Anglois nombrée environ cinq cent combatans, dont la pluspart furent tuez; car les gens du commun tuoyent entre les mains des gentils-hommes tous les prisonniers anglois qu'ils avoyent pris à rançon : parquoy il convint mener à Orleans, de nuict et par la riviere de Loire, le comte de Suffort, son frere, et autres grands seigneurs anglois, afin de sauver leurs vies. La ville et l'eglise fut du tout pillée : aussi estoit elle pleine de biens; et cette nuict se retirerent à Orleans le duc d'Alençon, la Pucelle et les chefs de guerre, avec la chevalerie de l'ost, pour se rafraischir, là où ils furent receus à tres-grande joye.

Quand la pucelle Jeanne fut devant le Roy, elle s'agenoüilla et l'embrassa par les jambes, en luy disant : « Gentil Dauphin, venez prendre vostre noble sacre « à Rheims; je suis fort aiguillonnée que vous y alliez, « et ne faites douté que vous y recevrez vostre digne « sacre. » Lors le Roy et aucuns qui estoient devers luy, qui sçavoient et avoient veu les merveilles qu'elle avoit faites par les conduite, sens, prudence et diligence qu'elle avoit en faits d'armes, autant que si elle eût suivy les armes toute sa vie, considerant aussi sa belle et honneste façon de vivre, combien que la plus grande partie fût d'opinion qu'on allast en Normandie, changerent leur imagination.

Or le Roy en luy mesme, et aussi trois ou quatre des principaux d'autour de luy, pensoient s'il ne desplairoit point à ladite Jeanne qu'on luy demandast ce que la voix luy disoit. De quoy elle s'apperceut aucunement, et dit : « En nom Dieu, je sçay bien ce que « vous pensez et voulez dire de la voix que j'ay ouye « touchant vostre sacre, et je le vous diray. Je me « suis mise en oraison en ma maniere accoustumée; « je me complaignois pour ce qu'on ne me vouloit pas « croire de ce que je disois; et lors la voix me dit : « Fille, va, va, je serai à ton ayde, va. Et quand « cette voix me vient, je suis tant resjouye que mer- « veilles. » Et en disant lesdites paroles elle levoit les yeux au ciel, en monstrant signe d'une grande exultation : et lors on la laissa avec le duc d'Alençon.

Or pour plus à plain declarer la forme de la prise susmentionnée de Jargeau, et l'assaut qui y fut donné, il est vray qu'aprés que le duc d'Alençon eust acquitté ses ostages touchant la rançon accordée pour sa delivrance, et qu'on vid et apperceut la conduite de la Pucelle, le Roy, comme dit est, bailla la charge du tout au duc d'Alençon, avec la Pucelle; et manda des gens le plus diligemment qu'il peut, lesquels y venoient de toutes parts, croyans fermement que ladite Jeanne venoit de la part de Dieu; et plus pour cette cause qu'en intention d'avoir soldes ou profits du Roy.

Là vinrent aussi le bastard d'Orleans, le sire de Boussac mareschal de France, le seigneur de Graville maistre des arbalestriers, le sire de Culant admiral de France, messire Ambroise seigneur de Lore, Estienne de Vignoles dit La Hire, Gautier de Brussac, et autres

capitaines, qui allerent tous avec lesdits duc et Pucelle devant la ville de Jargeau, où estoit, comme dit est, le comte de Suffort. Et à mettre et tenir le siege il y eut par divers jours plusieurs grandes et aspres escarmouches : aussi estoient ils puissans en gens, comme de six à sept cent Anglois tout vaillans. Cependant on tiroit fort de la ville, où il y avoit quantité de traict, de canons, et vuglaires : quoy voyant la Pucelle, vint au duc d'Alençon, et luy dit : « Beau duc, ostez vous du logis où vous estes, com-
« ment que ce soit, car vous y seriez en danger des
« canons. » Le duc creut ce conseil, et n'estoit pas reculé de deux toises, qu'un vuglaire de la ville fut laissé aller, qui emporta tout net la teste à un gentilhomme d'Anjou, assez prés dudit seigneur, et au propre lieu où il estoit quand la Pucelle parla à luy.

Les François furent environ huit jours devant la ville, laquelle fut fort battuë de canons estans devant. Si fut assaillie des François bien asprement, et ceux de dedans se defendoient aussi vaillamment : et entre les autres il y avoit un grand et fort Anglois armé de toutes pieces, ayant en sa teste un fort bassinet, lequel faisoit merveilles de jetter grosses pierres et d'abbatre gens et escheles, et estoit au lieu plus aisé à assaillir. Le duc d'Alençon appercevant ceste chose, alla à un nommé maistre Jean le canonnier, et luy monstra cét Anglois. Alors le canonnier assortit sa coulevrine au lieu où estoit, et se descouvroit fort l'Anglois; si fut frappé par le moyen dudit canonnier au travers de la poitrine, et cheut dedans la ville, où il mourut. La Pucelle descendit au fossé, tenant son estendart au poing, au lieu où les Anglois faisoient plus grande et aspre defense ; si fut apperceüe par aucuns Anglois, dont un prit une grosse pierre de faix, et luy jetta sur la teste : tellement que du coup elle fut contrainte de s'asseoir, bien que ladite pierre qui estoit dure se mit en menües pieces ; de quoy on eut grand estonnement. Nonobstant elle se releva assez tost aprés, et dit tout haut aux compagnons françois : « Montez hardiment, et entrez dedans ; car vous n'y « trouverrez plus aucune resistance. »

Et ainsi fut la ville gangnée, comme dit est, et le comte de Suffort se retira sur le pont ; si fut poursuivy par un gentilhomme nommé Guillaume Renault, auquel ledit comte de Suffort demanda : « Es-« tu gentilhomme ? » et il luy repondit que ouy. « Et « es-tu chevalier ? » et il respondit que non. Alors le comte de Suffort le fit chevalier, et se rendit à luy : et semblablement y fut pris le seigneur de La Poulle son frere ; et comme dit est, il y en eut plusieurs de tuez et quantité de prisonniers qu'on menoit à Orleans : mais le plus furent aussi tuez en chemin, sous ombre d'aucuns debats meus entre les François. Cette prise de Jargeau fut aussi tost mandée au Roy, lequel en fut tres-joyeux, et en remercia et regracia Dieu, et manda tres-diligemment des gens de guerre de toutes parts, pour venir se joindre avec lesdits duc d'Alençon et Jeanne la Pucelle, et autres seigneurs et capitaines.

Le duc d'Alençon et la Pucelle sejournerent en la ville d'Orleans par aucuns jours, pendant lesquels vinrent là à grande chevalerie le seigneur de Rais, le seigneur de Chauvigny, les seigneurs de Laval et de Loheac son frere, et autres grands seigneurs, pour servir le roy Charles en son armée, lequel vint environ ce temps à Sully. Et d'autre part vint à Blois avec grande chevalerie le comte Artus de Richemont, connestable de France, et frere du duc de Bretagne : contre lequel le Roy, pour aucuns rapports, avoit conceu haine et malveillance. La Pucelle et les chefs de guerre firent faire grand appareil pour mettre le siege devant Meun et Baugency, où se tinrent en iceluy temps le sire de Scales et le sire de Talbot, à grande compagnée d'Anglois : et pour reconforter les garnisons desdites places, ils manderent les Anglois, qui tenoient La Ferté-Hubert; lesquels, aprés en avoir receu le mandement, brûlerent la basse court, et abandonnerent le chasteau, et s'en allerent à Baugency pour aller au devant de messire Jean Fastol, qui estoit party de Paris à grande compagnée d'Anglois, de vivres et de traict, afin de venir avitailler et reconforter la puissance des Anglois. Mais pource qu'il oüit nouvelles de la prise de Jargeau, il laissa les vivres dedans Estampes, et vint avec sa compagnée dedans Yenville, auquel lieu il trouva le sire de Talbot; et eux estans là assemblez, ils y tinrent aucuns conseils.

Le mercredy quinziéme jour de juin 1429, Jean duc d'Alençon, lieutenant general de l'armée du Roy, accompagné de la Pucelle et de plusieurs hauts seigneurs, barons et nobles, entre lesquels estoient messire Loüis de Bourbon comte de Vendosme, le sire de Rais, le sire de Laval, le sire de Loheac, le vidasme de Chartres, le sire de La Tour, et autres seigneurs, avec grand nombre de gens de pied et grand charroy chargé de vivres et d'appareil de guerre, partirent d'Orleans pour mettre le siege devant quelques places angloises, tenans leur voye droit à Baugency. Ils s'arresterent devant le pont de Meun, que les Anglois avoient fortifié et fort garny; et tantost à leur venüe il fut pris par assaut, et garny de bonnes gens. Cela fait, les François n'y arresterent point; mais pensans que les sires de Talbot et de Scales se fussent retirez, ils allerent devant Baugency : pour la venuë desquels les Anglois abandonnerent la ville, et se retirerent sur le pont et au chasteau. Alors les François entrerent dedans ladite ville, et assiegerent le pont et le chasteau par devers le costé de la Beausse. Si dresserent et assortirent là canons et bombardes, dont ils battirent fort ledit chasteau.

Or le comte de Richemont connestable de France vint en cestuy siege, à grande chevalerie; avec luy estoient le comte de Perdriac, Jacques de Dinan frere du seigneur de Chasteau-Briant, le seigneur de Beaumanoir et autres. Et dautant que ledit connestable estoit en l'indignation du Roy, et à ceste cause tenu pour suspect, il se mit en toute humilité devant ladite Pucelle, luy suppliant [1] que comme le Roy luy eut donné puissance de pardonner et remettre toutes offenses commises et perpetrées contre luy et son authorité, et que pour aucuns sinistres rapports le Roy eut conceu haine et mal-talent contre luy, en telle maniere qu'il avoit fait faire defense par ses lettres que aucun recueil, faveur ou passage ne luy fussent donnez pour venir en son armée : la Pucelle le voulut, de sa grace, recevoir pour le Roy au ser-

---

[1] Aucuns estiment que ce discours concernant le connestable est suspect et contraire à la vérité, et qu'il est prejudiciable à la memoire d'un si grand personnage. (*Remarque de Denis Godefroy.*)

vice de sa couronne, afin d'y employer son corps, sa puissance et toute sa seigneurie, en luy pardonnant toute offense. Et à cette heure estoient là le duc d'Alençon et tous les hauts seigneurs de l'ost, qui en requirent la Pucelle : laquelle le leur octroya, moyennant qu'elle receut en leur presence le serment d'iceluy connestable de loyaument servir le Roy, sans jamais faire ny dire chose qui luy doive tourner à desplaisance; et à cette promesse tenir ferme, sans l'enfraindre. Et estre contraints par le Roy, si ledit connestable estoit trouvé defaillant, lesdits seigneurs s'obligerent à la Pucelle, par lettres scellées de leurs seaux.

Si fut alors ordonné que le connestable mettroit le siege du costé de la Soulongne, devant le pont de Baugency. Mais le vendredy dix-septiesme jour du mois de juin, le baillif d'Evreux, qui estoit dedans Baugency, fit requerir la Pucelle d'un traitté qui fut fait et accordé environ l'heure de nuict, en telle maniere qu'ils rendroient au roy de France, entre les mains du duc d'Alençon et de la Pucelle, le pont et le chasteau, leurs vies sauves, le lendemain à l'heure de soleil levant, sans en emporter ny emmener fors leurs chevaux et harnois, avec aucuns de leurs meubles, montans pour chacun un marc d'argent seulement; et qu'ils s'en pourroient franchement aller és pays de leur party : mais ils ne devoient reprendre les armes contre les François jusques après dix jours passez. Donc en cette maniere en partirent les Anglois, qui estoient bien nombrez à cinq cent combatans, lesquels rendirent le pont et le chasteau le samedy dix-huictiesme jour de juin 1429.

En la ville de Meun entrerent une nuitée les sires de Talbot, de Scales et de Fastot, qui ne peurent avoir entrée au chasteau de Baugency, par l'empeschement du siege; or eux croyans faire desemparer et quitter ce siege, ils assaillirent la nuict de la composition le pont de Meun : mais le susdit dix-huictiesme jour de juin, aussi tost que les Anglois furent partis de Baugency, vint l'avant-garde des François devant Meun, et incontinent toute la puissance venant en batailles tres-bien ordonnées. Alors les Anglois cesserent l'assaut du pont, et saillirent aux champs avec toute leur puissance, et se mirent en corps de batailles, tant à pied comme à cheval; mais ils commencerent à se retirer tout soudain, delaissans Meun avec leurs vivres et habillemens, et prirent leur chemin par la Beausse, du costé par devers Patay.

Si partirent hastivement le duc d'Alençon, la Pucelle, le comte de Vandosme, le connestable de France, le sire de Saincte Severe, et de Boussac mareschal, messire Louys de Culant admiral de France, le sire d'Albret, le sire de Laval, le sire de Loheac, le sire de Chauvigny, et autres grands seigneurs, qui s'avancerent en batailles ordonnées, et poursuivirent si asprement les Anglois qu'ils les attraperent prés Patay, au lieu dit des Coynées. Alors le duc d'Alençon dit à la Pucelle : « Jeanne, voilà les Anglois en ba-
« taille; combatrons nous? » Et elle demanda audit duc : « Avez-vous vos esperons? » Lors le duc luy dit : « Comment dà, nous en fautdra-t'il retirer, ou
« fuir? » Et elle dit : « Nenny; en nom Dieu allez
« sur eux, car ils s'enfuiront, et n'arresteront point,

« et seront déconfits, sans gueres de perte de vos
« gens ; et pour ce faut-il vos esperons pour les
« suivre. »

Si furent ordonnez pour coureurs, par maniere d'avant-garde, le seigneur de Beaumanoir, Poton et La Hire, messire Ambroise de Lore, Thiebaut de Termes, et plusieurs autres; lesquels embesongnerent et embarasserent tant les Anglois, qu'ils ne peurent plus entendre à eux bien ordonner, et à se mettre en bataille. Si s'assemblerent contre eux les François en bataille, tant que les Anglois furent défaits en peu d'heures ; dont la tuerie fut nombrée sur le champ, par les herauts d'Angleterre, à plus de deux mille deux cent Anglois.

En cette bataille, qui arriva le dix-huictiesme jour de juin 1429, furent pris les seigneurs de Talbot et de Scales, messire Thomas Rameston et Hougue Foie, avec plusieurs chefs de guerre, et autres nobles du pays d'Angleterre ; et furent bien nombrez en tout à cinq mille hommes. Si commença la chasse des fuyans, et fut poursuivie jusques prés des portes d'Yenville, en laquelle chasse plusieurs Anglois furent aussi tuez. Les bonnes gens d'Yenville fermerent leurs portes contre les Anglois qui fuyoient, et monterent sur la muraille à leurs defenses. Pour lors estoit au chasteau avec peu de compagnée un escuyer anglois, lieutenant du capitaine qui avoit le chasteau en garde : lequel cognoissant la défaite des Anglois, traitta avec les bonnes gens de rendre ledit chasteau sa vie sauve, et fit serment d'estre bon et loyal François ; à quoy ils le receurent. Il demeura en icelle ville grande quantité de provisions, munitions et despoüilles qui y avoient esté laissées par les Anglois à leur depart, pour aller à la susdite bataille, avec grande quantité de traict, de canons, et autres habillemens de guerre, de vivres et marchandises. Et aussi tost ceux de ladite ville d'Yenville se reduisirent en l'obeyssance du Roy. Or aprés la fuite des Anglois les François entrerent dedans Meun, et pillerent toute la ville, d'où s'enfuit messire Jean Fastot et autres jusques à Corbeil.

Quand les Anglois qui estoient encor en plusieurs autres places dans le pays de Beausse, comme à Mont-pipeau, Sainct Symon, et autres forteresses, oüyrent les nouvelles de cette défaite, ils prirent hastivement la fuite, et mirent le feu dedans. Aprés lesquelles glorieuses victoires, et le recouvrement des villes et chasteaux susmentionnez, toute l'armée retourna dedans Orleans ledit dix-huictiesme jour de juin, où ils furent receus à grande joye par les gens d'eglise, bourgeois et commun peuple, qui en rendirent graces et loüanges à Dieu.

Or les susdits gens d'eglise et bourgeois d'Orleans croyoient bien que le Roy deust là venir : car pour le recevoir ils firent tendre les ruës à ciel, et voulurent faire grand appareil pour l'honorer à sa glorieuse venuë : mais il se tint dedans Sully, sans venir à Orleans; dequoy aucuns qui estoient entour le Roy ne furent guere contens : et à tant demeura la chose à cette fois. Parquoy la Pucelle alla devers le Roy, et fit tant que le vingt-deuxiesme jour de juin en iceluy an il vint à Chasteau-neuf-sur-Loire, auquel lieu se tirerent par devers luy les seigneurs et chefs de guerre; là il tint aucuns conseils, après lesquels il retourna à Sully. La Pucelle vint ensuite à Orleans, et fit tirer par devers le Roy tous les gens d'armes, avec habillemens et charroy. Aprés se partit la Pucelle d'Orleans, et alla à Gyen, où le Roy vint à grande puissance, et manda par herauts aux capitaines et autres qui tenoient les villes et forteresses de Bonny, Cosne et La Charité, qu'ils se rendissent en son obeyssance; dequoy ils furent refusans.

Le comte de Richemont, connestable de France, sejourna durant aucuns jours, aprés la bataille susmentionnée, en la ville de Baugency, attendant responsé de Jean duc d'Alençon, de la Pucelle, et des hauts seigneurs qui s'estoient portez forts d'appaiser le Roy, et luy faire pardonner son maltalent : à quoy ils ne peurent parvenir, et le Roy ne voulut souffrir qu'il allast par-devers luy pour le servir; dequoy il fut en grand desplaisir. Neantmoins ledit connestable, qui avoit grande compagnée de nobles, desirant nettoyer le pays du duc d'Orleans, voulut mettre le siege devant Marchenay (1) prés Blois, qui fut garny de Bourguignons et d'Anglois, lesquels de ce ouyrent nouvelles; et redoutans le siege, tirerent, sous saufconduit, à Orleans, par devers le duc d'Alençon, qui estoit là en ce temps.

Si traitterent tant lesdits Bourguignons, que moyennant qu'on leur feroit pardonner par le Roy toutes offenses, et qu'on leur donnast dix jours de terme pour emporter leurs biens, ils seroient et demeureroient à tousjours bons et loyaux François : et ainsi le jurerent et donnerent aucuns ostages és mains du duc d'Alençon, qui fit sçavoir cette chose au connestable, lequel s'en partit à tant : mais aprés son dé-

(1) *Ou* Marchesnoir.

part les Bourguignons dudit Marchesnay firent tant qu'ils prirent et retinrent prisonniers aucuns des gens d'iceluy duc d'Alençon, pour recouvrer leurs ostages; et ainsi fausserent leurs sermens.

Durant ces choses, le Roy alla en la ville de Gyen, et il envoya messire Louys de Culant son admiral devant Bonny, avec grand nombre de gens; puis le dimanche aprés la Sainct Jean 1429, cette place luy fut renduë par composition. Et pource que la Pucelle fut desireuse, avant que le Roy employast sa puissance à recouvrer ses villes et chasteaux, de le mener tout droict à Rheims, pour là estre couronné et recevoir la saincte onction royale (à quoy aucuns estoient de contraire opinion, tendante à ce que le Roy assiegeast premierement Cosne et La Charité, afin de nettoyer les pays de Berry, d'Orleans, et du fleuve de Loire), il tint sur ces choses et affaires de grands conseils dans Gyen, pendant lesquels la Reyne fut là amenée, en esperance d'estre menée couronner à Rheims avec le Roy. Or eux séjournans là, les barons et hauts seigneurs de plusieurs contrées du royaume vinrent au service du Roy, avec grande puissance.

A la fin le Roy delibera en son conseil de renvoyer la Reyne à Bourges, et qu'il prendroit son chemin droit à Rheims pour recevoir son sacre, sans mettre aucuns sieges sur la riviere de Loire. Doncques la Reyne retourna à Bourges, et le Roy partit de Gyen le jour de Sainct Pierre au mois de juin 1429, avec toute sa puissance; tenant sa voye droit à Rheims; et ce par l'instigation et le pourchas de Jeanne la Pucelle, disant que c'estoit la volonté de Dieu qu'il allast à Rheims se faire couronner et sacrer ; et que combien qu'il fût roy, toutesfois ledit couronnement luy estoit necessaire. Or combien que plusieurs, et le Roy mesme, de ce fissent difficulté, veu que ladite cité de Rheims et toutes les villes et forteresses de Picardie, Champagne, l'Isle de France, Brie, Gastinois, l'Auxerrois, Bourgongne, et tout le pays d'entre la riviere de Loire et la mer Oceanne, estoit occupé par les Anglois, toutesfois le Roy s'arresta au conseil de ladite Pucelle, et delibera de l'executer.

Si fit son assemblée à Gien sur Loire, et vinrent en sa compagnée les ducs d'Alènçon, de Bourbon, le comte de Vendosme, ladite Pucelle, le seigneur de Laval, les sires de Loheac, de La Trimoüille, de Rais, d'Albret : outre que plusieurs autres seigneurs, capitaines et gens-d'armes venoient encor de toutes parts au service du Roy ; et plusieurs gentils-hommes qui n'avoient de quoy s'armer et se monter y alloient comme archers et coustillers, montez sur petits chevaux : car chascun avoit grande attente que par le moyen d'icelle Jeanne il aviendroit tout à coup beaucoup de biens au royaume de France ; de sorte qu'ils desiroient et convoitoient de la servir et connoistre ses faicts, comme estant une chose venuë de la part de Dieu. Elle chevauchoit tousjours armée de toutes pièces, revétuë d'habillemens de guerre, autant ou plus que capitaine de guerre qui y fut ; et quand on parloit de la guerre ou qu'il falloit mettre des gens en ordonnance, il la faisoit bel oüyr, et voir faire les diligences necessaires : et si on crioit *à l'arme*, elle estoit la plus diligente et la premiere, fût à pied ou à cheval ; de sorte que c'estoit une tres-grande admiration aux capitaines et gens de guerre, de l'entendement qu'elle avoit en ces choses, veu que en autres elle estoit la plus simple villageoise que on veid oncques. Elle estoit au reste tres-devote, se confessoit souvent, et recevoit le precieux corps de N. S. Jesus-Christ, estoit de tres-belle et bonne vie, et d'honneste conversation.

En ce temps, le seigneur de La Trimoüille estoit en grand credit auprés du Roy; mais il se doutoit tousjours d'estre mis hors du gouvernement, et craignoit specialement le connestable, et autres ses alliez et serviteurs : parquoy combien que le susdit connestable eût bien avec luy douze cent combattans et gens de fait, et que de plus il y avoit d'autres seigneurs, lesquels fussent volontiers venus au service du Roy, ledit de La Trimoüille ne le vouloit pas souffrir : et si il n'y avoit personne qui en eût osé parler contre iceluy de La Trimoüille.

Or audit lieu de Gien sur Loire fut fait un payement aux gens de guerre de trois francs pour homme d'armes, qui estoit peu de chose; puis s'en partit la Pucelle, ayant plusieurs capitaines de gens d'armes en sa compagnée avec leurs gens; et s'en allerent loger à environ quatre lieües de Gien, tirant le chemin vers Auxerre. Le Roy partit le lendemain, en prenant la mesme route. Le jour d'iceluy despart du Roy se trouverent tous ses gens ensemble, qui estoit une belle compagnée, et vint loger avec son ost devant ladite cité d'Auxerre, laquelle ne fit pas plaine obeissance : car ils vinrent devers le Roy, luy prier et requerir qu'il voulust passer outre, en demandant et requerant abstinence de guerre : laquelle chose leur fut octroyée par le moyen et la requeste du susdit de La Trimoüille, qui en eut deux mille escus. Ce qui fit que plusieurs seigneurs et capitaines furent tres-mal contens d'iceluy de La Trimoüille et du conseil du Roy, et mesmement la Pucelle, à laquelle il sembloit qu'on l'eust euë bien aisement d'assaut. Toutesfois ceux de cette ville baillerent et delivrerent plusieurs vivres aux gens de l'ost du Roy, lesquels en estoient en grande necessité.

Or ladite Pucelle avoit de coustume qu'aussi tost qu'elle venoit en un village elle s'en alloit à l'eglise faire ses oraisons, et faisoit chanter aux prestres une antienne de Nostre-Dame ; si faisoit ses prieres et oraisons, et puis s'en alloit en son logis, lequel estoit communement ordonné pour elle en la plus honneste maison qu'on pouvoit trouver, où il y avoit quelque femme honneste. Onques homme ne la vid baigner ny se purger, et le faisoit tousjours secretement ; et si le cas advenoit qu'elle logeast aux champs avec les gens de guerre, jamais elle ne se desarmoit. Il y en eut plusieurs, mesmes de grands seigneurs, deliberez de sçavoir si ils pourroient avoir sa compagnée charnelle, et pour ce venoient devant elle gentiment habillez ; mais aussi tost qu'ils la voyoient, toute mauvaise volonté leur cessoit : et quand on luy demandoit pourquoy elle estoit en habit d'homme, et qu'elle chevauchoit ainsi en armes, elle respondoit qu'ainsi luy estoit-il ordonné, et que principalement c'estoit pour garder sa chasteté plus aysément : aussi que c'eust esté trop estrange chose de la voir chevaucher en habit de femme entre tant de gens d'armes. Mesme quand des gens lettrez parloient à elle sur ces matieres, elle leur respondoit tellement qu'ils estoient tres-contens, disans qu'ils ne faisoient doute qu'elle estoit venuë de la part de Dieu.

Aprés que le Roy eut esté logé devant ladite ville d'Auxerre trois jours, il en partit avec son ost, en tirant vers la ville de Sainct-Florentin, où ceux de la ville luy firent pleniere obeyssance. Là il n'arresta gueres, mais il s'en vint avec son ost devant la cité de Troyes, qui estoit grande et grosse ville, et y avoit dedans cinq à six cent combattans anglois et bourguignons, lesquels saillirent vaillamment à l'arrivée des gens du Roy; et y eut dure et aspre escarmouche, où il y en eut de ruez par terre d'un costé et d'autre: car les gens du Roy les receurent fort bien; et furent contraints iceux Anglois de se retirer en ladite cité. Les gens du Roy se logerent d'un costé et d'autre, au mieux qu'ils peurent; et le Roy y fut cinq ou six jours, sans que ceux de dedans monstrassent oncques semblant d'avoir volonté de se mettre en son obeyssance : car il ne s'y pouvoit trouver appointement, combien que souvent on parlementoit.

Pour lors il y avoit en l'ost si grande cherté de pain et autres vivres, qu'il y avoit plus de cinq à six mille personnes qui avoient esté plus de huit jours sans manger pain, et vivoient seulement d'espics de bled froissez et de féves nouvelles, dont ils trouverent largement. Et disoit-on qu'il y avoit un cordelier nommé frere Richard, qui alloit preschant par le pays, et fut mesme en la ville de Troyes, où preschant durant l'advent, il disoit tous les jours : « Se«mez des féves largement; celui qui doit venir vien«dra en bref. » Et fit tellement qu'on sema féves

tant largement que ce fut merveilles, dont l'ost du Roy se nourrit par aucun temps; et toutesfois ledit prescheur ne pensoit point à la venuë du Roy. Les ducs d'Alençon et de Bourbon, le comte de Vandosme, et plusieurs autres seigneurs et gens de conseil en grand nombre, furent mandez par le Roy pour sçavoir ce qu'il avoit à faire : et là fut remonstré par l'archevesque de Rheims, chancelier de France, « comment le Roy estoit là arrivé; et que
« luy ny son ost n'y pouvoit plus longuement de-
« meurer, pour plusieurs causes, lesquelles il re-
« monstra grandement et notablement : c'est à sça-
« voir pour la grande famille qui y estoit, et que
« vivres ne venoient en l'ost d'aucune part, et qu'il
« n'y avoit homme qui eût plus d'argent. En outre,
« que c'estoit merveilleuse (1) chose de prendre la
« ville et cité de Troyes, qui estoit forte de fossez et
« bonnes murailles, bien garnie de vivres et de gens
« de guerre, et de peuple, ayant par apparence vo-
« lonté de resister, et de non obeyr au Roy; joint
« qu'il n'y avoit bombardes, canons, artillerie ny ha-
« billemens necessaires à battre ou rompre les murs
« d'icelle ville, ny à la guerroyer. Et si n'y avoit ville
« ny forteresse françoise dont on peust avoir ayde
« ou secours plus prés que Gien-sur-Loire : de la-
« quelle ville jusques à Troyes il y avoit plus de trente
« lieuës. »

Il allegua encores plusieurs autres grandes et notables raisons, et bien apparentes, par lesquelles il monstroit evidemment qu'il en pouvoit advenir grand inconvenient, si on s'y tenoit longuement. Aprés

---

(1) *Ou* difficile.

cela, le Roy ordonna à son chancelier qu'il demandast les opinions à tous les presens, pour sçavoir ce qu'il estoit de faire pour le meilleur; et le chancelier commença à demander les opinions, en leur commandant que chacun s'en acquitast loyalement, et conseillast le Roy pour sçavoir ce qu'il avoit à faire sur ce que dit est. Or tous les presens furent presque unanimement d'opinion que veuës et considerées les choses dessus declarées, et que le Roy avoit esté refusé d'entrer en la ville d'Auxerre, en laquelle il n'y avoit aucune garnison de gens d'armes, et qui n'estoit si forte que la ville de Troyes (avec plusieurs autres raisons que chacun alleguoit selon son entendement et imagination), que le Roy et son ost s'en retournassent; et que de demeurer plus devant ladite ville de Troyes, ny d'aller plus avant, n'y sçavoient voir ou cognoistre que toute perdition de son ost. Les autres furent d'opinion que le Roy passast en tirant vers Rheims, dautant que tout le pays estoit plein de biens, et trouveroient assez dequoy vivre.

Or vint ledit chancelier à demander l'opinion à un ancien et notable conseiller du Roy, nommé maistre Robert Le Masson, qui avoit esté chancelier, et estoit seigneur de Treves, lequel estoit sage et prudent. Si dit qu'il falloit envoyer querir Jeanne la Pucelle, dont dessus est fait mention (laquelle n'estoit pas pour lors presente à ce conseil, mais estoit en l'ost); et que bien pourroit estre qu'elle diroit telle chose qui seroit profitable pour le Roy et sa compagnée. Et dit en outre « que quand le Roy estoit party, et qu'il avoit entre-
« pris ce voyage, il ne l'avoit pas fait pour la grande
« puissance de gens d'armes qu'il eut lors, ny pour le

« grand argent de quoy il fut garny pour payer son
« ost, ny parce que ledit voyage luy fust et semblast
« estre bien possible; mais seulement qu'il avoit en-
« trepris ledit voyage par l'admonestement de ladite
« Jeanne, laquelle luy disoit tousjours qu'il tirast
« avant pour aller à son couronnement à Rheims, et
« qu'il trouveroit bien peu de resistance : car c'estoit le
« plaisir et la volonté de Dieu; et que si icelle Jeanne
« ne conseilloit aucune chose qui n'eust esté dite en
« iceluy conseil, qu'il estoit alors de la grande et com-
« mune opinion : c'est à sçavoir que le Roy et son
« ost s'en retournassent d'où ils estoient venus. »

Or, ainsi comme on debatoit la matiere, ladite Jeanne heurta tres-fort à l'huis où estoit le conseil. Si luy fut ouvert, et elle entra dedans; puis fit la reverence au Roy; et icelle faite, ledit chancelier luy dit : « Jeanne, le Roy et son conseil a eu de grandes per-
« plexitez pour sçavoir ce qu'il avoit à faire; » et en effet luy recita les choses dessus dites le plus amplement qu'il peut, en luy requerant qu'elle dît aussi son opinion au Roy, et ce qu'il luy en sembloit. Alors elle adressa sa parole au Roy, en demandant si elle seroit creuë de ce qu'elle diroit. Le Roy respondit « qu'il ne sçavoit; et que si elle disoit chose qui fust
« raisonnable et profitable, qu'il la croyroit volon-
« tiers. » Elle demanda encores derechef si elle seroit creuë; et le Roy respondit oüy, selon ce qu'elle diroit. Alors elle dit telles paroles : « Gentil roy de
« France, cette cité est vostre; et si vous voulez de-
« meurer devant deux ou trois jours, elle sera en
« vostre obeyssance, ou par amour ou par force,
« et n'en faites aucun doute. » Sur quoy il luy fut

respondu par ledit chancelier : « Jeanne, qui seroit « certain de l'avoir dedans six jours, on attendroit « bien ; mais je ne sçay s'il est vray ce que vous « dites. » Et elle dit derechef qu'elle n'en faisoit aucun doute. A laquelle opinion de ladite Jeanne le Roy et son conseil s'arresterent, et fut conclud qu'on demeureroit-là.

Et à celle heure ladite Jeanne monta sur un coursier, tenant un baston en son poing ; si mit en besongne chevaliers et escuyers, archers, manouvriers, et autres gens de tous estats, à apporter fagots, huis, tables, fenestres et cheverons, pour faire des taudis et approches contre la ville, afin d'asseoir une petite bombarde, et autres canons estans en l'ost. Elle faisoit de merveilleuses diligences, aussi bien qu'eust sceu faire un capitaine lequel eut esté en guerre tout le temps de sa vie ; dont plusieurs s'esmerveilloient. Les gens de la ville sceurent et apperceurent les preparatifs qu'on faisoit, et sur ce considererent que c'estoit leur souverain seigneur : mesmes aucuns simples gens disoient qu'ils avoient apperceu et veu tout autour de l'estendart de ladite Pucelle une infinité de papillons blancs ; et comme meus soudainement d'une bonne volonté inspirée de Dieu, cognoissans aussi les choses merveilleuses que cette Pucelle avoit fait pour faire lever le siege d'Orleans, delibererent qu'on parlementeroit avec le Roy pour sçavoir quel traitté ils pourroient avoir. Et les gens de guerre mesmes, ennemis du Roy, estans dedans la ville, le conseillerent.

De fait l'evesque et les bourgeois de la ville, et des gens de guerre en bien grand nombre, vinrent devers le Roy, et prirent finalement composition, et arresterent traitté : c'est à sçavoir que les gens de guerre s'en iroient eux et leurs biens, et ceux de la ville demeureroient en l'obeyssance du Roy, et lûy rendroient ladite ville ; parmy qu'ils eurent abolition generale : et au regard des gens d'eglise qui avoient regales et collations de benefices du Roy son pere, il approuva les collations : et ceux qui les avoient du roy Henry d'Angleterre prirent lettres du Roy, et voulut qu'ils eussent les benefices, quelques collations qu'il en eût fait à d'autres. Ceux de la ville firent grande feste et grande joye, et ceux de l'ost eurent vivres à leur plaisir ; et le matin en partit presque toute la garnison, tant Anglois que Bourguignons, tirans là où ils voulurent aller.

Or combien que par le traitté ils maintinssent qu'ils pouvoient emmener leurs prisonniers, et de fait ils les emmenoient : mais icelle Jeanne se tint à la porte, en disant « que en nom Dieu ils ne les emmeneroient « pas, » et de fait les en garda. Et le Roy contenta aucunement lesdits Anglois et Bourguignons des finances ausquelles lesdits prisonniers estoient mis, puis y entra le Roy environ sur les neuf heures du matin. Mais premierement y estoit entrée ladite Jeanne, et avoit ordonné des gens de traict à pied le long des ruës. Avec le Roy entrerent à cheval les seigneurs et les capitaines, bien habillez et montez ; et il les faisoit tres-beau voir. Si mit en ladite ville capitaine et officiers, et fut ordonné par le Roy que le seigneur de Lore demeureroit aux champs avec les gens de guerre de l'ost : le lendemain tous passerent par ladite cité en belle ordonnance ; dont ceux de la ville estoient bien joyeux, et firent serment au Roy d'estre bons et loyaux; et tels se sont-ils tousjours monstrez depuis.

La Pucelle hastoit le Roy, le plus diligemment qu'elle pouvoit, d'aller à Rheims, et ne faisoit aucun doute qu'il y seroit sacré. Pource, le Roy partit de la cité de Troyes, et prit son chemin à Chalons-en-Champagne avec tout son ost, la Pucelle allant tousjours devant, armée de toutes pieces; et chevaucha tant qu'il vint devant ladite ville de Chalons. Quand ceux de la ville sçeurent sa venuë, l'evesque avec grand nombre de peuple de cette cité vinrent au devant du Roy, et luy firent pleine obeïssance. Il logea la nuict avec son ost en ladite ville, en laquelle il establit capitaine et autres officiers de par luy, le tout ny plus ny moins comme il avoit fait à ceux de Troyes. De ladite cité de Chalons, le Roy prit son chemin pour aller à Rheims, et vint en un chasteau qui appartient à l'archevesque de Rheims, nommé Sepesaulx, qui est à quatre lieuës de Rheims; en laquelle cité estoient les seigneurs de Chastillon-sur-Marne et de Saveuses, tenans le party des Anglois et Bourguignons, devers lesquels ceux de la ville vinrent par leur ordonnance et commandement; et s'en disoit ledit de Chastillon capitaine. Ils demanderent donc ausdits habitans s'ils avoient bonne volonté de tenir et se defendre? Et les habitans leur demanderent s'ils estoient assez forts pour les ayder à se garder? Et ils respondirent que non; mais que s'ils pouvoient tenir six semaines, ils leur ameneroient un grand secours, tant du duc de Betfort que de celuy de Bourgongne; et sur ce ils en partirent par la volonté des habitans de la ville, dedans laquelle il y avoit lors aucuns de bonne volonté, lesquels commencerent à dire qu'il falloit aller devers le Roy ; et le peuple respondit lors tout soudain qu'on y envoyast : et y envoya-t'on des notables gens de la ville, tant d'eglise qu'autres. Enfin aprés plusieurs requestes qu'ils faisoient, sur lesquelles on trouva des expediens, ils delibererent et conclurent de laisser entrer le Roy, avec l'archevesque d'icelle ville, et leur compagnée dedans. L'archevesque n'avoit point encor fait son entrée, laquelle il fit le samedy matin : et aprés le disner sur le soir, le Roy avec ses gens entra dedans la ville, où Jeanne la Pucelle estoit fort regardée. Là vinrent par devers luy les ducs de Bar et de Lorraine, et le seigneur de Commercy, bien accompagnez de gens de guerre, s'offrans à son service. Le lendemain, qui fut le dimanche, on ordonna que le Roy prendroit et recevroit son digne sacre ; et toute la nuict fit-on grande diligence à ce que tout fût prest au matin ; et ce fut un cas bien merveilleux : car on trouva en ladite cité toutes les choses necessaires, qui sont grandes ; et si ne pouvoit-on avoir celles qui sont gardées dans Sainct Denys en France. Or pource que l'abbé de Sainct Remy n'a pas accoustumé de bailler la saincte ampoulle, sinon en certaine forme et maniere, le Roy y envoya le seigneur de Rais mareschal de France, le seigneur de Boussac, et de Saincte Severe aussi mareschal de France, le seigneur de Graville maistre des arbalestriers, et le seigneur de Culant admiral de France, lesquels firent les sermens accoustumez, c'est à sçavoir de la conduire seurement, et aussi raconduire jusques en l'abbaye. Aprés quoy ledit abbé l'apporta, estant revestu d'habillemens ecclesiastiques, bien solemnellement et devotement dessous un poille, jusques à la porte de devant l'eglise Sainct Denys; là où l'archevesqué revestu d'habits sacerdotaux, accompagné de chanoines, l'alla querir, et l'apporta dedans la grande eglise, et la mit sur le grand autel. Lors vint le Roy au lieu qui luy avoit esté ordonné, vestu et habillé de vestemens à ce propices : puis l'archevesque luy fit faire les sermens accoustumez, et ensuite il fut fait chevalier par le duc d'Alençon. Par aprés l'archevesque procéda à la consecration (1), gardant tout au long les ceremonies et solemnitez contenuës dans le livre pontifical (2). Le Roy y fit le seigneur de Laval comte, et il y eut plusieurs chevaliers faits par les ducs d'Alençon et de Bourbon. Là estoit presente Jeanne la Pucelle, tenant son estendart en sa main, laquelle en effet estoit, aprés Dieu, cause dudit sacre et couronnement, et de toute cette belle assemblée. Si fut rapportée et conduite ladite saincte ampoulle, par les dessusdits, jusques en icelle abbaye Sainct Remy. Et, qui eut veu cette Pucelle accoller le Roy à genoux par les jambes, et luy baiser le pied, en pleurant à chaudes larmes, il en eut eu pitié; mesme elle provoquoit plusieurs à pleurer, en disant : « Gentil Roy, or est executé le plaisir de Dieu, « qui vouloit que vinssiez à Rheims recevoir vostre « digne sacre, en monstrant que vous estes vray Roy, « et celuy auquel le royaume doit appartenir. » Le Roy sejourna en ladite cité par trois jours. De tout temps les roys de France, aprés leurs sacres, avoient accoustumé d'aller en un prieuré qui est de l'eglise Sainct Remy, nommé Corbigny, assis et situé à environ six lieuës de Rheims, où est le corps d'un glo-

(1) *Ou* sacre. — (2) *Ou* au rituel : *lisez* au cérémonial.

rieux sainct qui fut du sang de France, nommé sainct Marcoul; auquel lieu tous les ans il y a grande affluence de peuple, pour le sujet de la maladie des escrouelles, par les merites duquel on dit que les roys en guarissent. Et pource il s'en alla audit lieu de Sainct Marcoul, et y fit bien et devotement ses oraisons et offrandes. De ladite eglise, il prit son chemin pour aller en une petite ville fermée appartenant à l'archevesque de Rheims, nommée Vailly, qui est située à quatre lieuës de Soissons, et aussi à quatre lieuës de Laon. Les habitans de ladite ville de Vailly luy firent pleine obeyssance, et le receurent grandement bien, selon leur pouvoir. Il se logea pour le jour luy et son ost audit pays; et de là envoya à Laon, qui est une notable et forte cité, pour en sommer les habitans, à celle fin qu'ils se missent en son obeyssance : ce qu'ils firent tres-joyeusement et volontiers. Et pareillement en firent autant ceux de la cité de Soissons, en laquelle il alla droict d'iceluy lieu de Vailly, et il y fut receu à grande joye : il y sejourna trois jours et son ost, tant dans la ville comme és environs. Or pendant qu'il y estoit, il luy vint nouvelles que Chasteau-Thierry, Prouvins, Coulommiers, Crecy-en-Brie et plusieurs autres s'estoient renduës françoises, et en son obeyssance : il y mit ensuite des officiers, et les habitans y laissoient entrer sans aucune contradiction ses gens et serviteurs.

Quand le Roy sceust que Chasteau-Thierry estoit venu en son obeyssance, et qu'il eut sejourné par aucun temps en la ville et cité de Soissons, il se mit en chemin, et alla audit lieu de Chasteau-Thierry, d'où il s'en alla à Prouvins, et y sejourna deux ou trois jours ; lesquelles choses vinrent dans Paris à la connoissance du duc de Betfort, qui se disoit regent du royaume de France pour le roy d'Angleterre, et lequel dit qu'il viendroit combattre le Roy. Si assembla gens de toutes parts, à bien grande puissance; puis il vint à Corbeil et à Melun, et assembla bien dix mille combatans : qui estoit grande chose. Or quand le Roy sceut que le duc de Betfort le vouloit ainsi combatre, luy et les gens de son ost en furent bien joyeux; de sorte qu'il partit de ladite ville de Provins, et tint les champs, et rassembla son ost prés d'un chasteau nommé La Motte-de-Nangis, qui est en Brie; et là les batailles furent ordonnées bien notablement et prudemment. Au reste, c'estoit agreable chose que de voir le maintien de Jeanne la Pucelle, et les diligences qu'elle faisoit : et tousjours venoient nouvelles que le duc de Betfort s'avançoit pour combattre. Pour ce, le Roy se tint tout le jour en son ost emmy les champs, croyant que ledit duc de Betfort deût venir ; mais il changea de conseil et s'en retourna à Paris, combien qu'il eût bien lors en sa compagnée dix ou douze mille combattans, comme dit est. Le Roy de son costé en avoit bien autant, et la Pucelle; et les seigneurs et gens de guerre estans avec luy avoient grand desir et volonté de combattre.

Or il y avoit aucuns en la compagnée du Roy qui avoient grand desir qu'il retournast vers la riviere de Loire, et le luy conseillerent fort; auquel conseil il adhera grandement, et estoit de leur opinion, et conclud qu'il s'en iroit ; et luy fit on sçavoir qu'il repasseroit la riviere de Seine par une ville nommée Bray, située dans le pays de Champagne, où il y avoit un

bon pont, et luy fut promis obeyssance et passage par les habitans d'icelle. Mais la nuit dont il devoit passer le matin ensuivant, il y arriva certaine quantité d'Anglois ausquels on ouvrit la porte, et ils entrerent dedans : aprés quoy il y eût des gens du Roy, lesquels s'avancerent pour penser entrer des premiers, dont aucuns furent pris, et les autres destroussez; et par ce moyen ce passage fut rompu et empesché : dequoy les ducs d'Alençon, de Bourbon et de Bar, et les comtes de Vendosme et de Laval, avec tous les capitaines, furent bien joyeux et contents, pource que ladite conclusion de passer fut faite contre leur gré et volonté : car ils estoient d'opinion contraire, sçavoir que le Roy devoit passer outre pour tousjours conquester, veuë la puissance qu'il avoit, et que ses ennemis ne l'avoient osé combatre. Ensuite la vigile de Nostre-Dame de la my-aoust, le Roy, par le conseil desdits seigneurs et capitaines, s'en retourna à Chasteau-Thierry, et passa outre avec tout son ost vers Crespy en Valois, et se vint loger aux champs assez prés de Dampmartin : tout le pauvre peuple du pays crioit *Noël*, et pleuroient de joye et de liesse. Laquelle chose la Pucelle considerant, et qu'ils venoient au devant du Roy en chantant *Te Deum laudamus*, avec aucuns respons et antiennes, elle dit au susdit chancelier de France, et au comte de Dunois : « En nom Dieu, voicy un bon
« peuple et devot; et quand je devray mourir, je
« voudrois bien que ce fût en ce pays. ». Et lors ledit comte de Dunois luy demanda : « Jeanne, sçavez-
« vous quand vous mourez, et en quel lieu? » Et elle respondit qu'elle ne sçavoit, et qu'elle en estoit à

la volonté de Dieu; et si dit en outre ausdits seigneurs :
« J'ay accomply ce que Messire m'a commandé, qui
« estoit de lever le siege d'Orleans, et de faire sacrer
« le gentil Roy; je voudrois bien qu'il voulût me faire
« ramener auprés mes pere et mere, et garder leurs
« brebis et bestail, et faire ce que je soulois faire. »
Et quand lesdits seigneurs oüyrent ladite Jeanne ainsi
parler, et que les yeux tournez au ciel elle remercioit
Dieu, ils creurent mieux que jamais que c'estoit chose
venuë de la part de Dieu plustost qu'autrement.

Le duc de Betfort estoit cependant à Paris, avec
grande quantité d'Anglois et autres gens ennemis et
adversaires du Roy; si vint à sa connoissance que le
Roy estoit sur les champs vers Dampmartin : sur
quoy il partit de Paris avec bien grande et grosse
compagnée, et s'achemina vers Mittry en France,
soubs et proche ledit lieu de Dampmartin, et prit
une place bien advantageuse, où il ordonna ses batailles. Le Roy d'autre costé fit pareillement mettre
ses gens en belle ordonnance prests d'attendre la bataille si l'autre le venoit assaillir, voire d'aller à luy si
ils se trouvoient en pareil champ.

Or pour sçavoir de leur estat et commune, il fut
conclu qu'on y envoyeroit des gens par maniere de
coureurs; specialement y fut envoyé Estienne de Vignoles, dit La Hire, vaillant homme d'armes entre
les autres. Il y eut de grandes escarmouches qui du-
rerent presques tout le jour, et n'y eut comme point
de perte ou dommage d'un costé et d'autre. Si fut
rapporté au Roy, par gens se cognoissans bien en fait
de guerre, comme ce duc de Betfort estoit campé en
place trop advantageuse, et que les Anglois s'estoient

fortifiez. Pour ce, ne fut il pas conseillé d'aller plus avant assaillir ses ennemis.

Le lendemain ledit duc de Betfort avec tout son ost s'en retourna à Paris, et le Roy tira vers Crespy-en-Valois, d'où il envoya certains herauts à ceux de Compiegne, les sommer qu'ils se missent en son obeyssance; lesquels respondirent qu'ils estoient prests et appareillez de le recevoir et de luy obeyr comme à leur souverain seigneur. Pareillement aussi allerent des hauts seigneurs en la ville et cité de Beauvais, dont estoit evesque et seigneur un nommé maistre Pierre Cauchon, extreme et furieux pour le party des Anglois, combien qu'il fût de la nation françoise, sçavoir d'auprés Rheims; et aussi tost qu'ils virent des herauts qui portoient les armes de France, ils crierent: *vive Charles, roy de France!* et se mirent en son obeyssance; et pour ceux qui ne voulurent demeurer en ladite obeyssance, ils les laisserent sortir et en aller avec leurs biens.

Le Roy delibera ensuite de venir en la ville de Compiegne, laquelle luy avoit fait obeyssance. Si tira vers Senlis, et se logea en un village à deux lieuës prés de Senlis, nommé Barron; laquelle ville de Senlis estoit encor sous l'obeyssance des Anglois et Bourguignons. Or un matin vinrent nouvelles au Roy que le duc de Betfort partoit de Paris à tout son ost pour venir à Senlis, et que luy estoient venus de nouveau quatre mille Anglois, que le cardinal d'Angleterre son oncle avoit ammenez, lequel cardinal les devoit mener contre les Bohesmes heretiques en la foy; mais il les fit descendre pour guerroyer les vrais catholiques françois, et estoient souldoyez, comme on disoit, de l'argent du Pape, et en intention que ce cardinal allast contre les susdits Bohesmes : lesquelles choses vinrent à la connoissance du Roy.

Alors il fut ordonné que messire Ambroise de Lore et le seigneur de Sainte Treilles monteroient à cheval et iroient vers Paris et ailleurs, où bon leur sembleroit et ainsi qu'ils adviseroient, pour sçavoir veritablement le fait, et descouvrir le dessein du duc de Betfort et de son ost; lesquels monterent diligemment à cheval, et prirent seulement vingt de leurs gens des mieux montez; puis ils partirent et chevaucherent tant qu'ils approcherent l'ost des Anglois. Si virent et apperceurent ils sur le grand chemin de Senlis de grandes poudres qui s'élevoient en l'air, et qui procedoient de la compagnée du duc; sur quoy diligemment ils envoyerent un chevaucheur devers le Roy, pour luy faire sçavoir. Si approcherent encores de plus prés, tant qu'ils virent ledit ost des Anglois qui tiroit vers Senlis, et derechef envoyerent un autre chevaucheur vers le Roy luy signifier ce que dit est.

Alors le Roy avec son ost tira tres-diligemment emmy les champs; si furent ordonnées les batailles, et commencerent à chevaucher entre la riviere qui passe à Barron et Montespilouër, en tirant droit à Senlis : et le duc de Betfort et son ost arriva environ l'heure de vespres prés de Senlis, et se mit à passer une petite riviere qui vient d'icelle ville de Senlis au susdit village nommé Barron. Le passage en estoit si estroit, qu'ils ne pouvoient passer que deux chevaux à la fois. Aussi tost que lesdits de Lore et Sainte Treille virent que lesdits

Anglois commencerent à passer, ils s'en retournerent hâtivement devers le Roy, et luy acertenerent que ledit de Betfort et son ost passoient au susdit passage. A cette heure le Roy fit avancer les batailles vers ledit lieu tout droit, croyant de les combatre à ce passage; mais la pluspart et comme tous estoient desja passez, et les deux osts s'entrevirent : aussi n'estoient ils esloignez qu'à une bien petite lieuë l'un de l'autre. Il y eut de grandes escarmouches entre lesdites deux compagnées, et de belles armes faites. A cette heure il estoit comme le soleil couchant ; lesdits Anglois se logerent sur le bord et au bout d'icelle riviere, et les François se camperent à Montespillouër.

Le lendemain au matin le Roy et son ost se mirent sur les champs. Il fit ensuite ordonner ses batailles, de la plus grande desquelles le duc d'Alençon et le comte de Vendosme avoient le gouvernement : de la seconde, les ducs de Bar et de Lorraine avoient la charge : de la tierce, qui estoit en maniere d'une aille, les seigneurs de Rais et de Boussac, mareschaux de France, avoient la conduite : et d'un autre corps de bataille de reserve, qui souvent se separoit pour escarmouscher et guerroyer lesdits Anglois, avoient le gouvernement le seigneur d'Albret, le bastard d'Orleans, Jeanne la Pucelle, La Hire, et plusieurs autres capitaines : et à la conduite et gouvernement des archers estoit le seigneur de Graville, maistre des arbalestriers de France, et un chevalier de Limosin nommé Jean Foucault. Le Roy se tenoit tousjours assez prés de ses batailles, lequel avoit autour de luy, pour la garde de sa personne et en sa compagnée, le duc de Bourbon, le seigneur de La Trimoüille, et grande quantité de chevaliers et escuyers. Plusieurs fois le Roy chevaucha en presence de la bataille d'iceluy duc de Betfort, en la compagnée duquel estoit le bastard de Saint Pol et plusieurs Bourguignons, et estoient en bataille prés d'un village, et avoient au dos un grand estang et la susdite riviere; et ne cesserent toute la nuit de se fortifier tres-diligemment de pieux, de taudis et de fossez.

Or le Roy et les seigneurs estans avec luy avoient pris conclusion, et estoient tous deliberez de combatre le duc de Betfort, et les Anglois et Bourguignons; mais quand les capitaines estans avec le Roy eurent veu et bien consideré la place et le lieu qu'occupoient les Anglois, et leur fortification et assiete avantageuse, ils apperceurent et conneurent evidemment qu'il n'y avoit aucune apparence de combatre le duc de Betfort en icelle place. Toutesfois les batailles des François s'approcherent à deux traits d'arbaleste desdits Anglois, ou environ; et leur firent sçavoir que s'ils vouloient saillir hors de leur parc, qu'on les combatroit; mais ils ne voulurent onques sortir ny déloger de leur parc. Il y eut neantmoins de grandes et merveilleuses escarmousches, tellement que les François alloient souvent à pied et à cheval jusques aux fortifications des Anglois; et aucunesfois les Anglois faisoient des sorties à grande puissance, et repoussoient les François. Il y en eut d'un costé et d'autre de tuez et de pris, et tout le jour se passa ainsi en faisant lesdites escarmouches, jusques à environ le soleil couchant.

Le seigneur de La Trimoüille, qui estoit bien joly, et monté sur un grand coursier, voulut venir aux escarmouches, et de fait il prit sa lance et vint jusques au frapper. Mais son cheval cheut; et s'il n'eût eu bien tost secours, il eût esté pris ou tué; mais il fut remonté, quoy qu'à grande peine. Il y eut à cette heure une grande escarmousche, et environ ladite heure de soleil couchant se joignirent ensemble grand nombre de François, qui vinrent vaillamment jusques prés du parc des Anglois combatre main à main, et escarmoucher; et à cette heure saillirent grande quantité d'Anglois à pied et à cheval, et aussi les François se renforcerent; et à cette fois il y eut une plus grande et rude escarmouche qu'il n'y avoit eu tout le jour; et y avoit tant de poudre sur la terre et de poussiere en l'air, qu'on n'entreconnoissoit ny François ny Anglois : tellement que combien que les batailles fussent bien prés les unes des autres, toutesfois elles ne pouvoient s'entrevoir. Cette escarmouche dura tant qu'il fut nuict serrée et obscure; et les Anglois se retirerent tous ensemble, et se resserrerent en leur fort parc : les François aussi se retirerent vers leurs batailles. Les Anglois se logerent donc en leur parc; et les François se camperent là où ils avoient logé la nuict de devant, environ à demie lieuë de distance d'iceux Anglois, auprés Montespilloüer. Les Anglois délogerent ensuite, et décamperent le lendemain bien matin, et s'en retournerent à Paris : et le Roy et ses gens s'en allerent à Crespy en Valois.

Le lendemain le Roy partit de Crespy, et prit son chemin vers Compiegne, où il fut receu grandement et honorablement : car ceux de dedans se remirent en son obeyssance; puis il y commit des officiers, et y ordonna pour capitaine et gouverneur un gentilhomme du pays de Picardie, bien allié de parens et amis, nommé Guillaume de Flavy. Là les manans et habitans de la ville de Beauvais [1] envoyerent devers luy, et mirent eux et la ville en son obeyssance. Semblablement ceux de Senlis se sousmirent à luy, et le Roy y vint loger.

Sur la fin du mois d'aoust, le duc de Betfort, doutant que le Roy ne tirast en Normandie, partit de Paris avec son ost pour y aller, et departit son armée en plusieurs et divers lieux, et mit ses gens en garnison és pays où il avoit encore obeyssance, afin de garder les places : laissant à Paris messire Louys de Luxembourg, evesque de Therouenne, soy disant chancelier de France pour les Anglois, et un chevalier anglois nommé messire Jean Rathelet, avec un chevalier françois nommé messire Simon Morhier, qui se disoit lors estre prevost de Paris : lesquels avoient en leur compagnée environ deux mille Anglois pour la garde et defense d'icelle ville, ainsi qu'on disoit.

Environ la fin du mesme mois d'aoust le Roy délogea de Senlis, et s'en vint à Sainct Denys, où ceux de la ville luy firent ouverture et pleine obeyssance, et avec luy tout son ost se tint et logea en ladite ville : alors commencerent de grandes courses et escarmouches entre les gens du Roy estans à Sainct Denys, et les Anglois et autres estans lors dans Paris. Puis quand

---

[1] Beauvais, aussi Senlis et Saint-Denis.

ils eurent esté par aucuns temps à Sainct Denys, comme trois ou quatre jours durant, le duc d'Alençon, le duc de Bourbon, le comte de Vandosme, le comte de Laval, Jeanne la Pucelle, les seigneurs de Rais et de Boussac, et autres en leur compagnée, se vinrent loger en un village qui est comme à my-chemin de Paris à Sainct Denys, nommé La Chapelle. Aprés quoy le lendemain commencerent de plus grandes escarmouches, et plus aspres qu'auparavant : aussi estoient-ils plus prés les uns des autres; et vinrent lesdits seigneurs aux champs vers la porte Sainct Honoré, sur une maniere de butte ou de montagne que on nommoit le marché aux pourceaux; et firent assortir plusieurs canons et coulevrines pour jetter dedans la ville de Paris : dont il y eut plusieurs coups de jettez.

Les Anglois estoient cependant autour des murs, en tournoyant avec des estendarts : entre lesquels il y en avoit un qui paroissoit sur tous, lequel estoit blanc, avec une croix vermeille; et alloient et venoient par (1) ladite muraille. Or aucuns seigneurs estans là devant voulurent aller jusques à la porte Sainct Honoré; et entre les autres specialement un chevalier nommé le seigneur de Sainct Vallier, et ses gens, allerent jusques au boulevart, et mirent le feu aux barrieres : et combien qu'il y eût quantité d'Anglois et de ceux de Paris qui le defendoient, toutesfois ledit boulevart fut pris par les François d'assaut, et les ennemis se retirerent par la porte dedans la ville.

(1) *Ou* sur.

Les François, sur ces entrefaites, eurent imagination et crainte que les Anglois ne vinssent par la porte Sainct Denys frapper sur eux : parquoy les ducs d'Alençon et de Bourbon avoient assemblé leurs gens, et s'estoient mis comme par maniere d'embuscade derriere ladite butte ou montagne, et ne pouvoient bonnement approcher de plus prés, pour doute des coups des canons, vuglaires et coulevrines qui venoient de ladite ville, et qu'on tiroit sans cesse. La susdite Jeanne[1] dit là dessus qu'elle vouloit assaillir la ville ; mais elle n'estoit pas bien informée de la grande eauë qui estoit és fossez : et toutesfois il y en avoit aucuns audit lieu qui le sçavoient bien, et lesquels, selon ce qu'on pouvoit considerer et conjecturer, eussent bien voulu par envie qu'il fust mescheu à

---

[1] « La vigille la Nativité de Notre-Dame en septembre vinrent
« assaillir aux murs de Paris les arminaux, et le cuidoient prendre
« d'assault. Mais pou y conquesterent : ce ne fut douleur, honte et
« meschef ; car plusieurs d'eulx furent navrés pour toute leur vie, qui
« par avant l'assault estoient tous sains. Mais fol ne croit jà tant qu'il
« prent pour eulx le dy, qui estoient pleins de si grant maleur et de
« si malle créance, que pour le dy d'une créature qui estoit en forme
« de femme avec eulx, que on nommoit la Pucelle (que c'estoit, Dieu
« le scet), le jour de la Nativité Notre-Dame firent conjuracion tout
« d'ung accord d'iceluy jour assaillir Paris ; et s'assemblerent bien
« douze mille et plus, et vinrent environ heure de grant messe entre
« onze et douze, leur Pucelle avecques eulx, et trés-grant foyson de
« chariots, charettes et chevaulx tous chargez de grants bourrées à
« trois hars pour emplir les fossés de Paris, et commencerent à assaillir
« entre la porte Sainct Honoré et la porte Sainct Denis ; et fust l'assault
« trés-cruel, et en assaillant disoient moult de villeines paroles à
« ceulx de Paris ; et là estoit leur Pucelle, son estandart sur les conclos
« des fossez, qui disoit à ceulx de Paris..... « Rendez-vous de par
« Jésus à nous tost : car se ne vous rendés avant qu'il soit nuit, nous

icelle Jeanne. Neantmoins elle vint à grande puissance de gens d'armes, entre lesquels estoit le seigneur de Rais mareschal de France, et descendirent en l'arriere fossé avec grand nombre de gens de guerre; puis avec une lance elle monta jusques sur le dos d'asne, d'où elle tenta et sonda l'eauë, qui estoit bien profonde; quoy faisant, elle eut d'un coup de traict les deux cuisses percées, ou au moins l'une : mais ce nonobstant elle ne vouloit en partir, et faisoit toute diligence de faire apporter et jetter des fagots et du bois en l'autre fossé, dans l'espoir de pouvoir passer jusques au mur : laquelle chose n'estoit pas possible, veuë la grande eauë qui y estoit.

Enfin depuis qu'il fut nuict, elle fut envoyée requerir par plusieurs fois; mais elle ne vouloit partir ny se retirer en aucune manière, et fallut que ledit

« y entrerons par force, veuillez ou non; et tous serez mis à mort
« sans mercy.... — Voire, dist ung, paillarde ribaulde!... » et traict
« de son arbalestre droit à elle, et luy perce la jambe tout oultre; et
« elle de s'enfoüir. Ung autre perça le pié tout oultre à celluy qui
« portoit son estendart : quant il se senti navré, il leva sa visiere pour
« veoir à oster le vireton de son pié; et ung autre luy traict, et le
« saingne entre les deux yeux, et le navre à mort; dont la Pucelle et
« le duc d'Alençon jurerent depuis que mieulx ils aimassent avoir
« perdu quarante des meilleurs hommes d'armes de leur compaignie.
« L'assault fut moult cruel d'une part et d'autre, et dura bien jusqu'à
« quatre heures après disner, sans ce que on sceust qui eut le meil-
« leur; un pou après quatre heures ceulx de Paris prindrent cueur en
« eulx, et tellement les berserent de canons et d'autre traict, qu'il
« leur convint par force reculer... Ainsi furent miz à la fuite...; et la
« plus grant partie de leur charroy en quoy ils avoient amenez leurs
« bourrées, ceulx de Paris leur osterent : car bien ne leur devoit pas
« venir de vouloir faire telle occision le jour de la saincte Nativité de
« Nostre-Dame.... » (Journal de Paris, p. 125.)

duc d'Alençon l'allast querir, et la ramena luy-mesme. Puis toute la susdite compagnie se retira audit lieu de La Chappelle-Sainct-Denys, où ils avoient logé la nuict de devant; et lesdits ducs d'Alençon et de Bourbon, avec la susdite Jeanne, s'en retournerent le lendemain en la ville de Sainct Denys, où estoit le Roy et son ost : et disoit-on qu'il ne vint oncques de lasche courage de vouloir prendre la ville de Paris d'assaut; et que s'ils y eussent esté jusques au matin, il y eût eu des habitans de cette ville qui se fussent advisez. Or il y eut en ces rencontres plusieurs de blessez, mais presque point de tuez.

Au susdit mois d'aoust 1429, un capitaine du pays de Bretagne, nommé Ferbourg, s'advisa comment il pourroit avoir la place de Bonsmolins, laquelle les Anglois tenoient; de fait il trouva moyen d'y entrer, et d'en mettre les Anglois dehors : le duc d'Alençon luy en donna la capitainerie. En ce mesme temps, il y avoit un gentilhomme au pays nommé Jean Armange, de la compagnée de messire Ambroise de Lore, lequel se mit dedans la place de Sainct-Celerin, qui avoit esté abbatuë : avec luy il y avoit un gentilhomme de Bretagne nommé Henry de Ville-Blanche, et ils reparerent icelle place. Or le troisiesme jour aprés qu'ils furent entrez dedans, les Anglois de la garnison d'Alençon, avec d'autres en leur compagnée, s'assemblerent et vinrent devant ladite place, garnis de canons, vuglaires, coulevrines et arbalestes. Ensuite qu'ils eurent esté aucun temps devant, ils la creurent prendre d'assaut, et de fait ils l'assaillirent grandement et merveilleusement; mais lesdits capitaines et leurs gens se defendirent si vaillamment et tellement, qu'ils demeurerent les maistres en icelle place, et que lesdits Anglois s'en retournerent à Alençon sans y avoir pû rien gagner.

Le vingt-neufiesme jour du susdit mois, le prieur de l'abbaye de Laigny, et un nommé Artus de Sainct-Merry, avec plusieurs autres, vinrent vers le Roy audit lieu de Sainct-Denys, pour remettre cette ville de Laigny en son obeyssance; lequel les receut tres-benignement et doucement, et ordonna au duc d'Alençon qu'il y pourveut, lequel y envoya messire Ambroise de Lore, qui y fut reçeu par les habitans à grande joye: puis quand il y eut eu plainiere obeyssance, il fit faire aux habitans le serment en tel cas accoustumé.

Le douziesme jour de septembre, le Roy assembla son conseil pour sçavoir ce qu'il avoit à faire, veu que ceux de Paris ne monstroient encor aucun semblant de se vouloir reduire; et aussi n'eussent-ils osé parler ensemble, veuë la puissance des Anglois et Bourguignons; et si n'y avoit denier dequoy il eût peu entretenir son ost. Si fut deliberé par le conseil qu'il laissast de grosses garnisons par deça (1), avec aucuns chefs de son sang, et qu'il s'en allast vers et outre la riviere de Loire : et en executant cette deliberation du conseil, il laissa le duc de Bourbon, le comte de Vandosme, messire Louys de Culant, admiral de France, avec autres capitaines, et ordonna que ledit duc seroit son lieutenant. De plus, il laissa dans Sainct-

(1) L'autheur de cette histoire fait voir icy que sa patrie estoit en deçà de la Loire, ou du moins qu'il y estoit lorsqu'il l'escrivoit.

Denys le comte de Vandosme et le seigneur de Culant, avec grande compagnée de gens d'armes : puis le Roy s'en partit avec son ost, et alla au giste à Lagny sur Marne; d'où le lendemain il partit, et ordonna à messire Ambroise de Lore qu'il demeurast en iceluy lieu de Lagny; et luy fut baillé en sa compagnée un vaillant chevalier de Limosin, nommé messire Jean Foucault, avec plusieurs gens de guerre. Or quand les Anglois et Bourguignons sceurent que le Roy estoit ainsi party, ils assemblerent de toutes parts de leurs gens en grand nombre; surquoy ceux qui estoient dans Sainct Denys, considerans que la ville estoit foible, ils en partirent : c'est à sçavoir que le susdit comte de Vandosme et autres delaisserent cette ville-là, et s'en vinrent à Senlis.

Environ le mesme mois de septembre audit an, vinrent les Anglois et aussi leurs alliez de la langue françoise, nommez Bourguignons, et se mirent à grande puissance sur les champs, en intention, comme on disoit, de venir mettre le siege devant Lagny; laquelle ville estoit mal fermée et mal munie et pourveuë des choses appartenans à la defense de la guerre. Ils vinrent donc devant cette ville, et faisoient comme mine d'y arrester; mais quand iceux messire Ambroise de Lore et Foucault les virent, considerans que cette ville estoit foible et qu'ils n'auroient aucun secours, ils saillirent aux champs eux et leurs gens en belle ordonnance contre les Anglois et Bourguignons, et leur tinrent si grandes et fortes escarmouches par trois jours et trois nuits, que lesdits Anglois et Bourguignons n'approcherent oncques des barrieres plus prés que du trait d'une arbaleste. Enfin quand ils apperceurent si grande resistance, et qu'ils virent avec lesdits chevaliers tant de gens de guerre et si vaillans, ils se retirerent et s'en retournerent à Paris, sans faire autre chose. Ausdites escarmouches il y en eut plusieurs de tuez, tant d'un costé que d'autre.

Le seigneur de Talbot, vaillant chevalier anglois, prit par escalade, à faute de guet et de bonne garde, la ville de Laval, et ce avant le siege mis à Orleans, comme cy-dessus il a esté touché; et y gangna de fort grandes richesses et chevances. Pour lors estoit dedans messire André de Laval, seigneur de Loheac, lequel estoit dans le chasteau dudit lieu de Laval, et fit composition pour luy et les autres d'iceluy chasteau, à vingt mille escus d'or, comme dessus est dit, et demeura prisonnier jusques à ce qu'il eût payé ladite somme, ou baillé plége. Or audit mois de septembre fut faite une entreprise par les seigneurs Du Hommet, messire Raoul Du Bouchet, et Bertrant de La Ferriere; sçavoir comme ils pourroient recouvrer ladite ville de Laval; et par le moyen d'un meusnier, homme de bien, qui avoit desplaisir de ce que les Anglois estoient devenus seigneurs et maistres en icelle ville, ils firent bien secrettement une embuscade de gens d'armés à pied en un moulin dont ledit meusnier avoit le gouvernement, estant sur la riviere de Mayne qui passe au dessous, et joignant ladite ville, et joignant aussi au bout du pont et du costé de ladite ville, dont les barrieres sont par (1) iceluy pont. Et un matin, à l'ouverture d'icelle porte, saillirent lesdits gens

(1) *Ou sur.*

de guerre à pied, ainsi que les portiers estoient allez ouvrir les barrieres estans sur iceluy pont, et entrerent en ladite ville de Laval, crians Nostre-Dame, Sainct-Denys, en laquelle place il y avoit deux à trois cent Anglois; et les François n'estoient pas plus de deux cent, combien qu'il y en avoit plus de six cent qui les suivirent. Il y eut plusieurs Anglois de tuez et pris; les° autres saillirent par dessus la muraille de cette ville-là pour se sauver. Et par ce moyen ladite ville fut remise en l'obeyssance du Roy.

Environ cette mesme saison, le duc de Bourbon, lequel estoit demeuré lieutenant du Roy és pays de nouveau reduits en son obeyssance, dont dessus est faite mention, se tenoit à Senlis, Laon, Beauvais et autres villes, pour tousjours les garder et y mettre provision, ordre et gouvernement; car en plusieurs lieux il ne trouvoit pas bonne obeyssance, combien qu'il prenoit grande peine à bien conduire le faict du Roy, et d'entreprendre et executer quelque chose sur les Anglois, lesquels estoient bien diligens, et mettoient peine à grever les François. Or advint que lesdits messire Ambroise de Lore et messire Jean Foucault, estans à Laigny, avoient en mesme temps fait certaine entreprise sur la ville de Roüen, par le moyen d'un nommé le Grand-Pierre : et pource qu'au temps que l'execution se devoit faire il n'estoit point de clair de lune pour pouvoir chevaucher de nuit, ils prolongerent, et remirent à un autre jour iceluy Grand-Pierre : car il leur sembloit qu'il n'estoit pas possible de mener si grosse compagnée par le pays où il falloit passer sans s'entreperdre, si c'estoit en nuit obscure. Et s'en alla ledit Grand-Pierre par Senlis, où il trouva le duc de Bourbon, le comte de Vandôsme, et l'archevesque de Reims, chancelier de France : mais, pour conclusion, cette entreprise fut perduë et faillie pour l'heure.

LETTRE

De Guy XIV du nom, sire de Laval, à ses mere et ayeule, dames de Laval et de Vitré, dans laquelle il est fait mention de la Pucelle d'Orleans.

Mes tres redoutées dames et meres, depuis que je vous escrivis de Saincte-Catherine de Fierbois vendredy dernier, j'arrivay le samedy à Loches, et allay voir monsieur le Dauphin au chastel, à l'issuë de vespres, en l'eglise collegiale : qui est tres-bel et gracieux seigneur, et tres-bien formé, et bien agile et habile, de l'aage d'environ sept ans (1) qu'il doit avoir; et illec vis ma cousine la dame de La Tremoüille, qui me fit tres-bonne chere, et, comme on dit, n'a plus que deux mois à porter son enfant. Le dimanche j'arrivay à Sainct-Agnan, où estoit le Roy, et envoyé querir et venir de mon logis le sieur de Creves (2); et s'en alla au chastel avec luy mon oncle, pour signifier au Roy que j'estois venu, et pour sçavoir quand il luy plairoit que j'allasse devers luy : et j'eus response que j'y allasse si tost qu'il me plairoit, et me fit tres-bonne chere, et me dit moult de bonnes paroles. Et quand il estoit allé par la chambre ou parlé avec aucun autre, il se retournoit chacune fois devers moy, pour me mettre en paroles d'aucunes choses, et disoit

---

(1) Il estoit né l'an 1422, ou, selon d'autres, 1423; et par conséquent cette lettre doit avoir esté escrite environ l'an 1429. — (2) *Ou* Treves.

que j'estois venu au besoin sans mander, et qu'il m'en sçavoit meilleur gré : et quand je luy disois que je n'avois pas amené telle compagnie que je desirois, il respondit qu'il suffisoit bien de ce que j'avois amené, et que j'avois bien pouvoir d'en recevoir greigneur (1) nombre; et dit le sire de Treves à sa (2) maison, au sieur de La Chapelle, que le Roy et tous ceux d'environ luy avoient esté bien contens des personnes de mon frere et de moy, et que nous leur revenions bien; et jura bien fort qu'il n'estoit pas mention que à un de ses amis et parens qu'il eust, il eust fait si bon accueil ny si bonne chere, dont il n'est pas meshistre (3) de faire bonne cherè ne bon accueil, comme il disoit.

Et le lundy me party d'avec le Roy pour venir à Selles en Berry, à quatre lieuës de Sainct-Agnan; et fit le Roy venir au devant de luy la Pucelle, qui estoit de paravant à Selles. Disoient aucuns que ce avoit esté en ma faveur, parce que (4) je la visse; et fit ladite Pucelle tres-bonne chere à mon frere et à moy, estant armée de toutes pieces, sauve la teste, et tenant la lance en main : et après que fusmes descendus à Selles, j'allay à son logis la voir; et fit venir le vin, et me dit qu'elle m'en feroit bien-tost boire à Paris; et semble chose toute divine de son faict, et de la voir et de l'oüyr. Et s'est partie ce lundy aux vespres de Sellés pour aller à Romorantin, à trois lieuës en allant avant, et approchant des advenuës, le mareschal de Boussac, et grand nombre de gens armez, et de la commune avec elle; et la veis monter à cheval, armée

---

(1) *Greigneur :* plus grand. — (2) *Ou* en sa. — (3) *Meshistre :* peut-estre chiche. — (4) *Parce que :* afin que.

tout en blanc, sauf la teste; une petite hache en sa main, sur un grand coursier noir, qui à l'huis de son logis se demenoit tres-fort, et ne souffroit qu'elle montast; et lors elle dit : « Menez-le à la croix, » qui estoit devant l'église auprés, au chemin. Et lors elle monta, sans ce qu'il se meust, comme s'il fust lié : et lors se tourna vers l'huys de l'eglise, qui estoit bien prochain, et dit en assez voix de femme : « Vous « les prestres et gens d'église, faites procéssion et « prieres à Dieu. » Et lors se retourna à son chemin, en disant : « Tirez avant, tirez avant! » son estendart ployé que portoit un gracieux page, et avoit sa hache petite en la main : et un sien frere (1) qui est venu depuis huit jours partoit aussi avec elle, tout armé en blanc; et arriva ce lundy à Selles monsieur le duc d'Alençon, qui a tres-grosse compagnée, et ay aujour-d'huy gagné de luy à la paulme une convenance (2), et n'est point encore icy venu mon frere de Vendosme. J'ay icy trouvé l'un des gentilshommes de mon frere de Chauvigny, pource qu'il avoit desja oüy que j'estois arrivé à Saincte Catherine, et m'a dit qu'il avoit escrit aux nobles de ses terres, et qu'il pense estre bien-tost par deçà; et dit que ma sœur est bien sa-mye, et plus grasse qu'elle n'a accoustumé. Et dit l'on icy que monsieur le connestable (3) vient avec six cent hommes d'armes, et quatre cent hommes de traict; et que Jean de La Roche vient aussi : et que le Roy n'eut pieça si grande compagnie que on espere estre icy; ne oncques gens n'allerent de meilleure volonté en besongne que vont à cette-cy : et doit ce jourd'huy

---

(1) Il s'appeloit Pierre Du Lys. — (2) *Convenance* : discrétion. — (3) Artus, depuis duc de Bretagne.

arriver icy mon cousin de Rais, et croist ma compagnie; et quoy que ce soit, ce qu'il y a est bien honneste et d'appareil; et y est le seigneur d'Argenton l'un des principaux gouverneurs, qui me fait bien bon recueil et bonne chere; mais de l'argent n'y en a-il point à la cour, que si estroitement, que pour le temps present je n'y espere aucune recousse ny soustenuë. Pource vous, madame ma mere, qui avez mon sceau, n'espargnez point ma terre par vente ne par engage(1); ou advisez plus convenable à faire, là où nos personnes sont à estre sauvez, ou aussi par defaut abaissez, et par aventure en voye de perir : car si nous ne faismes (2) ainsi, veu qu'il n'y a point de soulde, nous demeurerons tous seuls; et jusques icy nostre faict a encor esté et est en bon honneur, et a esté nostre venuë au Roy et à ses gens tous, et aussi aux autres seigneurs qui viennent de toutes parts, bien agreable; et nous font tous meilleure chere que ne vous pourrions escrire.

La Pucelle m'a dit en son logis, comme je la suis allé y voir, que trois jours avant mon arrivée elle avoit envoyé à vous, mon ayeule, un bien petit anneau d'or; mais que c'estoit bien petite chose, et qu'elle vous eust volontiers envoyé mieux, consideré votre recommandation. Ce jourd'hui monsieur d'Alençon, le bastard d'Orleans et Gaucourt doivent partir de ce lieu de Selles, et aller aprés la Pucelle; et avez fait bailler je ne sçay quelles lettres à mon cousin de La Trimoüille et sieur de Creves(3), par occasion desquelles le Roy s'efforce de me vouloir retenir avec

---

(1) *Engage* : engagement. — (2) *Ne faismes* : ne faisons. — (3) *Ou* Treves.

luy jusques à ce que la Pucelle ait esté devant les places angleiches d'environ Orleans, où l'on va mettre le siege, et est desja l'artillerie pourveuë; et ne s'esmayd (1) point la Pucelle, qu'elle ne soit tantost avec le Roy, disant que lorsqu'il prendra son chemin à tirer avant vers Rheims, que je irois avec luy; mais ja Dieu ne vëuille que je ne le face, et que je ne aille; et entretant en dit mon frere; et comme monsieur d'Alençon ce que abandonné : qui (2) seroit celuy qui demeureroit? et pense que le Roy partira ce jeudy d'icy, pour s'y approcher plus prés de l'ost; et viennent gens de toutes parts chacun jour. Aprés vous feray sçavoir, si tost qu'on aura aucune chose besongné, ce qui aura esté executé; et espere l'on que avant qu'il soit dix jours la chose soit bien advancée de costé ou d'autre : mais tous ont si bonne esperance en Dieu, que je croy qu'il nous aydera. Mes tres redoutées dames et meres, nous nous recommandons mon frere et moy à vous le plus humblement que pouvons, et vous envoye des blancs signez de ma main, afin, si bon vous semble, du datte de cette presente escrire aucune chose du contenu cy-dedans à M. le duc (3), que luy en escrivez : car je ne luy escris oncques puis; et vous plaise aussi sommairement nous escrire de vos nouvelles, et vous, madame ma mere, en quelle santé vous vous trouvez aprés les medecines qu'avez prises : car j'en suis à tres-grand malaise (4), et vous envoye dessus ces presentes minute de mon testament, afin que vous, mes meres, m'advertissez et escrivez par les

---

(1) *Ne s'esmayd* : ne s'esmeut, ne s'effraye, ne s'inquiete. — (2) *Ce que abandonné, qui* : je ne veux faire; car qui, etc. — (3) Le duc de Bretagne. — (4) *A tres-grand malaise* : fort en peine.

prochainement venans, de ce que bon vous semblera que j'y adjouste; et y pense encor de moy y adjouster entre (1) deux : mais je n'ay encor eu que peu de loisir. Mes tres-redoutées dames et meres, je prie le benoist fils de Dieu qui vous doint bonne vie et longue, et nous recommandons aussi tous deux à nostre frere Loüis; et pour le liseur de ces presentes, que nous saluons, le sieur Du Boschet, et nostre cousine sa fille, ma cousine de La Chapelle, et toute vostre compagnie. Et pour l'accés et...... solliciter de la chevance (2) au mieux que faire se pourra; et n'avons plus en tout qu'environ trois cent escus du poids de France. Escrit à Selles ce mercredy 8 de juin (3). Et ce vespres sont arrivez icy M. de Vendosme, M. de Boussac et autres; et La Hire s'est approché de l'ost, et aussi on besongnera bien-tost : Dieu veüille que ce soit à vostre desir! Vos humbles fils Guy et André de Laval, et Guy (4) de Laval.

(1) *Entre* : cependant. — (2) *De la chevance* : de l'argent. — (3) La datte doit estre de l'année 1428 ou 1429. — (4) Peut-estre Gilles.

SUPPLÉMENT

DES

MÉMOIRES SUR JEANNE D'ARC.

Les Mémoires qu'on vient de lire ne donnent presque aucun détail sur la Pucelle avant son arrivée à la cour (derniers jours de février ou premiers jours de mars 1428), et ils s'arrêtent au mois de septembre 1429. Jeanne a continué de combattre jusqu'au 24 mai 1430; et elle étoit depuis un an prisonnière lorsque les Anglais se souillèrent d'un éternel opprobre, en faisant périr sur l'échafaud une héroïne qui n'étoit coupable d'aucun autre crime que d'avoir combattu et vaincu les ennemis de sa patrie. Conformément au plan que nous avons adopté, nous allons essayer de compléter son histoire; et lorsque nous serons obligés de rapporter des événemens qui s'écartent du cours ordinaire des choses, nous aurons soin d'indiquer les sources où ils ont été puisés.

« Aucune histoire, dit le savant M. Walckenaër
« dans la notice qu'il a fournie à la Biographie
« universelle, ne repose sur des matériaux aussi au-
« thentiques que celle de Jeanne d'Arc, puisque les
« faits résultent des informations juridiques et des
« dépositions de plus de deux cents témoins de tout
« âge, de tout sexe et de toute profession, qui ont
« été entendus dans les deux procès. » La plupart des détails que Jeanne donne elle-même dans ses interro-

gatoires sont en effet confirmés par les dépositions d'un grand nombre de témoins; mais on doit faire remarquer que les grosses du procès de condamnation ne présentent avec exactitude ni les réponses de la Pucelle, ni le récit des faits; qu'on y a prouvé des altérations, des suppressions, et même des faux matériels, lors du procès de révision; que les originaux de ces grosses n'existent plus; qu'elles ont été traduites du français en latin; que les nombreuses copies des actes varient sur des circonstances importantes; que l'on trouve des différences plus grandes encore entre les chroniques contemporaines, et qu'il devient quelquefois difficile de reconnoître la vérité au milieu de ces documens contradictoires.

Les chroniques ni les grosses des deux procès ne font connoître l'époque précise de la naissance de Jeanne d'Arc. Les auteurs ne sont pas même d'accord sur l'âge qu'elle avoit quand elle fut présentée au Roi [1]. La Pucelle, interrogée à Rouen le 30 fé-

---

[1] Jean Chartier et Monstrelet lui donnent vingt ans environ; la Chronique de Berri, de dix-huit à vingt; nos Mémoires, de dix-sept à dix-huit; le poète Artezan, qui fut secrétaire du duc d'Orléans (fils de celui que Jean-sans-Peur fit assassiner en 1407), est du même avis; il ajoute qu'elle vint au monde le jour de l'Epiphanie. Suivant Philippe de Bergame, elle n'auroit eu que seize ans; mais par une contradiction singulière, il dit qu'elle mourut à l'âge de vingt-quatre ans, quoiqu'il ne se soit écoulé que deux ans et trois mois entre son arrivée à la cour et sa mort. Pasquier prétend qu'elle avoit vingt-neuf ans à l'époque de son procès. M. Berriat Saint-Prix, qui a publié en 1817 l'un des meilleurs ouvrages que nous ayons sur Jeanne d'Arc, pense qu'il y a erreur de chiffres, et qu'on a imprimé vingt-neuf au lieu de dix-neuf. Mais comme Pasquier s'exprime ailleurs dans le même sens sur l'âge de la Pucelle (voyez ci-après, page 241), son explication ne semble pas pouvoir être admise; et l'on seroit plutôt porté à croire, avec le père Berthier, que le savant auteur des *Recherches*

vrier 1430, déclara avoir alors dix-neuf ans. Cette déclaration fut confirmée par plusieurs témoins lors du procès de révision [1] ; et sa famille, en sollicitant cette révision, insista sur ce qu'on ne lui avoit pas donné de conseil, quoiqu'elle fût mineure d'âge. Il paroît donc constant qu'elle étoit née en 1410 ou en 1411. Telle est l'opinion de Lenglet-Dufresnoy, de Villaret, de M. de L'Averdy, de M. Berriat Saint-Prix, de M. Le Brun des Charmettes, et de presque tous les écrivains qui ont fait des recherches approfondies sur l'histoire de Jeanne d'Arc.

Jacques d'Arc son père et Isabelle Romée sa mère, nés dans des villages différens, s'étoient établis à Domremy, hameau dépendant de la paroisse de Greux, à l'extrême frontière de la Champagne. Cette paroisse faisoit partie de l'évêché de Toul en Lorraine, dont la juridiction avoit quelques enclaves dans le royaume. Jacques d'Arc et sa femme étoient de pauvres paysans qui gagnoient péniblement leur vie, en cultivant la terre et en élevant quelques bestiaux. Cependant il paroît que la maison ou plutôt la chaumière qu'ils habitoient, et dans laquelle naquit et fut élevée la libératrice de la France, leur appartenoit. Ils avoient cinq enfans, trois garçons et deux filles ; leurs fils se nommoient Jacques, Jean et Pierre ; la sœur de Jeanne s'appeloit, dit-on, Catherine.

sur l'histoire de France n'a eu entre les mains que des actes falsifiés. Cependant l'opinion de Pasquier a été adoptée par Rapin de Thoyras, par Hume, et même par quelques auteurs français.

[1] Lors du procès de révision, le neuvième article proposé par le promoteur portoit que les témoins seroient interrogés pour constater l'âge de la Pucelle à l'époque de sa mort. Vingt déposans, tous témoins oculaires, déposèrent qu'en 1431 elle devoit avoir environ dix-neuf ans.

Les détails qui nous ont été transmis sur les premières années de la Pucelle, soit par elle-même, soit par des témoins oculaires, doivent fixer l'attention, parce qu'ils aident à expliquer le caractère qu'elle ne tarda pas à développer; ils sont d'ailleurs nécessaires pour donner une juste idée de sa position, et des obstacles qu'elle eut à surmonter avant même de pouvoir quitter son hameau.

L'éducation de Jeanne d'Arc [1] fut celle d'une paysanne du quinzième siècle; on lui apprit à coudre et à filer; pour toutes prières, elle ne sut jamais que le *Pater*, l'*Ave* et le *Credo*. A peine sortie de l'enfance, on l'envoya garder les bestiaux dans les champs; dès que ses forces le permirent, elle aida son père dans les travaux de la campagne, et sa mère dans ceux du ménage. Elle étoit bonne, simple, douce, laborieuse; tellement timide qu'il suffisoit de lui adresser la parole pour la déconcerter. Elle se plaisoit à soigner les malades : toute pauvre qu'elle étoit, elle trouvoit encore moyen de secourir les malheureux, et vouloit leur céder son propre lit lorsqu'ils venoient demander l'hospitalité chez ses parens. Presque jamais on ne la voyoit se mêler aux jeux des jeunes filles de son âge; aussitôt que ses travaux étoient terminés, elle couroit à l'église, s'y prosternoit les mains jointes, prioit avec ferveur, ou restoit en contemplation pendant des heures entières. Tous les samedis, et même quelquefois dans le cours de la semaine, elle faisoit des pélerinages à une petite chapelle dédiée à la

---

[1] Jusqu'à son arrivée à la cour on l'appeloit Jeannette, et plus souvent Romée, suivant l'usage du pays, qui étoit de donner aux filles le nom de leur mère.

Vierge, et située à peu de distance de Domremy.

Presque toutes les chroniques font mention d'un arbre antique qui se trouvoit auprès du bois Chesnu, ou bois des Chênes, sur la route de Domremy à Neufchâteau. Cet arbre, qu'on appeloit *le beau mai*, *l'arbre des dames*, et plus habituellement *l'arbre des fées*, parce que, suivant une ancienne tradition populaire, les fées s'y donnoient rendez-vous, étoit en grande vénération dans le pays. Au mois de mai, les jeunes garçons et les jeunes filles s'y rendoient en foule, y faisoient un mannequin qu'ils nommoient *l'homme de mai*, suspendoient des couronnes et des bouquets aux branches de l'arbre, et dansoient jusqu'à la nuit sous son ombrage, en chantant de vieilles ballades. Deux cents ans plus tard, Edmond Richer a vu cet arbre, qu'il présumoit avoir au moins trois cents ans, et où l'on célébroit encore les mêmes cérémonies. Jeanne d'Arc assure que de son temps plusieurs vieilles gens prétendoient y avoir entendu des fées : une de ses marraines étoit de ce nombre. C'étoit sans doute pour détruire cette croyance que le curé de Domremy y alloit en procession avec ses paroissiens tous les ans, la veille de l'Ascension, et qu'il y récitoit diverses prières, après avoir lu l'évangile de saint Jean.

Jeanne accompagnoit la jeunesse du hameau lorsqu'elle se rendoit au moi de mai sous l'arbre des fées. Cependant plusieurs témoins ont remarqué que rarement elle y suspendoit les couronnes qu'elle tressoit, à l'exemple de ses compagnes; elle les réservoit pour l'image de Notre-Dame de Domremy.

Sa piété augmentoit avec l'âge; elle se livroit avec plus d'ardeur à la prière, passoit encore plus de temps à l'église, y brûloit des chandelles en l'honneur de la Vierge, de sainte Catherine et de sainte Marguerite, et ornoit de fleurs leurs images. Elle faisoit dire des messes autant qu'elle pouvoit, jeûnoit plusieurs jours de la semaine, se confessoit et communioit souvent, et parloit sans cesse de Dieu. Soit, comme on l'a prétendu, que le son des cloches eût pour elle un charme particulier, soit plutôt qu'elle voulût être avertie des heures de tous les offices, afin d'y assister ou de prier pendant qu'on les célébroit : si elle étoit retenue par son travail, elle se fâchoit contre le bedeau, qui ne sonnoit pas régulièrement les complies, lui faisoit honte de sa négligence, et lui promettoit de l'argent afin qu'il fût plus exact à l'avenir. C'est le bedeau lui-même qui a rapporté cette circonstance dans sa déposition. On la voyoit quelquefois dans les champs se retirer à l'écart, se mettre à genoux, y demeurer long-temps dans des sortes d'extases; et plusieurs témoins ont déclaré qu'on l'entendoit alors parler à Dieu comme si elle eût conversé avec lui. Il paroît que la dévotion, portée par elle à un degré qui n'est pas ordinaire dans une jeune fille, étoit devenue un objet de moquerie pour ses compagnes.

A tous les sentimens de la piété la plus ardente elle joignoit une exaltation remarquable pour le parti des armagnacs, qui étoit le parti royaliste, opposé aux bourguignons. Il semblera peut-être extraordinaire au premier coup d'œil qu'une jeune paysanne, née dans un misérable hameau situé jusque sur l'extrême frontière du royaume, ait pu avoir connoissance des factions qui déchiroient l'Etat, et plus extraordinaire encore qu'elle se soit aussi fortement prononcée, presque dès son enfance, contre l'une de ces factions. Mais depuis long-temps déjà les bourguignons et les armagnacs se faisoient une guerre acharnée : aucune province n'étoit entièrement soumise à l'un des deux partis; on se battoit en même temps partout; tous les seigneurs avoient pris les armes, et les avoient fait prendre à leurs vassaux; au lieu de former des armées régulières, ils agissoient isolément, beaucoup plus occupés de leurs propres intérêts que de ceux de la cause qu'ils prétendoient défendre. Trop foibles pour tenter des entreprises considérables, leurs exploits se bornoient à surprendre des villes et des châteaux, ou à piller les terres de l'ennemi.

Les paysans, qui plus encore que les habitans des villes se trouvoient exposés aux excès de ces bandes, étoient nécessairement devenus ennemis de celle des deux factions dont les soldats venoient dévaster leurs villages. Ils accusoient cette faction de tous les maux qu'ils avoient à souffrir ou à redouter, et la haine qu'elle leur inspiroit les rendoit zélés partisans de la faction contraire. Il y avoit donc des armagnacs et des bourguignons dans les moindres hameaux comme dans les grandes cités; et l'esprit de parti s'y déployoit peut-être avec plus d'énergie encore. Un fait constaté par la déposition de la Pucelle prouve que dès l'âge le plus tendre les enfans étoient animés des mêmes sentimens et de la même ardeur que leurs parens. Les enfans de Domremy, dont tous les habitans, à l'exception d'un seul, étoient armagnacs, se réunissoient pour aller provoquer et combattre les enfans d'un village voisin qui tenoit à la faction bourguignonne. Jeanne dit avoir vu revenir les enfans de Domremy bien blessés et tout en sang.

La crainte où l'on étoit sans cesse de voir le hameau dévasté occupoit continuellement les esprits; et les premières paroles qui frappèrent les oreilles de Jeanne dans son enfance furent des malédictions contre les bourguignons, et des vœux pour le Dauphin. Elle avoit environ dix ans lorsque ce prince fut dépouillé de ses droits au trône par le traité de Troyes; elle en avoit douze quand, après la mort de Charles VI, un roi d'Angleterre fut proclamé roi de France à Paris. Son imagination s'enflamma donc de bonne heure au récit des revers qui accabloient l'héritier légitime de la couronne. Son aversion contre les ennemis du Roi s'accrut encore par leur réunion aux Anglais, dont les provinces n'avoient pas oublié les ravages. Cette aversion devint si vive, que, de son propre aveu, elle souhaitoit la mort du seul habitant de Domremy qui ne fût pas royaliste. L'amour de son Roi s'étoit identifié chez elle avec l'amour de son Dieu; il remplissoit toute son ame, absorboit toutes ses facultés : la cause de Charles étoit à ses yeux la cause du ciel même, qui lui sembloit devoir signaler sa puissance par quelque prodige, pour faire triompher le jeune prince et pour le rétablir sur le trône de ses pères. Un bruit qui s'étoit répandu dans le pays, et dont il a été impossible de découvrir la source, confirmoit ses espérances. On disoit que le royaume, qui avoit été perdu par une femme (Isabelle de Bavière), seroit sauvé par une vierge des marches (des frontières) de Lorraine. Cependant Jeanne, malgré son zèle, croyoit ne pouvoir jamais servir le Roi que par ses prières : elle étoit loin de penser qu'une pauvre paysanne comme elle, à peine sortie de l'enfance, dût être la libératrice de sa patrie.

On a vu qu'il lui arrivoit souvent d'interrompre son travail pour se livrer à la contemplation, et qu'elle demeuroit long-temps dans des sortes d'extases. Les détails que nous allons donner, et qui font nécessairement partie de son histoire, sont extraits de ses déclarations, telles qu'elles sont rapportées dans ses interrogatoires; et nous devons faire remarquer qu'elle y persista jusque sur l'échafaud. Jeanne raconte qu'un jour ses yeux furent frappés d'une clarté brillante, et qu'une voix inconnue retentit en même temps à ses oreilles. C'étoit pendant l'été de 1423 ou de 1424, par conséquent un peu après la bataille de Crevant ou après celle de Verneuil, deux journées également désastreuses pour les affaires du Roi. Elle avoit alors environ treize ans; elle étoit, vers l'heure de midi, dans le jardin de son père, et elle n'avoit pas jeûné la veille : circonstance que plusieurs historiens ont cru devoir relever. « J'eus, dit-elle, une voix de Dieu pour m'aider à me « gouverner. » Cette voix, qui venoit du côté de l'église, lui recommanda d'être toujours pieuse, honnête et bonne enfant, et promit que Dieu lui aideroit. La jeune fille *oust* (eut) *moult paour de ce* ; mais la voix, poursuit-elle, *estoit si auguste,* qu'elle n'hésita pas à la croire envoyée du ciel; et pour témoigner sa reconnoissance, elle prit *d'elle-même* l'engagement de consacrer à Dieu sa virginité. Philippe de Bergame (1)

---

(1) *De claris Mulieribus*, cap. 157.

rapporte différemment cette première vision. « Or
« dans le temps, dit-il, que cette fille faisoit paî-
« tre ses troupeaux, il lui arriva, pour se mettre
« à l'abri de la pluie, de se retirer dans une pe-
« tite chapelle abandonnée, et de s'y endormir; elle
« crut avoir été favorisée d'un songe que Dieu lui
« envoya. Elle n'avoit alors que seize ans. Elle se
« persuada que c'étoit un avertissement du ciel, qui
« lui ordonnoit de quitter la garde de ses brebis pour
« aller trouver le roi Charles. »

Bonfinius (1) s'exprime à peu près dans le même
sens. « Jeanne, faisant paître ses troupeaux, fut sur-
« prise par un orage, et obligée de se réfugier dans
« une chapelle voisine; elle s'y endormit, et reçut du
« ciel la mission de délivrer la France. »

La Pucelle affirme que quelque temps après, gardant seule un troupeau dans les champs, elle entendit
la voix dont elle a déjà parlé, et qu'à l'instant des
êtres inconnus, d'une forme majestueuse, parurent
à ses yeux. L'un d'eux lui dit *que Dieu avoit grant
pitié de la France; qu'il falloit qu'elle allât au
secours du Roi; qu'elle feroit lever le siége d'Orléans* (2), *et délivreroit Charles de ses ennemis*. Jeanne
répondit *qu'elle n'étoit qu'une pauvre fille, incapable
de conduire une armée*. L'être inconnu lui répliqua
*de ne rien craindre, de se rendre auprès de Robert de
Baudricourt, capitaine de Vaucouleurs, qui lui donneroit des gens pour la conduire auprès du prince;
et qu'elle y arriveroit sans obstacles*. Il ajouta que
sainte Catherine et sainte Marguerite viendroient la

---

(1) *Historiæ Pannonicæ*, dec. 3, lib. 8. — (2) La ville d'Orléans ne
fut assiégée qu'au mois d'octobre 1428.

visiter, qu'elles avoient été choisies pour la guider et l'assister de leurs conseils; qu'elle devoit les croire et leur obéir; que c'étoit la volonté de Dieu. La Pucelle avoue qu'elle eut d'abord beaucoup de peine à croire à cette apparition, mais que les êtres inconnus se présentèrent de nouveau à elle plusieurs fois; que celui qui lui adressoit la parole, et qui paroissoit un *vray preud'homme*, lui apprit qu'il étoit l'archange saint Michel. « Je l'ai vu, dit-elle à ses juges, de mes « yeux corporels, aussi bien que je vous vois. » Interpellée une autre fois sur le même sujet, elle répondit : « Oui, je crois fermement, et aussi fermement que je « crois en la foi chrétienne et que Dieu nous a ra- « chetés des peines de l'enfer, que cette voix vient de « Dieu et par son ordre. » Les deux saintes, dont Jeanne ornoit souvent de fleurs les images à la chapelle de Domremy, vinrent, dit-elle, la visiter, ainsi que l'avoit promis l'archange saint Michel; elles lui parlèrent des maux de la France, et lui répétèrent que Dieu l'avoit destinée à y mettre un terme.

Jeanne assure que ces apparitions se renouvelèrent bientôt jusqu'à trois fois par semaine; que toujours on l'exhortoit à hâter son départ, et que le désir d'obéir à Dieu l'agitoit tellement, qu'*elle ne pouvoit plus tenir où elle estoit*. La présence de ces êtres surnaturels lui causoit une joie extrême; *elle les prioit de l'emporter avec eux, ploroit quand ils s'éloignoient d'elle, et après leur partement baisoit la terre où ils avoient reposé.* Jamais elle ne leur demanda *d'autre récompense finale que le salut de son ame*. On verra plus tard qu'après avoir rendu au Roi le plus grand service qu'un sujet puisse rendre à un souverain, elle ne parut jamais désirer aucune récompense; et qu'elle sollicita, sans pouvoir l'obtenir, la permission de retourner à Domremy partager les travaux et la misère de sa famille.

Quelle que soit l'opinion du lecteur sur les révélations que Jeanne affirme avoir eues, il est constant qu'elles devinrent la règle de sa conduite, le mobile de toutes ses actions; et qu'étant fortement convaincue de la vérité de sa mission, elle ne fut effrayée ni par les périls, ni par les difficultés de l'entreprise.

Suivant les interrogatoires de la Pucelle, *ses voix* (c'est ainsi qu'elle appeloit les êtres qui lui parloient dans ses visions) ne lui avoient pas recommandé le secret; mais elle n'osoit divulguer ses révélations, dans la crainte que les Bourguignons, ou même ses parens, ne missent obstacle à son voyage. Cependant elle ne put s'empêcher de laisser échapper quelques mots qui avoient trait à la mission dont elle se croyoit chargée. Ces paroles sont rapportées par divers témoins entendus lors du procès de révision. Elle dit à cet habitant de Domremy dont elle avoit souhaité la mort parce qu'il étoit ennemi du Dauphin : « Mon compère, si vous « n'étiez pas bourguignon je vous dirois quelque chose. » Elle disoit souvent *qu'il falloit absolument qu'elle allât en France* (1). Elle dit à un laboureur, voisin de son père, qu'*il y avoit entre Compey et Vaucouleurs une fille qui avant peu feroit sacrer le roi de France;* et à un autre laboureur de Greux, qu'*elle délivreroit la France et le sang royal.* Ces discours donnèrent de l'inquiétude à Jacques d'Arc et à Isabelle Romée,

(1) On n'appeloit alors France que les provinces qui formoient le domaine de la couronne. Les autres provinces étoient désignées collectivement sous le nom de royaume de France.

qui craignirent que leur fille ne partît avec des gens de guerre. Ils veillèrent de près sur elle, et son père dit à ses frères : « Si je cuidoye que la chose advinsist, « je vouldroye que la noyissiez ; et se vous ne le faisiés, « je la noyeroie moi mesme. » Il est probable que la vigilance de ses parens retarda l'exécution du projet qu'elle avoit conçu.

Cependant la guerre civile se poursuivoit avec fureur, et les plus petits hameaux ne pouvoient échapper à ses ravages. Des bandes bourguignonnes inondoient la contrée ; après avoir pillé d'autres villages, elles s'avançoient sur Domremy. Les habitans, hors d'état de se défendre, prirent la fuite avec leurs bestiaux, et emportèrent ce qu'ils avoient de plus précieux. La famille de Jeanne d'Arc alla chercher un asyle à Neufchâteau, petite ville alors assez forte, et d'ailleurs à l'abri de toute insulte, parce qu'elle appartenoit au duc de Lorraine. L'époque de ce voyage est inconnue. Les historiens ne sont d'accord ni sur sa durée, ni sur la condition de la Pucelle à Neufchâteau. Suivant Monstrelet, *elle y fut grant espace de tems chambriere en une hostellerie, et estoit hardie à chevaucher chevaulx et les mener boyre ; et aussi de faire apertises que jeunes filles n'ont point accoustumé de faire.* On doit faire observer que cet historien avoit été dévoué aux Bourguignons, et que par conséquent il a répété sans trop d'examen les bruits répandus par les ennemis de la Pucelle. Mais Pasquier va beaucoup plus loin : il prétend que dans les interrogatoires, dont il a eu la grosse à sa disposition pendant quatre ans [1], Jeanne a déclaré elle-même qu'*au vingtiesme*

---

[1] Cette grosse étoit, dit-on, revêtue de plusieurs signatures, et du

an de son aage elle alla à Neufchatel en Loraine, où elle demeura chez une hotesse nommée La Rousse, et là menoit les bestes aux champs, mesmes les chevaulx paistre et abreuver; et ainsi apprit de se tenir à cheval... Et après y avoir servi cinq ans, elle retourna chez son pere. Les manuscrits les plus anciens et les plus authentiques du procès de la Pucelle ont été examinés depuis avec le soin le plus scrupuleux, et on n'y a trouvé aucune trace de cette déclaration. Le passage que nous venons de citer, et qui contient une double erreur sur l'âge de la Pucelle et sur la durée de son séjour à Neufchâteau, est d'autant plus étonnant que Pasquier se montre toujours très-favorable à la jeune héroïne, et qu'il s'élève avec force contre ses détracteurs.

Il sembleroit résulter des dépositions de trois témoins entendus lors du procès de révision, que Jeanne n'auroit séjourné que trois, quatre ou cinq jours au plus à Neufchâteau. Mais ces témoins, interrogés au bout de vingt-cinq ans, ont pu être mal servis par leur mémoire sur une circonstance à peu près indifférente. La Pucelle dit elle-même, dans son deuxième interrogatoire à Rouen, qu'elle a demeuré à Neufchâteau pendant quinze jours; et tout porte à croire qu'elle y resta au moins cet espace de temps, puisqu'il est prouvé qu'elle se confessa deux ou trois fois aux religieux de l'un des couvens de la ville. Quoiqu'un témoin ait déclaré *que jusqu'à son départ pour la France elle n'avoit jamais servi personne, hormis son père*, il paroît néanmoins certain que

sceau de l'évêque de Beauvais. Mais, ainsi qu'on l'a déjà fait observer (p. 230), les grosses avoient été falsifiées par les Anglais.

pendant son séjour à Neufchâteau elle servit dans l'hôtellerie où sa famille étoit logée. Plusieurs témoins rapportent qu'elle menoit les troupeaux de son père dans les environs de la ville, et qu'elle aidoit l'hôtesse dans les soins de la maison. Il est probable, vu la pauvreté de ses parens, qu'elle et ses frères payoient par leurs services l'hospitalité qu'on leur donnoit. En admettant que Jeanne ait été effectivement, et même pendant plusieurs années, servante dans une auberge, avant de délivrer la France du joug de l'étranger, la gloire qu'elle s'est si justement acquise ne seroit point ternie par la condition où le sort l'auroit réduite. Mais nous avons dû rétablir l'exactitude des faits.

Ce que rapporte d'ailleurs Monstrelet de sa hardiesse *à chevaucher chevaulx, et aussi de faire appertises que les jeunes filles n'ont point accoutumé de faire*, est confirmé par un historien contemporain. Philippe de Bergame, dans son livre *de claris Mulieribus*, raconte *que Jeanne, dès sa jeunesse, disputoit le prix de la course à ses compagnes; qu'elle combattoit avec des espèces de lances, ainsi qu'auroient pu faire les plus habiles chevaliers; qu'elle faisoit assaut contre des arbres, comme s'ils eussent été des combattans; qu'elle montoit les chevaux qu'elle menoit paître, s'y tenoit aussi bien que les meilleurs écuyers; et que, armée de longs bâtons, elle frappoit comme des coups de lance si rudes, que ceux qui la regardoient ne pouvoient s'empêcher de l'admirer.* Il dit tenir ces particularités de Guillaume Guasche, qui les avoit lui-même apprises à la cour de Charles VII.

Cependant l'invasion des Bourguignons avoit redoublé l'enthousiasme de Jeanne : elle désiroit plus ardemment que jamais de se rendre auprès de Baudricourt; et le séjour de Neufchâteau, qui la tenoit éloignée de Vaucouleurs (1), lui devenoit insupportable. Elle ne pouvoit dissimuler son impatience, et disoit *qu'elle étoit malade de rester en ce lieu.* Aussitôt que les Bourguignons furent retirés, elle retourna avec sa famille au hameau de Domremy, qui avoit été saccagé; l'église même n'avoit pas été épargnée : les Bourguignons l'avoient réduite en cendres. Il est facile d'imaginer l'effet que produisit sur elle la vue des excès auxquels ils s'étoient livrés.

Quelques historiens placent pendant son séjour à Neufchâteau un voyage qu'elle fut obligée de faire à Toul pour un procès fort singulier; d'autres pensent que ce voyage n'eut lieu qu'après son retour à Domremy : quoi qu'il en soit, voici le sujet du procès. Un jeune homme dont on ignore le nom l'avoit demandée en mariage, et avoit été refusé parce qu'elle avoit consacré sa virginité à Dieu. Il paroît que Jacques d'Arc et Isabelle Romée désiroient vivement cette union qui auroit mis fin à leurs inquiétudes, et qu'ils firent d'inutiles efforts pour obtenir le consentement de leur fille. Le jeune homme, ne sachant quel moyen employer pour vaincre sa résistance, prétendit qu'elle lui avoit fait promesse de mariage; et il la cita devant l'official de Toul, afin de la forcer à remplir cette promesse. Jeanne dit que *ses voix* lui assurèrent qu'elle gagneroit son procès. Elle se rendit à Toul, voulut se défendre elle-même, fit serment de dire la vérité,

---

(1) Domremy est à deux lieues au nord de Neufchâteau, et à trois lieues au sud de Vaucouleurs.

jura qu'elle n'avoit jamais fait de promesse ; et l'official prononça en sa faveur.

Quoique sa conduite fût à l'abri de tout reproche, qu'elle donnât l'exemple de la piété la plus fervente, qu'elle remplît tous ses devoirs avec soumission et exactitude, qu'elle poussât la modestie jusqu'à ne pouvoir soutenir les regards d'un homme : son refus de se marier, et les paroles qui lui échappoient toujours sur son projet, entretenoient les craintes de ses parens. Ils avoient les yeux ouverts sur toutes ses démarches, et la tenoient, comme elle dit elle-même, *en grant subjection*. Convaincue qu'elle n'obtiendroit pas leur aveu pour se rendre auprès de Baudricourt, elle chercha les moyens d'y aller à leur insu.

Un frère, ou, selon quelques historiens, un beau-frère de sa mère, nommé Jean Lapart ou Jean Laxart, habitoit le village du Petit-Burey, situé entre Domremy et Vaucouleurs. Il lui avoit toujours témoigné beaucoup d'amitié ; elle jeta les yeux sur lui pour l'exécution de son projet : elle le décida sans peine à la demander à ses parens, pour soigner sa femme qui étoit enceinte. Dès qu'elle fut installée chez son oncle, elle lui dit qu'il falloit absolument qu'elle fît un voyage à Vaucouleurs ; que de là elle partiroit pour la France, iroit trouver le Dauphin, et le feroit couronner. Qu'on se figure, s'il est possible, l'étonnement du bon villageois à une pareille proposition ! Cependant elle insista avec tant de force, lui parla avec tant d'assurance, qu'elle finit par le persuader. Non-seulement il consentit à la seconder, mais il voulut aller trouver seul Baudricourt, et lui faire connoître la mission dont Jeanne disoit être chargée. Le capitaine de

Vaucouleurs l'accueillit fort mal, le renvoya sans presque vouloir l'écouter, tant sa demande sembloit absurde; lui recommanda à plusieurs reprises de bien souffleter sa nièce, et de la reconduire chez ses parens.

Jeanne, loin d'être déconcertée par le mauvais succès de cette première démarche, prit les habits de son oncle, et voulut partir à l'instant elle-même pour Vaucouleurs. Laxart, voyant qu'il étoit impossible de la retenir, se détermina à l'y accompagner. Ce voyage eut lieu à peu près à l'époque de l'Ascension [1428]. La Pucelle se fit annoncer au gouverneur, qui refusa d'abord de la recevoir; elle renouvela sa demande, fut admise; et dans ses interrogatoires elle déclara que, par le secours de *ses voix*, elle connut Baudricourt, quoiqu'elle ne l'eût jamais vu auparavant. Bertrand de Poulengy, présent à cette entrevue, en a raconté le détail dans sa déposition. La jeune fille dit au sire de Baudricourt *qu'elle venoit vers lui de la part de son Seigneur, pour qu'il mandât au Dauphin de se bien maintenir, et qu'il n'assignât point bataille à ses ennemis, parce que son Seigneur lui donneroit secours dans la mi-caresme.* Elle ajouta *que le royaulme n'appartenoit pas au Dauphin, mais à son Seigneur; que toutesfois son Seigneur vouloit que ledit Dauphin devinst roy, et qu'il eust le royaulme en dépot; que malgré les ennemis dudit Dauphin il seroit roy, et qu'elle le meneroit sacrer.* Le gouverneur lui demanda *qui étoit son Seigneur?* Elle répondit avec fermeté : « Le « roy du ciel. » Baudricourt ne sachant si c'étoit une moquerie, ou si cette jeune paysanne étoit folle, ne voulut pas en entendre davantage. Suivant l'auteur de nos Mémoires, *il lui sembla qu'elle estoit bonne pour ses gens à se divertir et esbattre en peché; mesme il y en eut aucuns qui avoient volonté d'y essayer. Mais aussitôt qu'ils la voyoient*, dit l'auteur, *ils estoient réfroidis, et ne leur en prenoit volonté.*

Un courage ordinaire eût été rebuté par cet indigne traitement : Jeanne resta inébranlable dans son projet ; elle déploya cette persévérance, cette force de volonté qui presque toujours finissent par surmonter les obstacles, et par faire réussir les entreprises les plus difficiles. Elle déclara, il est vrai, que *ses voix* l'avoient avertie qu'*elle seroit trois fois réfusée, et qu'ensuite elle obtiendroit l'assistance de Baudricourt*. Elle prolongea donc son séjour à Vaucouleurs ; son oncle y resta avec elle, et elle réclama les secours du ciel par ses ferventes prières. Elle passoit la plus grande partie des journées à l'église, et souvent y paroissoit plongée dans une profonde méditation. Cependant son impatience ne supportoit qu'avec peine ces longs retards. « Le tems lui étoit,
« disoit-elle, aussi pesant qu'il eust été à une femme
« enceinte, de ce qu'on la conduisoit pas auprès du
« Dauphin. Il faut absolument que j'y aille, répétoit-
« elle sans cesse, mon Seigneur le veut ainsi : c'est de
« la part du roy du ciel que cette mission m'est confiée ;
« et quant je devrois y aller sur mes genoux, j'irois. »
Elle prioit tous ceux qu'elle voyoit de la mener auprès du Dauphin, ajoutant *que c'estoit pour le très-grand avantage dudit Dauphin*. Elle rappeloit cette prédiction dont nous avons déjà parlé, que la France, perdue par une femme, ne pouvoit être sauvée que par une vierge des marches de Lorraine.

Ces discours se répandoient dans la ville, et y produisoient d'autant plus d'impression sur les esprits, qu'ils paroissoient dictés par un pouvoir surnaturel à une jeune paysanne, dans laquelle on ne remarquoit d'ailleurs qu'une grande piété, beaucoup de candeur, de simplicité et de modestie. Le sire de Baudricourt lui-même en fut frappé, et voulut la revoir; suivant les idées du temps, il étoit disposé à la considérer comme sorcière. Il se rendit avec le curé de Vaucouleurs dans la maison où elle logeoit. Le curé déploya son étole, l'adjura, et lui dit *que si elle estoit mauvaise, elle partist d'eux; que si elle estoit bonne, elle s'approchât.* Jeanne s'avança en marchant sur ses genoux, répondit aux questions du gouverneur, et après son départ se plaignit du curé, qui avoit révélé diverses choses qu'elle lui avoit confiées sous le sceau de la confession. Le capitaine de Vaucouleurs ne voulut rien prendre sur lui ; mais la chose lui parut assez importante pour qu'il écrivît au Roi.

Sur ces entrefaites Laxart fut obligé de retourner chez lui, et il ramena sa nièce au Petit-Burey. On ignore si Jacques d'Arc eut à cette époque connoissance du voyage de sa fille. On a lieu d'en douter, puisqu'il la laissa chez son oncle, et qu'il ne fit rien pour l'empêcher de retourner à Vaucouleurs.

Nous avons déjà fait observer que Jeanne étoit parvenue à convaincre son oncle de la vérité de sa mission, et le mauvais succès de ses deux voyages n'avoit pas refroidi le zèle du bon villageois. Cédant aux instances de sa nièce, il la ramena encore à Vaucouleurs un peu avant le commencement du carême de la même année 1428 [1]. Mais Baudricourt, qui n'a-

---

[1] Il ne faut pas perdre de vue que l'année commençoit alors à Pâques.

voit pas reçu la réponse du Roi, refusoit de se prononcer. Jeanne prit alors la résolution de partir à pied avec son oncle et avec un nommé Jacques Alain, qui offrit de l'accompagner. Déjà ils étoient en route, lorsqu'elle pensa qu'elle ne devoit pas se présenter au Dauphin sans avoir une lettre du gouverneur, ou sans être sous la protection de quelque personne de marque. Elle revint donc sur ses pas.

Jeanne renouveloit inutilement ses instances auprès de Baudricourt, lorsque le hasard ou la curiosité amena dans la maison où elle logeoit Jean de Novelonpont, surnommé de Metz, gentilhomme fort considéré à Vaucouleurs. « Que faites-vous ici, mon enfant? « lui dit-il. Ne faut-il pas bien que le Roi soit chassé du « royaume, et que nous devenions Anglois? — Je suis « venue, répondit la Pucelle, demander à Baudricourt « qu'il me fist conduire au Roi : il n'a cure de moi ni de « mes paroles : et cependant avant qu'il soit la mi-« caresme il faut que je sois devers le Roi, dussé-je, « pour m'y rendre, user mes jambes jusqu'aux genoux. « Car personne au monde, ni rois, ni ducs, ni fille de « roi d'Ecosse (1), ou tous autres, ne peuvent reprendre « le royaume de France; et il n'y a pour lui de secours « que moi-même, quoique j'aimasse mieux rester à filer « auprès de ma pauvre mere : car ce n'est pas là mon « ouvrage. Mais il faut que j'aille, parce que mon Sei-« gneur le veut. — Et quel est ce Seigneur? demanda « de Metz. — C'est Dieu, répondit-elle. » La naïveté de cette jeune fille, le ton d'inspiration avec lequel elle

(1) On négocioit alors le mariage du dauphin Louis, fils de Charles VII, avec la fille du roi d'Ecosse, qui promettoit d'envoyer de nouveaux secours.

prononça ces paroles, entraînèrent le gentilhomme, qui lui promit *par sa foi, la main dans la sienne, que, sous la conduite de Dieu, il la meneroit près du Roy.* « Quand voulez-vous partir? lui dit-il. — Plu- « tôt aujourd'hui que demain, répliqua vivement la « Pucelle. » Puis comme elle témoigna le désir de voyager avec des habits d'homme, il lui en fit apporter, et elle s'en revêtit. Ces détails sont extraits de la déposition de Jean de Metz au procès de révision. Lorsque les juges de Rouen demandèrent plus tard à Jeanne d'Arc *si c'étoit à la requeste de Baudricourt qu'elle avoit pris des habits d'homme*, elle répondit *que c'étoit par elle, et non à la requête d'homme au monde.* On lui demanda si *ses voix le lui avoient ordonné.* « Tout ce que j'ai fait de bien, répondit- « elle, je l'ai fait par le commandement des voix. »

Le départ fut néanmoins encore différé de quelques jours, et on ne connoît pas la cause de ce retard. Quelques-uns ont cru devoir l'attribuer à Baudricourt, qui ne vouloit point permettre le voyage sans un ordre exprès du Roi. Il paroît que cet ordre n'étoit pas arrivé.

Les projets de Jeanne d'Arc commençoient à faire du bruit dans le pays; chaque jour augmentoit le nombre de ses partisans. Suivant les déclarations de plusieurs témoins, *on voyoit en elle une envoyée de Dieu*, et on disoit hautement *qu'elle étoit conduite par l'esprit du Seigneur.* Le duc de Lorraine, qui étoit malade, voulut la consulter : il lui envoya un cheval et un sauf-conduit; elle se mit en route pour Nancy avec son oncle. Quelques historiens prétendent qu'elle étoit alors en pélerinage à Saint-Nicolas, près de cette ville; d'autres placent son voyage à Nancy vers les fêtes de la Pentecôte de 1428, c'est-à-dire à l'époque où elle alla pour la première fois à Vaucouleurs. Mais comme Jean de Metz dit l'avoir accompagnée jusqu'à Toul, nous n'avons pu admettre ni l'une ni l'autre de ces versions. Le duc l'interrogea sur les bruits qui couroient relativement à ses révélations et à ses projets; mais ce prince ayant été l'ennemi de Charles VII, elle crut devoir éviter toute explication; elle lui dit seulement qu'il falloit qu'elle allât trouver le Dauphin, et (ce qui paroîtroit étonnant si on n'avoit déjà donné une idée de son caractère) elle supplia le duc de commander à son fils (1) de la conduire en France. Le prince lui parla de sa maladie : elle répondit qu'elle n'avoit là-dessus aucune lumière; et elle ne craignit pas d'ajouter que comme il vivoit mal avec la duchesse, qui étoit une princesse bonne et vertueuse, il ne guériroit point s'il ne changeoit de conduite à son égard. On n'a pas d'autre détail sur cette audience; on sait seulement que le duc lui fit donner quatre livres en la congédiant.

Jean de Metz ne négligeoit rien pour presser le départ de Jeanne; il étoit secondé par Bertrand de Poulengy, cet autre gentilhomme dont nous avons déjà parlé, et qui s'étoit trouvé à la première entrevue de Jeanne avec Baudricourt. Il étoit devenu l'un des plus zélés partisans de la jeune héroïne, et avoit pris la résolution de l'accompagner dans son voyage.

(1) Ce duc de Lorraine étoit Charles I, surnommé le Hardi. Il n'avoit eu que deux fils, morts en bas âge. On croit donc qu'il est question ici de René d'Anjou, l'un de ses gendres, qui n'avoit point abandonné le Dauphin dans l'adversité.

On obtint enfin l'aveu du gouverneur, qui consentit à donner des lettres pour le Roi. Suivant M. de L'Averdy, un des gentilshommes qui partirent avec Jeanne a déclaré que le capitaine avoit reçu les instructions qu'il attendoit de la cour. On a cherché inutilement cette circonstance dans les manuscrits de la bibliothèque du Roi. Mais M. de L'Averdy a pu la trouver dans un manuscrit précieux de l'ancienne bibliothèque de Rohan-Soubise qu'il a eu à sa disposition, et que l'on n'a pu découvrir depuis la vente de cette bibliothèque. On est d'autant plus disposé à accueillir son assertion, qu'elle explique le retard apporté au voyage de Jeanne d'Arc, les refus prolongés de Baudricourt, et l'assentiment qu'il finit par donner à l'entreprise. D'ailleurs, parmi les personnes qui formèrent le cortége de la Pucelle, il y a un nommé Colet, de Vienne, qui est qualifié envoyé du Roi (*nuncius regius*) : c'étoit probablement cet envoyé qui avoit apporté la réponse de Charles, et qui retournoit à la cour. La suite de cette Notice prouvera bientôt que le conseil de Charles, en permettant le voyage de Jeanne, avoit eu le désir de voir une fille extraordinaire, sans croire qu'il fût même possible de fonder aucune espérance sur les promesses d'une pauvre paysanne.

Quelques historiens ont voulu attribuer à une cause surnaturelle le consentement de Baudricourt; ils ont répété, d'après le Journal du siége d'Orléans et d'après nos Mémoires, que le jour même où les Français furent battus à Rouvray (la journée des Harengs.), la Pucelle dit au gouverneur : « Le Roi « vient d'avoir grant dommaige devant Orléans; il en

« aura encore plus si je ne suis menée devant lui. » Ils ajoutent que la nouvelle de la défaite de Rouvray étant arrivée à Vaucouleurs, Baudricourt ne crut plus pouvoir s'opposer au départ de la jeune inspirée.

Il est à remarquer que le gouverneur ne fit aucun frais pour le voyage de la Pucelle : il ne lui donna qu'une épée [1]. Divers habitans de Vaucouleurs se réunirent pour lui procurer des vêtemens d'homme convenables. Jean Laxart et Jacques Alain lui achetèrent, à leurs frais, un cheval qui coûta douze livres; et comme ils ne possédoient pas cette somme, Laxart en fit son billet. Ce fut Jean de Metz qui pourvut à la dépense pendant la route. Les registres de la chambre des comptes prouvent que le Roi n'en ordonna le remboursement que le 21 avril 1429, c'est-à-dire après avoir fait examiner la Pucelle, et après l'avoir chargée de conduire des secours à Orléans.

L'escorte destinée à Jeanne d'Arc se composoit des seigneurs de Metz et de Poulengy, chacun avec leur valet; de Colet de Vienne, envoyé du Roi, et de Richard, archer. On a dit que Pierre d'Arc, troisième frère de la Pucelle, partit alors avec elle pour la France; et on fondoit cette opinion sur ce que Pierre, dans une requête présentée en 1444 au duc d'Orléans, exposoit *être parti de son pays pour servir aux guerres du Roy et de monsieur le duc, en la compagnie de Jehanne la Pucelle, sa sœur.* D'après la construction de cette phrase, on ne sauroit décider si ce jeune homme est parti avec sa sœur, ou

---

[1] Quelques manuscrits portent seulement qu'il lui *procura* une épée.

s'il est allé la rejoindre plus tard. Les chroniques ni les interrogatoires ne font aucune mention de lui au moment du départ, pendant la route, ni à l'époque de l'arrivée à Chinon. Tout porte ainsi à croire qu'il n'étoit pas du voyage.

Lorsque Jacques d'Arc et sa femme apprirent que Jeanne étoit à Vaucouleurs, et qu'elle se disposoit à partir pour la France, ils accoururent désespérés. Jean de Metz déclare les avoir vus dans la ville, et dit que *c'étoit de bons laboureurs, honnêtes et craignant Dieu*. On n'a aucun détail sur les efforts qu'ils durent faire pour retenir leur fille. Le défaut de renseignemens à cet égard a fait penser qu'ils étoient arrivés pendant que Jeanne étoit à Nancy auprès du duc de Lorraine; et que le voyage de France étant décidé, on les avoit renvoyés à Domremy avant son retour. Jeanne, en parlant du chagrin qu'éprouvèrent alors son père et sa mère, dit *qu'il s'en fallut peu qu'ils n'en perdissent le sens; qu'elle leur a écrit depuis, et qu'ils lui ont pardonné*.

Le jour fixé pour le départ, une foule d'habitans de Vaucouleurs s'étoit portée au lieu où Jeanne devoit monter à cheval avec son escorte. La jeune héroïne, au comble de ses vœux, étonnoit tout le monde par son assurance. Lorsqu'on lui demandoit *comment il étoit possible qu'elle entreprît de traverser un si grand espace de pays infestés par les hommes d'armes*, elle répondoit avec fermeté : « Je ne crains pas les
« hommes d'armes; je trouverai le chemin libre : car
« s'il y a des hommes d'armes sur la route, j'ai Dieu
« mon Seigneur qui me fera mon chemin jusqu'à mon-
« seigneur le Dauphin. » Baudricourt avoit fait prêter

serment à ceux qui s'étoient chargés de l'escorter, qu'ils la conduiroient saine et sauve auprès du Roi ; mais il étoit loin de partager l'enthousiasme qu'inspiroit cette jeune fille, sur laquelle reposoient de si grandes espérances. Il obéissoit à la cour en ordonnant son départ, mais il lui étoit impossible de voir dans une paysanne de dix-sept ans une héroïne chargée de délivrer le royaume. Il ne lui dit que ces mots, en prenant congé d'elle : « Va, et advienne ce « qu'il pourra. » Mais *les voix* avoient dit à Jeanne, « suivant ses interrogatoires : « Va hardyment ; et quant « tu seras vers le Roy, il oura signe de te recevoir « et de te croire. » Et son ame étoit inaccessible à la crainte.

Il lui restoit cependant encore de grands obstacles à surmonter. Des dangers de toute espèce la menaçoient sur sa route, et de nouvelles difficultés l'attendoient à la cour. Sa fermeté devoit être mise à toutes les épreuves, avant qu'elle pût obtenir la permission de verser son sang pour la France.

Jeanne d'Arc partit de Vaucouleurs le premier dimanche de carême, 13 février 1428. Les bandes anglaises et bourguignonnes, qui parcouroient la Champagne dans tous les sens, donnèrent d'abord beaucoup d'inquiétude aux voyageurs; ils n'osoient ni suivre les grandes routes, ni approcher des forts occupés par l'ennemi. A la fin de la première journée, il fut résolu qu'on ne s'arrêteroit pas, et qu'on marcheroit toute la nuit. Le soir du second jour on arriva à Saint-Urbain, petit bourg sur la Marne, près de Joinville ; et l'on coucha dans une abbaye.

On ne trouve, dans les dépositions des témoins ni

dans les chroniques, aucun renseignement sur la route qui fut suivie depuis Saint-Urbain jusqu'à Auxerre; il paroît qu'on y courut de grands dangers. Les hommes qui s'étoient chargés d'escorter Jeanne furent bientôt effrayés de leur entreprise : quelques-uns d'entre eux, la considérant comme une folle ou comme une sorcière, auroient voulu l'abandonner, et même la faire arrêter. De Metz et Poulengy ne pensoient point à trahir ainsi leurs sermens, mais ils étoient intimidés. Jeanne seule montroit ce calme qui caractérise le véritable courage; son assurance frappa ses compagnons; elle parvint à la leur faire partager, et prit sur eux un tel ascendant qu'ils lui obéissoient en tout point, et qu'ils n'avoient, dit l'un d'eux, plus d'autre volonté que les siennes. Cependant ses projets leur paroissoient si extraordinaires, qu'ils ne pouvoient s'empêcher de lui demander si elle étoit bien sûre de faire ce qu'elle disoit. « Ne craignez rien! ré-
« pondoit-elle. Tout cela m'est commandé : car mes
« frères de paradis me disent ce que j'ay à faire. Il y
« a quatre ou cinq ans, ajoutoit-elle, que mes frères
« de paradis et mon Seigneur m'ont dit qu'il falloit
« que j'allasse à la guerre pour recouvrer le royaume
« de France. » Puis, afin de les encourager, elle leur promettoit *que le Roi leur feroit bon visage.* Chaque nuit elle couchoit entre de Metz et Poulengy, enveloppée dans son manteau, les aiguillettes de ses chausses et de son *gippon* fortement attachées. Il paroît que ces précautions n'étoient pas nécessaires pour les deux gentilshommes. De Metz a déclaré qu'elle lui inspiroit une telle crainte, qu'il n'eût jamais osé lui rien demander de malhonnête; que la pensée ne lui en vint

même pas. Poulengy, qui étoit plus jeune, a affirmé n'avoir eu ni volonté ni désir, à cause de la grande bonté qu'il voyoit en elle. Il n'en étoit pas de même, surtout pendant les premiers jours, à l'égard des autres individus du cortége : ils ont avoué que, frappés de la beauté de cette jeune fille, ils avoient d'abord formé des desseins criminels; qu'ils avoient voulu plusieurs fois lui parler de leurs désirs, mais qu'une honte soudaine s'étoit toujours emparée d'eux, et les avoit retenus. Ainsi Jeanne n'avoit pas eu moins de risques à courir avec les hommes de son escorte qu'avec les Anglois et les Bourguignons, qui pouvoient la surprendre à chaque instant.

De Metz et Poulengy la conduisoient le plus secrètement qu'il étoit possible; mais les détours qu'ils croyoient devoir faire pour cacher leur marche déplaisoient à la jeune héroïne, qui, persuadée que Dieu veilloit sur elle, ne voyoit dans ces précautions, dictées par la prudence, qu'un retard inutile apporté à son entreprise. Arrivée à Auxerre, elle dit avoir entendu la messe dans la grande église. Malgré sa déclaration positive, quelques historiens ont pensé qu'il étoit impossible qu'on lui eût fait traverser cette ville, qui étoit au pouvoir des Anglois. Ils font remarquer que six personnes à cheval auroient nécessairement fixé l'attention des habitans, et excité des soupçons; ils présument que la Pucelle, avec son escorte, passa près de la ville, et non dans la ville. On n'a rien de plus positif sur le voyage d'Auxerre jusqu'à Gien, première ville occupée par les troupes royales. Il paroît cependant, d'après les dépositions de Dunois et de Guillaume de Ricarville, que son arrivée fit grand bruit, que la nouvelle en fut portée à Orléans, et que les habitans de cette dernière ville crurent dès-lors voir en elle leur libératrice. De Gien, la Pucelle se rendit à Fierbois, village situé à quelques lieues de Chinon, où étoit la cour; et elle fit demander au Roi la permission de se présenter devant lui avec les lettres du capitaine de Vaucouleurs.

Le premier soin de Jeanne d'Arc fut d'aller rendre grâces à Dieu dans l'église de Fierbois, qui, par un hasard singulier, étoit sous l'invocation de sainte Catherine (1). Le lecteur n'a pas oublié que la Pucelle avoit eu dès son enfance une dévotion particulière pour cette sainte, et qu'elle l'avoit désignée comme un des principaux agens de ses révélations; elle dut donc prier avec plus de ferveur encore dans l'église de Fierbois, et en conserver le souvenir. Elle y entendit trois messes dans un jour.

Cependant il y avoit beaucoup d'irrésolutions à la cour de Charles VII, sur le parti qu'il convenoit de prendre à l'égard de Jeanne; plusieurs étoient d'avis de la renvoyer sans l'entendre. Après avoir délibéré pendant deux jours, on lui permit de venir à Chinon : mais on crut devoir la faire examiner par des commissaires avant de la présenter au Roi. Elle fut amenée par Jean de Metz et par Poulengy; les commissaires lui firent beaucoup de questions sur ses projets : elle refusa d'abord de répondre, se bornant à dire qu'il falloit qu'elle parlât

---

(1) Cette église étoit en grande vénération dans le pays; on y faisoit beaucoup de pélerinages, et il y avoit un couvent qui servoit d'hospice pour les pélerins.

au Dauphin. Mais les commissaires lui ayant ordonné, au nom du Roi, de s'expliquer sur la mission dont elle se prétendoit chargée, elle répondit, avec la même assurance que devant Baudricourt, qu'*elle avoit deux choses à accomplir de la part du roi des cieux : la première, de faire lever le siége d'Orléans ; la deuxième, de conduire le Roi à Reims, et de l'y faire sacrer.* On a vu, dans le Tableau du règne de Charles VII, à quelles extrémités la France étoit alors réduite : la funeste journée des Harengs venoit de détruire les dernières espérances des royalistes ; c'étoit au moment où l'on n'avoit plus de troupes, plus de moyens d'en lever, où l'on s'attendoit à voir l'ennemi pousser rapidement ses conquêtes sans pouvoir lui opposer aucun obstacle, qu'une pauvre paysanne sans expérience, sans habitude de la guerre, prétendoit faire prendre l'offensive, délivrer une ville assiégée par une armée redoutable, et traverser des provinces occupées par les Anglais, pour conduire le Roi à Reims, où dominoit la faction bourguignonne.

Quelques-uns des commissaires ne purent s'empêcher de la considérer comme une insensée, et insistèrent pour qu'on la renvoyât. Les autres pensèrent que, dans la position désespérée où l'on se trouvoit, on ne devoit négliger aucun moyen de salut ; et que puisque cette jeune paysanne se disoit envoyée de Dieu, le Roi ne pouvoit refuser de l'entendre. La manière simple, mais décidée, avec laquelle elle avoit parlé de sa mission avoit d'ailleurs fait impression sur leurs esprits.

Charles, avant de rien résoudre, voulut faire prendre des informations sur elle dans son pays ; et en attendant on lui assigna un logement dans le château de Couldray. Plusieurs seigneurs allèrent l'y visiter; elle ne les étonna pas moins par son éloquence naturelle, par le ton d'inspiration qui animoit ses discours, que par son excessive piété. Souvent on la surprenoit à genoux et fondant en larmes; on savoit qu'elle passoit presque toutes ses journées en prières. En veillant de près sur toutes ses démarches, on ne remarquoit en elle aucun des caractères de l'imposture : tout y annonçoit une forte conviction, qu'elle communiquoit insensiblement aux personnes qui l'approchoient. Le Roi, toujours incertain, voulut la voir sans attendre le retour des agens qu'il avoit envoyés à Domremy. Mais au moment où elle arrivoit près de sa résidence, il tomba dans de nouvelles irrésolutions, et fut sur le point de la renvoyer. On ne le détermina à la recevoir qu'en lui représentant le voyage de la Pucelle comme miraculeux. Ce voyage, dont nous avons déjà peint les périls et les difficultés, avoit été terminé en onze jours. On a calculé qu'il y avoit cent quatre lieues, à vol d'oiseau, de Vaucouleurs à Chinon; et comme l'escorte avoit pu rarement suivre les grandes routes, le trajet avoit été au moins de cent cinquante lieues, comme le dit Jeanne dans ses interrogatoires. Il avoit fallu traverser l'Ornain, la Marne, l'Aube, l'Armançon, l'Yonne, la Loire, le Cher, l'Indre, et plusieurs autres rivières qui devoient être grossies à cette époque de l'année; souvent on avoit été obligé de chercher des gués, pour éviter la rencontre des gens de guerre. Les hommes qui avoient accompagné Jeanne s'étonnoient eux-mêmes de n'avoir trouvé aucun obstacle, de n'avoir éprouvé aucune difficulté en pays ennemi à la fin de l'hiver, et au milieu des routes les moins fréquentées.

Suivant plusieurs chroniques, le Roi, lorsqu'il admit Jeanne en sa présence, voulut d'abord l'éprouver. Il la reçut le soir dans une grande salle éclairée par cinquante torches. La curiosité avoit attiré grand nombre de seigneurs, qui étoient vêtus avec magnificence. Charles, plus modestement habillé qu'eux, se cacha dans la foule. Les chroniques varient sur le maintien de la Pucelle lorsqu'elle entra dans la chambre où étoit le Roi avec toute sa cour. Les unes la représentent comme marchant avec assurance ; d'autres comme ayant toute la simplicité et toute l'humilité d'une pauvre *bergerette*. Dans ses interrogatoires, Jeanne dit que *ses voix* lui firent connoître le Roi. Elle s'agenouilla devant lui, et lui embrassa les jambes, en disant : « Dieu vous doint bonne vie, « gentil Roy ! — Ce ne suis pas qui suis Roy, Jehanne, « répondit Charles. » Il lui montra un seigneur de la cour, et ajouta : « Voici le Roy. » La Pucelle, sans se déconcerter, répliqua : « En nom Dieu, c'estes vous, « et non aultres. Trés noble seigneur Dauphin, conti- « nua-t-elle, je viens et suis envoyée de la part de Dieu « pour porter secours à vous, et à votre royaulme. » Et elle demanda à aller faire la guerre aux Anglais.

Selon d'autres chroniques, le Roi lui demanda d'abord son nom, et elle répondit : « Gentil Dauphin, « j'ai nom Jehanne la Pucelle ; et vous mande le roy « des cieulx par moy que vous serez sacré et couronné « en la ville de Reims, et serez lieutenant du roy des « cieulx, qui est roy de France. » On ajoute qu'elle tira le Roi à l'écart, et lui parla ainsi : « Je te dis, de la part

« de Messire (de Dieu), que tu es vray heritier de
« France et fils de roy; et il m'envoye à toy pour te
« conduire à Reims, afin que tu y reçoive ton cou-
« ronnement et ton sacre, si tu le veux. » Nos Mémoires ajoutent, sur cette première entrevue, quelques particularités qui ne se trouvent point ailleurs.

Un grand nombre de témoins rapportent qu'elle parla au Roi de certaines choses secrètes que nul ne savoit ni ne pouvoit savoir, Dieu seul excepté. Ils s'accordent à dire *que pour ce, le prince prit grant confiance en elle.* Presque toutes les anciennes chroniques parlent de ce secret révélé au Roi par la Pucelle; mais elles ne le font pas connoître. N. Sala est le seul qui prétende en donner l'explication dans son livre des *Exemples de hardiesse de plusieurs rois et empereurs* (1). « Celluy (Guillaume Gouffier, sei-
« gneur de Boissy) me conta, dit-il, entre aultres choses
« le secret qui avoit esté entre le Roy (Charles VII)
« et la Pucelle; et bien le pouvoit savoir : il avoit
« esté en sa jeunesse très aimé de ce Roy, tant qu'il ne
« voulut oncques souffrir coucher nul gentilhomme
« en son lict, fors luy. En cette grant privaulté que
« vous dis, luy conta le Roy les paroles que la Pu-
« celle luy avoit dictes, telles que vous les verrez cy
« après. Il fut vray que du temps de la grande adver-
« sité de ce bon roy Charles VII, il se trouva si bas
« qu'il ne savoit plus que faire, et ne faisoit que

---

(1) N. Sala étoit pannetier du dauphin Orland, fils de Charles VIII. Ce qu'il rapporte lui avoit été dit en 1480. Son livre des *Exemples de hardiesse de plusieurs rois et empereurs* n'existe qu'en manuscrit (bibliothèque du Roi, n° 180). Lenglet-Dufresnoy en a imprimé quelques fragmens dans son Histoire de la Pucelle.

« penser au reméde de sa vie. Car, comme je vous ay
« dict, il estoit entre ses ennemis encloz de tous
« costez. Le Roy, en ceste extresme pensée, entre ung
« matin en son oratoire tout seul; et là il feit une
« priere à Notre Seigneur dedens son cueur sans pro-
« nonciacion de paroles, où il luy requeroit devos-
« tement que si ainsi estoit qu'il fût vray hoir des-
« cendu de la noble maison de France, et que juste-
« ment le royaulme deust luy appartenir, qu'il luy
« pleust le luy garder et deffendre, ou au pis luy don-
« ner grace d'eschapper sans mort ou prison, et qu'il
« se peust sauver en Espaigne ou en Escosse, qui es-
« toient de toute ancienneté fréres d'armes, amys et
« alliez des roys de France; et pour ce avoit il là choisi
« son refuge. Peu de temps ce, advint que le Roy estoit
« en tous ces pensemens. La Pucelle luy fust amenée,
« laquelle avoit eu, en gardant ses brebis aux champs,
« inspiration divine pour venir reconforter le bon
« Roy, laquelle ne failly pas, etc. »

Les historiens qui ont adopté cette explication remarquent qu'il étoit d'une importance extrême pour
le Roi de ne pas laisser divulguer ce secret, qui, s'il
eût été connu, auroit confirmé les doutes que les Anglois et les Bourguignons cherchoient à répandre sur
la légitimité de sa naissance. Il est aussi fait mention,
dans les interrogatoires de la Pucelle, d'une apparition qu'elle auroit eue en présence de Charles VII; et
de couronnes qui auroient été apportées par des anges ; mais Jeanne en parle d'une manière si obscure,
que, lors du procès de révision, les avocats de sa famille ont fait considérer tout ce qu'elle dit à ce sujet
comme une allégorie. Suivant eux, elle-même étoit

l'ange, puisqu'elle parloit au nom d'un ange, et elle apportoit effectivement une couronne au Roi, en lui rendant la couronne de France.

Quoi qu'il en soit, la Pucelle commençoit à inspirer de la confiance à Charles et à plusieurs de ses ministres. Des prédictions, à peu près semblables à celles qui avoient couru sur les frontières de la Lorraine, s'étoient répandues dans les autres provinces. On ignoroit, ainsi que nous l'avons fait observer, l'origine de ces prédictions. Dunois, dans sa déposition, parle d'une prophétie (1) en quatre vers, qui portoient en substance qu'*une fille viendroit du Bois-chesnu, et chevaucheroit sur le dos des Architenans et contre eux*. On appliquoit le mot d'*Architenans* aux Anglois, dont la principale force consistoit dans leurs archers. Jeanne rapporte que lorsqu'elle fut arrivée à Chinon, plusieurs personnes lui demandèrent s'il y avoit un bois appelé le *Bois-chesnu* dans son pays, parce qu'une fille venue des environs de ce bois devoit opérer des merveilles. On a vu plus haut qu'un bois du voisinage de Domremy étoit nommé le *Bois-chesnu*. Cependant elle assure qu'elle n'ajouta pas foi à ce récit. D'un autre côté, une femme nommée Marie d'Avignon, qui prétendoit prédire l'avenir, étoit, disoit-on, venue trouver le Roi, et lui avoit annoncé l'arrivée d'une fille qui devoit délivrer la France de ses ennemis. Il faut remarquer encore qu'à cette époque on parloit beaucoup de prodiges, dont quelques-uns sont rapportés dans les histoires du moine de Saint-Denis, de Juvénal des Ursins, et des autres chroniqueurs du quinzième siècle.

(1) Dunois ajoute que cette prophétie fut montrée au comte de Suffolck, lorsque le général eut été prisonnier.

Cependant les membres du conseil qui auroient voulu mettre Jeanne à la tête des armées craignoient de ruiner entièrement les affaires du Roi, et de s'exposer au ridicule et au mépris, si elle n'avoit pas effectivement une mission divine. On résolut (ce qui étoit conforme aux idées du siècle) de la faire interroger par des théologiens; on la confia à la garde de Guillaume Bellier, maître de la maison du Roi, et lieutenant du gouverneur de Chinon, dont la femme étoit *de grande dévotion et de louable renommée.* Il lui fut permis de se présenter chez le Roi, d'assister à la messe dans la chapelle royale (1). Elle accompagna le prince dans ses promenades; et le duc d'Alençon, émerveillé de la voir *chevaucher* avec autant de grâce que d'adresse, lui fit présent d'un cheval.

Lors de son passage à Gien, la nouvelle de son arrivée avoit été, comme on l'a dit, portée à Orléans; et le gouverneur avoit députe à la cour Villars et Jamet de Tilloy, pour vérifier si ce que l'on disoit de cette fille extraordinaire étoit vrai, et si l'on pouvoit en effet compter sur les secours qu'elle promettoit. Dunois, dans sa déposition, rapporte avec détail l'effet que produisit sur les habitans le rapport des deux envoyés qui retournèrent à Orléans après avoir vu la Pucelle, qu'ils considéroient déjà comme leur libératrice.

Les ministres du Roi voulant donner un plus grand appareil aux examens que Jeanne devoit subir, déci-

---

(1) Le duc d'Alençon rapporte qu'après la messe elle dit au Roi, en sa présence et devant La Trémouille, qu'*il devoit offrir son royaume au roi des cieux; et que le roi des cieux, après ladite donation, lui feroit comme il avoit fait à ses prédécesseurs, et le remettroit en son premier état.*

dèrent qu'ils auroient lieu à Poitiers, devant le parlement et devant une assemblée de théologiens. On a pu voir dans nos Mémoires les détails de ces interrogatoires, et on n'aura pu refuser son admiration à plusieurs des réponses de la Pucelle. Nous ajouterons ici quelques circonstances empruntées d'autres chroniques, et qui ne sont pas sans intérêt. L'assemblée des théologiens étoit présidée par l'archevêque de Reims, chancelier de France, et composée des prélats et des ecclésiastiques les plus distingués; non-seulement la jeune paysanne ne fut point intimidée lorsqu'elle parut devant ce tribunal imposant, mais elle repartit d'une manière piquante à des questions indiscrètes. Frere Seguin, docteur limousin, qu'une chronique appelle *bien aigre homme*, lui ayant demandé *quel idiome parloient ses voix*, elle répondit avec vivacité : « Meilleur « que le vôtre. — Croyez-vous en Dieu? lui dit ensuite « le moine. — Mieux que vous, répondit-elle. » On lui faisoit souvent des citations des auteurs sacrés, pour lui contester sa mission ; elle se contentoit de répondre : « Il y a un livre de Messire (de Dieu) plus que es « vôtres. » Comme les interrogatoires se prolongeoient, elle faisoit remarquer qu'*il étoit tems et besoin d'agir*.

L'assemblée, après plusieurs séances, décida enfin que le Roi pouvoit *licitement* accepter les services de la Pucelle. On n'a pas la décision originale, mais un des docteurs l'a rapportée dans sa déposition. On est également privé de tout détail sur les interrogatoires qu'elle subit devant le parlement; on croit que cette cour lui fut moins favorable que les théologiens (1), et on ajoute que le chancelier étoit du même

---

(1) Edmond Richer assure, sans en donner aucune preuve, que le

sentiment. Il paroît que les ministres avoient en outre consulté par écrit plusieurs prélats sur la mission de la Pucelle. La bibliothèque du Roi possède en manuscrit (1) la réponse faite par Jacques Gelu, archevêque d'Embrun, aux cinq questions qui lui furent soumises. Ce manuscrit, dont l'authenticité est reconnue, fait bien connoître les craintes qu'éprouvoient les ministres du Roi. Gelu se prononça en faveur de Jeanne.

Il restoit un doute à éclaircir. On considéroit Jeanne comme inspirée, mais elle pouvoit l'être par l'enfer. Suivant les préjugés du temps, le démon ne pouvoit contracter de pacte avec une vierge : on résolut de vérifier si Jeanne l'étoit, ainsi qu'elle le prétendoit. La reine de Sicile, belle-mère du Roi, fut chargée de la faire examiner par des matrones. L'examen eut lieu en sa présence, et devant les dames de Gaucour et de Trèves : on reconnut qu'*elle étoit vraie et entiere pucelle, en laquelle n'apparoissoit aucune corruption ou violence.* Ce fut alors, dit-on, qu'on eut la certitude que Jeanne, âgée de dix-sept ou dix-huit ans, n'avoit point encore été sujette aux incommodités de son sexe. Elle ne les éprouva pas jusqu'à sa mort. Suivant la déposition de Jean Pasquerel, il paroîtroit qu'on avoit voulu constater le sexe de Jeanne avant de s'assurer de sa virginité, et qu'ainsi elle fut examinée à deux reprises différentes.

parlement *n'estoit d'avis qu'on s'arrestât à ce qu'elle disoit, estimant n'estre que pure folie.* (Edmond Richer, Histoire manuscrite de la Pucelle.)

(1) *Jacobus Gelu, de Pucellâ Aurelianensi.* Manuscrit latin de la bibliothèque du Roi, n° 6199.

Les agens que l'on avoit envoyés à Domremy étoient revenus, et n'avoient rapporté que des témoignages favorables. Jeanne avoit triomphé dans toutes les épreuves qu'on lui avoit fait subir; elle excitoit l'enthousiasme de tous ceux qui pouvoient la voir ou lui parler. Le bruit de sa mission, sur laquelle on n'élevoit plus aucun doute, se répandoit dans les villes voisines. Les hommes d'armes, naguère découragés, accouroient de toutes parts et demandoient à suivre la Pucelle, avec laquelle ils se croyoient désormais invincibles. Les plus vieux capitaines, les princes eux-mêmes étoient disposés à marcher sous la bannière d'une paysanne de dix-sept ans. Les ministres de Charles ne crurent pas devoir résister plus long-temps au vœu général : ils résolurent de charger la Pucelle de conduire un convoi à Orléans.

Pendant qu'on faisoit à Tours les préparatifs de cette expédition, le Roi donna à Jeanne l'état de maison d'un chef d'armée. Jean d'Aulon fut son écuyer; elle eut pour pages Louis de Contes et Raymond; pour chapelain, frère Pasquerel, augustin; pour hérauts d'armes, Guienne et Ambleville. On lui fit faire une armure; elle désigna elle-même la forme de son étendard[1], et fit demander une épée qui étoit, disent les chroniques, enterrée près d'un tombeau dans l'église de Sainte-Catherine de Fierbois, et qu'on trouva en

---

[1] Suivant les interrogatoires et les dépositions, cet étendard étoit d'une toile blanche appelée *boucassin*. D'un côté, sur un champ blanc semé de fleurs de lis, on avoit représenté Jésus-Christ assis sur un nuage, et tenant un globe dans ses mains ; à droite et à gauche, deux anges en adoration : l'un d'eux avoit un lis à la main. De l'autre côté étoient écrits ces mots : *Jhesus Maria*.

effet au lieu indiqué. Les prêtres de cette église y firent faire un fourreau de velours vermeil ; les habitans de Tours une gaîne de drap d'or. Jeanne ne voulut la porter qu'avec un fourreau de cuir. Elle étoit revenue de Poitiers à Chinon, où elle avoit trouvé Jacques d'Arc, un de ses frères, qui l'accompagna dans ses expéditions, et qui, à ce qu'il paroît, étoit encore avec elle à Compiègne lorsqu'elle tomba au pouvoir des Anglais. Impatiente de prouver qu'elle n'avoit pas fait de vaines promesses, elle se rendit à Tours pour presser le départ du convoi. Elle parcouroit à cheval les lieux où les troupes se rassembloient, et leur faisoit partager son ardeur. *L'armée, qui la voyoit si fiere et si intrépide,* dit Philippe de Bergame, *la prenoit pour un cavalier descendu du ciel.* Quelques semaines auparavant, les gens de guerre découragés refusoient de prendre les armes ; la Pucelle avoit paru, six mille hommes s'étoient réunis.

Nos Mémoires donnant le récit de la délivrance d'Orléans, de la prise de Gergeau, de la bataille de Patay, de l'expédition de Reims, et des autres affaires dont le succès fut dû à l'intrépidité de la Pucelle et à la confiance qu'elle inspiroit aux troupes, nous nous bornerons à faire quelques observations sur les divers événemens auxquels la jeune héroïne prit part, jusqu'après l'attaque de Paris.

Quand il fut question de mettre en marche le convoi destiné pour Orléans, la Pucelle avoit exigé qu'on se dirigeât par la Beauce, où étoient les principales forces de l'ennemi. Les généraux lui ayant fait d'inutiles représentations sur l'excès d'audace d'une pareille entreprise, profitèrent de l'ignorance où elle étoit du pays, pour lui faire prendre, sans qu'elle le sût, la route de la Sologne. La première nuit, elle avoit voulu reposer tout armée : elle en fut malade, mais elle surmonta la douleur, et continua sa marche. On arriva le troisième jour devant Orléans; et comme l'armée se trouva arrêtée par la Loire, Jeanne s'aperçut que les généraux l'avoient trompée. « En mon « Dieu, leur dit-elle, le conseil de Dieu notre Sei- « gneur est plus sûr et plus habile que le vôtre. Vous « avez cru me decevoir, et vous vous êtes vous mêmes « deçus plus que moi : car je vous assure le meilleur « secours qui ait jamais été envoyé à qui que ce soit, « soit à chevalier, soit à ville, car c'est le secours du « roi des cieux; non mie par amour pour moi, mais « procede de Dieu même, qui, à la priere de saint « Louis et de saint Charlemagne, a eu pitié de la « ville d'Orleans, et ne veut point souffrir que les « ennemis aient ensemble le corps du duc d'Orleans « et sa ville. »

Le Roi avoit ordonné qu'on lui obéît; mais les généraux, qui la croyoient plus propre à exciter l'ardeur des troupes qu'à diriger les opérations militaires, se fioient davantage à leur expérience qu'à ses inspirations. Cependant cette jeune fille sut bientôt établir et faire respecter son autorité. Quelques jours après son arrivée dans la ville, ayant appris que Falstolf, capitaine anglais, s'avançoit avec un renfort, elle ordonna à Dunois de l'avertir aussitôt qu'on seroit informé de son approche. Croyant apercevoir de l'hésitation sur la figure de ce capitaine : « Bastart, « bastart, lui dit-elle, ou nom de Dieu je te commande « que tantost que tu sçauras l'arrivée dudit Falstof,

« que tu me le fasses sçavoir : car s'il passe sans que
« je le sçache, je te promest que je te ferai oster la
« teste. »

Les troupes que l'on avoit amenées par la Sologne furent obligées de remonter jusqu'à Blois, pour y passer la Loire; elles revinrent par la Beauce, ainsi que Jeanne l'avoit voulu d'abord, et entrèrent dans la ville sans que les Anglais, cachés dans leurs retranchemens, osassent inquiéter leur marche. La promesse faite par la Pucelle de secourir Orléans se trouva ainsi accomplie. Le succès inespéré d'une entreprise aussi difficile, succès d'autant plus étonnant qu'on n'avoit rencontré aucun des obstacles qu'on devoit redouter, frappa les esprits, et les plus incrédules furent convaincus de la mission divine de la Pucelle.

Pendant les deux mois que les ministres de Charles avoient employés à examiner Jeanne d'Arc avant de lui permettre d'agir, des Anglais avoient été instruits de l'arrivée de cette fille extraordinaire, et de l'assurance avec laquelle elle parloit de ses projets. Les discours, la conduite de Jeanne, leur causoient une inquiétude qu'ils ne pouvoient cacher. Ils avoient cru les Français entièrement abattus par une longue suite de revers; quand ils virent la Pucelle venir les braver avec une armée moins forte que la leur, ils attribuèrent ce changement subit à un pouvoir surnaturel, et furent glacés de crainte. Les chroniques de leurs partisans, les lettres même du duc de Bedford, prouvent qu'ils prirent pour une sorcière celle que les Français considéroient comme l'envoyée de Dieu.

Jeanne ne tarda pas à attaquer les bastilles de l'ennemi; à l'une de ces attaques, au moment où elle posoit une échelle contre la muraille, elle est percée d'une flèche au-dessus du sein, entre le cou et l'épaule (1). Elle tombe presque sans connoissance, est investie par une troupe d'ennemis, se relève sur ses genoux, et se défend avec autant d'adresse que de courage; des hommes d'armes viennent à son secours, et l'emportent à quelque distance. On la désarme; la blessure étoit grave, le trait ressortoit derrière le cou. Jeanne fut d'abord effrayée, et ne put retenir ses larmes. Tout-à-coup elle revient à elle, et dit à ceux qui l'entourent : « Je suis consolée. » Elle se fait panser, se retire un moment à l'écart pour prier, ramène à l'assaut les troupes qui effectuoient leur retraite. « Tout est vostre, et entrez-y! » leur crie-t-elle en leur montrant la muraille et marchant à leur tête. La bastille est enlevée; les Anglais, forcés dans quelques-uns de leurs retranchemens, n'osèrent défendre les autres; ils levèrent le siége le dimanche 8 mai; elle étoit entrée dans la ville le vendredi 29 avril (2). Lorsqu'on annonça leur retraite à la Pucelle, elle ne permit pas qu'on les poursuivît. « En mon Dieu, dit-elle, laissez-les partir,

---

(1) Dans ses interrogatoires, Jeanne dit avoir annoncé au Roi, avant de quitter Chinon, qu'elle seroit blessée à Orléans.

(2) Le vendredi 29, elle entra dans la ville l'après-midi.

Le samedi 30, elle alla reconnoître l'ennemi.

Le dimanche 1er mai, consacré à la prière.

Le lundi 2, conseil de guerre, sommation aux Anglais.

Le mardi 3, fête de la cathédrale d'Orléans, consacré à la prière.

Le mercredi 4, sortie : on s'empara du fort Saint-Loup et du fort Saint-Jean-le-Blanc.

Jeudi 5, fête de l'Ascension, consacré à la prière.

Vendredi 6 et samedi 7, on s'empara du fort des Augustins et des Tournelles.

« et allons rendre grâce à Dieu. » L'armée anglaise avoit perdu, suivant Monstrelet, six à huit mille hommes devant Orléans, et les débris de cette armée n'étoient plus en état de tenir la campagne.

Lorsque, après la retraite de l'ennemi, le duc d'Alençon, Dunois, Ambroise de Lore visitèrent les tournelles que les Anglais avoient abandonnées, ils ne purent revenir de leur étonnement ; le duc d'Alençon s'écria qu'avec peu de monde il y auroit résisté pendant plusieurs jours à des armées considérables ; de Lore et Dunois regardèrent cet événement comme miraculeux. C'est ainsi que Dunois en parle dans sa déposition.

Il falloit en effet que les ministres de Charles eussent foi entière à la mission de la Pucelle, pour entreprendre sur sa parole l'expédition de Reims. On avoit à traverser soixante lieues de pays occupé par les Anglais ; on devoit être arrêté sur la route par des villes fortifiées, et par des rivières telles que l'Yonne, l'Armançon, la Seine, l'Aube et la Marne ; on manquoit d'argent pour faire transporter l'artillerie et les munitions ; on n'en avoit même pas pour l'entretien des troupes (1). La ville de Reims, où l'on prétendoit aller, étoit au pouvoir des Bourguignons. Tout, enfin, sembloit se réunir pour empêcher de

---

Dimanche 8, Jeanne fait prendre les armes pour observer l'ennemi, qui lève le siége.

Les Anglais furent donc obligés de lever le siége sept jours après l'arrivée de Jeanne d'Arc ; et, sur ces sept jours, il y eut trois jours de fête consacrés à la prière.

(1) Lorsque le Roi se mit en marche pour aller à Reims, il ne put faire payer que trois livres sur la somme due à chaque homme d'armes.

tenter une pareille entreprise, qui, si elle échouoit, faisoit perdre tout le fruit des succès qu'on avoit obtenus. La Pucelle insista, en parlant au nom de Dieu. La prise de Gergeau où elle fut blessée, la victoire de Patay, redoublent la confiance : on se met en marche; les villes, grâces à la fermeté et au courage de Jeanne d'Arc, ouvrent volontairement leurs portes, ou sont forcées de capituler; les Bourguignons évacuent Reims à l'approche de l'armée royale, forte au plus de douze mille hommes. Jeanne, tenant en main sa bannière, assiste au sacre du Roi, qui lui doit sa couronne.

Le jour même du sacre, la Pucelle, qui savoit combien il seroit avantageux pour le Roi de se réconcilier avec Philippe-le-Bon, duc de Bourgogne, lui adressa une lettre qui a été découverte dans les archives de la chambre des comptes de Lille, et qui est aujourd'hui déposée dans celles de la préfecture, dont cette ville est le chef-lieu. Nous croyons devoir la donner ici.

LETTRE DE JEHANNE LA PUCELLE

AU DUC DE BOURGOGNE.

†

« *JHESUS MARIA.*

« HAUT et redouté prince, duc de Bourgongne,
« Jehanne la Pucelle vous requiert de par le roy du
« ciel, mon droicturier souverain seigneur, que le
« roy de France et vous faciez bonne paix, ferme,

« qui dure longuement; pardonnez l'un à l'autre de
« bon cuer entierement, ainsi que doibvent faire
« loyaux xhrestpiens; et s'il vous plaist aguerroyer,
« si allez sur le Sarrazin. Prince de Bourgongne, je
« vous prie, supplie et requiers, tant humblement
« que requerir vous puis, que ne guerroyez plus au
« saint royaulme de France; et faictes retraire incon-
« tinent et briefvement vos gens qui sont en aucunes
« places et forteresses dudit saint royaulme; et de la
« part du gentil roy de France, il est prest de faire paix
« à vous, sauve son honneur, s'il ne tient en vous;
« et vous fais asçavoir, de par le roy du ciel, mon
« droicturier et souverain seigneur, pour votre bien
« et pour votre honneur, et sur voz vie, que vous
« n'y gaignerez point bataille à l'encontre des loyaulx
« François; et que touts ceulx qui guerroyent audit
« saint royaulme de France guerroyent contre le
« roy Jhesus, roy du ciel et de tout le monde, mon
« droicturier et souverain seigneur. Et vous prie et
« requiers à joinctes mains que ne faictes nulle ba-
« taille, ne ne guerroyez contre nous, vous, vos gens
« et subgiez; et croyez surement, quelque nombre de
« gens que vous amenez contre nous, qu'ilz n'y gai-
« gneront mie, et sera grant pitié de la grant bataille
« et du sanc qui sera repandu de ceux qui y ven-
« dront contre nous. Et a trois semaines que je vous
« envoyé escript et envoyé bonnes lectres par ung
« herault, que fussiez au sacre du Roy, qui aujour-
« d'huy dimanche dix-septiesme jour de ce present
« mois de juillet se fait en la cité de Reims : dont je
« n'ay eu point de reponse, ne n'ouy oncques puis
« nouvelles dudit herault. Et Dieu vous command,

« et soit garde de vous, s'il lui plaist : et prie Dieu
« qu'il y mette bonne paix.

« Escript audit lieu de Reims, le dix-septiesme
« jour de juillet. »

Sur le verso est écrit : *Au duc de Bourgongne.*

Pendant son séjour à Reims, la Pucelle y vit arriver son père et son oncle. Le Roi, dit-on, prit plaisir à se faire raconter par Laxart toutes les difficultés que Jeanne avoit eues à vaincre avant de pouvoir partir pour Chinon. Jacques d'Arc, et probablement aussi Laxart, furent défrayés par la ville pendant leur séjour à Reims. La somme payée à Alis., veuve Rolin Moriau, hôtesse de *l'Ane rayé*, chez laquelle étoit logé Jacques d'Arc, s'élève, d'après un ancien compte de la ville, à vingt-quatre livres; et il y est dit que le père de la Pucelle étoit en la compagnie du Roi.

Jeanne, ayant délivré Orléans et fait sacrer Charles VII, avoit rempli ses étonnantes promesses. Rien ne manquoit à sa gloire : elle avoit sauvé son Roi et son pays; sa mission, telle qu'elle l'avoit annoncée, étoit finie. Plusieurs chroniques rapportent qu'avant de quitter Reims elle demanda au Roi la permission de retourner chez son père, et qu'elle ne put l'obtenir. On a remarqué avec raison que, depuis le sacre, elle ne s'étoit plus opposée aux résolutions des ministres et des généraux; qu'elle n'avoit plus cherché à diriger les opérations : elle se contentoit de donner aux soldats l'exemple de l'audace et de l'intrépidité. Cependant elle parle souvent, dans ses interrogatoires, de révélations postérieures à cette époque; mais elle ne dit pas que ces révélations fussent relatives aux affaires du royaume.

En quittant Reims, l'armée royale se dirigea vers Paris, et s'empara de plusieurs places sur la route. Presque tous les succès étoient dus à l'activité de la Pucelle. Charles désiroit reconnoître ses services : mais elle ne vouloit aucune récompense, ni pour elle, ni pour sa famille; elle se borna à demander que les habitans de Domremy fussent exemptés de tailles, d'aides, de subventions, et de toute espèce d'impôt. Le Roi lui accorda cette demande, par une ordonnance rendue à Château-Thierry le 31 juillet 1429; l'exemption fut confirmée en 1459, et renouvelée en 1610. Les registres de taxes de l'élection de Chaumont portèrent jusqu'à l'époque de la révolution, à l'article de Domremy : *Néant, à cause de la Pucelle.*

De Château-Thierry le Roi se rendit à Crépy, où l'on vint lui annoncer que les habitans de Beauvais avoient chassé Pierre Cauchon leur évêque, qui étoit dévoué aux Anglois; il reçut en même temps la nouvelle de la soumission de Compiègne. La renommée de Jeanne étoit dès-lors tellement répandue, que pendant qu'elle se trouvoit dans cette dernière ville, le comte d'Armagnac la consulta sur les trois rivaux qui se disputoient le Saint Siége.

LETTRE DE JEAN-IV, COMTE D'ARMAGNAC,

A LA PUCELLE D'ORLÉANS.

« Ma tres chiere dame, je me recommande hum-
« blement à vous, et vous supplie pour Dieu que,
« attendu la division qui en present est en saincte
« Eglise universal sur le fait des papes (car il ia trois
« contendans du papat : l'un demeure à Romme, qui
« se fait appeler Martin Quint, auquel tous les roys
« xhrestpiens obeissent ; l'autre demeure à Paniscole
« au royaume de Valence, lequel se fait appeler pape
« Clement XII ; le tiers, on ne scet où il demeure,
« se non seulement le cardinal de Saint Estienne, et
« peu de gens avec lui, lequel se fait nommer pape
« Benoist XIV : le premier, qui se dit pape Martin,
« fu eslu à Constance par le consentement de toutes
« nacions des xhrestpiens ; celui qui se fait appeller
« Clement fu esleu à Paniscole, après la mort du
« pape Benoist XIII, par trois de ses cardinaulx ; le
« tiers, qui se nomme pape Benoist XIV, à Panis-
« cole fu esleu secretement mesme par le cardinal
« de Saint Estienne), veuillez supplier à Nostre Sei-
« gneur Jhesucrist que par sa misericorde infinite
« nous veulle par vous declarier qui est des trois des-
« susdiz vray pape, et auquel plaira que on obeysse
« de ci en avant : ou à cellui qui se dit Martin, ou à
« cellui qui se dit Clement, ou à cellui qui se dit
« Benoist ; et auquel nous devons croire, *si secre-*
« *tement, ou par aucune dissimulacion, ou publique*
« *manifeste.* Car nous serons tous prestz de faire le

« vouloir et plaisir de Nostre Seigneur Jhesucrist. Le
« tout vostre conte d'Armignac. »

REPONSE DE JEANNE D'ARC

AU COMTE D'ARMAGNAC.

☨

« *JHESUS MARIA.*

« Comte d'Armignac, mon tres chier et bon ami,
« Jehanne la Pucelle vous fait savoir que vostre
« messagé est venu par devers moy, lequel m'a dit
« que l'aviés envoié pardeça pour savoir de moy
« auquel des trois papes que mandez par memoire
« vous devriez croire : de laquelle chose ne vous puis
« bonnement faire savoir au vray pour le present,
« jusques à ce que je soye à Paris ou ailleurs à re-
« quoy; car je suis pour le present trop empeschiée
« au fait de la guerre. Mais quant vous sarez que je
« seray à Paris, envoyez un messagé pardevers moy,
« et je vous feray savoir tout au vray auquel vous
« devrez croire, et que aray sceu par le conseil de
« mon droicturier et souverain Seigneur, le roy de
« tout le monde, et que en aurez à faire. A tout mon
« povoir à Dieu vous commans. Dieu soit garde de
« vous. Escript à Compiegne le xxiie jour d'aoust
« [1429]. »

On ignore comment ces deux lettres tombèrent
entre les mains des Anglais : elles devinrent un chef
d'accusation. Pendant le procès on en présenta des
copies à Jeanne, qui affirma qu'on avoit altéré sa

réponse. Les originaux ne furent point produits (1).

L'armée royale, enhardie par ses succès, fit une tentative sur Paris. Jeanne fut blessée à l'attaque, qui ne réussit pas. On prétend que les généraux, jaloux de sa réputation, ne la firent point secourir, et la laissèrent pendant tout le reste du jour exposée à être prise par l'ennemi. Ayant eu déjà plusieurs autres preuves de leur haine, peut-être aussi découragée par le chagrin que dut lui causer un premier revers, elle renouvela la demande qu'elle avoit déjà faite à Reims. Décidée à ne plus combattre, elle consacra ses armes dans l'église de Saint-Denis. On dit que cette épée mystérieuse qu'elle avoit fait venir de Fierbois avoit été cassée quelque temps auparavant, et qu'elle n'avoit alors qu'une épée qu'elle avoit arrachée à un Bourguignon. Ces armes furent enlevées peu de temps après par les Anglois, lorsqu'ils s'emparèrent de Saint-Denis. Cependant Jacques Doublet, dans son histoire des antiquités de cette abbaye, raconte qu'on parvint à sauver l'épée de la Pucelle; il dit l'avoir vue plusieurs fois. On ignore ce qu'elle est devenue.

Charles ne put se résoudre à se priver des secours de la jeune héroïne; il exigea qu'elle suivît l'armée. On ne peut se défendre d'un sentiment pénible lorsqu'on voit Jeanne d'Arc, qui ne demandoit pour prix de ses services que la permission de retourner dans son village, retenue malgré elle, précipitée dans l'abîme par

---

(1) Jeanne soutint également qu'on avoit altéré la lettre qu'elle avoit écrite aux Anglais avant de leur faire lever le siége d'Orléans, et qui se trouve dans les Mémoires. On n'en produisit pas non plus l'original.

ceux qu'elle avoit sauvés, et qui ne devoient point la secourir. De Saint-Denis, l'armée royale se rendit à Lagny, dont les habitans ouvrirent volontairement les portes. Pendant que la Pucelle étoit dans cette ville (on ignore néanmoins si ce fut alors, ou quand elle revint plus tard à Lagny), un enfant nouvellement né, et qui depuis trois jours n'avoit donné aucun signe de vie, fut apporté à l'église. Il n'avoit pas été baptisé : on pria Jeanne d'implorer pour lui la miséricorde divine; l'enfant fit quelque mouvement, fut baptisé, et mourut bientôt après. Elle ne chercha, ni alors ni plus tard, à faire considérer cet événement comme miraculeux; dans ses interrogatoires elle raconte naïvement le fait, et dit qu'elle avoit joint ses prières à celles des autres jeunes filles de la ville. Il est à remarquer que la Pucelle se borna toujours à remplir la mission dont elle croyoit être chargée : jamais on ne l'entendit s'attribuer le succès d'aucune entreprise, jamais elle ne chercha à faire voir en elle autre chose qu'une créature ordinaire ; elle se moquoit même de ceux qui lui supposoient des pouvoirs surnaturels. Souvent les femmes qui pouvoient approcher d'elle apportoient des croix, des chapelets, des anneaux, qu'on la prioit de toucher. « Touchez-les
« vous-même, disoit-elle : ils seront aussi bons de
« votre toucher que du mien. »

Jeanne arriva à Bourges avec le Roi vers la fin de septembre : quelques villes s'étoient soumises à l'approche de l'armée, mais on n'avoit pas cru devoir attaquer celles qui refusoient d'ouvrir leurs portes. Des négociations avoient été entamées avec le duc de Bourgogne; on en attendoit le résultat, lorsqu'on

apprit que Philippe-le-Bon avoit renouvelé ses traités avec les Anglais. Le conseil du Roi, obligé de continuer la guerre, décida que l'on feroit le siége de Saint-Pierre-le-Moustier et de La Charité. Jeanne et le sire d'Albret, frère de La Trémouille, furent chargés de diriger ces deux expéditions. On commença par attaquer Saint-Pierre-le-Moustier. Les Français ayant été repoussés à un premier assaut, Jeanne reste presque seule sur le bord des fossés. D'Aulon son écuyer, qui nous transmet lui-même ces détails, lui fait observer que les soldats l'ont abandonnée : « J'ai cin-
« quante mille de nos gens, répond-elle; qu'on apporte
« des fagots et des claies pour faire le pont. » Les troupes reviennent à sa voix, et les remparts sont forcés; la ville fut pillée, suivant les droits de la guerre. La Pucelle parvint, non sans peine, à sauver les églises.

Après la réduction de Saint-Pierre-le-Moustier, elle vouloit aller dans l'Ile de France, où les Anglais reprenoient les places qui avoient reconnu l'autorité du Roi; mais on voulut auparavant s'emparer de La Charité. On n'a pas de détail sur le siége de cette ville; on voit, dans la chronique de Berri et dans Jean Chartier, qu'on attaqua la place au fort de l'hiver (au mois de décembre), avec peu de monde; et qu'au bout d'un mois on fut obligé de se retirer. On a prétendu que le manque d'argent pour payer les troupes avoit fait échouer l'entreprise : cependant, à l'occasion de ce siége, la ville de Bourges avoit mis un impôt d'un treizième sur les vins, et avoit fourni treize cents écus. Une autre chronique dit que Perrinet Grasset, gouverneur de la place, réussit par *une merveilleuse finesse* à faire lever le siége; mais on ignore les moyens qu'il employa : on sait seulement que les troupes royales abandonnèrent leur bagage et leur artillerie.

On croit qu'au retour de ce siége la Pucelle se rendit à Mehun-sur-Yèvre auprès du Roi, qui lui donna des lettres de noblesse le 29 décembre 1429. Ces lettres furent enregistrées à Bourges le 20 janvier suivant : on les trouvera avec les pièces justificatives : elles sont curieuses par les dispositions particulières qu'elles renferment. Nous n'examinerons pas si, comme le pensent quelques historiens, Jeanne fit, à peu près à la même époque, un voyage à Gergeau. En supposant que ce voyage ait eu lieu, il n'offre aucune circonstance digne de fixer l'attention.

Les chroniques ne font aucune mention de la Pucelle depuis le commencement de janvier jusqu'à la fin de mars : il paroît qu'elle resta à Bourges auprès de Charles pendant ces trois mois. Une femme nommée Catherine de La Rochelle, qui se disoit inspirée, et qui étoit dirigée par frère Richart, dont nous aurons occasion de parler par la suite, se trouvoit en même temps qu'elle dans le Berri. Catherine disoit qu'une sainte lui apparoissoit toutes les nuits, et elle prétendoit même la faire voir à la jeune héroïne : celle-ci accepte, passe une première nuit avec Catherine, et s'endort un peu avant le jour; on lui raconte que la sainte est venue pendant son sommeil. Elle renouvelle l'épreuve la nuit suivante, se tient bien éveillée, et ne voit rien. Jeanne, convaincue de l'imposture, dit à Catherine *de retourner à son mari, de faire son ménage, et de nourrir ses enfans.* Cette femme se contentoit de vouloir passer pour inspirée, sans s'exposer aux périls et aux fatigues de la guerre. Elle ne concevoit pas que la Pucelle partît au milieu de l'hiver pour le siége de La Charité : « Il fait trop froid, lui « disoit-elle; à votre place je n'irois pas. » On ignore jusqu'où se prolongea cette misérable intrigue : on sait seulement que Catherine ne fut ni renvoyée ni punie, après avoir été démasquée par la Pucelle.

Jeanne partit pour Melun, dont les habitans avoient chassé la garnison anglaise; et elle y arriva vers les fêtes de Pâques (1). Dans ses interrogatoires elle dit avoir eu, près de cette ville, une révélation qui lui annonça qu'elle tomberoit au pouvoir de l'ennemi avant la Saint-Jean. Ayant l'imagination frappée de ce funeste pressentiment, elle n'en montra pas moins d'audace, et continua d'affronter le danger avec la même assurance.

Franquet, capitaine au service du duc de Bourgogne, dévastoit le pays, et y commettoit des cruautés inouïes. La Pucelle se met à sa poursuite avec Ambroise de Lore, Jean Foucault, et quelques troupes que ces deux chefs avoient réunies; elle l'atteint, le bat, et le fait prisonnier. Elle vouloit qu'on l'échangeât contre un seigneur de Lours qui étoit au pouvoir des Anglais; mais les juges de Lagny et le bailli de Senlis le revendiquèrent. On lui fit son procès, et il eut la tête tranchée. Les Bourguignons, irrités de leur défaite, accusèrent la Pucelle de sa mort (2). Quelques historiens ont cru voir dans cet événement

---

(1) Pâques, premier jour de l'an 1430, étoit le 16 avril.
(2) C'est ici le lieu de faire remarquer que la Pucelle prenoit toujours les prisonniers de guerre sous sa protection, et qu'elle s'exposa souvent pour les soustraire à la fureur des soldats.

la cause première du parti qu'ils prirent de la livrer aux Anglais, lorsqu'elle fut elle-même entre leurs mains.

Il est à peu près impossible de classer avec certitude les dernières expéditions de la Pucelle. Chaque chronique les place dans un ordre différent; Monstrelet lui-même, qui se trouvoit à cette époque à l'armée du duc de Bourgogne, ne peut servir de guide. En rapprochant les dates qu'il assigne à plusieurs événemens, on a reconnu des erreurs très-graves dans son récit. A défaut de certitude, nous aurons égard aux probabilités; et nous croyons ne pouvoir mieux faire que de suivre la ligne qui a été tracée par M. Berriat Saint-Prix dans ses savantes Recherches sur Jeanne d'Arc.

Le duc de Bourgogne, après la défaite de Franquet, avoit mis le siége devant Soissy (Choisy-sur-Oise). Il étoit important de secourir cette place, qui, si elle étoit prise, exposoit Compiègne. La Pucelle part de Lagny avec le comte de Clermont et quelques troupes. On se présente devant Soissons, dont le gouverneur refuse, sous de vains prétextes, passage à l'armée [1]. On est obligé de faire un long détour pour trouver un pont sur l'Oise; les soldats manquent de vivres; le comte de Clermont prend le parti de se retirer sur la Loire, et fait échouer l'entreprise. Jeanne ne veut point abandonner un pays où elle croit sa présence nécessaire : elle va à Compiègne, rassemble deux mille hommes, et tente une nouvelle expédition sur Pont-l'Evêque, afin de couper les communications au duc de Bourgogne avec Montdidier et les autres places

[1] Peu de temps après il livra la ville au duc de Bourgogne.

qui lui fournissoient des subsistances. Pont-l'Evêque étoit défendu par des Anglais qui alloient être forcés, lorsque les troupes que le duc avoit laissées à Noyon viennent à leur secours. Les Français, attaqués par des forces supérieures, se retirent en bon ordre, et rentrent à Compiègne chargés de butin. Cette dernière ville étoit menacée : Philippe-le-Bon faisoit les préparatifs du siége, après avoir obligé le gouverneur de Choisy à capituler. La Pucelle va jusqu'à Lagny pour chercher des renforts, et revient se jeter dans la place en trompant la vigilance des assiégeans. Sa présence ranime l'ardeur des troupes : on profite de leur enthousiasme pour faire une sortie le 24 mai, à cinq heures de l'après-midi ; on espéroit surprendre le quartier commandé par Baudon de Noielle, et détruire les ouvrages commencés. Jean de Luxembourg s'aperçoit à temps de la marche des Français ; il donne l'alarme : toute l'armée se précipite sur la petite troupe de Jeanne, qui n'étoit forte que de six cents hommes, et cherche à lui couper la retraite. L'effroi se met parmi les Français ; l'héroïne essaie en vain de les rallier, ils fuient en désordre ; elle défend le terrain pied à pied : elle se trouvoit de l'autre côté de la rivière. Les Bourguignons, qui l'avoient reconnue, dirigent sur elle tous leurs efforts ; on ne lui envoie aucun secours de la ville. Arrivée près de la barrière du pont, qui, suivant quelques chroniques, venoit d'être fermée, elle se décide à gagner la campagne ; on la poursuit : un cavalier bourguignon (d'autres disent un archer picard) la saisit, et la fait tomber de cheval. Monstrelet prétend qu'*elle se rendit et donna sa foi* à Lyonnel, bâtard de Vendôme.

Mais comme elle a déclaré dans ses interrogatoires n'avoir *jamais* donné *sa foi à personne*, et s'être ainsi réservé la faculté de s'évader si elle en trouvoit l'occasion, on croit pouvoir révoquer en doute l'assertion de l'historien.

Plusieurs questions se sont élevées sur la conduite de Flavy, qui étoit gouverneur de Compiègne : les uns l'ont accusé d'avoir vendu Jeanne d'Arc aux Bourguignons ; les autres, de l'avoir laissée prendre volontairement, par jalousie, et dans la crainte de voir, comme à Orléans, attribuer à l'héroïne seule toute la gloire d'avoir sauvé la place. La première accusation paroît peu fondée : il auroit vendu la ville en même temps que l'héroïne, et il continua de défendre Compiègne ; quant à la deuxième, Lenglet-Dufresnoy observe que Jeanne d'Arc ne proféra jamais aucune plainte contre Flavy. A la vérité elle pouvoit avoir été trahie, et l'ignorer. On n'a donc eu que des soupçons et aucune preuve ; mais différentes circonstances ont semblé confirmer ces soupçons. Flavy fut tué par sa propre femme, qui obtint l'abolition de son crime, *après avoir suffisamment prouvé*, dit un historien, *que Flavy avoit résolu la perte de la Pucelle, et qu'il avoit promis à Jean de Luxembourg de la lui livrer.* D'un autre côté, on verra dans les Mémoires de Duclerq, qui font partie de cette Collection, que *Flavy étoit vaillant homme de guerre, mais le plus thirant et faisant plus de thirannies et horribles crimes qu'on pust faire, comme prendre filles malgré tous ceulx qui en vouloient parler, les violer, faire mourir gens sans pitié, et les rouer. Entre autres il avoit fait mourir le pere de sa femme,* etc.

Il seroit difficile de peindre la joie des Anglais lorsqu'ils apprirent que la Pucelle étoit prisonnière. Il y eut à Paris des réjouissances publiques : on fit chanter des *Te Deum*, on envoya des relations dans toutes les villes qui avoient adhéré au traité de Troyes. Leur joie étoit proportionnée à la terreur qu'elle leur inspiroit : cette terreur étoit si forte, que son nom seul faisoit déserter les soldats. Le 3 mai 1430, vingt-un jours avant qu'elle fût prise devant Compiègne, le duc de Glocester avoit fait une proclamation dont voici le titre : *Contra capitaneos et soldarios tergiversantes, incantationibus puellæ terrificatos.*

Le bâtard de Vendôme mena la Pucelle à Marigny, où elle fut surveillée par une garde nombreuse. Les Anglais accouroient en foule pour voir cette jeune fille, dont ils n'avoient osé soutenir le regard sur le champ de bataille. Le duc de Bourgogne lui-même *alla au logis où elle estoit*, dit Monstrelet, *et parla à elle paroles hautaines dont je ne suis mie recors, jaçoit que j'y estoye present.* De Marigny, qui étoit un des quartiers des assiégeans, la prisonnière fut transférée au château de Beaulieu. Elle essaya de se sauver par une issue qu'elle s'étoit pratiquée; mais elle fut découverte, et resserrée de plus près. Le bâtard de Vendôme l'avoit vendue à Jean de Luxembourg, qui, craignant une entreprise des Français sur Beaulieu, la fit conduire au château de Beaurevoir en Picardie, à quatre lieues de Cambray. Elle resta quatre mois dans ce château, où la femme de Jean de Luxembourg adoucit par ses soins le malheur de l'héroïne.

Aussitôt que la Pucelle avoit été au pouvoir des Bourguignons (dès le 26 mai), frère Martin, vicaire de l'Inquisition, requit le duc de Bourgogne de lui livrer la prisonnière. Il ne paroît pas que le duc lui ait répondu. Bientôt l'Université de Paris (si toutefois on peut donner ce nom à une troupe de forcenés livrés à l'esprit de parti) provoque la mise en jugement de la Pucelle. Pierre Cauchon, évêque de Beauvais, prétend avoir le droit de la juger, parce qu'elle a été prise sur le territoire de son diocèse [1], et demande qu'elle soit remise entre ses mains. Cet évêque, qui se trouvoit privé de ses revenus depuis que Charles VII étoit maître de Beauvais, cherchoit à signaler son zèle pour les Anglais, afin d'obtenir des dédommagemens. L'Université renouvelle ses démarches avec un inconcevable acharnement; Cauchon, se voyant appuyé par elle, ose faire notifier une réquisition au duc de Bourgogne. Autorisé par le gouvernement anglais, il offre d'abord six mille livres, ensuite dix mille, à Jean de Luxembourg, qui consent enfin à livrer l'infortunée à son juge, ou plutôt à son bourreau (novembre 1430).

Pendant que les Anglais et leurs partisans travailloient avec tant d'ardeur à la perte de leur ennemie, Charles n'essayoit pas même de sauver l'héroïne à laquelle il devoit sa couronne [2]. En compulsant toutes

---

[1] Jeanne en essayant de fuir devant Compiègne avoit été arrêtée sur le territoire du diocèse de Soissons; on ne l'accusoit d'aucun crime dans le diocèse de Beauvais : elle n'étoit donc pas plus justiciable du tribunal de Pierre Cauchon, que de ceux de tous les évêques dont elle avoit traversé les diocèses dans le cours de ses expéditions.

[2] M. de L'Averdy s'efforce de justifier la conduite de Charles VII à l'égard de la Pucelle; il prouve fort bien qu'il étoit très-difficile de sauver l'héroïne : mais il ne cite ni tentative ni démarche de la cour de France, depuis la prise de Jeanne d'Arc jusqu'à sa mort.

les chroniques, on ne trouve rien qui puisse même faire soupçonner que la cour de France ait tenté la plus légère démarche en sa faveur (1).

Quand Jeanne apprit qu'elle alloit être remise aux Anglais, elle résolut de s'échapper, au péril même de sa vie; et quoique, suivant ses déclarations, *les voix* l'en dissuadassent, elle n'hésita pas à s'élancer du haut du donjon où elle étoit prisonnière. Elle resta sans connoissance en tombant, et fut renfermée de nouveau. Elle refusa d'abord de prendre aucune nourriture, et passa trois jours sans manger; mais elle dit que *ses voix* lui rendirent le courage.

Au commencement d'octobre on la conduisit à Arras; et, d'après ses dépositions, il paroît que dans cette ville un Ecossais lui montra un portrait qu'on avoit tiré d'elle. C'est le seul portrait de Jeanne d'Arc dont il soit parlé; on ignore quand il avoit été fait, et ce qu'il est devenu.

De la ville d'Arras, la Pucelle fut transférée dans la forteresse de Crotoy. L'Université, toujours dominée par les Anglais, sollicitoit avec de nouvelles instances la mise en jugement de la prisonnière; elle écrivoit au roi d'Angleterre, stimuloit le zèle de Pierre Cauchon, et demandoit que le procès fût instruit à Paris. Le duc de Bedford préféra la ville de Rouen : il fit expédier, par le chapitre de cette ville, une autorisation à l'évêque de Beauvais pour commencer le procès dans son territoire; et le roi d'An-

---

(1) Lorsque l'on sut à Tours la prise de la Pucelle, on fit des prières publiques pour sa délivrance; mais les habitans n'étant secondés ni par le gouvernement ni par les autres villes du royaume, ne purent déployer qu'un zèle inutile.

gleterre ordonna, le 3 janvier, que Jeanne fût remise à son juge. Elle avoit été amenée à Rouen, où on la traitoit avec une révoltante barbarie. On lui avoit mis des ceps de fer aux pieds, et une chaîne autour du corps; un serrurier a même déposé avoir fabriqué une cage de fer, où il dit l'avoir vue enfermée. Trois hommes ne la perdoient jamais de vûe, et l'accabloient d'outrages. Elle étoit obligée de coucher avec ses vêtemens, pour ne pas être exposée à leur brutalité.

Cependant on s'occupoit de la formation du tribunal. L'évêque de Beauvais et le vice-inquisiteur devoient être seuls juges; mais, pour donner plus d'appareil au jugement, on voulut qu'ils fussent assistés par un grand nombre d'assesseurs. Bedford et le cardinal de Wincester adjoignirent à des théologiens qui leur étoient dévoués, des ecclésiastiques et des religieux de différens ordres, qu'ils forcèrent de prendre part au procès. Quelques-uns néanmoins eurent le courage de refuser, et furent réduits à fuir pour échapper à la persécution. Plusieurs assemblées préliminaires eurent lieu pour régler l'ordre dans lequel on procéderoit. On prépara les questions qui devoient être faites à l'accusée. Nous aurons bientôt lieu de remarquer avec quel art perfide on chercha à embarrasser une jeune fille sans expérience, afin de lui arracher des réponses qui pussent la compromettre. Pendant que l'on faisoit ces dispositions, un bourgeois de Rouen, nommé Moreau, étoit envoyé à Domremy pour y prendre des informations sur la Pucelle; mais au lieu de trouver des charges contre l'accusée, il ne recueillit que les témoignages les plus honorables sur sa famille et sur sa conduite jusqu'au moment où elle étoit partie pour Chinon. Cet agent ayant rendu compte de ce qu'il avoit appris (1), on ne fit aucune mention de son rapport au procès (2). La mort de Jeanne d'Arc étoit résolue : on n'employoit quelques formes juridiques que pour *infamer* sa mémoire et avilir Charles VII, qui avoit accepté ses secours. Tout étant prêt, elle reçut assignation le 21 février, et fut interrogée le même jour par l'évêque de Beauvais, en présence du vice-inquisiteur et des assesseurs, dans la chapelle du château de Rouen.

En lisant les procès-verbaux des quinze interrogatoires qu'elle subit depuis le 21 février jusqu'au milieu de mars, si la mauvaise foi et les ruses infâmes des juges révoltent à chaque instant, il est impossible de refuser son admiration à un grand nombre des réponses de la Pucelle. Qu'il lui ait échappé quelques traits énergiques et même sublimes dans la situation où elle se trouvoit, et d'après son caractère connu, on n'en seroit point étonné; mais elle montre tant de présence d'esprit, répond avec tant de fermeté et de mesure aux questions les plus insidieuses, d'une manière si piquante à des questions ridicules, qu'il faut avouer la supériorité de son esprit, comme il a fallu reconnoître celle de son courage.

Les bornes de notre travail ne nous permettent pas d'entrer dans le détail des interrogatoires; mais on nous saura gré de citer quelques-unes de ses réponses les plus remarquables.

(1) Cauchon l'accabla d'injures, et refusa de lui faire rembourser les frais de son voyage. — (2) La suppression de ce rapport est un des moyens de nullité produits contre le jugement du tribunal de Rouen, lors du procès de révision.

« Savez-vous être en la grâce de Dieu? lui demande-t-on. — Si je n'y suis pas, Dieu veuille m'y recevoir; si j'y suis, Dieu veuille m'y conserver, dit-elle. » Un des assesseurs avoit trouvé la question si difficile, qu'il avoit déclaré tout haut que Jeanne n'étoit pas tenue d'y répondre.

« Savez-vous si sainte Catherine et sainte Marguerite aiment les Anglois? — Elles aiment ce que Dieu aime, et haïssent ce qu'il hait.

« Dieu hait-il les Anglois? — De l'amour ou haine que Dieu a aux Anglois, ne sais rien; mais je sais bien qu'ils seront tous boutés hors par le roi de France, excepté ceux qui y mourront. » Dans un autre interrogatoire elle avoit déjà dit : « Je sais que le Roi gagnera son royaume, et je le sais aussi bien que je sais que vous êtes devant moi sur votre tribunal. »

On l'interrogea beaucoup sur son étendart, que l'on vouloit rendre l'objet d'une accusation de sorcellerie. « En prenant l'étendart, lui dit-on, demandâtes-vous si vous gagneriez toutes les batailles? — Les voix, répondit-elle, me dirent que je le prisse hardiment, et que Dieu m'aideroit.

« Qui aidoit plus, de vous à l'étendart, ou de l'étendart à vous? — De la victoire de l'étendart ou de moi, c'étoit tout à Notre Seigneur.

« L'espérance de la victoire étoit-elle fondée sur l'étendart ou sur vous? — Elle étoit fondée en Dieu, et non ailleurs.

« Si un autre l'eût porté, eût-il eu aussi bonne fortune que vous? — Je n'en sais rien, je m'en rapporte à Dieu. — Pourquoi vous plutôt qu'un autre? — Il plut à Dieu de faire ainsi par une simple pucelle pour rebouter les adversaires du Roi.

« Ne disiez-vous pas, pour encourager les troupes, que les étendarts qui étoient en semblance du vôtre étoient heureux? — Je disois : Entrez hardiment parmi les Anglois; et j'y entrois moi-même.

« Pourquoi votre étendart fut-il plus porté en l'église de Rheims, au sacre, plus que ceux des autres capitaines? — Il avoit été à la peine : c'étoit bien raison qu'il fût à l'honneur. » On l'interrogea aussi sur l'épée de Fierbois; on lui demanda si elle n'avoit pas fait de prière pour que cette épée fût plus fortunée. « J'aurois désiré que toutes mes armes fussent heureuses; » et bientôt après elle dit qu'elle portoit l'étendart pour ne point se servir de l'épée, afin d'éviter de tuer quelqu'un. Elle ajoute qu'elle n'a jamais tué personne. On lui objecte qu'elle s'est trouvée dans des endroits où on a tué des Anglais. « Pourquoi ne partoient-ils de France, et n'alloient-ils dans leur pays? » dit-elle. Des témoins racontent qu'un chevalier anglais, qui se trouvoit présent à l'interrogatoire, s'écria : « C'est une bonne femme!... Si elle étoit Angloise! »

Ailleurs on lui demande : « Eûtes-vous, dès votre enfance, grande intention de faire du mal aux Bourguignons? — J'avois grande volonté et affection que mon Roi eût son royaume.

« Croyez-vous fermement que votre Roi fit bien de tuer le duc de Bourgogne? — Ce fut grant dommage pour le royaume de France. Mais quelque chose qu'il y eût entre eux, Dieu m'a envoyée au secours du roi de France. »

Vingt fois elle avoit affirmé de la manière la plus solennelle qu'elle avoit eu véritablement des révélations. Fatiguée de voir ses juges toujours revenir sur ce point, elle fit souvent sentir dans ses réponses l'inutilité et le ridicule de leurs questions. On lui demandoit si saint Michel étoit nu. « Pensez-vous que Dieu n'ait pas de quoi le vêtir? répondit-elle.

« Avoit-il des cheveux? — Pourquoi les lui auroit-on coupés?

« Sainte Marguerite parloit-elle anglois? — Comment parleroit-elle anglois, puisqu'elle n'est pas du parti des Anglois? »

De pareilles réponses ne peuvent manquer de paroître étonnantes dans une jeune fille de dix-neuf ans, sans instruction, privée de tout conseil, et livrée entièrement à ses ennemis, qui employoient les moyens les plus odieux pour augmenter son embarras, et pour l'induire en erreur sur ses moyens de défense [1]. Nous avons déjà donné une idée des questions qui lui furent faites, et l'on a pu voir avec quel artifice elles étoient rédigées; mais lorsqu'on lit les interrogatoires entiers, on remarque qu'afin de surprendre l'accusée on ne suit jamais aucun ordre dans les questions; on lui en fait plusieurs à la fois [2], on passe brusquement d'un objet à un autre. Il falloit (nous devons le répéter) toute la présence, toute la force d'esprit de Jeanne, pour ne donner aucune prise sur elle en répondant;

---

[1] Isambart, l'un des assesseurs, lui ayant conseillé d'en appeler au Pape : « Taisez-vous, de par le diable ! » s'écria Cauchon furieux. Et il défendit de porter au procès-verbal l'appel de Jeanne d'Arc.

[2] Souvent Jeanne fut obligée d'engager ses juges à l'interroger chacun à leur tour, et non tous à la fois.

et encore se plaint-elle souvent de ce que ses réponses sont supprimées ou dénaturées par les greffiers. « Vous « écrivez bien, dit-elle, ce qui fait contre moi, et ne « voulez pas qu'on écrive ce qui fait pour moi. » Le scandale fut poussé si loin, que les menaces de Cauchon ne purent empêcher plusieurs assesseurs de réclamer contre la manière inouïe dont on procédoit à l'égard de l'accusée; quelques-uns même ne voulurent plus siéger au tribunal.

On avoit introduit dans sa prison un misérable nommé L'Oyseleur, qui feignit d'être, comme elle, victime des Anglais, et chercha à lui faire tenir des discours dont on pût tirer avantage contre elle. Deux notaires avoient été placés dans une pièce voisine d'où l'on pouvoit tout entendre, afin de dresser acte de ce qu'elle diroit; mais ils refusèrent courageusement de prêter leur ministère à une pareille horreur.

Jeanne avoit déclaré qu'elle étoit vierge : les calomnies que l'on avoit répandues sur elle parmi les Anglais firent espérer qu'on obtiendroit la preuve du contraire, et il fut décidé qu'elle seroit examinée. On dit que la duchesse de Bedford présida à cet examen [1], et que le duc poussa la dépravation jusqu'à y assister lui-même, caché dans un lieu secret. Les matrones constatèrent l'état de virginité de Jeanne; mais il en fut de leur rapport comme de celui des agens qu'on avoit envoyés à Domremy : Cauchon ne permit pas qu'il fût joint aux pièces du procès. On n'en trouve

---

[1] Quelques chroniques prétendent que la duchesse de Bedford a pris un vif intérêt au sort de Jeanne. On cherche en vain dans tout le cours du procès quelques preuves ou du moins quelques marques de la protection que cette princesse lui auroit accordée.

donc aucune trace dans la grosse des actes et des interrogatoires ; mais l'examen et son résultat ont été attestés, lors du procès de révision, par plusieurs témoins qui en avoient eu connoissance dans le temps. Beaucoup d'autres suppressions importantes ont été constatées.

Les interrogatoires étant terminés, on commença le procès d'office contre la Pucelle. Le promoteur établit soixante-dix chefs d'accusation, qu'il prétendoit avoir puisés dans les aveux de l'accusée. Celle-ci prouve qu'on a dénaturé la plupart de ses réponses, et qu'on lui fait dire le contraire de ce qu'elle a dit. Elle s'exprime avec autant de sagesse que de retenue ; et l'on est étonné, ainsi que l'ont remarqué plusieurs historiens, de la voir montrer une si grande modération en démasquant la mauvaise foi de ses juges. Le promoteur, sans avoir égard à ses réclamations, conclut à ce qu'elle soit déclarée « sorcière, devineresse, « fausse prophète, invocatrice des démons, conjura« trice, superstitieuse ; remplie et entièrement aban« donnée à la magie, sentant mal de la foi catholique ; « sacrilège, idolâtre, apostate de la foi ; blasphémant « le nom de Dieu et ses saints ; scandaleuse, séditieuse ; « troublant la paix et l'empeschant ; excitant la guerre ; « cruelle, désirant l'effusion du sang humain, inci« tant à l'espandre ; ayant du tout abandonné et « dépouillé la pudeur et décence du sexe féminin ; « pris l'habillement des hommes armés, sans aucune « honte ni vergogne ; abandonné et méprisé la loi de « Dieu, de nature, et la discipline ecclésiastique de« vant Dieu et les hommes ; séduisant les princes et « les peuples ; ayant consenti qu'on l'adorât et lui

« baisât les mains et les vêtemens, au grand mépris
« et injure de l'honneur et du culte dû à Dieu. » Il
demande qu'elle soit déclarée hérétique, où à tout le
moins grandement suspecte d'hérésie, et punie légitimement, selon les constitutions divines et canoniques.

Cependant les soixante-dix chefs d'accusation sont
réduits à trente-huit le 27 mars 1429, puis à douze
le 2 avril 1430 (1); et afin de donner plus de solennité
au jugement, on les communique à l'Université de
Paris, dont on étoit sûr d'obtenir l'approbation. Il faut
remarquer que les faits contenus dans les douze articles (2) furent présentés comme ayant été reconnus
et avoués par la Pucelle, quoiqu'elle eût démontré le
contraire, du moins pour les points essentiels.

Pendant que l'Université de Paris examine les douze
articles, ou plutôt pendant qu'elle cherche à aggraver
les accusations portées contre Jeanne, cette infortunée étoit livrée à tous les raffinemens de la barbarie
de ses ennemis. Non-seulement on étoit décidé à lui
faire subir le supplice le plus cruel sur l'échafaud,
mais on vouloit auparavant la déshonorer, en la forçant à une honteuse rétractation. Insinuations perfides, promesses, menaces, rien ne fut négligé. On
essaya de l'ébranler par des discussions théologiques
qui n'étoient point à sa portée, et à lui inspirer des
inquiétudes sur son salut, si elle ne se soumettoit pas
à ce qu'on exigeoit. Cette jeune fille donna une nouvelle preuve de la rectitude de son esprit, en confondant
toutes leurs ruses, et en les tournant contre eux ; elle

---

(1) Pâques, premier jour de l'an 1430, étoit le 1.er avril. — (2) On
trouvera ces douze chefs d'accusation avec les pièces justificatives.

déclara, comme on le vouloit, qu'elle se soumettoit à l'Eglise militante; mais en même temps elle fit de nouveau appel au Pape, et demanda à être jugée par lui ou par le concile de Bâle. On refusa encore de faire mention de cet appel. Elle ajouta qu'elle ne rétracteroit point ce qu'elle avoit fait par inspiration divine, et confirma de nouveau tout ce qu'elle avoit dit sur ses révélations.

Toutes les tentatives étant inutiles; on se disposoit à lui faire donner la question, quand elle tomba malade par suite des mauvais traitemens qu'elle éprouvoit. Les Anglais ne peuvent dissimuler leur féroce inquiétude quand ils voient la victime prête à leur échapper. On n'ose presque pas répéter les effroyables paroles que l'on attribue à Warwick et au cardinal de Wincester. En appelant des médecins et en leur recommandant de donner tous leurs soins à la prisonnière, ils ajoutent *que le roi d'Angleterre ne voudroit pas pour toutes choses qu'elle mourût de sa mort naturelle; qu'il l'avoit bien achetée, et qu'il vouloit la faire brûler.* A peine fut-elle rétablie, qu'on la menaça de nouveau de la question. Elle répondit que si les tourmens lui faisoient dire le contraire de ce qu'elle avoit déposé, elle le démentiroit en sortant de la gêne. Comme elle étoit foible encore, on craignit de la voir expirer dans les tortures, et l'on chercha d'autres moyens.

La réponse de l'Université étoit arrivée; elle étoit telle qu'on devoit l'attendre des hommes passionnés qui l'avoient rédigée. Cependant la Faculté de droit proposoit de soumettre au Pape la censure des douze articles; mais on n'eut point égard à son avis. Les deux juges réunirent les assesseurs; il fut arrêté qu'on liroit à l'accusée les douze articles qu'on ne lui avoit pas encore communiqués, et qu'après lui avoir donné connoissance des décisions de l'Université, on lui signifieroit que si elle persistoit à soutenir les propositions prétendues avouées par elle, on procéderoit au jugement définitif. Cette monition eut lieu le 23 mai; Pierre Morice, chanoine de l'église de Rouen, lui lut les douze articles, en commençant par ces mots : *Vous avez dit que*, etc., quoiqu'elle eût toujours réclamé contre la plupart des aveux qu'on supposoit faits par elle; puis il l'engagea à se soumettre à l'Eglise. Jeanne répondit que *quand même elle seroit en jugement, quand elle verroit le feu préparé, le bûcher allumé et le bourreau prêt à l'y jeter, elle ne diroit pas à la mort autre chose que ce qu'elle avoit dit au procès*. La Pucelle avoit déjà, comme on l'a vu, déclaré se soumettre à l'Eglise, mais non pas comme l'entendoient ses juges, qui vouloient que cette soumission allât jusqu'à reconnoître le jugement qu'ils alloient porter, et par conséquent à faire une rétractation.

On résolut de se procurer par artifice ce qu'on n'avoit pu obtenir par des menaces. Plusieurs émissaires allèrent trouver Jeanne dans sa prison, lui peignirent l'horreur du supplice auquel elle alloit être livrée; ils lui représentèrent, en paroissant s'intéresser vivement à son sort, qu'elle étoit perdue si elle ne se soumettoit pas au tribunal qui lui offroit un dernier moyen de salut.

Le 24 mai, on la conduisit sur la place du cimetière de l'abbaye de Saint-Ouen, où l'on avoit dressé deux échafauds. L'un étoit occupé par l'évêque de Beauvais, le vice-inquisiteur, le cardinal de Wincester, plusieurs évêques et trente assesseurs ; l'autre étoit destiné à la Pucelle et à Guillaume Erard, qui devoit la *prêcher*. Le bourreau étoit là avec son char, prêt à la mener au supplice si elle ne faisoit pas ce qu'on exigeoit d'elle. Le sermon d'Erard ne nous a pas été conservé; mais Edmond Richer, qui l'avoit lu, en parle comme d'une diatribe remplie des injures les plus violentes et les plus grossières contre le Roi et contre Jeanne. Cet homme lui ayant dit : « Ton Roi « est hérétique et schismatique, » Jeanne s'écria : « Parlez de moi, mais ne parlez pas du Roi : il est « bon chrétien. » Et comme frère Erard continuoit : « Par ma foi, sire, reprit-elle, révérence gardée, je « vous ose bien dire et jurer, sur peine de ma vie, « que c'est le plus noble chrétien de tous les chrétiens, « et qui aime la foi et l'Eglise, et n'est point tel que « vous dites. » L'évêque de Beauvais, furieux, ordonna à l'appariteur de la faire taire.

Lorsque le discours fut terminé, on fit remettre à Jeanne un papier contenant la formule d'abjuration [1] de la doctrine et des faits dont elle étoit accusée. Suivant les dépositions d'un grand nombre de témoins qui ont vu cette formule, elle n'avoit que huit lignes d'écriture, et il ne fallut pour la lire à la Pucelle pas plus de temps qu'on en met à dire un *Pater*. Elle refusa d'abord de signer, disant *qu'elle s'en rapportoit à l'Eglise universelle si elle devoit abjurer ou non;* elle demanda que ses réponses fussent envoyées au Pape, auquel elle se soumettoit; elle ajouta qu'elle n'avoit rien fait *que par l'ordre de Dieu; qu'aucun*

---

[1] On fut obligé de lui expliquer ce que signifioit le mot abjuration.

de ses faits et de ses discours ne pouvoit être à la charge du Roi, ni d'aucun autre. S'il y a quelques reproches à me faire, ils viennent de moi seule, et non d'autre. L'évêque de Beauvais commença alors à lire la sentence. Pendant cette lecture, les personnes qui entouroient Jeanne la pressoient de signer la formule qu'on lui avoit présentée. Elle ne pouvoit s'y résoudre. « Tout ce que j'ai fait, tout ce que je fais, « s'écrioit-elle, j'ai bien fait, et fais bien de le faire. » On insiste de nouveau, on va même jusqu'à lui promettre la liberté pour prix de sa soumission; et Cauchon interrompt la lecture de la sentence, pour lui laisser le temps de prendre un parti [1].

Cette interruption donna lieu à la scène la plus indécente. Un chapelain du cardinal de Wincester traita l'évêque de Beauvais de traître, et de fauteur de l'accusée; celui-ci répondit au chapelain *qu'il en avoit menti;* on se dit de part et d'autre des injures. Cauchon refusa de continuer, si on ne lui faisoit réparation; le cardinal fut obligé d'imposer silence à son chapelain, et de le réprimander.

Pendant ce débat, on avoit redoublé d'efforts auprès de Jeanne. Tantôt on la prioit, tantôt on cherchoit à l'effrayer par la vue du supplice. Il paroît que jusqu'alors elle avoit cru que le tribunal de Rouen ne pouvoit pas l'envoyer au bûcher, et que son appel au Pape suspendoit l'effet de la sentence. Erard la détrompa. « Signe maintenant, lui dit-il; autrement tu

---

[1] Il y a en général beaucoup de différence entre le récit des témoins et le procès-verbal dressé par l'évêque de Beauvais. Dans le procès-verbal, on devoit cacher les artifices employés contre la Pucelle. La suite des faits confirme la version que nous avons adoptée.

« finiras aujourd'hui tes jours par le feu. » L'appariteur Massieu, qui étoit près d'elle sur l'échafaud, dépose qu'elle répondit : « J'aime mieux signer que d'être brû-
« lée. » On lui présente alors un papier, sur lequel on la force de faire une marque en forme de signature.

Il n'est pas probable, comme on l'a prétendu, qu'on ait fait signer à Jeanne une formule dix fois plus longue que celle qui lui avoit été proposée d'abord : elle se seroit aperçue de la supercherie, et l'artifice auroit échoué. Mais il est certain que la formule insérée au procès-verbal, et que les juges disent avoir été signée par la Pucelle, a deux pages, tandis que l'autre n'avoit que sept ou huit lignes; que l'une commençoit par ces mots : *Je Jehanne*, et l'autre par ceux-ci : *Toute personne*. La différence des deux pièces est attestée par grand nombre de témoins qui ont vu et lu la première formule. Jeanne, qui ne savoit ni lire ni écrire, ayant apposé son signe en public à une rétractation quelconque, les juges purent ensuite donner la forme et l'étendue qu'ils voulurent à cette rétractation. Dans la pièce insérée au procès-verbal, Jeanne se reconnoît coupable de tous les crimes dont elle est accusée; elle confesse avoir *griefvement pechié, en faignant mensongeusement avoir eu revelation et apparition de par Dieu, en portant habit dissolu, difforme et malhonnête*. La première formule, suivant les témoins, n'étoit qu'une simple soumission au jugement du tribunal, avec promesse de quitter l'habit d'homme, de ne plus porter les armes, etc.

Lorsque Jeanne eut signé, l'évêque de Beauvais la condamna, *par grâce et par modération, à passer en prison le reste de ses jours au pain de douleurs et à l'eau d'angoisses, pour y pleurer ses péchés et n'en plus commettre à l'avenir.* Quoique la sentence ne fût pas telle qu'on l'avoit annoncée en l'engageant à se soumettre, Jeanne ne réclama point. Elle dit seulement : « Or ça, vous, gens d'église, menez-moi en vos « prisons, et que je ne sois plus en la main de ces An-« glois. » L'évêque de Beauvais, sans daigner lui répondre, donna ordre de la conduire où on l'avoit prise. Le vice-inquisiteur alla la voir dans sa prison avec quelques-uns des assesseurs : il lui enjoignit de reprendre les habits de son sexe, l'engagea à ne plus retomber dans ses anciennes erreurs, l'avertit que si cela lui arrivoit on ne la recevroit plus à repentance, et qu'elle seroit entièrement abandonnée. Quelques Anglais, qui ne connoissoient pas les projets ultérieurs de Wincester, de Cauchon et des autres personnes chargées de diriger cette monstrueuse affaire, manifestoient leur mécontentement de voir Jeanne soustraite au supplice. « N'ayez cure, leur répondit-on, nous la retrou-« verons bien... » En effet, la mort de la Pucelle n'étoit que différée; et l'on préparoit les moyens de la condamner au feu comme relapse.

Le jour même où elle avoit été *preschée* [24 mai], elle avoit pris les vêtemens de son sexe. Ses habits d'homme furent mis dans un sac, et laissés dans sa chambre. Pendant les journées du 25 et du 26, elle fut exposée aux outrages de ses gardiens, qui essayèrent plusieurs fois de lui faire violence. Martin L'Advenu, son confesseur, dépose même qu'*un millourt d'Angleterre l'avoit voulu forcer*. Elle regrettoit ses habits d'homme, avec lesquels il lui eût été plus facile de se défendre. Le dimanche 27, elle pria les Anglais qui la gardoient de la *déferrer*, afin qu'elle pût se lever : car pendant la nuit elle avoit encore les fers aux pieds, et une chaîne autour du corps. Au lieu de faire ce qu'elle demandoit, on lui enleva ses vêtemens de femme, et on lui jeta le sac où étoient ses habits d'homme. Elle refusa de les prendre, resta couchée jusqu'à midi, et fut enfin obligée de se servir des seuls vêtemens qu'on lui eût laissés. L'évêque de Beauvais en est informé à l'instant : il se rend à la prison avec plusieurs assesseurs, fait constater la désobéissance de Jeanne, et ne peut dissimuler sa joie en sortant.

On ne se croit plus astreint à suivre aucune forme juridique. Le premier procès étant terminé par un jugement, il falloit une nouvelle instruction pour la récidive : on ne s'occupe que des apprêts du supplice: Cauchon et le vice-inquisiteur réunissent le 29 un certain nombre d'assesseurs, et après les avoir consultés ne font point connoître leur résolution.

Le 30 au matin, frère L'Advenu, confesseur de Jeanne, reçut ordre d'aller lui annoncer qu'elle devoit se préparer à la mort. Quand elle apprit qu'elle étoit condamnée à périr sur un bûcher, elle commença *à s'escrier doloreusement et piteusement, se destendre et arracher les cheveulx.* « Hélas ! me traite
« l'en ainsi horriblement et cruellement qu'il faille
« mon cors net et entier, qui ne fut jamais corrompu,
« soit aujourd'huy consumé et rendu en cendres! Ha, a!
« j'aymerois mieulx estre descapitée sept fois que d'estre
« ainsi bruslée. Helas! se j'eusse esté en la prison ecclé-
« siastique à laquelle je m'estois submise, et que j'eusse
« esté gardée par les gens de l'Eglise, non pas mes en-

« nemys et adversaires, il ne m'en fust pas si misera-
« blement mescheu comme il est. O! j'en appelle à Dieu,
« le grant juge des grants torts et ingravances qu'on
« me fait. » Elle se plaignit alors de nouveau des oppressions et violences *qu'on lui avoit faites en la prison, par les geoliers et par les autres qu'on avoit fait
entrer sur elle.* Les exhortations de L'Advenu calmè-
rent ces premiers transports, bien naturels dans une
jeune fille qui, après avoir tant souffert, se voyoit destinée au plus cruel supplice. Elle trouva en Dieu des
consolations contre les injustices des hommes; elle se
confessa, et demanda à communier. Sa demande fut
soumise à l'évêque de Beauvais, qui, après avoir consulté quelques docteurs, répondit *qu'on lui donnât absolument toutes choses quelconques qu'elle demande-
roit* (1).

A neuf heures du matin, après lui avoir fait reprendre des habits de femme, on la fit monter dans
un charriot avec L'Advenu, l'appariteur Massieu, et
frère Isambart, qui lui avoit témoigné de l'intérêt.
Huit cents Anglais armés l'escortoient. Sur la route
on vit accourir L'Oyseleur, ce misérable qui, placé
près d'elle dans la prison, avoit abusé de sa confiance,
et lui avoit donné de perfides conseils pendant toute
la suite du procès. Déchiré de remords, il pénétra
jusqu'auprès de Jeanne, avoua son crime, et sollicita
son pardon. Le comte de Warwick eut peine à le

(1) Il n'y avoit pas, comme on l'a prétendu, contradiction dans la
conduite de l'évêque de Beauvais lorsqu'il accorda cette permission.
Le jugement qui devoit déclarer Jeanne séparée de l'Eglise n'étoit
pas encore prononcé; et la première sentence qui la condamnoit à
une prison perpétuelle *la délioit et l'absolvoit* expressément *de l'ex-
communication qu'elle avoit encourue par ses forfaits.*

soustraire à la fureur des Anglais, et il sortit à l'instant de la ville.

Trois échafauds avoient été élevés dans la place du vieux Marché, où devoit avoir lieu l'exécution. Sur le premier étoient placés les juges, avec le bailli de Rouen et son lieutenant; le cardinal de Wincester et des prélats dévoués aux Anglais occupoient le second; sur le troisième étoit dressé le bûcher. Nicolas Midy avoit été chargé d'adresser à la condamnée une *admonition salutaire, et propre à l'édification du peuple*. On n'a conservé que le texte de son discours, qu'il avoit pris dans saint Paul : *Si l'un des membres souffre, les autres souffrent également*. Lorsque l'orateur eut fini, l'évêque de Beauvais prononça lui-même la sentence, qui se terminoit par ces mots : *Nous vous déclarons rejetée et retranchée de l'Eglise, et nous vous livrons à la puissance séculiere, en la priant de modérer son jugement à votre égard, en vous évitant la mort et la mutilation des membres*. M. de L'Averdy, M. Lebrun des Charmettes et plusieurs autres écrivains remarquent que Jeanne fut mise à mort sans qu'il y eût de sentence rendue contre elle par les juges séculiers, et le fait est attesté par plusieurs témoins; mais cette sentence n'étoit point nécessaire, d'après l'espèce de juridiction qu'avoient alors les tribunaux ecclésiastiques. Quand l'inquisition ou un tribunal ecclésiastique déclaroit un homme séparé de l'Eglise, et l'abandonnoit au bras séculier, il étoit immédiatement conduit à la mort, sans qu'il y eût besoin d'un jugement spécial de l'autorité séculière, qui étoit seulement chargée de l'exécution. On en trouve grand nombre d'exemples dans le procès des Albigeois, des Vaudois, etc. Cependant il n'est pas inutile de remarquer que l'évêque de Beauvais et les Anglais, dans toutes les relations qu'ils publièrent de la mort de Jeanne d'Arc, dirent expressément *qu'elle fut délaissée à l'autorité séculiere, qui la condamna à estre bruslée* (1).

Jeanne pleura de nouveau lorsqu'elle eut entendu sa sentence; elle demanda une croix, et un Anglais en fit une avec deux morceaux de bois, qu'elle plaça sur son sein. Elle demanda en outre qu'on apportât la croix de l'église voisine, et qu'on la tînt élevée devant elle, afin qu'elle pût la voir jusqu'à son dernier soupir; puis elle se mit à prier avec ferveur. Les Anglais murmuroient de tous ces retards. « Comment, « prestre, disoient-ils à L'Advenu, qui donnoit à l'in- « fortunée les secours de la religion, comment, prestre, « nous ferez-vous ici dîner? » On l'attacha au bûcher, et on lui mit sur la tête une mître où l'on avoit écrit ces mots :

Heretique relapse, apostate, idolâtre.

Un tableau, placé devant l'échafaud, portoit l'inscription suivante :

Jehanne qui s'est fait nommer Pucelle, menteresse, pernicieuse, abuseresse du peuple, devineresse, superstitieuse, blasphémeresse de Dieu, malcréant de la foi de Jesus-Christ, vanteresse, idolâtre, cruelle, dissolue, invocateresse des diables, schismatique et hérétique.

(1) Voyez, aux *Pièces justificatives*, Lettre du roi d'Angleterre au duc de Bourgogne et aux évêques de France.

Le bourreau mit le feu au bûcher. L'Advenu, tout occupé de l'infortunée, ne s'apercevoit pas que les flammes le gagnoient; Jeanne, qui avoit conservé toute sa présence d'esprit, l'avertit de se retirer un peu. L'évêque de Beauvais s'approcha au moment où le bûcher commençoit à s'enflammer. Quand elle le vit, elle lui dit *qu'il étoit cause de sa mort; qu'il lui avoit promis de la mettre entre les mains de l'Eglise, et que, loin de tenir sa parole, il l'avoit livrée à ses plus cruels ennemis.* Elle parla encore de ses révélations; *toujours jusqu'à la fin de sa vie*, dit Martin L'Advenu, *maintint et assura que les voix qu'elle avoit eues étoient de Dieu; et que quoi qu'elle eût fait, elle l'avoit fait par ordre de Dieu, et ne croyoit point par lesdites voix avoir été trompée.* Le feu s'allumoit lentement, et prolongeoit le supplice de Jeanne; enfin elle fut enveloppée par la fumée; on l'entendit demander de l'eau bénite, et se recommander à Dieu. En trépassant, dit l'appariteur Massieu, qui étoit près du bûcher, elle cria à haute voix : « Jhesus! »

Le bourreau dit, après l'exécution, que nonobstant l'huile, le soufre et le charbon qu'il avoit appliqués contre le cœur et contre les entrailles de ladite Jeanne, il n'avoit pu aucunement les consumer : *de quoy estoit autant estonné comme d'un miracle tout évident*. Le cardinal de Wincester ordonna que les cendres, les os et tout ce qui restoit d'elle fût jeté dans la Seine. Ainsi périt cette jeune héroïne, abandonnée par un Roi qui lui devoit sa couronne, et sacrifiée par les Anglais, qui crurent en l'immolant effacer la honte de leurs défaites (1).

(1) Le duc de Bedford, dit Hume, lui fit faire son procès : action

L'évêque de Beauvais ne pouvoit se dissimuler combien le jugement qu'il avoit rendu étoit inique, et jusqu'à quel point toutes les règles avoient été violées dans le cours du procès. Jeanne, en mourant, avoit excité la pitié générale; plusieurs Anglais, après que leur vengeance eut été assouvie, disoient qu'elle avoit été condamnée injustement (1). Les murmures devinrent si violens, que Cauchon crut devoir se mettre en garde contre ceux même qu'il avoit servis. Il avoit à redouter en outre les recherches de ses supérieurs ecclésiastiques, pour avoir fait exécuter l'arrêt, quoique Jeanne en eût appelé au Pape et au concile. Dès le 7 juin il publia, de concert avec le vice-inquisiteur, de prétendues déclarations faites par la Pucelle avant de mourir; il y joignit même des dépositions supposées de L'Oyseleur, qui, comme on l'a vu, avoit été obligé de prendre la fuite. Le 8, il fit adresser à tous les princes de la chrétienté une relation mensongère du procès. Le 14 du même mois, il sollicita et obtint des lettres de garanties, par lesquelles le roi d'Angleterre s'engageoit, entre autres choses, à prendre sa défense à la cour de Rome, s'il y étoit attaqué. Le 28, on envoya à tous les évêques et à toutes les villes du royaume des lettres dans lesquelles on cherchoit à justifier la condamnation de Jeanne d'Arc, en dénaturant les faits, et en annonçant qu'elle s'étoit elle-même reconnue coupable de tous les crimes dont on l'accusoit. On trouvera cette lettre parmi les pièces que

qui, soit qu'elle appartînt à la vengeance ou à la politique, étoit également barbare et déshonorante.

(1) Un Anglais avoit dit hautement, après son supplice : « Nous « sommes tous perdus, car une sainte femme vient d'être brûlée. »

nous donnerons à la suite de cette notice [1]. On y trouvera également des extraits du Journal de Paris, qui montreront jusqu'où l'esprit de parti peut aveugler les hommes.

Plusieurs historiens observent que presque tous ceux qui avoient contribué à la mort de la Pucelle semblèrent être poursuivis par la justice divine, et périrent misérablement.

Les Anglais avoient mis, comme on l'a fait remarquer, le plus grand appareil au supplice de Jeanne d'Arc; cependant on vit paroître en 1436 une fausse Pucelle, qui prétendoit s'être soustraite à la fureur des Anglais. Si on en croit un ancien manuscrit découvert à Metz, et dont le père Vignier a fait insérer un extrait dans le Mercure galant du mois de novembre 1683 [2], elle fut reconnue par les deux frères de l'héroïne, qui l'accompagnèrent dans ses voyages; elle épousa le sieur des Armoises, chevalier, et s'établit avec lui à Metz. Il paroît que les habitans d'Orléans l'avoient également reconnue. On trouve, dans un compte des receveurs de cette ville, la note des dépenses faites, 1° pour la Pucelle et son frère dans l'année 1436; 2° pour les vins et rafraîchissemens présentés à dame Jehanne des Armoises, au mois de juillet 1439; 3° pour don fait à la même, le premier août suivant, par le conseil de la ville, d'une somme de deux cent dix livres parisis, en reconnoissance du bien qu'elle a fait à ladite ville pendant le siége.

Nous croyons inutile de réfuter les écrivains qui

---

[1] Fragmens des chroniques de Monstrelet. — [2] Symphorien Guyon avoit déjà parlé de ce manuscrit dans une Histoire d'Orléans, publiée en 1650.

ont essayé de faire passer cette femme pour la véritable Pucelle. Si Jeanne n'eût pas été brûlée à Rouen, et si elle avoit paru publiquement en France, Charles n'auroit pas pu dire dans ses lettres-patentes du 15 février 1449, en ordonnant la première enquête sur le procès de condamnation, qu'*on avoit fait mourir ladite Jehanne iniquement, et contre raison très cruellement*. Si elle avoit été sauvée, comme on le prétend, par l'évêque de Beauvais, les représentans de cet évêque, qui parurent devant les juges du procès de révision le 21 décembre 1455, n'auroient pas été réduits à se prévaloir de l'amnistie générale que le Roi avoit accordée après la conquête de la Normandie. Ils dirent au contraire, pour disculper Pierre Cauchon, que l'envie et la haine des Anglais avoient fait brûler Jeanne parce qu'elle avoit bien servi le roi de France. La conduite des frères de Jeanne d'Arc, les dépenses de la ville d'Orléans pour Jeanne des Armoises, ne prouvent rien contre les faits, qui sont sans réplique.

En 1440, on vit à Paris une autre femme qui prétendoit être Jeanne d'Arc, et qui n'y séjourna que peu de temps. C'est peut-être celle dont parle N. Sala, et à laquelle le Roi dit, lorsqu'elle lui fut présentée : « Pucelle, ma mie, soyez la très-bien revenue, au « nom du Dieu qui sait le secret qui est entre vous et « moi. » Au lieu de répondre, cette femme se jeta à genoux, et avoua son imposture.

Lorsque Charles se fut rendu maître de Rouen, le 10 novembre 1449, il songea à faire réhabiliter la mémoire de Jeanne, qui avoit été condamnée dans cette ville. Dès le mois de février suivant, il ordonna une première enquête, et fit remettre à son commissaire toutes les écritures du procès. Les jurisconsultes auxquels on les communiqua déclarèrent unanimement que ce procès étoit nul dans la forme, et injuste quant au fond. Plusieurs témoins furent entendus ; mais à chaque pas on rencontroit des difficultés insurmontables. Un tribunal ecclésiastique ayant condamné Jeanne, qui en avoit appelé au Saint Siége, il falloit que le Souverain Pontife autorisât un autre tribunal ecclésiastique à revoir le procès. Le pape Nicolas v, auquel Charles s'adressa, évita de prononcer, dans la crainte de déplaire aux Anglais. Le Roi se décida alors à faire agir les parens de Jeanne d'Arc en leur propre nom. Calixte III, qui venoit de succéder à Nicolas, se montra moins timide que son prédécesseur ; il fit expédier des lettres apostoliques, et nomma pour juges l'archevêque de Reims et l'évêque de Coutances, auxquels il adjoignit un inquisiteur.

L'examen sérieux des pièces, les dépositions des témoins, parmi lesquels on remarque le duc d'Alençon, Dunois, grand nombre de seigneurs et de capitaines, plusieurs assesseurs et notaires du tribunal de Rouen, des habitans de Domremy et de Vaucouleurs, etc., justifièrent entièrement la Pucelle, et dévoilèrent les incroyables iniquités du premier procès. Nous n'avons pu en donner qu'un aperçu rapide en parlant des interrogatoires et du jugement. La matière a été traitée à fond par M. de L'Averdy (1) (Notices des manuscrits

(1) M. de L'Averdy, ayant été nommé contrôleur général des finances en 1763, fit un appel à tous les savans, pour les inviter à rechercher les manuscrits et les anciens Mémoires relatifs à la Pucelle. On ignore si ces recherches ont produit quelques résultats.

de la bibliothèque du Roi, tom. III). En rapprochant les dépositions des témoins, et en les comparant avec les grosses du premier procès, il démontre la mauvaise foi et la perfidie des juges qui ont condamné la Pucelle. Son travail, enrichi de savantes recherches, est ainsi également curieux et instructif pour les deux procès. On y trouve des observations très-judicieuses sur les altérations que les grosses ont éprouvées, et sur le degré de confiance qu'elles peuvent inspirer. On peut également consulter l'histoire de Jeanne d'Arc, par M. Lebrun des Charmettes, qui offre des détails intéressans et peu connus.

Les juges de révision, avant de prononcer, et pour donner plus de poids au jugement qu'ils devoient rendre, avoient consulté les prélats et les docteurs les plus renommés du royaume. Tous envoyèrent des avis favorables à la Pucelle, en faisant ressortir toutes les irrégularités du procès de condamnation. L'arrêt de réhabilitation fut enfin prononcé à Rouen le 7 juillet 1456. On le trouvera avec les pièces justificatives. Charles VII se borna à faire rétablir la mémoire de la Pucelle; mais il ne chercha point à venger sa mort sur ceux qui y avoient contribué. Louis XI les fit poursuivre; on en arrêta deux, qui furent condamnés au même supplice qu'ils avoient fait subir à Jeanne d'Arc. Les biens de plusieurs autres furent confisqués. On les employa à bâtir une église dans le lieu même où elle avoit été brûlée, et à fonder une messe pour le repos de son ame. Louis XII ordonna encore une nouvelle réhabilitation.

L'intérêt puissant qu'inspire Jeanne d'Arc s'étend à tout ce qui lui a appartenu: on nous pardonnera donc les détails dans lesquels nous allons entrer. Son père mourut de chagrin après sa condamnation: les Orléanais appelèrent sa mère dans leur ville, et lui firent une pension. Elle y vécut jusqu'en 1458. Après sa mort, la pension fut continuée à l'un de ses fils. Les frères de la Pucelle [1] reçurent plusieurs faveurs de la cour. Leurs enfans jouirent d'une considération méritée; ils portèrent le nom de Du Lys, ainsi qu'ils y avoient été autorisés par Charles VII. Pasquier rapporte que pendant quelque temps ils ajoutèrent à leur nom de Du Lys les mots *dits la Pucelle*, pour montrer qu'ils étoient *de sa lignée*. Jean Hordal [2], l'un d'eux, publia en 1612 une Justification de l'héroïne. Son ouvrage n'est pas sans intérêt, parce qu'on y trouve des extraits de plus de soixante auteurs, théologiens, historiens, poètes et médecins, qui ont écrit sur Jeanne d'Arc. Le père Lelong, dans sa Bibliothèque historique de la France, prétend que cette famille s'est éteinte en 1760; et il présente, comme dernier rejeton, Coulombe Du Lys, chanoine de Champeaux et prieur de Coutras, qui recevoit une pension du Roi. Cependant il existe encore à Nancy et à Strasbourg des messieurs Du Lys, qui prouvent, par leur généalogie, qu'ils descendent des frères de la Pucelle. Le parlement, par un arrêt de 1614, avoit, malgré les dispositions de l'ordonnance de Charles VII, réduit la noblesse aux seuls mâles de la famille.

On avoit peint les exploits de Jeanne d'Arc sur la façade de la maison où elle étoit née. Ces peintures grossières existoient encore en 1680. Montaigne les a

---

[1] L'un d'eux étoit prévôt de Vaucouleurs, lors du procès de révision. — [2] Il étoit professeur de droit à Pont-à-Mousson.

vues lorsqu'il a passé à Domremy pour se rendre en Lorraine, et de là en Allemagne et en Italie. « Le « devant de la maisonnette où elle naquit, dit-il, « est toute peinte de ses gestes; mais l'âge en a fort « corrompu la peinture. Il y a aussi un arbre le long « d'une vigne, qu'on nomme l'arbre de la Pucelle, qui « n'a nulle chose à remarquer. » En 1756, on voyoit sur la porte de cette maison les armes et la figure de la Pucelle, et on montroit dans les environs du village quelques restes de la chapelle où Jeanne venoit prier. (Dom Calmet, Notice de la Lorraine.)

Il paroît que cette maison s'est insensiblement dégradée, et qu'il n'en existe plus qu'une seule chambre, qui est, dit-on, celle de Jeanne d'Arc. En 1817, on se plaignoit, dans un journal (1), de la voir convertie en étable; et de ce qu'une antique armoire vermoulue, que l'on croyoit avoir servi à la Pucelle, renfermoit des ustensiles d'écurie. En 1818, la maison appartenoit à M. Girardin, ancien militaire, qui descend de la famille de Jeanne d'Arc; quoique sa position fût très-gênée, il refusa de la vendre à des étrangers, qui lui en offroient un prix avantageux. Le conseil général du département des Vosges en a fait faire l'acquisition au nom du département. Il a en même temps voté des fonds pour y établir une école de jeunes filles, et pour ériger une fontaine en l'honneur de l'héroïne qui sauva la France.

Les voyageurs de toutes les nations affluent de nos jours à Domremy; et ils ne se bornent pas à visiter ce qui reste de la maison où naquit Jeanne d'Arc : tous veulent emporter quelques fragmens des murs ou des

(1) Le Narrateur de la Meuse.

solives, qu'ils considèrent comme de précieuses reliques. L'autorité a été obligée de prendre des mesures pour mettre des bornes à cette vénération indiscrète, qui auroit bientôt achevé la ruine entière d'un monument dont tous les Français doivent désirer la conservation.

Les habitans d'Orléans, aussitôt que la Pucelle eut fait lever le siége aux Anglais, le 8 mai 1429, étoient allés avec elle à l'église principale de la ville, et avoient fait une procession solennelle pour remercier Dieu de leur délivrance. Depuis cette époque, tous les ans, à pareil jour, ils célèbrent une fête en l'honneur de leur libératrice. Après l'office on prononce son panégyrique; et la procession, à laquelle assistent tous les magistrats, fait le tour de l'ancienne ville. Cet acte d'une double reconnoissance n'a été suspendu que pendant les années les plus orageuses de la révolution.

En 1558, les Orléanais avoient fait ériger, sur la partie du pont la plus proche de la ville, un monument [1] qui représentoit *Notre-Dame de Pitié*. D'un côté étoit Charles VII, de l'autre la Pucelle, tous deux à genoux, armés de toutes pièces, mais la tête découverte. Ce monument ayant été détruit en 1567 pendant les guerres civiles religieuses, on en fit élever un autre en 1571 [2], qui a été également détruit en 1793. En 1805, on y a substitué une statue de Jeanne d'Arc, qui orne une des places de la ville.

---

[1] L'inscription portoit qu'il avoit été élevé aux frais des femmes et des filles d'Orléans, en mémoire de la délivrance de la ville.

[2] Il y avoit dans le piédestal trois tables destinées à recevoir des inscriptions, et qui n'ont jamais été remplies. On a fait un recueil des vers composés par différens poètes pour ce monument.

Il est fâcheux que le premier monument ne soit point parvenu jusqu'à nous. La statue de la Pucelle, qui avoit été faite à une époque assez rapprochée de sa mort, auroit pu nous faire connoître les traits de cette héroïne, dont quelques descriptions, insérées dans les chroniques, ne suffisent pas pour nous donner une idée. Le monument de 1571 a été gravé en 1613; mais il ne peut servir qu'à indiquer la pose des personnages. Les plus anciennes estampes de Jeanne d'Arc sont de 1606 et de 1612 : elles n'ont entre elles aucune ressemblance. Un graveur nommé Poinsart a donné, vers l'an 1640, le dessin d'une tapisserie qui étoit faite, dit-il, depuis deux cents ans, et qui représentoit l'entrée de Charles VII à Reims (1). On y voit la Pucelle à cheval, portant son étendard. Comme on n'y reconnoît pas les traits de Charles VII, il n'est pas probable que ceux de Jeanne y aient été mieux conservés. Vers la fin du seizième siècle, Hordal (2), doyen de la cathédrale de Toul, et descendant des Du Lys, fit ériger à la Pucelle, dans son église, un mausolée qui existe encore. L'héroïne y est représentée à genoux, couverte d'une armure complète, mais sans casque. La tête est d'une beauté remarquable; malheureusement rien ne prouve que ce soit celle de Jeanne d'Arc (3).

La ville d'Orléans attachoit une si grande importance à ce qui rappeloit la mémoire de la Pucelle,

---

(1) A l'époque du sacre de Charles VII, une médaille fut frappée en l'honneur de la Pucelle. On y voyoit une main portant une épée, avec cette devise : *Consilio firmata Dei.* — (2) De 1557 à 1615, Claude Hordal, Etienne Hordal, et un autre Etienne Hordal, furent successivement doyens de la cathédrale de Toul. — (3) Il y avoit dans la

que l'on y conservoit avec un soin religieux un de
ses chapeaux, qu'elle avoit donné à la fille de Jacques Boucher, chez lequel elle avoit logé pendant son
séjour dans la ville. Ce chapeau, après avoir été gardé
pendant deux cents ans dans la famille, fut confié en
dépôt aux pères de l'Oratoire, ainsi qu'il est constaté
par un acte authentique de 1631, déposé aux archives
d'Orléans. Il étoit de velours bleu, relevé des quatre
côtés, bordé en or, et renfermé dans une caisse de maroquin rouge, ornée de fleurs de lis. A l'époque de
la révolution, lorsque la congrégation fut dissoute,
le chapeau de Jeanne disparut. On croit qu'il fut
emporté par un des pères de l'Oratoire, mais on ne
l'a pas retrouvé après sa mort. Les Orléanais montrent encore aux étrangers la maison que la Pucelle
a habitée, la chambre où elle a couché. La maison
est ornée de petites colonnes antiques et écrasées; la
chambre est fort petite : on remarque à la voûte des
figures taillées dans la pierre, et qui sont assez bien
conservées.

Nous n'entreprendrons pas de faire connoître les
auteurs qui ont écrit sur la Pucelle : le nombre en
est trop considérable. On en comptoit plus de quatre
cents, dans un catalogue qui a été publié il y a
quelques années : et la liste n'étoit pas complète; mais

---

galerie des hommes illustres français, du cardinal de Richelieu, un
portrait de la Pucelle, avec une inscription qui se terminoit par ces
deux vers :

Fama sui sexus, armis insignis amazon;
Nullo plus debet Gallia salva viro.

Mais rien ne prouve encore que le portrait représentât véritablement
les traits de Jeanne d'Arc.

nous pensons que les jugemens portés sur elle par des écrivains étrangers, pendant les quinzième et seizième siècles, ne seront pas sans intérêt. Nous en donnerons des extraits à la suite de nos observations; on y verra que sa vertu et son héroïsme furent généralement reconnus, même chez les ennemis de la France. Il est pénible de ne pouvoir dissimuler que les calomnies dont on a vainement essayé de flétrir sa mémoire ont été répétées par des Français, qui se sont plu à déshonorer et à tourner en ridicule la libératrice de leur patrie.

La difficulté d'expliquer le phénomène de la Pucelle (car sa vie est un véritable phénomène) a porté plusieurs historiens à imaginer des interprétations qui, pour la plupart, offrent peu de probabilités. Dès le milieu du seizième siècle, Guillaume Du Bellay-Langey, dont nous donnerons les Mémoires, prétendoit que l'arrivée de Jeanne avoit été préparée par une intrigue. « A ce qu'on veut dire, le Roi s'é-
« toit avisé de cette ruse pour donner quelque bonne
« espérance aux François, leur faisant entendre la
« sollicitude que Notre Seigneur avoit de son
« royaume (1). » Il seroit difficile de concilier cette supposition avec le caractère insouciant que Charles VII montroit en 1428. Du Haillan va plus loin : il ne voit dans Jeanne qu'une intrigante qui a été la maîtresse de Baudricourt, ou de Dunois, ou de Pothon, et qu'on faisoit passer pour inspirée, afin d'animer les troupes. Il raconte que Dunois et Baudricourt, *lesquels étoient fins et avisés*, se trouvèrent à Chinon lorsque la Pucelle y arriva, et qu'ils la

(1) De la Discipline militaire, liv. 3.

présentèrent eux-mêmes au Roi. « Je l'ai voulu dire,
« ajoute-t-il, parce qu'il a été ainsi découvert par le
« temps, qui découvre toutes choses (1). » Non-seulement, à l'exemple de Du Bellay, il ne fournit aucune
preuve de ce qu'il avance, mais il y a des erreurs de
fait dans son récit. Il est prouvé que Dunois étoit à
Orléans lors de l'arrivée de la Pucelle à la cour, et que
Baudricourt n'a point quitté à cette époque la ville
de Vaucouleurs. Du Haillan détruit d'ailleurs lui-
même son accusation, en disant que Jeanne étoit la
maîtresse de Dunois, ou du Pothon, ou de Baudricourt (2). Les juges de Rouen, malgré toute leur animosité et toute leur mauvaise foi, n'ont point osé
élever de doutes sur les mœurs de la Pucelle. Enfin
si Jeanne eût été suscitée, soit par les ministres de
Charles, soit par ses généraux, l'étonnant succès de
cette intrigue, qui leur eût fait tant d'honneur, les
auroit portés à rompre le silence. Pasquier dit, en
parlant de ceux qui répandoient de pareils bruits
sur la Pucelle : « Bien qu'ils méritent quelque repri-
« mande, si est ce que je leur pardonne aucunement,
« parce que le malheur de notre siecle aujourd'huy
« est que, pour acquérir reputation d'habile homme,
« il faut machiaveliser. »

Pontus Hentericus, historien flamand qui écrivoit

(1) De l'Etat et des Succès des affaires de France, l. 11.

(2) Rapin de Thoyras a fait une longue dissertation sur la Pucelle.
Non-seulement il adopte le système de Du Bellay et de Du Haillan, mais
il prétend que Jeanne ne s'est pas même montrée digne du rôle qu'on
vouloit lui faire jouer. L'animosité trop connue de ce Français réfu-
gié contre son ancienne patrie dispense de le réfuter. Cependant il
convient qu'il est impossible de *donner quelque couleur* à la barbarie
avec laquelle Jeanne fut traitée.

en 1580, rapporte que, de son temps, plusieurs personnes croyoient que la Pucelle n'avoit jamais existé, et que c'étoit une fable inventée après la mort de Charles VII. Les récits d'une foule innombrable de témoins oculaires, les chroniques contemporaines, le Journal d'un bourgeois de Paris, les monumens élevés à Orléans, les cérémonies qu'on y pratique encore aujourd'hui, ne permettent pas de s'arrêter à cette supposition.

On a répété, d'après le Journal du bourgeois de Paris, qui étoit l'écho de toutes les calomnies répandues par les Anglais [1] et par les Bourguignons, que frère Richard, cordelier, avoit endoctriné la Pucelle avec trois autres filles, et qu'il les avoit disposées à jouer le rôle d'inspirées. Mais ce frère Richard, d'après le Journal même de Paris, étoit allé en pélerinage à la Terre-Sainte, d'où il ne revint à Paris qu'au mois d'avril 1429. En arrivant dans la capitale, il se montra enthousiaste du parti bourguignon, et prêcha de la manière la plus violente contre les armagnacs [2]. Il n'embrassa la cause royale qu'après la prise de Troyes. Il mena effectivement au

---

[1] Le duc de Bedford, dans une lettre de défi qu'il avoit adressée à Charles VII (août 1429), avoit déjà prétendu que la Pucelle étoit suscitée par frère Richard, qu'il traitoit d'apostat. Cette fable étoit répétée à Paris par les prédicateurs aux gages des Anglais. (*Voyez Pièces justificatives*, extraits du Journal de Paris.) — [2] Le Journal de Paris, à la date du 8 avril 1429, dit, en parlant de frère Richard, que c'étoit *un homme de très-grant prudence, sçavant à oraison, semeur de bonne doctrine pour édifier son proxime, que tant y labouroit fort, que enceil le crevoit* (crevoit celui) *qui ne l'auroit veu*. Quand il eut quitté le parti des Bourguignons et des Anglais, il fut traité par eux d'apostat.

Roi, quelque temps plus tard, Catherine de La Rochelle, qu'il faisoit passer pour inspirée, et qui fût convaincue d'imposture par Jeanne d'Arc, ainsi qu'on l'a raconté plus haut. Il y a donc impossibilité et contradiction dans les faits.

Edmond Richer, qui le premier a fait un examen sérieux de toutes les pièces du procès de condamnation et de celui de révision, s'est attaché à prouver la vérité des révélations de Jeanne d'Arc. Son ouvrage, qui n'a pas été imprimé, est conservé parmi les manuscrits de la bibliothèque du Roi, n° P. 285.

Lenglet-Dufresnoy, que l'abbé d'Artigny accuse d'avoir puisé tous ses matériaux dans le manuscrit d'Edmond Richer, reconnoît que la délivrance du royaume par une simple paysanne a quelque chose de miraculeux; mais il pense que Jeanne d'Arc se croyoit réellement inspirée, et qu'elle ne l'étoit pas.

M. Lebrun des Charmettes a adopté le même système qu'Edmond Richer. Tout, dans son ouvrage, tend à prouver que la Pucelle avoit une mission divine. Son travail, quel que soit le jugement que l'on porte sur cette opinion, se recommande par une exactitude scrupuleuse, et par d'immenses recherches. Il a composé presque entièrement son histoire de la Pucelle avec les extraits des interrogatoires, des procès-verbaux, et autres pièces jointes aux grosses du procès de condamnation et du procès de révision. Il n'a pas négligé même les détails les plus minutieux. C'est l'ouvrage le plus complet que nous ayons sur Jeanne d'Arc.

M. Berriat Saint-Prix ne voit que de l'héroïsme et

un dévouement sublime dans la conduite de la Pucelle. Il prouve qu'elle ne put être ni l'instrument d'une intrigue, ni la maîtresse banale des généraux; il rejette également toute idée de révélation et de mission divine qui pourroit, dit-il, l'exposer au soupçon de fourberie ou d'imposture : il cherche à expliquer d'une manière naturelle presque toutes les circonstances les plus singulières de la vie de Jeanne d'Arc ; mais il est obligé de garder le silence sur beaucoup de particularités bien constatées, qui ne se prêteroient pas à ses interprétations. Ses recherches ne sont ni moins intéressantes ni moins instructives que celles de M. Lebrun des Charmettes. En examinant et en comparant avec une rare sagacité toutes les anciennes chroniques, il est parvenu à classer d'une manière lumineuse plusieurs faits importans qui étoient placés au hasard dans nos histoires. Ses notes, qui indiquent tous les auteurs qu'il a consultés, sont d'un grand secours lorsqu'on veut faire une étude approfondie de l'histoire du règne de Charles VII et de celle de Jeanne d'Arc [1].

M. P. Caze, mécontent de toutes les explications

---

[1] Non-seulement M. Berriat Saint-Prix a donné une carte particulière sur laquelle il a tracé toutes les expéditions de la Pucelle, mais il a fait en outre son itinéraire, en indiquant les dates et les distances. Il résulte de ce travail qu'elle a parcouru neuf cents lieues dans l'espace de quinze mois, en mesurant les distances à vol d'oiseau. Si l'on considère, ajoute l'auteur, qu'à cette époque il y avoit peu de routes, que les ponts étoient rares sur les rivières, que le pays étoit occupé par des places ennemies et par des partis qui battoient la campagne, Jeanne doit avoir parcouru au moins douze ou treize cents lieues. Enfin M. Berriat Saint-Prix remarque que pendant ces quinze mois elle a pris part à plus de vingt combats, siéges ou batailles.

données sur l'héroïne de Domremy, vient de développer un nouveau système qu'il n'avoit fait qu'exposer il y a quelques années (1). Son ouvrage, qui forme deux volumes in-8°, est intitulé *La Vérité sur Jeanne d'Arc*. Comme il ne se rapproche en rien de tout ce qui a été dit jusqu'à ce jour, et comme tous les faits y sont présentés sous un point de vue absolument neuf, nous croyons devoir en donner ici l'analyse.

Suivant le système de M. Caze, Jeanne d'Arc étoit fille d'Isabelle de Bavière et du duc d'Orléans. Malgré l'étiquette qui s'observoit lors de l'accouchement des reines de France, on étoit parvenu, au moment même où elle vint au monde, à lui substituer un enfant mort, qui fut nommé Philippe, et que l'on dit n'avoir vécu qu'un jour. La liaison trop publique de la Reine avec le duc, les bruits qui avoient couru pendant sa grossesse, les menaces des partisans du duc de Bourgogne, faisoient craindre une tentative sur l'enfant : voilà pourquoi on s'étoit décidé à supposer sa mort; en l'enlevant, on avoit mis un garçon au lieu d'une fille, afin de rendre toutes recherches impossibles par la suite. Jeanne fut cachée au fond de la Champagne dans le Barrois, où le duc avoit des amis dévoués qui lui restèrent fidèles après sa mort. Jacques d'Arc et Isabelle Romée sa femme, pauvres et honnêtes laboureurs de Domremy, étoient souvent obligés de se réfugier avec leur famille au château de l'Ile, pour échapper aux excès des Bourguignons qui couroient le pays; ce château appartenoit aux amis du duc d'Orléans. Isabelle Romée y arriva avec

(1) Dans des Observations critiques et historiques qu'il avoit fait imprimer, en 1805, à la suite d'une tragédie de Jeanne d'Arc.

une fille née seulement depuis quelques jours; on fit une seconde substitution dont Romée ne s'aperçut point, et Jeanne fut élevée comme sa fille.

Cependant ses protecteurs ne la perdoient pas de vue. Dès l'âge le plus tendre elle annonçoit un caractère ferme et décidé; on remarquoit en elle une imagination active et facile à enflammer; le curé de Domremy fut chargé d'exalter sa dévotion : il y parvint aisément. Le bâtard d'Orléans, sur lequel on comptoit pour rétablir les affaires des armagnacs, n'ayant pu vaincre le malheur des circonstances, on résolut de faire agir sa sœur. Des prédictions furent répandues dans le pays sur une vierge des marches de Lorraine, qui devoit sauver la France; une voix mystérieuse parla à Jeanne : cette voix, qui venoit du côté de l'église, étoit celle de l'un des seigneurs chargés de diriger la jeune fille. Le succès des premières tentatives engagea à multiplier les apparitions. Des hommes vêtus comme on a peint les anges, des dames déguisées en saintes du paradis, s'offrirent à ses regards, lui persuadèrent qu'elle étoit appelée par le ciel à sauver la France et le Roi, et lui ordonnèrent d'aller trouver Baudricourt, qui la feroit conduire en France. Le capitaine de Vaucouleurs, que l'on avoit mis dans la confidence de cette intrigue, la rebuta d'abord, afin d'éprouver son caractère. Les voix lui disent d'insister; Poulengy et de Metz, qui peut-être avoient tout dirigé jusque là, lui offrent leurs services, et on l'amène à la cour. Pendant son séjour au Couldray, elle est souvent visitée par les seigneurs qui avoient veillé sur elle dès son enfance. Ces voix lui avoient révélé le secret de sa naissance. Voilà pour-

quoi elle disoit, lorsqu'on lui parloit de son projet :
« Je suis née pour cela. » C'étoit aussi ce qui la faisoit
prier avec ferveur et répandre des larmes.

Les mêmes voix lui avoient promis qu'elle auroit
signe pour se faire recevoir et croire par le Roi, qui
ignoroit tout, jusqu'à l'existence de Jeanne. On avoit
tout préparé en conséquence. Un jour, pendant
que le Roi étoit seul dans sa chapelle, une voix lui
avoit crié que bientôt les doutes qui s'élevoient sur
sa naissance seroient dissipés [1]; et on lui avoit indiqué ainsi l'objet sur lequel il devoit prier. Jeanne,
instruite par une apparition, lui révéla cette prière
mentale. On eut recours encore à d'autres moyens;
les différentes personnes que la Pucelle avoit prises
pour des anges, pour sainte Catherine et pour sainte
Marguerite à Domremy, étoient toutes arrivées à la
cour. Elles se déguisent de nouveau, et présentent à
Charles, en présence de Jeanne, la couronne que
des anges simulés avoient apportée à Isabelle de Bavière le jour de son mariage. La Reine avoit, dans
le temps, donné cette couronne aux protecteurs de
sa fille; et la manière dont elle lui avoit été offerte
à Paris fit probablement naître l'idée de ce nouveau
stratagême. Le Roi étant ainsi disposé, Jeanne se fit
connoître à lui; et comme elle n'auroit pu divulguer
sa naissance sans confirmer les bruits qui couroient
sur celle de son frère, elle promit à Charles le secret
le plus absolu.

L'épée qu'elle envoya, d'après l'ordre de ses voix,
chercher à Fierbois dans un tombeau, étoit celle du

---

[1] Ses ennemis faisoient courir le bruit qu'il n'étoit pas fils de Charles VI.

duc d'Orléans. Clignet de Brebant, l'un de ses partisans les plus zélés, avoit enlevé cette épée lorsque le duc fut assassiné, et l'avoit conservée avec soin. Brebant étoit mort auprès de Fierbois; l'épée avoit été déposée dans son tombeau; on la destinoit à la fille du duc : et la Pucelle, qui savoit qu'elle avoit appartenu à son père, la donna plus tard à l'abbaye de Saint-Denis, pour être placée parmi les tombeaux et les reliques de sa famille.

Si Jeanne est mise à la tête des troupes avant d'avoir combattu; si on lui accorde les honneurs et l'état de maison d'un chef d'armée; si les généraux, les princes, le Roi lui-même, se soumettent à ses volontés, c'est que le secret de sa naissance étoit connu. Elle fut appelée Pucelle d'Orléans, non parce qu'elle avoit délivré une ville, mais parce qu'on savoit qu'elle étoit fille du duc. Un enthousiasme irréfléchi lui avoit fait donner primitivement ce nom par allusion à sa véritable naissance, comme on avoit nommé Dunois, son frère, le bâtard d'Orléans.

Elle avoit d'ailleurs beaucoup de ressemblance avec le duc d'Orléans son père. Ce prince avoit eu, comme elle, une imagination exaltée, de fortes dispositions à une piété ardente, mêmes grâces du corps et de l'esprit, même adresse à tous les exercices, même facilité d'intelligence, même éloquence dans ses discours. On suppose jusqu'à une ressemblance physique qui aida Charles à reconnoître Jeanne pour sa sœur. La seule différence, c'est qu'elle tourna au bien les qualités naturelles dont son père abusa.

Elle dit dans ses interrogatoires avoir eu beaucoup de révélations sur le duc d'Orléans, qui étoit prisonnier chez les Anglais; ce duc étoit aussi son frère, et on lui avoit en effet révélé beaucoup de choses sur lui. Pendant le procès, quand elle est interrogée sur un anneau qu'elle avoit porté, elle répond qu'elle le tenoit de son frère : ce qui ne peut s'entendre que de son frère Charles VII. Si elle eût été fille de Jacques d'Arc, elle auroit dit un de ses frères : car Jacques d'Arc avoit trois fils. Lorsque l'évêque de Beauvais la presse de s'expliquer sur le secret qu'elle a révélé au Roi, elle demande huit jours, ensuite quinze jours, pour répondre. Elle ne vouloit point se faire connoître aux juges sous son véritable nom, sans y avoir été autorisée par Charles VII son frère. Le Roi ne lui ayant pas donné cette autorisation, on la pressa en vain, on essaya inutilement de la surprendre par des questions insidieuses et imprévues : elle se dévoua, et mourut avec son secret. L'Université, qui la poursuivoit avec tant d'acharnement et de barbarie, n'en agissoit ainsi que parce que les chefs de ce corps avoient eu à se plaindre du duc d'Orléans. On vengeoit sur la fille les injures du père.

Les lettres de noblesse qui lui avoient été accordées en 1429 n'avoient eu d'autre objet que de déguiser sa véritable naissance, dont le mystère étoit connu ou soupçonné par les Français, et même par les Anglais; mais on lui donna pour armes des fleurs de lis, qui étoient celles de la maison royale, à laquelle elle appartenoit. La Pucelle ne porta point ces armes : elle se contenta de faire mettre des fleurs de lis sur son étendard.

L'intérêt puissant que Charles VII avoit à ensevelir dans l'oubli le secret de la naissance de Jeanne, qui ne pouvoit être publiquement reconnue comme fille d'Isabelle de Bavière sans faire naître de justes soupçons sur la naissance de son frère, explique la conduite de ce prince. Il a mieux aimé sacrifier sa sœur que de compromettre sa couronne ; il a fait dénaturer les actes du procès de Rouen ; et, lors du procès de révision, il a fait réhabiliter la mémoire de la Pucelle, sans laisser percer la vérité. Dans les divers actes, on ne l'avoit jusqu'alors appelée que *Jeanne* : le jugement de réhabilitation la nomme pour la première fois *Jeanne d'Arc*. On vouloit qu'un arrêt solennel la déclarât fille d'un paysan de Domremy. Charles VII n'a pas osé faire poursuivre les juges de Rouen, dans la crainte de réveiller les soupçons. Louis XI, mieux affermi sur le trône, les fit punir ; et Louis XII, petit-fils du duc d'Orléans père de la Pucelle, ordonna encore une nouvelle réhabilitation, lorsque la branche d'Orléans eut été appelée à la couronne.

Les Anglais avoient, ainsi que les Français, connu le secret de la naissance de la Pucelle. Entre autres preuves on cite un passage d'une tragédie de Shakespeare, qui fait dire à Jeanne d'Arc qu'*elle n'est point la fille d'un pasteur, mais un rejeton de la race des rois* ; et on fait observer que le poète a nécessairement répété là une ancienne tradition. Comme il pourroit paroître extraordinaire que les Anglais n'aient pas profité de ce moyen pour nuire à Charles VII, on prévient cette difficulté. Henri VI étoit lui-même petit-fils d'Isabelle de Bavière : il n'avoit des droits au trône de France que par la princesse Catherine sa mère, fille de cette reine. Il étoit donc aussi important pour lui que pour Charles VII de cacher un fait qui jetoit des doutes sur la légitimité de la naissance de sa mère. Le duc de Bedford dirigea les choses dans l'intérêt de ce prince.

Enfin, pour ne rien laisser dans l'obscurité, on pense que la fausse Pucelle dont parle N. Sala étoit cette fille de Jacques d'Arc, sur laquelle on n'a aucun détail; et que l'autre fausse Pucelle qui épousa le seigneur des Armoises étoit la fille du laboureur de Domremy, échangée au berceau avec la Pucelle d'Orléans. Autrement il sembleroit difficile d'expliquer l'impudence de ces deux créatures, et surtout le mariage de la seconde avec un gentilhomme.

Tel est le système de M. Caze : nous l'avons présenté avec autant de clarté qu'il nous a été possible; mais, dans une courte analyse, nous n'avons pu même indiquer les raisonnemens subtils et souvent spécieux qu'il emploie pour défendre tant d'étonnantes suppositions. Il seroit difficile sans doute de les admettre; mais on ne pourroit sans injustice contester à leur auteur beaucoup d'esprit, beaucoup d'érudition, et une connoissance approfondie de l'époque sur laquelle il a écrit.

Les divers auteurs que nous venons de citer, et qui tous ont fait des recherches si pénibles et si utiles sur l'histoire de la Pucelle, s'étoient malheureusement créé un système avant d'écrire; dès-lors ils ont été entraînés malgré eux à ne considérer les choses que sous le point de vue favorable à leur opinion. Profitant de l'obscurité, des lacunes, des contradictions même que l'on rencontre souvent dans les anciennes chroniques et dans les grosses des deux procès, chacun d'eux y a cherché ce qui pouvoit faire prévaloir son système, et a négligé ce qui pouvoit y être contraire : aussi a-t-on peine à reconnoître la même histoire écrite par des auteurs différens.

L'objet de notre travail étant de compléter les Mémoires que nous réimprimons, nous n'avons rien négligé pour réunir tous les détails de la vie de Jeanne d'Arc qui peuvent offrir quelque intérêt; nous avons dû faire connoître les différens systèmes que l'on a publiés, et n'en adopter aucun, laissant au lecteur le soin de porter un jugement sur l'événement le plus extraordinaire de notre histoire, et peut-être de l'histoire du monde.

PIÈCES

RELATIVES

A L'HISTOIRE DE JEANNE D'ARC.

Lettres de noblesse accordées par Charles VII à Jeanne d'Arc et à sa famille.

CHARLES, par la grâce de Dieu roi de France : en mémoire perpétuelle d'un événement, et pour rendre gloire à la haute et divine sagesse des grâces nombreuses et éclatantes dont il lui a plu nous combler par le célèbre ministère de notre chère et bien aimée la Pucelle Jeanne d'Ay (1), de Domremy, du bailliage de Chaumont ou de son ressort, et que, par le secours de la divine clémence, nous avons espérance de voir s'accroître encore : Nous jugeons convenable et opportun d'élever, d'une manière insigne et digne de la grandeur de notre majesté royale, cette même Pucelle et toute sa famille, non-seulement pour reconnoître ses services, mais encore pour publier les louanges de la Divinité, afin qu'ainsi illustrée par la divine splendeur, elle laisse à sa postérité le monument d'une

---

(1) *D'Ay* pour *d'Arc*. La cause de cette altération de nom n'est pas expliquée d'une manière satisfaisante par les auteurs qui l'ont remarquée. Toutes les dépositions de l'enquête de Vaucouleurs portent *d'Arc* ; ainsi ce nom étoit le véritable.

récompense émanée de notre libéralité royale, qui accroisse et perpétue dans tous les siècles la gloire divine et la célébrité de tant de grâces.

En conséquence, savoir faisons à tous présens et à venir qu'en considération de ce qui vient d'être exposé, et en outre des louables, utiles et agréables services déjà rendus à nous et à notre royaume en plusieurs rencontres par ladite Pucelle Jeanne, et de ceux que nous en espérons à l'avenir, et aussi pour certaines autres causes qui nous induisent à ce faire, nous avons anobli, comme par ces présentes, de notre grâce spéciale, certaine science et pleine puissance, anoblissons et faisons nobles ladite Pucelle, Jacques d'Ay, dudit lieu de Domremy, sa femme Isabelle, Jacquemin et Jean d'Ay, et Pierre Prerelo, père, mère et frères d'icelle Pucelle, et toute sa famille et lignage; et, en faveur et considération d'elle, leur postérité masculine et féminine née et à naître en légitime mariage.

Voulant en conséquence expressément que ladite Pucelle, lesdits Jacques, Isabelle, Jacquemin, Jean et Pierre, et toute la postérité et lignage, nés et à naître tant d'elle que d'eux, soient dans tous leurs actes, et tant en jugement que hors, reçus et réputés par tous pour nobles; et qu'ils usent, jouissent paisiblement et profitent des priviléges, libertés, prérogatives et autres droits dont ont coutume d'user les autres nobles de notre royaume, nés de noble race; les faisant participer eux et leur dite postérité à la condition des autres nobles de notre dit royaume de race noble : nonobstant que, comme on dit, ils ne soient pas de noble extraction, et soient peut-être même d'autre condition que de condition libre; voulant aussi que les mêmes susdits et lesdits famille et lignage de ladite Pucelle, ainsi que leur postérité masculine et féminine, puissent, tant et aussi souvent qu'il leur plaira, être armés et décorés par quelque homme de guerre que ce soit; leur concédant en outre, et à leur postérité, tant mâle que femelle, née et à naître, en légitime mariage, la faculté d'acquérir de personnes nobles, et autres quelconques, fiefs, arrière-fiefs et autres choses nobles; retenir et posséder à perpétuité tant celles acquises que celles à acquérir, sans qu'ils puissent être contraints de mettre hors de leurs mains lesdites choses ou lesdits fiefs, maintenant et à toujours pour cause de noblesse, ni de payer aucune finance à nous et à nos successeurs pour raison de cet anoblissement, de quelque manière qu'on prétende les y obliger et contraindre; de laquelle finance, en considération et par égard pour leurs prédécesseurs, de notre grâce pleine et entière, nous avons doué et tenu quittes, douons et tenons quittes, par ces présentes, les mêmes sus-nommés, et la famille et lignage de ladite Pucelle, nonobstant toutes ordonnances, statuts, édits, us, révocations, coutumes, inhibitions et mandemens faits et à faire à ce contraires.

A l'effet de quoi mandons, en conséquence de ce que dessus, à nos amés et féaux gens de nos comptes, trésoriers généraux et commissaires, préposés ou délégués sur le fait de nos finances, et au bailli dudit bailliage de Chaumont, et autres nos justiciers ou leurs lieutenans présens et à venir, et à chacun d'eux en ce qui le concerne, que de la grâce, anoblissement et concession des présentes, ils aient à faire jouir et user paisiblement, maintenant et à toujours, ladite Pucelle Jeanne, et lesdits Jacques, Isabelle, Jacquemin, Jean et Pierre, toute la famille et lignage d'icelle, ainsi que leur postérité née et à naître, comme dit est, en légitime mariage, sans qu'ils puissent jamais les empêcher ou molester, ou souffrir qu'ils soient empêchés ou molestés par qui que ce soit contre la teneur des présentes.

Et afin que ce soit chose ferme et stable à toujours, nous avons fait sceller ces présentes de notre scel en l'absence de notre grand sceau accoutumé, sauf toutefois, en autres choses et en tout, le droit d'autrui.

Donné à Mehun-sur-Yèvre, au mois de décembre l'an du Seigneur 1429, et de notre règne le huitième. *Et sur le replis est écrit :* Par le Roi, en présence de l'évêque de Séez, des seigneurs de La Trémouille et de Termes, et autres. *Signé* MALLIÈRE. *Et encore sur le même repli est écrit :* Expédiées à la chambre des comptes du Roi, le 16 du mois de janvier l'an du Seigneur 1429, et enregistrées à ladite chambre au livre des chartres de ce temps, folio 121. *Signé* AGREELLE, et scellées du grand scel de cire verte sur double queue, en laz de soie rouge et verte (1).

(1) Extrait du xvie livre des Chartes de la chambre des comptes, traduction de M. Lebrun des Charmettes, Hist. de Jeanne d'Arc.

Chefs d'accusation portés contre Jeanne d'Arc, et sur lesquels l'Université de Paris fut consultée par le tribunal de Rouen.

ARTICLE PREMIER.

Une certaine femme dit et affirme qu'étant âgée de treize ans ou environ, elle a vu de ses yeux corporels saint Michel qui venoit la consoler, et quelquefois aussi saint Gabriel, qui lui apparoissoit sous une figure corporelle; d'autres fois encore une grande multitude d'anges; et que dès-lors les saintes Catherine et Marguerite se sont fait voir à elle corporellement; qu'elle les voit même tous les jours, et a entendu leur voix; que quelquefois elle les a embrassées et baisées en touchant leurs corps. Elle a vu aussi les têtes des anges et des deux saintes; mais elle n'a rien voulu dire des autres parties de leurs corps ni de leurs vêtemens.

Ces deux saintes lui ont parlé quelquefois auprès d'une fontaine située près d'un grand arbre appelé communément *l'arbre des fées*; dont on dit que les fées le fréquentent, et qu'on y vient pour recouvrer la santé, quoique le tout soit situé dans un lieu profane, et que plusieurs fois dans ce lieu, et dans d'autres endroits, elle les a vénérées et leur a fait la révérence.

Elle dit encore que ces deux saintes lui apparoissent, et se montrent à elle, depuis cette époque, avec des couronnes très-belles et très-précieuses; et même que plusieurs fois elles lui ont dit, par l'ordre de

Dieu, qu'il falloit qu'elle allât trouver un certain prince séculier, et lui promettre que, par son secours et ses travaux, il recouvreroit par la force des armes un grand domaine temporel et un grand honneur mondain; qu'il remporteroit la victoire sur ses ennemis; qu'il la recevroit à son service, et lui donneroit des armes, avec un corps d'armée pour exécuter ses promesses. De plus, etc. (rapporté à l'article 5.)

Elle ajoute que ces deux saintes l'ont approuvée, lorsqu'à l'insu et contre la volonté de ses père et mère elle est sortie, à l'âge de dix-sept ans ou environ, de la maison paternelle; et s'étant associée à une multitude de gens d'armes, elle a passé les jours et les nuits avec eux, sans avoir jamais ou n'ayant que rarement d'autre femme avec elle.

Ces saintes lui ont dit et ordonné beaucoup d'autres choses, à raison de quoi elle se dit envoyée par le Dieu du ciel, et par l'Eglise victorieuse des saints qui jouissent déjà de la béatitude.

ARTICLE 2.

Cette même femme dit encore que le signe par lequel le prince auquel elle étoit envoyée s'est déterminé à croire à ses révélations, et à la recevoir pour faire la guerre, consiste en ce que saint Michel, accompagné d'une multitude d'anges, dont les uns avoient des ailes, les autres des couronnes, et parmi lesquels se trouvoient les saintes Catherine et Marguerite, vint trouver ce prince. Cet ange et ces saintes marchoient pendant un long espace à terre, dans les chemins, sur les degrés et dans sa chambre, avec les autres anges; l'un de ces anges donna à ce prince une couronne très-précieuse d'or pur, et s'inclina en lui faisant la révérence. Cette femme a dit une fois qu'elle croit que ce prince étoit seul lorsqu'il reçut ce signe, quoiqu'il y eût du monde assez proche de lui; et une autre fois, qu'un archevêque reçut le signe, qui étoit une couronne, et la remit au prince, en présence et à la vue de plusieurs seigneurs temporels.

ARTICLE 3.

Cette femme connoît et est certaine que celui qui la visite est saint Michel, à cause des bons conseils, des secours qu'il lui a donnés, et de la bonne doctrine qu'il lui a apprise; et parce qu'il s'est nommé lui-même, en lui disant qu'il étoit saint Michel. Elle distingue pareillement les deux saintes, l'une d'avec l'autre, parce qu'elles se nomment à elle en la saluant; c'est pourquoi elle croit qu'il est saint Michel, et elle croit que les discours et actions dudit saint Michel sont choses vraies et bonnes, aussi fermement qu'elle croit que Notre Seigneur Jésus-Christ a souffert et est mort pour notre rédemption.

ARTICLE 4.

Elle dit encore qu'elle est certaine que plusieurs faits qui sont dans le futur contingent arriveront; et elle se vante d'avoir eu connoissance, par les révélations qui lui ont été faites par les deux saintes, de certains faits cachés : par exemple, *qu'elle sera délivrée de prison*, et que les Français feront *en sa compagnie* le plus beau fait qui ait jamais été fait dans toute la chrétienté; et encore qu'elle a reconnu, par révélation, des personnes qu'elle n'avoit jamais vues; et qu'elle a révélé et fait trouver une certaine épée qui étoit dans la terre.

ARTICLE 5.

(D'abord de l'article premier.)

Elle ajoute que ces deux saintes lui ont commandé, de l'ordre de Dieu, de prendre et de porter l'habit d'homme; qu'elle l'a pris, comme elle fait encore : en obéissant à cet ordre avec tant de persévérance, que tantôt elle dit simplement qu'elle aime mieux mourir que de quitter cet habit; et d'autres fois, à moins que ce ne fût par l'ordre de Dieu. Elle a même mieux aimé ne pas assister à la messe, et être privée du sacrement de l'Eucharistie dans les temps prescrits aux fidèles, que de reprendre l'habit de femme et de déposer l'habit d'homme.

(ARTICLE 5.)

Cette même femme dit et affirme que, par l'ordre et du bon plaisir de Dieu, elle a pris et porté continuellement un habit à l'usage des hommes. Elle dit de plus que puisqu'elle avoit ordre de Dieu de porter l'habit d'homme, elle devoit prendre une robe courte, un gippon, des manches et des chausses attachées avec beaucoup d'aiguillettes; avoir les cheveux coupés en rond au-dessus des oreilles, et ne rien garder sur elle qui pût indiquer ou faire reconnoître le sexe féminin, si ce n'est ce que la nature a mis en elle pour la différence de son sexe. Elle convient d'avoir reçu plusieurs fois l'Eucharistie étant ainsi vêtue; et elle n'a jamais voulu, quoique avertie et requise plusieurs fois charitablement, reprendre l'habit de femme, disant tantôt simplement qu'elle aime mieux mourir que de quitter cet habit; et d'autres fois, à moins que ce ne soit de l'ordre de Dieu; et que si elle étoit en habit d'homme avec ceux en faveur de qui elle s'est armée, et que si elle agissoit ainsi qu'avant sa prise et sa détention, ce seroit un des plus grands biens qui pût arriver à tout le royaume de France : ajoutant que, pour chose au monde, elle ne feroit pas le serment de ne plus porter l'habit d'homme et de ne plus prendre les armes. Et en tout cela elle dit qu'elle a bien fait, et qu'elle fait bien d'obéir à Dieu et à ses ordres.

ARTICLE 6.

Elle avoue et elle convient encore qu'elle a fait écrire plusieurs lettres dans lesquelles on mettoit ces mots : *Jhesus Maria*, avec une croix; que quelquefois elle y mettoit une autre croix, et que cela signifioit qu'il ne falloit pas exécuter ce qu'elle mandoit dans sa lettre. Dans d'autres lettres, elle a fait écrire qu'elle feroit tuer ceux qui n'obéiroient pas à ses lettres et à ses ordres, et qu'on la reconnoîtroit aux coups, parce qu'elle avoit le meilleur droit de par le Dieu du ciel; et elle dit souvent qu'elle n'a rien fait qu'en vertu de révélations et par les ordres de Dieu.

ARTICLE 7.

Elle dit encore et elle avoue qu'à l'âge de dix-sept ans ou environ elle est allée, de son gré, et en vertu d'une révélation, trouver un certain écuyer qu'elle n'avoit jamais vu, quittant la maison paternelle contre la volonté de ses père et mère, qui perdirent presque la raison quand ils apprirent son départ; qu'elle pria cet écuyer de la mener ou de la faire conduire au prince dont on parloit tout-à-l'heure; qu'alors ce capitaine lui donna, sur sa demande, un habit d'homme et une épée, et qu'il ordonna un chevalier, un écuyer et quatre valets pour la conduire; qu'étant arrivés auprès du prince dont il a été parlé plus haut, elle lui dit qu'elle vouloit conduire la guerre contre ses adversaires, lui promettant de lui procurer un grand domaine et de vaincre ses ennemis, et qu'elle étoit envoyée pour cela par le Dieu du ciel : ajoutant qu'en tout cela elle a bien agi, de l'ordre de Dieu et en vertu de révélation.

ARTICLE 8.

Elle dit et avoue encore que d'elle-même, et sans y être forcée et engagée par personne, elle s'est précipitée d'une certaine tour très-élevée : aimant mieux mourir que d'être mise entre les mains de ses adversaires, et que de survivre à la destruction de la ville de Compiègne.

Elle dit encore qu'elle n'a pas pu éviter de se précipiter ainsi, quoique les deux saintes lui aient défendu de se jeter en bas, et quoiqu'elle convienne que c'est un grand péché d'offenser ces deux saintes : mais qu'elle sait bien que ce péché lui a été remis après qu'elle s'en est confessée; et elle dit que cela lui a été révélé.

ARTICLE 9.

(D'abord de l'article premier.)

Les deux saintes lui ont révélé qu'elle sera sauvée dans la gloire des bienheureux, et qu'elle s'assurera le salut de son ame, si elle garde la virginité qu'elle leur a vouée la première fois qu'elle les a vues et entendues ; et, à l'occasion de cette révélation, elle assure qu'elle est aussi certaine de son salut que si elle étoit réellement et de fait dans le royaume des cieux.

(ARTICLE 9.)

Cette même femme dit que ces deux saintes lui ont promis de la conduire en paradis, si elle conservoit bien la virginité de son corps et de son ame, qu'elle leur avoit vouée. Elle dit qu'elle en est aussi certaine que si elle étoit déjà dans la gloire des saints ; et elle ne croit pas avoir commis de péché mortel, parce que, si elle étoit en état de péché mortel, ces deux saintes, à ce qu'il lui semble, ne viendroient pas la visiter tous les jours, comme elles le font.

ARTICLE 10.

Cette même femme dit et affirme que Dieu aime certaines personnes qu'elle désigne, qu'elle nomme, et qui sont encore sur la terre, et qu'il les aime plus qu'il ne l'aime elle-même ; et qu'elle le sait par la révélation des saintes Catherine et Marguerite, qui lui parlent, non en anglais, mais en français, parce qu'elles ne sont pas pour les Anglais ; et dès qu'elle a su que les voix étoient pour le prince dont on a parlé plus haut, elle n'a pas aimé les Bourguignons.

ARTICLE II.

Elle dit et avoue encore qu'à l'égard de ces voix et des esprits, qu'elle appelle Michel, Gabriel, Catherine et Marguerite, elle les a vénérés plusieurs fois en se découvrant la tête (*caput discoperiendo*), en fléchissant les genoux, en baisant la terre sur laquelle ils marchoient, et en leur vouant sa virginité; qu'en les embrassant et en baisant les deux saintes, elle les a touchées corporellement et sensiblement: qu'elle les a plusieurs fois appelées à elle pour leur demander conseil et secours, quoique souvent elles viennent la visiter sans être appelées; qu'elle acquiesce et obéit à leurs conseils, et qu'elle y a acquiescé dès le commencement, sans prendre conseil de qui que ce soit, comme de son père et de sa mère, de son curé, de quelque prélat, ou de tout autre ecclésiastique. Et néanmoins elle croit que les voix des saints et saintes de cette nature lui viennent de Dieu et par ses ordres, aussi fermement qu'elle croit à la religion chrétienne, et que Notre Seigneur Jésus-Christ a souffert la mort pour nous délivrer; que si un mauvais esprit lui apparoissoit en feignant d'être saint Michel, elle sauroit bien discerner s'il seroit saint Michel, ou non.

Cette même femme dit encore que de son propre gré, sans qu'on l'y ait portée ou induite, elle a juré à ces deux saintes de ne point révéler le signe de la couronne qui devoit être donnée au prince à qui on l'envoyoit; et enfin elle dit qu'elle ne pourroit le révéler qu'autant qu'elle en auroit la permission.

ARTICLE 12.

Cette femme dit et avoue que si l'Eglise vouloit qu'elle fît quelque chose de contraire à ce qu'elle dit que Dieu lui a ordonné, elle ne le feroit pas pour chose quelconque, affirmant qu'elle sait bien que ce qui est contenu dans son procès vient de l'ordre de Dieu, et qu'il lui seroit impossible de faire le contraire. Elle ajoute que sur tout cela elle ne veut point s'en rapporter à la décision de l'Eglise militante, ni à celle d'aucun homme du monde, mais à Dieu seul, notre Seigneur, surtout par rapport aux révélations et aux matières qui en sont l'objet, et à tout ce qu'elle a fait en vertu de ces mêmes révélations. Et elle dit qu'elle n'a point fait cette réponse et les autres en les prenant dans sa propre tête, mais qu'elle les a faites et les a données de l'ordre de ses voix, et en vertu des révélations qui lui ont été faites, quoique les juges et d'autres personnes qui étoient présentes lui aient déclaré plusieurs fois l'article de foi : *Je crois à l'Eglise, une, sainte et catholique,* en lui exposant que tout fidèle vivant est tenu d'obéir et de soumettre ses discours et ses actions à l'Eglise militante, surtout en matière de foi, et qui concerne la doctrine sacrée et les ordonnances ecclésiastiques.

(*Et de l'article premier.*)

Elle a différé et refusé de se soumettre, elle, ses actions et ses discours, à l'Eglise militante, quoiqu'on l'ait plusieurs fois avertie et requise; disant qu'il lui est impossible de faire le contraire de ce qu'elle a affirmé dans son procès avoir fait de l'ordre de Dieu; et que sur ces choses-là elle ne s'en rapporte à la décision ni au jugement d'aucun homme vivant, mais seulement au jugement de Dieu.

(Extrait des grosses du procès de condamnation. Traduction de M. Lebrun des Charmettes, Hist. de Jeanne d'Arc.)

Sentence définitive d'absolution et de justification de la Pucelle d'Orléans.

EN l'honneur et révérence de la sainte, sacrée et inséparable Trinité, du Père, du Fils et du Saint-Esprit. Amen.

Nostre saulveur et redempteur Jesus, Dieu et homme, par l'éternelle majesté et providence institua et ordonna, premierement saint Pierre et ses apostres, avec leurs successeurs, pour regir et gouverner l'Eglise militante, pour speculer et regarder principalement la vérité, et pour enseigner et remonstrer à tous vrais viateurs (1) les sentiers et chemins de justice et équité; pour raddresser les desvoyez, consoller les desolez, relever et resoudre les opprimez, et réduire à la droite voye.

A ces causes, par l'autorité du Saint Siege apostolique, nous Jean, reverend pere en Dieu, archevesque de Reims, et Guillaume, reverend pere en Dieu, evesque de Paris, et Richard, par la grace de Dieu evesque de Constances, et Jehan Brehal, docteur en theologie, de l'ordre des Freres Prescheurs, inquisiteur d'heresie et idolatrie au royaume de France,

---

(1) *Viateurs:* voyageurs; mot tiré du latin.

juges déleguez et ordonnez par nostre très saint pere le Pape moderne (*Caliste* III).

Veu le procez devant nous solempnellement agité et débatu, et en la vertu et puissance du mandement apostolique s'addressant à nous, reverendement par nous receu et recueilly de la part de honneste et notable dame Isabeau Darc, veuve de deffunct Jacques Darc, et jadis mere de Jehanne Darc et de Jehan et Pierre Darc, freres naturels et légitimes de bonne mémoire; de Jehanne, vulgairement appellée *la Pucelle*; et de tous ses parens, acteurs, à leurs noms prins contre les inquisiteurs de la foy, constituez au diocese de Beauvais, contre le promoteur d'office de la cour episcopale de Beauvais, contre Guillaume de Hellande, evesque de Beauvais, et contre tous autres prétendans proufits et interests en ceste matiere, tant conjointement que séparablement.

Attendue et veue tout, principalement l'évocation peremptoire et l'exécution de ladite vefve, de ses enfans et amys acteurs, avec l'un de nos promoteurs institué et créé par nous et à notre instance, à l'encontre des coupables fauteurs et deffendans, pour nous rescrire et certifier ce qu'ils auront fait contre lesdits accusez et deffendeurs, et leurs réponses, et pour proceder juridiquement à l'encontre d'eux. Veuë, après la demande et petition de ceux qui sont acteurs et demandeurs; attendu aussi leurs raisons et conclusions mises par escrit en forme et maniere d'articles, qui toutes prétendent et veulent conclurre toute fallace, dolosité, fraude, iniquité et déception faites et commises touchant un procez en matiere de la foy, fait et attempté contre Jehanne la Pucelle par Pierre

Cauchon, en son vivant evesque de Beauvais, et par l'inquisiteur de la foy, prétendu et mal ordonné au diocese de Beauvais; et par maistre Jehan Destivet promoteur, ou se disant promoteur audit diocese, ou à tout le moins à cette execution de la Pucelle, et à la fraude et falsification de ce procez et autres choses qui s'en sont ensuivies, qui sont à l'honneur et purgation de la deffunte.

Veus aussi, visitez et examinez les livres, mémoriaux, lettres et originaux, escriptures et libelles faits et réduits par escripts en vertu et mandement de nos lettres de compulsoire, et les protocolles baillez par nos notaires, avec leurs signes exhibez et monstrez à nostre présence, ainsi que l'avions requis et demandé, pour en sçavoir leur opinion et meure délibération; et sur ce avons appellez et invitez advocats et conseillers, en la présence desquels avons communiqué les escriptures, libelles et articles, avec les advocations et allegations des docteurs, pour congnoistre la vérité de tout ce procez. Nous avons conséquemment veu et leu les informations et préparatoires faits par reverend pere en Dieu messire Guillaume de Saint Martin (1), cardinal de Rome, pour lors legat en France; lequel invitasmes avec l'inquisiteur, après que nous eusmes visitez leurs livres et allegations qui leurs furent à leur venue présentez et communiquez, tant par nous que par nos commissaires, avec les autres articles et escriptures faites au commencement du procez; et après qu'ils les eurent visitez et examinez, avec plusieurs traitez des docteurs et prelats qui nous en avoient escript leur opinion, sentencierent et esti-

---

(1) Le cardinal d'Estouteville.

merent qu'il falloit élucider (1) et déclarer tous les doutes de ce procez : Semblablement par l'ordonnance de très-reverend pere en Dieu legat en France, ces articles, traitez, escriptures et libelles furent publiez, visitez et présentez à la requeste desdits acteurs et promoteur, et finallement furent ratifiez et approuvez, après maintes semonces, invitations et évocations.

Attendues aussi les dépositions et attestations des tesmoings touchant la bonne vie, sainte conversation de ladite Pucelle deffuncte, et tant du lieu dont elle étoit que de l'examen et interrogacion d'icelle, faits en la présence de plusieurs venerables docteurs et prelats de l'Eglise, et principalement en la présence de très-reverend pere en Dieu Regnault (2), archevesque de Reims, dedans la ville de Poitiers et autres lieux. Veu mesmement et considéré ce qu'elle vaticina (3) de la liberté et franchise d'Orleans : c'est assavoir que le siege seroit levé de devant ladite ville, qui alors estoit assiegée par les Anglois, et que le roi de France seroit couronné en la ville de Reims : ce qui est advenu. Oultre plus, veu la qualité du faux jugement et la maniere de proceder, et les lettres et mandemens du roi de France, avec les dépositions et attestations données sur le terme de proceder ; et fut donnée et produite contre toutes ces choses préclusion de dire et alleguer. Ouye aussi la description de nostre promoteur, lequel après qu'il eust visité et leu pleinement ces articles et escriptures, se adjoignit et associa avec lesdits acteurs, et au nom de nostre office et dignité feist de sa part derechef produire et

---

(1) *Elucider :* éclaircir. — (2) Regnault de Chartres, archevêque de Reims, et chancelier de France. — (3) *Vaticina :* prophétisa.

remettre en jugement toutes les escriptures, attestations et articles, jusques aux intensions et fins desdits acteurs exprimez et déclarez sous certaines protestations, requestes et réservations faictes de sa part et desdits acteurs : lesquelles requestes avons admises et acceptées avec plusieurs motifs de droit qui nous pouvoient advertir et adviser, par nous receus et visitez, et le nom de Jesus invoqué, conclud en la cause, et ce jour assigné à ouir notre sentence. Toutes ces choses veues, attendues et considerées meurement et diligentement, et avons receus les articles que les faux juges, depuis qu'ils eurent jugez le procez cauteleusement, adviserent qu'il estoit bon de les extraire des confessions et affirmations de ladicte Pucelle defuncte, pour les envoyer et transmettre à plusieurs notables et honnestes personnes. Ces articles ont esté toutesfois contredits et impugnez par nostre promoteur et par la mere et les freres de ladicte defuncte, ainsi comme faux et iniques, tirez et controuvez injustement, et tout autrement qu'elle n'avoit confessé.

Pour ces causes, afin que nostre sentence procede de la vérité et congnoissance de Dieu le créateur, qui seul sçait congnoistre les esperits et volontez des hommes, et n'y a que lui qui parfaitement sache ses revelations, et en est le seul et véritable juge : car il donne sa grace à où il lui plaist, et aucunes fois eslit les humbles et petits pour confondre les grands, fiers et orgueilleux, ne deslaissant jamais despourveus ceux qui ont en lui bonne esperance ; mais leurs aider et subvenir en leurs tribulations et adversitez. Parquoy sur ceste affaire, veuë et considerée la meure déliberation et opinion préméditée et préparée touchant la décision de ce procez; veu aussi la solempnelle détermination des docteurs et prelats d'Eglise, qui sur ce ont déliberé avec grand revolution de livres, codicilles, libelles, protocolles et opinions, tant de paroles que d'escriptures, faites sur la matiere de la defuncte Jehanne d'Arc, lesquelles choses sont plus dignes d'admiration que de condamnation; veu et consideré le faux jugement que l'on donna contre elle, et la maniere de y proceder, qui n'a pas esté raisonnable, mais totalement captieuse, fraudulente et détestable, pour les questions que l'on a proposéés à laditte défuncte hautes et ardues, ausquelles ung grant docteur à grant peine y eut bien sceu donner response; mesme aussi que plusieurs grans personnages ont respondu qu'il estoit merveilleusement difficile de respondre aux questions qu'on lui proposoit plus à sa dampnation qu'à sa salvation, jouxte ce que dit saint Paul des déterminations et révélations divines, il s'en faut rapporter à Dieu :

A ces causes, ainsi que justice le requiert, nous décernons et disons que ces articles doivent estre recommencez et reïterez; c'est assavoir que un servant au procez intenté et prétendu contre laditte defuncte, touchant la sentence donnée contre elle par les articles escripts faulsement, calomnieusement et malicieusement; et veu les malveillances et adversaires d'icelle, lesquels ont prétendu extraire de sa confession, non pas la vérité, mais la falsité en plusieurs points et passages du procez substancieux, lesquels eussent peu émouvoir et incliner le cœur et l'opinion des consuls et advocats, en autre et plus saine déliberation, et à rejetter plusieurs circonstances et allegations qui ne sont point contenues, à son procez, selon la vérité et vraye justice, mais seulement en termes et paroles de rigueur, lesquels changent la substance de toute la vérité de ce procez : parquoy nous cassons, annullons et adnihillons ces articles comme faux et captieux, extraits et tirez invéritablement de la confession de Jehanne la Pucelle. Et à ce procez, décernons et déclarons en jugement qu'il convient les lacerer, deschirer et mettre au feu.

Oultre plus, après que nous avons en toute diligence visité, veu et regardé les causes, aultres articles dudit procez, et principalement deux choses, c'est à sçavoir que les juges ont toujours prétendu chercher et affecté trouver fallacieusement matiere et occasion de la juger et condamner rechûë et récidivée à son heresie et idolatrie, et qu'ils ont livrée entre les mains de ses ennemis les Anglois; et n'ont point voulu admettre et accepter les submissions, recusations et appellations d'icelle, requerante estre menée au Pape, se rapportant de son cas au Saint Siege apostolique, et ses escriptures être examinées, veues et visitées par les clercs de France; attendu aussi et consideré que frauduleusement et deceptieusement tirerent d'elle une abjuration et renonciation, par force et violence, en la présence du bourreau, et en la menaçant de la faire brûler publiquement et cruellement; par ces menaces et violente crainte, lui firent faire une cedule de abjuration et renonciation, laquelle Jehanne n'entendoit ne cognoissoit aucunement. Davantaige, après que nous avons visité les traictez dessus dits, les raisons et opinions des docteurs de theologie, de droit canon et civil, données et respondues sur les crimes faulsement imposez à laditte Pucelle, et qui ne despendoient point de l'ordre et de la continuation du procez; veus d'autre part plusieurs points et articles elegantement touchez, touchant l'injustice, nullité et non valeur du procez fait et mené contre elle, avec les honnestes déterminations, veridiques responses des docteurs soustenans justement le parti du noble roy de France, et remonstrans l'innocence, la simplesse et humilité de la Pucelle, et au contraire la malice, cavillation, injuste et desraisonnable sentence des juges, qui plus par vengeance que droite et équitable justice l'ont condamnée.

Nous estans à notre hault tribunal, ayant toujours Dieu devant les yeux, par sentence diffinitive, proferée et donnée en nostre chaire judiciaile et hault tribunal, nous dessusdits proferons, prononçons, décernons et déclarons que ledit procez et la sentence, pleins de fraudes, cavillations, iniquités, et du tout repugnante à droit et justice; contenant erreurs et abus manifeste : pareillement l'abjuration predicte et toutes les faulses et iniques executions qui en sont procedées et ensuivies, doivent être cassées, adnullées, lacerées et destruites; et qui plus est, pour autant que justice et raison nous persuade et commande, les cassons, irritons, adnullons et évacuons de toute force, puissance, valeur et vertu; et sentencions et déclarons laditte Jehanne (que Dieu absolve), ses freres et parens, acteurs et demandeurs, n'avoir oncq contracté ne encouru aucune tache ou macule d'infamie, à raison et occasion des premisses; innocens, incoulpables et exempts de crime et peché, lequel faulsement on imposoit à ladicte Pucelle.

Oultre plus, ordonnons intimation et execution solempnelle et publique de nostre-dicte sentence estre faite incontinent et sans delais en ceste ville et cité de Rouen, en deux lieux : c'est assavoir l'un ce jourd'huy en la place et cymetiere de Saint-Ouen, auquel lieu sera faite procession generale et sermon solempnel par un venerable docteur en theologie ; et l'autre au viel Marché, où yra demain au matin la procession generale, et là sera fait sermon solempnel par un venerable docteur en theologie : c'est assavoir en la place en laquelle ladite Pucelle fut cruellement et horriblement bruslée et suffoquée ; et après la solempnelle predication seront plantées et affichées croix digne et honneste, en souvenance et perpetuelle memoire de laditte Pucelle defuncte et tous autres trespassez, tant en cesteditte ville de Rouen qu'en autres lieux de ce royaume là où nous verrons qu'il sera convenable et expedient, pour donner signe, memoire et certification notable de l'execution et intimation de nostre sentence. Et si aucunes choses sont encore à establir, ordonner et accomplir, nous les reservons à nostre puissance et disposition ; et pour cause.

Cette présente sentence fut donnée, leuë et publiée par messieurs les juges dessusdits, en la présence de reverend pere en Dieu l'evesque du Mans, Hector Cocquerel, Alain Olivier, Nicolas Du Bois, Jehan de Gouis et plusieurs autres : et fut fait au palais archiepiscopal de Rouen, l'an de grace 1456, le septieme jour du mois de juillet. En ce point-là prononcerent Jehan, par la grace de Dieu archevesque de Reims, Guillaume, reverend pere en Dieu monsieur l'evesque de Paris, et Richard, par la grace divine monsieur l'evesque de Constance (*Coutances en Normandie.*)

(Tiré du manuscrit de messieurs les cardinaux de Rohan et Soubise, fol. 123, *verso*. Cette même sentence se trouve en latin dans l'Histoire de France de Marcel, t. 3, p. 415.)

FRAGMENS

RELATIFS A JEANNE D'ARC,

EXTRAITS

Du Journal de Paris, de la Chronique de Monstrelet, et de différentes Histoires publiées par des écrivains étrangers pendant les quinzième et seizième siècles.

Extrait du Journal rédigé par un bourgeois de Paris.

La vigille du Saint Sacrement en celluy an, qui fut le trentiesme jour de may au dit an 1431, dame Jehanne, qui avoit été prinse devant Compiegne, qu'on nommoit la Pucelle, iceluy jour fut fait un preschement à Rouen, elle estant en ung eschaffault que chacun la povoit veoir bien clairement, vestue en habit d'homme; et là luy fust démonstré les grans maux doloreux qui par elle estoient advenus en chrestienté, especialement au royaulme de France, comme chascun scet : et comment, le jourde la sainte Nativité Nostre Dame, elle estoit venue assaillir la ville de Paris à feu et à sang; et plusieurs grans peschés énormes qu'elle avoit fait et fait faire; et comment à Senlis et ailleurs elle avoit fait ydolatrer le simple peuple : car, par sa faulce hypocrisie, ils la suivoient comme sainte Pucelle; car elle leur donnoit à entendre que le glorieux archange saint Michel, sainte Catherine et sainte Marguerite, et plusieurs autres saints et saintes, se apparoient à luy souvent, et parloient à lui comme amy fait à l'autre, et non pas comme Dieu a fait aucunes foys à ses amys par révélacion, mais corporellement et bouche à bouche, comme un amy à autre.

Vray est qu'elle disoit être aagée environ vingt-sept ans, sans avoir honte que maugré pere et mere, et parents et amys, que souvent alloit à une belle fontaine au pays de Lorraine, laquelle elle nommoit bonne fontaine aux Fées Nostre Seigneur; et en icelluy lieu tous ceulx du pays, quand ils avoient fiebvre, ils alloient pour recouvrer garison; et là alloit souvent ladite Jehanne la Pucelle sous un grand arbre qui la fontaine ombroit; et s'apparurent à elle sainte Katerine et sainte Marguerite, qui lui dirent qu'elle allast à ung cappitaine qu'elles lui nommerent; laquelle y alla, sans prendre congé ne à pere ne à mere; lequel cappitaine la vesti en guise d'homme, et l'arma et lui ceinct l'espée, et lui bailla un escuyer et quatre varlets. Et en ce point fut montée sur ung bon cheval; et en ce point vint au roy de France, et lui dit que du commandement de lui estoit venue à lui, et qu'elle le feroit estre le plus grant seigneur du monde, et qu'il fût ordonné que tretous ceulx qui lui désobéiroient fussent occis sans mercy, et que saint Michel et plusieurs anges lui avoient baillé une couronne moult riche pour lui, et si avoit une espée en terre aussi pour lui : mais elle ne lui rendroit, tant sa guerre fût faillie. Et tous les jours chevaulchoit avec

le Roy à grant foyson de gens d'armes sans aucune femme, vestue, attachée et armée en guise d'homme, un gros baston en sa main; et quant aucun de ses gens mesprenoit, elle frappoit dessus de son baston grans cous en maniere de femme très-cruelle; dit que elle est certaine d'estre en paradis à la fin de ses jours... Plusieurs foys a prins le précieux sacrement de l'autel toute armée, vestue en guise d'homme, les cheveux rondiz, chaperon déchiqueté, gippon, chausses vermeilles attachées à foyson aiguillettes, dont aucuns grants seigneurs et dames lui disoient, en la reprenant de la dérision de sa vesture, que c'estoit pou priser Nostre Seigneur de le recevoir en tel habit, femme qu'elle estoit; laquelle leur respondit promptement..... « Car pour rien n'en feroit autre, et que
« mieulx ameroit mourir que laisser l'habit d'homme
« par nulle défense ; et que ce elle vouloit, elle feroit
« tonner, et autres mersveilles; et qu'une fois on la
« volt faire de son corps déplaisir : mais elle sailli
« d'une haute tour en bas, sans soy blecier aucune-
« ment. »

En plusieurs lieux elle fist tuer hommes et femmes tout en bataille, comme de vengeance voulentaire; car, qui n'obéissoit aux lettres qu'elle faisoit, elle faisoit tantost mourir sans pitié, quand elle en avoit povair..... Telles faulses erreurs et pires avoit assez dame Jehanne; et lesquelles lui furent toutes déclairées devant tout le peuple, dont ils orent moult grand orreur, quand ils ouïrent raconter les grants erreurs qu'elle avoit eues contre notre foy; et avoit encore : car pour chose qu'on luy démonstrât ses grants maléfices et erreurs, elle ne s'en effrayoit ne ebahissoit : ains respondoit hardiement aux articles qu'on lui proposoit devant elle comme celle qui estoit toute pleine de l'ennemy d'enfer; et bien y parut : car elle veoit les clercs de l'Université de Paris qui si humblement la prioient qu'elle se repentist et révoquast de cette mallerreur, et que tout lui seroit pardonné par pénitence, ou ce non elle seroit devant tout le peuple arse, et son ame damnée au fond d'enfer : et lui fust montré l'ordonnance et la place où le feu devoit estre fait pour l'ardoir bientost, si elle ne se révoquoit ; quant elle vit que c'estoit à certes, elle crya mercy, et soy révoca de bouche; et fust sa robbe ostée, et vestue en habit de femme. Mais aussi-tost qu'elle se vist en tel état, elle recommença son erreur comme devant, demandant son habit d'homme; et tantost elle fut de tous jugiée à mourir, et fut liée à une estache qui estoit sur l'eschaffault, qui estoit fait de plastre, et le feu sur lui ; et là fut bientost estainte et sa robe toute arse, et puis fut le feu tiré arriere, et fut veue de tout le peuple toute nue, et tous les secrets qui povent estre ou doivent estre en femme, pour oster les doubtes du peuple; et quant ils l'orent assez et à leur gré vue toute morte liée à l'estache, le bourrel remist le feu grant sur sa povre charrongne qui tantost fut toute comburée, et os et char mises en cendres. Assés avoit là et ailleurs qui disoient qu'elle estoit martyre, et pour son droit Seigneur : autres disoient que non, et que mal avoit fait qui tant l'avoit gardée..... Mais quelle mauvesté ou bonté qu'elle eût faite, elle fut arse celluy jour....

Le jour Saint Martin le Boullant, fut faite une procession generale à Saint Martin des Champs (*à Paris*);

et fist on une predication, et la fist ung frere de l'ordre de saint Dominique, qui étoit inquisiteur de la foy, maistre en theologie; et prononça de rechief tous les fais de Jehanne la Pucelle, et disoit qu'elle avoit dit qu'elle estoit fille de tres pouvres gens, et qu'environ l'aage de quatorze ans elle s'estoit ainsi maintenue en guise d'homme, et que son pere et sa mere l'eussent faite volontiers deslors mourir s'ils eussent peu sans blescier conscience; et pour ce se despartist d'eulx accompaignée de l'ennemy d'enfer, et depuis vesquit homicide de chrestienté plaine de feu et de sang, jusques à tant qu'elle fût arse. Et disoit qu'elle se fust revoquée, et qu'on lui ot baillé penitence, c'est assavoir quatre ans en prinson à pain et à eaue, dont elle ne fist oncques jour, mais se faisoit servir en la prinson comme une dame. Et l'ennemy s'apparu à lui troisiesme : c'est assavoir saint Michel, sainte Katerine et sainte Marguerite, comme elle disoit, qui moult avoit grand paour qui ne la perdist, et lui dist : « Meschante creature, qui pour paour a laissé « ton habit, nous te garderons moult bien de tous. » Par quoy sans attendre se despouilla, et se revestit de toutes ses robes qu'elle vestoit quant elle chevaulchoit, qu'elle boutées avoit où feurre (*dans la paillasse*) de son lict; et se fia en l'ennemy tellement qu'elle disoit qu'elle se repentoit de ce que oncques avoit laissé son habit. Quant l'Université ou ceulx de par elle virent ce, et qu'elle estoit ainsi obstinée, si fut livrée à la justice laic pour mourir. Quant elle se vit en ce point, elle appela les ennemis qui se apparoient à lui en guise de sains : mais oncques puis qu'elle fut jugée nul ne s'apparut à elle, pour invocacion qu'elle sceust faire. Adoncques s'advisa, mais ce fut trop tard. Encore dit il en son sermon qu'ils estoient quatre, dont les trois avoient esté prinses : c'est assavoir cette Pucelle, et Peronne et sa compaigne, et une qui est avec les arminaz, nommée Katerine de La Rochelle, laquelle dit que quant on sacre le precieux corps Nostre Seigneur, qu'elle voit merveilles du hault secret de Nostre Seigneur Dieu : et disoit que toutes ces quatre pouvres femmes frere Richard le cordelier, qui aprés luy avoit si grant suyte quant il prescha à Paris, aux Innocens et ailleurs, les avoit toutes ainsi gouvernées : car il estoit leur beau pere; et que le jour de Nouel, en la ville de Jargiau, il bailla à ceste dame Jehanne la Pucelle trois foys le corps de Nostre Seigneur : dont il est moult à reprendre; et l'avoit baillé à Peronne celui jour deux fois, par le tesmoing de leur confession, et d'aucuns qui presens furent aux heures qu'il leur bailla le precieux sacrement.

Extrait de la Chronique de Monstrelet (1).

CHAPITRE 57 : EN l'an dessusdit vint devers le roy Charles de France à Chinon, où il se tenoit, une pucelle, jeune fille aagée de vingt ans ou environ, nommée Jeanne, laquelle estoit vestue et habillée en guise d'homme, et estoit née des parties entre Bourgongne et Lorraine, d'une ville nommée Droimy, assez pres de Vaucoulour : laquelle pucelle Jeanne fut grand espace de temps chambriere en une hotellerie, et estoit hardie de chevaucher chevaux et les mener boire, et aussi de faire appertises et autres habilités que jeunes filles n'ont point accoustumé de faire. Et fut mise à voye et envoyée devers le Roy par un chevalier nommé messire Robert de Baudrencourt, capitaine de par le Roy de Vaucoulour, lequel luy bailla chevaux, et quatre ou six compagnons.

Si se disoit estre pucelle inspirée de la grace divine, et qu'elle estoit envoyée devers iceluy Roy pour le remettre en la possession de son royaume, dont il estoit enchassé et debouté à tort : si estoit en assez pouvre estat. Si fut environ deux mois en l'hostel du Roy dessusdit : lequel par plusieurs fois elle admon-

---

(1) En lisant cette Chronique, on ne doit pas oublier qu'elle a été écrite après le traité d'Arras, et que jusque là Monstrelet, qui étoit attaché au service du duc de Bourgogne, avoit été ennemi de Charles VII. Ainsi il n'a connu Jeanne d'Arc que par les bruits qui ont été répandus sur elle parmi les Anglais et les Bourguignons ; il les rapporte avec beaucoup de ménagemens, afin de ne pas déplaire au nouvel allié de son maître. Son récit offre souvent des lacunes ; et quand il arrive au procès de la Pucelle, il se borne à citer la lettre de Henri VI au duc de Bourgogne.

nestoit par ses parolles qu'il luy baillast gens et ayde, et elle rebouteroit ses ennemis et exaulceroit sa seigneurie. Durant lequel temps le Roy et son conseil ne adjoustoient point grand foy à elle, ne à chose qu'elle sceust dire, et la tenoit on comme une folle desvoyée de sa santé : car à si grans princes et autres nobles hommes telles ou pareilles parolles sont moult doubtables et perilleuses à croire; tant pour l'ire de Nostre Seigneur principallement, comme pour le blaspheme qu'on pourroit avoir des parlers du monde.

Neantmoins apres qu'elle eut esté en l'estat que dit est, un espace elle fut aydée : et luy furent baillez gens et habillemens de guerre, et esleva un estendart où elle feit paindre la representation de nostre Createur. Si estoient toutes ses parolles du nom de Dieu : pourquoy grand partie de ceux qui la veoient et oyoient parler avoient grand credence et variation qu'elle fût inspirée de Dieu, comme elle se disoit estre. Et fut par plusieurs fois examinée de notables clercs et autres sages hommes de grand auctorité, affin de sçavoir plus à plain son intention. Mais tousjours elle se tenoit en son propos, disant que se le Roy la vouloit croire, elle le remettroit en sa seigneurie; et depuis ce temps feit aucunes besongnes dont elle acquist grande renommée, desquelles sera cy apres declairé.

Et lors qu'elle vint devers le Roy, y estoit le duc d'Alençon, le mareschal du Roy et autres plusieurs capitaines : car le Roy avoit tenu grand conseil pour le fait du siege d'Orleans, et de là alla à Poictiers, et icelle Pucelle avecques luy. Et brief ensuivant fut ordonné que ledit mareschal meneroit vivres et autres besongnes necessaires audit lieu d'Orleans à puissance. Si voulut Jeanne la Pucelle aller avec, et feit requeste qu'on luy baillast harnois pour soy armer et habiller : lequel luy fut baillé. Et tost apres leva son estendart et alla à Bloys, où l'assemblée se faisoit : et de là à Orleans avecques les autres; si estoit tousjours armée de plain harnois. Et en ce mesme voyage se meirent plusieurs gens de guerre soubs elle. Et quand elle fut venue en icelle cité d'Orleans, on luy feit tresgrand chere, et furent moult de gens resjouys de sa venue, si comme vous orrez plus à plain bien briefvement.

CHAPITRE 59...... Si leur fut envoyé de quatre à cinq cens combattans ou environ, et depuis en vindrent bien environ sept mille avecques aucuns vivres, qui estoient en vaisseaux conduits par iceux gens d'armes parmy l'eaüe de la riviere de Loire : et avecques eux vint Jeanne la pucelle, dont dessus est faicte mention; et jusques à ce jour avoit fait encores peu de chose, dont il fut grand renommée. Et lors ceux de l'ost s'efforcerent de conquerre les dessusdits vivres : mais ils furent bien deffendus par ladicte Pucelle et ceux qui estoient avecques elle, et furent mis à sauveté : dont ceux de ladicte ville feirent bonne chiere, et furent moult fort joyeux, tant pour la venue d'icelle Pucelle, comme pour les vivres dessusdits.

Et le lendemain qui fut le jeudy, Jeanne la pucelle se leva assez matin, et en parlant à plusieurs capitaines de la ville et autres gens de guerre les induist et admonnesta moult fort, par ses parolles, qu'ils s'armassent et la suivissent : car elle vouloit aller (se disoit elle) sur les ennemis : disant en outre que bien sçavoit sans faulte qu'ils seroient vaincus. Lesquels capitaines et autres gens de guerre estoient tous esmerveillez de ses parolles, dont la plus grand partie se meit en armes, et s'en allerent avecques elle assaillir la bastille de Sainct Loup, qui estoit moult forte, et avoit dedans de trois à quatre cens Anglois ou environ : lesquels assez tost furent conquis et morts, et prins et mis à grand meschef; et ladicte fortification fut toute demolie, et mise en feu et en flambe.

Si s'en retourna ladicte pucelle Jeanne à tout ses gens d'armes et nobles chevaliers que elle avoit menez avecques elle dedans la noble ville et cité d'Orleans, où elle fut moult grandement et de toutes gens honnorée et festoyée. Et le lendemain ensuivant, qui fut le vendredy, issit ladicte pucelle Jeanne de rechef hors de la ville à tout certain nombre de combattans, et alla assaillir la seconde bastille plaine d'Anglois, laquelle pareillement (comme la premiere) fut gaignée et vaincue, et ceux de dedans morts, et mis à l'espée. Et apres ce que la dessusdicte pucelle Jeanne eut fait ardoir et embrazer icelle seconde bastille, elle s'en retourna dedans ladicte ville d'Orleans, où elle fut plus que devant exaulcée et honnorée de tous les habitans d'icelle.

Et le samedy ensuivant assaillirent par grande vaillance et de grand voulenté la tresforte bastille et forteresse du bout du pont, qui estoit tresforte, merveilleusement et puissamment edifiée, et si estoit dedans la fleur des meilleurs gens de guerre d'Angleterre, et droictes gens d'armes : lesquels moult longuement et prudemment se deffendirent; mais ce ne leur valut gueres : car par vive force et proësse de combattre furent prins et conquis, et la greigneur partie mis à l'espée : desquels y fut occis un tres-renommé et vaillant capitaine anglois, appellé Clasendas (1) : et avecques luy le seigneur de Moulins, le bailly d'Évreux, et plusieurs autres nobles hommes de guerre de grand et de moult riche estat.

Apres laquelle conqueste retournerent dedans ladicte ville Jeanne la Pucelle, et les nobles et renommez François, à petite perte de leurs gens. Et nonobstant qu'à ces trois assaulx la dessusdicte pucelle Jeanne la commune renommée dit en avoir esté la conducteresse, neantmoins si y estoient tous les nobles chevaliers et capitaines, ou aumoins la plus grand partie, qui durant ledit siege avoient esté dedans ladicte ville et cité d'Orleans : desquels par dessus est faicte mention au devant-dits assaux. Et s'y gouvernerent chacun endroit soy si vaillamment, comme gens de guerre devoient faire en tel cas : tellement qu'en ces trois bastilles furent, que morts, que prins, de six à huict mille combattans : et les François ne perdirent qu'environ cent hommes de tous estats.

Chapitre 61 : Or est verité que le connestable de France, le duc d'Alençon, Jeanne la Pucelle et les autres capitaines françois estans tous ensemble sur les champs, comme il est dit dessus, chevaucherent tant par aucunes journées, qu'ils vindrent devant Jargueaux, où estoit le dessusdit comte de Suffort, et de trois à

(1) Glacidas.

quatre cens de ses gens avecques les habitans de la ville, qui tantost en toute diligence se meirent en ordonnance de deffence : mais en brief ils furent assez tost environnez de toutes parts desdits François, et de fait les commencerent en plusieurs lieux à assaillir moult roidement : lequel assault dura assez bonne espace terrible et moult merveilleux. Toutesfois iceux François continuerent si asprement audit assault, que malgré leurs adversaires par force d'armes entrerent dedans ladicte ville, et par prouësses les conquirent : à laquelle entrée furent occis environ trois cens combattans anglois : desquels fut l'un d'iceux des frères du comte de Suffort : lequel comte, avecques luy son autre frere le seigneur de La Poulle, furent faits prisonniers, et de leurs autres gens jusques à soixante hommes ou au dessus. Ainsi doncques ceste ville et chasteau de Jargueaux conquise et subjuguée, comme dit est, lesdits François se rafreschirent dedans icelle tout à leur aise.

Et apres eux partans de là allerent à Meung, qui tantost leur feit obeïssance : et d'autre part fuirent les Anglois qui tenoient La Ferté Hubert, et se bouterent tous ensemble à Bois-Jency, jusques auquel lieu ils furent chassez et poursuivis des François, lesquels se logerent devant eux en plusieurs lieux, et tousjours Jeanne la Pucelle au front devant, à tout son estendart ; et lors par toutes les marches de là environ n'estoit plus grand bruit ne renommée comme il estoit d'elle et de nul autre homme de guerre. Et adoncques les plus principaux capitaines anglois qui estoient dedans la dicte ville de Bois-Jency, voyant par la renommée d'icelle Pucelle fortune estre du tout ainsi tournée contre eux, et que plusieurs villes et forteresses estoient desja mises en l'obeïssance de leurs ennemis, les uns par vaillance d'armes et forces d'assault, et les autres par traictié : et aussi que leurs gens pour la grand partie en estoient moult esbahis et espoventez, et ne les trouvoient pas de tel propos de prudence qu'ils avoient accoustumé, ains estoient tres-desirans d'eux retraire sur les marches de Normandie.

Si ne sçavoient que faire, ne quel conseil eslire : car ils ne sçavoient estre acertenez n'asseurez d'avoir en bref secours. Et pourtant, tout consideré les besongnes dessusdictes, ils traicterent avec les François qu'ils s'en iroient à tout leurs biens, saufs leurs corps et leurs vies : par condition qu'ils rendroient la place en l'obeïssance du roy Charles de France ou de ses commis. Lequel traicté ainsi fait, lesdits Anglois se departirent, prenant leur chemin parmy la Beausse, et tirant vers Paris.

Et les François entrerent joyeusement dedans Bois-Jency ou Boscengy : et prindrent conclusion, par l'exhortation de Jeanne la Pucelle, qu'ils iroient au-devant des Anglois, qui des parties vers Paris venoient pour les combattre, comme on leur avoit donné à entendre : laquelle chose estoit veritable.

Si se meirent de rechef à plains champs, et venoient à eux chacun jour gens nouveaux de plusieurs marches. Et furent adoncques ordonnez le connestable, le mareschal de Boussach, La Hire, Pothon et plusieurs autres capitaines, de faire l'avantgarde : et le surplus, comme le duc d'Alençon, le bastard d'Orleans, le mareschal de Roye, estoient conducteurs de la bataille, qui suivoient assez pres ladicte avantgarde, et povoient estre de huict à neuf mille combattans. Et fut demandé à Jeanne la Pucelle, par aucuns des princes là estans, quelle chose il estoit de faire, et que bon lui sembloit à ordonner : laquelle Pucelle respondit qu'elle savoit bien pour vray que leurs anciens ennemis les Anglois venoient pour eux combattre; disoit outre qu'au nom de Dieu on allast hardiement contre eux, et que sans faillir ils seroient vaincus. Et aucuns luy demanderent où on les trouveroit; et elle leur dit : « Chevauché hardiement, on « aura bon conduict. »

Et adoncques tous les gens d'armes se meirent en bataille, et en bonne ordonnance tirerent leur chemin, ayans des plus expers hommes de guerre montez sur fleur de coursiers, allant devant pour descouvrir leurs ennemis, jusques au nombre de soixante ou quatre vingts hommes d'armes. Et ainsi par certaine longue espace chevaucherent et vindrent par un jour de samedy à une grande demie lieüe d'un gros village nommé Patay.

Monstrelet fait ensuite la description de la bataille; puis il ajoute : « Et par especial Jeanne la Pucelle « acquist en icelles besongnes si grand loüenge et re- « nommée, qu'il sembloit à toutes gens que les ennemis « du Roy n'eussent plus puissance de resister contre « elle, et que brief par son moyen le Roy deust estre « remis et restably du tout en son royaume. »

En racontant l'expédition de Reims, il se borne à dire que la Pucelle a accompagné le Roi, sans faire d'elle aucune mention particulière.

CHAPITRE 84 : A l'entrée du mois de may fut rué jus

et prins un vaillant homme d'armes nommé Franquet d'Arras, tenant le party du duc de Bourgongne : lequel estoit allé courre sur les marches de ses ennemis vers Laigny sur Marne, à tout trois cens combattans ou environ : mais à son retour fut rencontré de Jeanne la Pucelle, qui avec elle avoit quatre cens François. Si assaillit moult courageusement et vigoureusement ledit Franquet et ses gens par plusieurs fois : car par le moyen de ses archiers, c'est à sçavoir dudit Franquet qu'il avoit, lesquels par tresbonne ordonnance s'estoient mis à pied, se deffendirent si vaillamment, que pour le premier et second assault icelle Pucelle et ses gens ne gaignerent riens sur eux ; mais en conclusion elle manda toutes les garnisons de Laigny et autres forteresses de l'obeïssance du roy Charles, lesquels y vindrent en grand nombre, à tout (1) coulevrines, arbalestres et autres habillemens de guerre. Et finablement les dessusdits tenans le party de Bourgongne, après qu'ils eurent moult adommagé leurs ennemis de gens de cheval, ils furent tous vaincus et desconfits, et la plus grand partie mis à l'espée ; et mesmement ladicte Pucelle feit trancher la teste à iceluy Franquet, qui grandement fut plaint de ceux de son party, pourtant qu'en arme il estoit homme de vaillante conduicte.

Chapitre 86 : *Item*, durant le temps que ledit duc de Bourgongne estoit logé à Condin, comme dit est, et ses gens d'armes és autres villages aupres de Condin et de Compiengne : advint la nuict de l'Ascension, à cinq heures apres midy, que Jeanne la Pucelle, Pothon,

---

(1) *A tout :* avec.

et avecques plusieurs autres nobles et vaillans capitaines françois, avec eux de cinq à six cens combattans, saillirent hors tous armez de pied et de cheval de ladicte ville de Compiengne, par la porte du pont vers Montdidier; et avoient intention de combattre et ruer jus le logis de messire Baudo de Noielle, qui estoit à Marigny au bout de la chaussée, comme dit est en autre lieu. Si estoit à ceste heure messire Jean de Luxembourg, avec luy le seigneur de Cresquy et huict ou dix gentils-hommes, tous venus à cheval, non ayans sinon assez petit de son logis devers le logis messire Baudo; et regardoit par quelle maniere on pourroit assieger icelle ville de Compiengne.

Et adonc iceux François, comme dit est, commencerent tres fort à approcher iceluy logis de Marigny, auquel estoient ou la plus grand partie tous desarmez. Toutesfois en assez brief terme s'assemblerent, et commença l'escarmouche tresgrande, durant laquelle fut crié à l'arme en plusieurs lieux, tant de la partie de Bourgongne comme des Anglois; et se meirent en bataille les dessusdits Anglois contre les François sur la prée au dehors de Venete, où ils estoient logez, et estoient environ cinq cens combattans. Et d'autre costé les gens de messire Jean de Luxembourg, qui estoient logez à Claroy, sachans cest effroy vindrent les aucuns hastivement pour secourir leur seigneur et capitaine, qui entretenoit ladicte escarmouche, et auquel pour la plus grand partie les autres se r'allierent : en laquelle fut tresdurement navré au visage ledit seigneur de Cresquy.

Finablement apres ce que ladicte escarmouche eut duré assez longue espace, iceux François voyant leurs ennemis multiplier en grand nombre, se retrahirent devers leur ville, tousjours la pucelle Jeanne avec eux sus le derriere, faisant grand maniere d'entretenir ses gens et les ramener sans perte. Mais ceux de la partie de Bourgongne, considerant que de toutes parts auroient brief secours, les approcherent vigoureusement, et se ferirent en eux de plain eslaiz. Si fut en conclusion, comme je fuz informé, la dessusdicte Pucelle tirée jus de son cheval par un archier, aupres duquel estoit le bastard de Vendonne, à qui elle se rendit et donna sa foy : et il sans delay l'emmena prisonniere à Marigny, où elle fut mise en bonne garde : avec laquelle fut prins Pothon le Bourguignon et aucuns autres, non mie en grand nombre.

Et les dessusdits François rentrerent en Compiengne dolens et courroucez de leur perte : et par especial eurent moult grand desplaisance pour la prinse d'icelle Pucelle, et à l'opposite ceux de la partie de Bourgongne; et les Anglois en furent moult joyeux, plus que d'avoir cinq cens combattans : car ils ne craignoient ne redoubtoient nul capitaine ne autre chief de guerre, tant comme ils avoient tousjours fait jusques à ce present jour icelle Pucelle.

Si vint assez tost après le duc de Bourgongne à toute sa puissance de son logis de Condin, où il estoit logé en la prée devant Compiengne. Et là s'assemblerent les Anglois, ledit duc et ceux des autres logis en tresgrand nombre, faisant l'un avec l'autre grans cris et resbaudissemens pour la prinse de ladicte Pucelle : laquelle iceluy duc alla veoir au logis où elle estoit, et parla à elle aucunes parolles dont je ne suis mie bien recors, *jaçoit-ce que je y estoye present.* Apres lesquelles se trahit ledit duc et toutes gens chacun en leurs logis pour ceste nuict : et la Pucelle demoura en la garde et gouvernement de messire Jean de Luxembourg, lequel, apres dedans briefs jours ensuivans, l'envoya soubs bon conduict au chasteau de Beau-Lieu, et de là à Beaurevoir, où elle fut par long temps prisonniere, comme cy apres sera declairé plus à plain.

Chapitre 105 : S'ensuit la condemnation qui fut faicte en la cité de Roüen contre Jeanne la Pucelle, comme il peut apparoir par lettres envoyées de par le roy d'Angleterre au duc de Bourgongne, desquelles la copie s'ensuit :

Lettre adressée par Henri VI au duc de Bourgongne, sur la condamnation de Jeanne d'Arc.

Treschier et tresaimé oncle, la fervente dilection que sçavons vous avoir (comme vray catholique) à nostre mere saincte Eglise et l'exaltation de nostre saincte foy, raisonnablement nous exhorte et admonneste de vous signifier et escrire ce qu'à l'honneur de nostredicte mere saincte Eglise, fortification de nostre foy et extirpations d'erreurs pestilencieuses, a esté en ceste nostre ville de Roüen fait nagueres solennellement.

Il est assez commune renommée, ja comme par tout divulguée, comment celle femme qui se faisoit nommer Jeanne la Pucelle erronée s'estoit deux ans et plus, contre la loy divine et l'estat de son sexe femenin, vestue en habit d'homme : chose à Dieu abhominable;

et en tel estat transportée devers nostre ennemy capital et le vostre, auquel et à ceux de son party, gens d'église, nobles et populaires, donna souvent à entendre que elle estoit envoyée de par Dieu : en soy presumptueusement vantant qu'elle avoit communication personnelle et visible avecques sainct Michel, et grande multitude d'anges et de saincts de paradis, comme saincte Katherine et saincte Marguerite. Par lesquels faulx donné à entendre, et l'esperance qu'elle promettoit de victoires futures, divertit plusieurs cueurs d'hommes et de femmes de la vérité, et les convertit à fables et mensonges.

Se vestit aussi d'armes appliquées pour chevaliers et escuyers, leva l'estandard; et en trop grand outrage, orgueil et présumption demanda avoir et porter les tresnobles et excellentes armes de France, qu'en partie obtint; et les porta en plusieurs courses et assaulx, et ses freres, comme on dit : c'est à sçavoir un escu à deux fleurs de lys d'or à champ d'azur; et une espée la poincte en haut, feruë en une couronne.

En cest estat s'est mise aux champs, a conduit gens d'armes et de traict en exercite et grans compagnies, pour faire et exercer cruautez inhumaines en espandant le sang humain, en faisant seditions et commotions de peuple : l'induisant à parjuremens, rebellions, superstitions et faulces creances; en perturbant toute vraye paix, et renouvellant guerre mortelle en se souffrant honnorer et reverer de plusieurs, comme femme sainctifiée : et autrement damnablement ouvrant en divers cas longs à exprimer, qui toutesfois ont esté en plusieurs lieux assez cogneuz, dont presque toute la chrestienté a esté toute scandalizée.

Mais la divine puissance ayant pitié de son peuple loyal, qui ne l'a longuement voulu laisser en peril ne souffert demourer és vaines, perilleuses et nouvelles crudelitez, où ja legierement se mettoit, a voulu permettre sa grand misericorde et clemence, que ladicte femme ait esté prinse en vostre ost et siege que teniez lors de par nous devant Compiengne, et mise par vostre bon moyen en nostre obeïssance et domination.

Et pource que dés lors feusmes requis par l'evesque, au diocèse duquel elle avoit esté prinse, qu'icelle Jeanne, notée et diffamée de crimes de leze majesté divine, lui feissions delivrer, comme à son juge ordinaire ecclesiastique; nous, tant pour la reverence de nostre mere saincte Eglise, de laquelle voulons les ordonnances preferer à noz propres faits et voulentez comme raison est, comme aussi pour l'honneur et exaltation de nostredicte saincte foy, luy feismes bailler ladicte Jeanne, affin de lui faire son procez : sans en vouloir estre prinse par les gens et officiers de nostre justice seculiere aucune vengeance ou punition, ainsi que faire nous estoit raisonnablement licite : attendu les grans dommages et inconveniens, les horribles homicides et detestables cruautez, et autres maulx innumerables qu'elle avoit commis à l'encontre de nostre seigneurie et loyal peuple obeïssant.

Lequel evesque, adjoinct avecques luy le vicaire de l'inquisiteur des erreurs et heresies, et appellé avecques eux grand et notable nombre de solennels maistres et docteurs en theologie et droit canon, commença par grande solennité et deüe gravité le procez d'icelle Jeanne. Et apres ce que luy et ledit inquisiteur, juges en ceste partie, eurent par plusieurs et diverses journées interrogué ladicte Jeanne, feirent les confessions et assercions d'icelle meurement examiner par lesdits maistres docteurs, et generallement par toutes les facultez de nostre treschiere et tresaymée fille l'Université de Paris, devers laquelle lesdictes confessions, assercions, ont esté envoyez : par l'opinion et deliberation desquels trouverent lesdits juges icelle Jeanne supersticieuse, devineresse de diables, blasphemeresse en Dieu et en ses saincts et sainctes, schismatique, et errant par moult de sors en la foy de Jesus-Christ. Et pour la reduire et ramener à l'unité et commun de nostredicte mere saincte Eglise, la purger de ses horribles et pernicieux crimes et pechez, et guerir et preserver son ame de perpetuelle peine et damnation, fut souvent et par bien long temps trescharitablement et doulcement admonestée à ce que tous erreurs fussent par elle rejectées et mises arriere; voulsist humblement retourner à la voye et droit sentier de verité, ou autrement elle se mettoit en grand peril d'ame et de corps.

Mais le tresperilleux et divisé esprit d'orgueil et d'outrageuse présumption, qui tousjours s'efforce de vouloir empescher l'unité et seurté des Chrestiens, occupa et detint tellement en ses liens le courage d'icelle Jeanne, que pour quelconque saincte doctrine ou conseil, ne aultre doulce exhortation qu'on lui eût administrée, son cueur endurcy et obstiné ne se voulut humilier n'amolir : mais se vantoit souvent que toutes les choses qu'elle avoit faictes estoient bien faictes, et les avoit faictes du commandement de Dieu et desdictes sainctes vierges, qui visiblement s'estoient à elle apparues. Et qui pis est, ne recognoissoit ne ne vouloit récognoistre en terre fors Dieu seullement et les saincts de paradis, en refusant et deboutant le jugement de nostre sainct pere le Pape, du concile general et universelle Eglise militante.

Et voyans les juges ecclesiasticques sesdits courage et propos, par tant et si longue espace de temps, endurcy et obstiné, la feirent mener devant le clergié et le peuple illec assemblé en tresgrand multitude : en la presence desquels furent preschez, exposez et declarez solennellement et publiquement par un notable maistre en theologie à l'exaltation de nostre foy, extirpation des erreurs et edification et amendement du peuple chrestien. Et de rechief fut charitablement admonestée de retourner à l'union de saincte Eglise, et de corriger ses fautes et erreurs en quoy elle estoit obstinée. Et en ce consideré, les juges dessusdits procederent à prononcer la sentence contre elle, en tel cas de droict introduicte et ordonnée. Mais avant que la sentence fut parlute, elle commencea par semblant à muer son courage, disant qu'elle vouloit retourner à saincte Eglise : ce que voulentiers et joyeusement ouïrent les juges et le clergié dessusdits, qui à ce la receurent benignement, esperant par ce moyen son ame et son corps estre racheptez de perdition et tourment.

Adoncques se submist à l'ordonnance de saincte Eglise, et ses erreurs et detestables crimes revocqua de la bouche et abjura publicquement, signant de sa propre main la cedulle de ladicte revocquation et abjuration.

Et par ainsi nostre piteuse mere saincte Eglise soy

esjouissant sur la pécheresse faisant penitence, vueillant la brebis retrouver et recouvrer par le desert s'estoit esgarée et forvoyée, ramener avecques les autres, icelle Jeanne pour faire penitence condamna en chartre.

Mais gueres ne fut illecques, que le feu de son orgueil, qui sembloit estre estainct en icelle, rembrasa en flambes pestilencieuses par les soufflemens de l'ennemy. Et tantost ladicte femme malheurée rencheut és erreurs et és rageries que par avant avoit proferées, et depuis revocquées et abjurées, comme dit est.

Pour lesquelles causes, selon ce que les jugemens et institutions de saincte Eglise l'ordonnerent, affin que doresnavant elle ne contaminast les autres membres de Jesus-Christ, elle fut de rechief preschée publicquement. Et comme elle fut rencheüe és crimes et fautes villaines par elle accoustumées, fut delaissée à la justice seculiere, laquelle incontinent la condamna à estre bruslée.

Et voyant son finement approcher, elle cogneut plainement et confessa que les esprits qu'elle disoit estre apparus à elle souventesfois estoient mauvais et mensongiers, et que les promesses qu'iceux esprits luy avoient plusieurs fois faictes de la delivrer estoient faulces : et ainsi se confessa par lesdits esprits avoir esté deceüe et demoquée. Si fut menée par ladicte justice, liée, au vieil Marché dedans Roüen, et là publicquement fut arse à la veüe de tout le peuple (1).

---

(1) Copie de cette lettre fut adressée à tous les évêques de France qui avoient adhéré au traité de Troyes. On y avoit seulement ajouté le paragraphe suivant, qui la terminoit :

« Icy est la fin des œuvres, icy est la fin et issue d'icelle femme, que

Laquelle chose ainsi faicte, le dessusdit roi d'Angleterre signifia par les lettres, comme dit est, au dessusdit duc de Bourgongne, affin qu'icelle execution de justice, tant par luy comme les autres princes, fust publiée en plusieurs lieux : et que leurs gens et subjects doresnavant fussent plus seurs et mieux advertis de non avoir creance en telles ou semblables erreurs, qui avoient regné pour l'occasion de ladicte Pucelle.

presentement vous signiffions pour vous informer veritablement de ceste matiere, reverend pere en Dieu : afin que par les lieux de vostre diocese que bon vous semblera, par predications et sermons publics et aultrement, vous faictes notifier ces choses pour le bien et exaltacion de nostre dicte foy et edification du peuple chrestien, qui, à l'occasion des œuvres d'icelle femme, a esté longuement deceu et abusé; et que pourvoyez, ainsi que à vostre dignité appartient, que aulcuns du peuple à vous commis ne presument croire de legier en telles erreurs et perilleuses supersticions, mesmement à ce present temps, auquel nous voyons drecer plusieurs faulx prophetes, semeurs de dampnées erreurs et folle creance, lesquelz eslevez contre nostre mere saincte Eglise, par fol hardement et oultrageuse presumpcion, pourroient par adventure contaminer de venin perilleux de faulse erreur le peuple christian ; se Jhesus Christ, de sa misericorde, n'y pourvoit; et vous et ses ministres qu'il appartient, ne entendez diligemment à rebouter et punir les voulentés et faulx hardemens des hommes reprochés. Donné en nostre ville de Rouen, le vingt huictiesme jour de juin 1431. »

Henri de Gorckeim [1] (de Gorcum), *théologien hollandois* (Propositionum de puellâ militari in Franciâ).

Une jeune fille qui faisoit paître les troupeaux à la campagne fut présentée au fils du roi Charles VI (*ad regis Caroli* VI *filium quædam juvencula accessit* [2]), et l'assura qu'elle étoit envoyée de Dieu pour réduire tout le royaume sous son obéissance. Pour éviter cependant que cette démarche ne fût regardée de sa part comme téméraire, elle fait connoître des choses secretes que ni elle ni aucun autre ne pouvoit pas naturellement savoir. Dès qu'elle fut agréée, elle se fit couper les cheveux, et se servit d'habits militaires, avec lesquels elle monte à cheval : alors, armée de son seul étendard, on remarque en elle des talens supérieurs, fruits d'une longue expérience dans les plus habiles généraux. Non-seulement elle encourage ceux qui combattent avec elle, mais elle décourage encore et abat les forces de l'ennemi. Est-elle descendue de cheval, elle reprend l'habit de son sexe, et fait paroître une admirable simplicité de conduite, et une innocence que rien n'égale; elle ignore même entièrement le courant des affaires ordinaires. On assure qu'elle a toujours conservé sa virginité, et qu'à une extrême sobriété elle joint une parfaite modestie ; que, pénétrée d'une véritable piété, elle empêche non-

---

[1] Il a écrit en 1429, avant que Jeanne d'Arc fût prisonnière.
[2] Cet auteur, qui étoit sujet du duc de Bourgogne, ne donne pas le titre de roi à Charles VII : il ne le désigne que comme fils du roi Charles VI.

seulement la mort, mais encore les pillages et les violences qu'on pourroit faire à ceux qui se soumettent au parti qu'elle a embrassé. C'est ce qui porte toutes les villes à jurer fidélité au fils du Roi (*Regio filio*); aussi croit-on qu'elle est envoyée de Dieu pour opérer, par le secours céleste, les actions qu'on ne pourroit pas attendre d'un courage purement humain.

(Traduction de Lenglet-Dufresnoy.)

Jean Nider, dominicain allemand (Traité de Maleficiis), *mort en* 1438.

Depuis environ dix ans il avoit paru en France une fille douée, dit-on, de l'esprit de prophétie et du don des miracles. Elle est toujours habillée en homme, et jamais les docteurs n'ont pu lui persuader de quitter cet habillement pour reprendre celui de son sexe, quoiqu'elle se déclarât vierge. Elle marquoit même publiquement que sous cet habit elle étoit envoyée de Dieu pour rétablir le roy Charles dans son royaume, dont le roy d'Angleterre et le duc de Bourgogne, qui le vouloient dépouiller, ne faisoient que tourmenter et tyranniser les peuples. Et cette fille accompagne toujours à cheval le Roi son maître, auquel elle ne discontinue pas de promettre des victoires sur ses ennemis, et même d'en remporter. Elle opere en sa faveur beaucoup de choses admirables, qui étonnent avec raison la France et tous les pays étrangers.

..... Les sentimens étoient différens, et quelquefois même contradictoires. On étoit en doute sur l'esprit dont Jeanne étoit animée : ou de celui de Dieu, ou de celui du démon. Les plus savans hommes en écrivoient fort diversement, et même d'une manière opposée. Enfin après avoir secouru le roi Charles, et l'avoir fait reconnoître et confirmé dans une partie de ses Etats, la Providence divine a permis qu'elle fût arrêtée et brûlée par les Anglois. On assembla beaucoup de théologiens, de canonistes et de jurisconsultes pour l'examiner.

Plus loin l'auteur assure avoir appris de Nicolas Lami, licencié en théologie et ambassadeur de l'Université de Paris au concile de Basle, qu'elle avoit avoué qu'un ange de Dieu la visitoit familierement; mais que des gens très-habiles ont été d'avis, et par conjectures et par preuves, que cet esprit étoit un ange de ténèbres, et que le roy d'Angleterre l'avoit ainsi écrit à l'empereur Sigismond.

(Traduction de Lenglet-Dufresnoy.)

Battiste Fulgose (Baptiste Fregose), *doge de Gênes en* 1478. (Actions mémorables.)

Au temps que les plus belles provinces du royaume gémissoient sous le joug tyrannique des Anglois, parut Jeanne, fille de Jacques d'Arc, native du village de Domremy, sur les frontieres de Lorraine. On la regardoit comme une espece de prophétesse, à cause des visions extraordinaires qu'elle disoit avoir eues, même avant l'âge de quinze ans. Le duc Charles de Lorraine l'envoya vers Robert de Baudricourt, gouverneur de Vaucouleurs, et ce dernier la fit présenter au roi Charles VII, à qui elle promit toute victoire sur ses ennemis. Cependant on eut la précaution de ne la pas croire, sans l'éprouver sur certains faits secrets dont elle fit connoître la vérité. Dès qu'on crut s'en devoir servir, on la mit à la tête de l'armée de France; alors, étant à cheval avec l'armure et l'appareil militaire, on l'auroit prise pour un général, soit par le ton de voix avec lequel elle commandoit, soit par les ordres qu'elle donnoit toujours à propos. Son courage extraordinaire obligea les Anglois à lever le siége d'Orléans; et quoiqu'elle fût blessée au cou, elle ne s'étonna ni du bruit des armes, ni de voir tomber morts à ses pieds la plupart des combattans, pas même du sang qui couloit de sa plaie. Elle agissoit avec tant de valeur et d'activité, qu'elle remplissoit en même temps les fonctions de général et de soldat. Enfin, après cette premiere expédition, elle conduit l'armée de France à Troyes, qu'elle assiége contre l'avis des généraux et des ministres, et qu'elle prend contre leur espérance; d'où elle se rend à Rheims, et y fait sacrer et couronner Charles VII, suivant l'ancien usage des François. Elle vient ensuite à Paris, soumis alors aux Anglois, l'attaque et monte sur le rempart, sans qu'une plaie considérable qu'elle reçoit à la cuisse l'empêche de continuer. Son courage inspiroit une si grande terreur aux Anglois, qu'ils craignoient de se présenter devant cette fille, comme avant sa venue les François n'osoient tenir devant eux.

(Traduction de Lenglet-Dufresnoy.)

Jacques-Philippe Foresti, connu sous le nom de Philippe de Bergame, né en 1440, *mort en* 1520. (De claris Mulieribus).

Une fille nommée Jeanne, qui étoit née en Lorraine, parut vers l'an 1429. On croit que dès sa tendre jeunesse Dieu l'avoit choisie pour opérer des choses extraordinaires; et après avoir conservé une perpétuelle virginité, elle fut brûlée à Rouen à l'âge de vingt-quatre ans (ou plutôt de vingt ans ou environ). Voici donc ce qu'on en rapporte. Quoique sortie de parens obscurs, elle avoit toujours été douée d'un courage supérieur. Après avoir passé les premieres années de sa vie à faire paître les troupeaux, elle s'exerçoit avec ses compagnes, soit à la course, soit à combattre avec des especes de lances, ainsi qu'auroient pu faire les plus habiles chevaliers. Elle faisoit même assaut contre des arbres, comme s'ils eussent été des combattans. Une autre fois elle montoit quelques-uns des chevaux qu'elle menoit paître, et s'y tenoit aussi ferme que les meilleurs écuyers. Avec de longs bâtons dont elle s'armoit, elle appuyoit des especes de coups de lances si rudes, que tous ceux qui la regardoient combattre ne pouvoient s'empêcher de l'admirer : on prenoit même plaisir à la voir dans cet exercice.

Elle étoit d'une taille médiocre, avoit une physionomie champêtre, des cheveux noirs; mais d'ailleurs d'un corps extrêmement robuste. Sa virginité, qu'elle conserva toujours exactement, étoit accompagnée d'un grand fonds de religion; et, selon le caractere des femmes de son pays, elle avoit une voix douce et une parole insinuante, que la pureté de ses mœurs rendoit respectable. On remarquoit en elle un si grand sens et tant de circonspection, qu'on eût dit qu'elle avoit été élevée et nourrie dans une cour exacte où regne la prudence...

Dans le temps que Henri, roi d'Angleterre, faisoit la guerre au roi Charles VII, les Anglois assiégerent Orléans, l'une des principales villes de France, la seule ressource qui restoit au roi Charles. On cherchoit donc tous les moyens d'en faire lever le siége : sans quoi c'étoit fait de tout le royaume. Dans ces dures et fâcheuses extrémités, le roi de France se trouvoit agité de continuelles incertitudes, sans savoir à quoi se déterminer.

Or, dans le temps que cette fille faisoit paître ses troupeaux, il lui arriva, pour se mettre à couvert de la pluie, de se retirer dans une petite chapelle abandonnée, et de s'y endormir. Elle crut y avoir été favorisée d'un songe que Dieu lui envoya. Elle n'avoit alors que seize ans. Elle se persuada que c'étoit un avertissement du ciel, qui lui ordonnoit de quitter la garde de ses brebis pour aller trouver le roi Charles. Dès qu'elle fut arrivée à la cour, elle dit qu'elle étoit envoyée de Dieu pour parler au Roi de choses de conséquence. Les seigneurs et les chambellans ne purent s'empêcher de la mépriser, et de railler même une fille qui vouloit, avec un air champêtre et des habits de paysan, parler au Roy. Ils la rebuterent donc très-durement sur sa hardiesse et sa témérité de vouloir aborder un si grand Roi, et lui parler d'affaires.

Cependant, soutenue et même animée par la divinité, elle persistoit à demander qu'on la fît paroître devant le Roi, pour lui parler, non de bagatelles, mais d'affaires importantes. Enfin, après bien des sollicitations, elle lui fut présentée; et se jetant à ses pieds d'une maniere très-respectueuse, elle lui dit : « Grand
« Roi, quoique je sois la moindre de vos servantes,
« j'ai quitté la garde de mon troupeau; et par le com-
« mandement de Dieu je suis venue en diligence pour
« vous aider à reprendre votre royaume, et par le
« même ordre je demande d'être mise à la tête de
« votre armée. Ne soyez pas étonné qu'une pauvre
« paysanne se présente à vous pour demander ce
« commandement. Dieu tout puissant l'a voulu, et a
« choisi ce qu'il y avoit de plus foible pour confondre
« les plus fortes puissances. »

Le Roi, quoique surpris de ce discours, aussi-bien que toute sa cour, ne put s'empêcher de lui dire : « Pucelle, vous dites que Dieu vous envoie à
« mon secours; mais où en est la preuve? Vous êtes
« une jeune fille sans expérience : comment avez-vous
« la présomption de vous croire capable d'un emploi
« aussi difficile que celui de conduire une armée?
« C'est ce qui ne convient ni à votre condition ni à
« votre jeunesse; à peine les plus habiles et les plus
« expérimentés généraux y peuvent réussir. Ainsi je
« vous avertis de faire réflexion sur ce que vous pro-
« posez. » Sur-le-champ elle répondit d'un air assuré :
« Grand Roi, je vous conjure de ne me pas faire
« d'autres questions; Dieu, qui m'envoie, saura pour-
« voir à tout ce qui est nécessaire. Je vous prie de ne

« pas perdre de temps, si vous chérissez la conser-
« vation de votre royaume; et, pour vous prouver
« que je vous dis vrai, j'ai quelque chose à vous dé-
« clarer en particulier. » Dès qu'elle eut parlé au
Roi, il resta fort étonné, sans savoir lui-même que
répondre. À l'instant il déclare qu'il la met à la
tête de son armée : ce qui est approuvé de tous les
seigneurs.

Ne doit-on pas regarder comme un prodige inconnu jusqu'alors de voir tous les princes, les seigneurs
les plus habiles dans l'art de la guerre, et le Roi lui-
même, se soumettre à la conduite d'une jeune fille
de seize ans, qui jamais n'avoit fait autre chose que
conduire des troupeaux de brebis à la campagne? Dès
que Jeanne fut déclarée générale de l'armée, le Roi
commanda qu'on lui fît faire des armes (défensives)
les plus propres, et qu'on lui donnât le meilleur cheval et le mieux équipé de ses écuries. Elle le monta
couverte de son casque, avec ses cheveux voltigeans
sur ses épaules. Alors toute l'armée, qui la vit fiere et
intrépide, la regardoit comme un cavalier descendu
du ciel. En cet état, elle s'avance vers Orléans pour
en faire lever le siége. Le Roi, avec tous les seigneurs,
s'alla camper vis-à-vis du camp des ennemis. Les
troupes étant entrées dans Orléans, on se rendit
maître des trois forts qui incommodoient le plus la
ville; et en quatre jours cette jeune fille eut la gloire
de chasser les ennemis et de leur faire lever le siége.
L'on fut alors persuadé que cette action partoit moins
de la main des hommes que du pouvoir de la divinité. Tout ce que je rapporte vient du seigneur Guil-

laume Guasche, témoin fidele, qui lui-même a vu et appris toutes choses lorsqu'il étoit à la cour.

Cette fille, après avoir défait plusieurs fois les ennemis, prit enfin le général le plus accrédité qu'il y eût alors parmi les Anglois (c'étoit Talbot), qu'elle présenta au roi Charles. Après quoi elle conduisit en triomphe ce prince à Rheims, pour y être sacré et couronné : ce qui n'avoit pu se faire auparavant. Cette héroïne, après avoir retiré des mains des Anglois les plus considérables provinces du royaume, prédit elle-même le genre de sa mort. Enfin ayant été prise et conduite à Rouen, elle y est accusée de magie et de sortilége; puis condamnée et brûlée comme sorciere et magicienne. Telle fut la fin de cette illustre vierge, qu'on fit mourir par le plus cruel et le plus indigne de tous les supplices.

(Traduction de Lenglet-Dufresnoy.)

Jacques Meyer, historien flamand, né en 1491, *mort en* 1552. (Annales de Flandres.)

Le roi Charles étoit à Chinon, lorsqu'une jeune fille âgée d'environ dix-huit ans lui fut présentée. Le soin qu'elle avoit eu de conserver sa virginité lui fit donner le nom de Pucelle. Elle étoit née de parens pauvres : ce qui ne l'empêcha de dire qu'elle étoit inspirée de Dieu pour faire lever le siége d'Orléans, et conduire le Roi à Rheims pour y être sacré. Ce discours ne lui attira que des moqueries, et la fit traiter de folle. Cependant sa conduite, qui fut examinée de près, se trouve sage et prudente : enfin elle exécuta ce qu'elle avoit promis.

Qui ne voit ici la main de Dieu ? et qui peut douter que ce qu'elle a fait ne soit une preuve de la bonté divine ? La colère du Seigneur n'est pas éternelle : elle se laissa fléchir par le regret qu'eut le Roi de tous les désordres de sa vie passée. Il demandoit avec prieres et avec larmes que Dieu voulût bien oublier ses fautes. Toutes les églises de France étoient de même en prieres, et l'on ne sauroit se dispenser de croire que la divinité exauça les ames pieuses qui étoient dans le royaume. La France se trouvoit suffisamment punie par l'incroyable désolation qui anéantissoit toutes les provinces. Ainsi Dieu, qui vouloit montrer que la victoire vient de lui seul, employa un sexe fragile, une simple femme, pour dompter l'orgueil des deux nations françoise et angloise.

La venue de Jeanne fut le terme fatal qui arrêta les victoires des Anglois : elle mit fin à leurs prospérités en France. Avant sa venue, personne ne pouvoit leur résister : tout étoit victoire pour eux. Mais quelle révolution n'éprouverent-ils pas depuis ce moment? Leurs forces, leurs victoires, leur fortune, tout fut mis à neant : preuve certaine que la divinité donna pour montrer que ceux-là seuls sont forts et heureux, qui ont le ciel pour eux; au lieu que les autres deviennent foibles et sans vigueur.

Il y avoit déjà long-temps que les habitans d'Orléans périssoient de faim et de misere. Privés de tous secours humains, Dieu fit en leur faveur ce que l'homme ne pouvoit exécuter. Une fille nommée Jeanne parut, non que les hommes l'eussent choisie, ni qu'ils l'eussent fait venir : Dieu seul l'envoya, et le Roi la mit à la tête des troupes françoises; malgré les ennemis, elle fit entrer un grand convoi dans la ville assiégée. Aussitôt elle fait une sortie, dans laquelle elle emporte, brûle et détruit toutes les forteresses que les ennemis avoient élevées autour de la ville. Ils sont obligés de fuir : elle les suit à Jargeau, Meun, Beaugency, Jenville, et les bat à Patay en Beauce. De là elle se rend à Auxerre, Saint-Florentin, Troyes, Châlons; tout se soumet au Roi. Enfin elle introduit Charles dans Rheims, où il est sacré. Elle avoit sous elle, pour lieutenans généraux, les ducs de Bourbon et d'Alençon, princes du sang; le connétable Artus de Bretagne, Jean comte de Dunois; et, pour le dire en un mot, le roi Charles lui-même.

Depuis sa venue, un seul François faisoit fuir mille Anglois, et dix mille de ces derniers n'osoient tenir contre deux François. Le nom seul de cette fille inspiroit la terreur aux ennemis, et plusieurs ont assuré avec serment qu'à la vue de la Pucelle ou de son étendard, le courage et la force leur manquoient. Cependant elle n'eut pas sur les Bourguignons le même avantage que sur les Anglois. Enfin elle eut le malheur d'être prise à Compiegne par la méchanceté de Guillaume de Flavi, gouverneur de la ville, qui la vendit aux ennemis. Dès-lors elle-même prédit sa mort.

Le 30 mai, veille de la fête du Saint-Sacrement, Jeanne la Pucelle fut brûlée au vieux marché de

Rouen, sans aucune cause légitime, uniquement par
la haine que lui portoient les Anglois. Pierre Cauchon, évêque de Beauvais, qui étoit Anglois [1], pour
plaire au duc de Bedford, régent en France, eut la
cruauté de condamner cette fille à la mort, quoiqu'elle
fût innocente. De quoi ne sont point capables ces
sortes d'évêques, ou plutôt ces simulacres de l'épiscopat? On fut assez injuste pour refuser dans une pareille procédure un conseil à cette fille. Et quoiqu'elle
fût simple et sans aucune connoissance, l'évêque et
ses adhérens, qui tous étoient ses propres ennemis et
ses juges, la fatiguoient par des interrogatoires captieux sur la foi catholique, pour la surprendre en
quelque réponse équivoque dont ils pussent tirer avantage à son préjudice. Mais ce fut en vain; elle répondit
avec beaucoup de sagesse, et d'une manière très-orthodoxe. Quoiqu'ils publiassent de tous côtés qu'elle
étoit sorciere et magicienne, ils ne purent cependant
jamais prouver aucun fait de magie et de sortilège.
Tout le crime qu'ils lui objecterent fut l'habit militaire qu'elle portoit; sur quoi neanmoins elle se justifia très-bien, en assurant qu'elle ne s'en servoit que
quand elle étoit à la tête des troupes.

Aucun des assesseurs de l'évêque n'osoit aller contre
la volonté des Anglois, qui répandoient dans le public une infinité de calomnies sur cette fille. Il y a
des auteurs qui assurent que la jalousie des officiers
fut la seule cause qui la fit livrer aux Anglois, parce
que toute la gloire des opérations militaires retomboit

---

[1] Pierre Cauchon n'étoit pas Anglais, mais Champenois; son père
et son aïeul avoient été ennoblis par Charles VI.

sur elle. C'est donc ainsi que périt cette femme qui avoit soutenu la France. Les Anglois firent jeter ses cendres dans la riviere : mais quoi qu'ils fissent, jamais depuis ce temps-là ils ne purent remporter aucune victoire importante sur les François.

(Traduction de Lenglet-Dufresnoy.)

Hector Boëthius (ou Boetius), *historien d'Ecosse. Son histoire a été écrite vers le milieu du seizième siècle, et imprimée à Paris en 1575.*

C'étoit fait du nom françois, sans une fille nommée Jeanne, qui avoit quitté les habits du sexe pour prendre ceux des hommes, et qui s'étoit exercée au maniement des armes. Elle releva le courage entierement abattu du roi Charles VII. Je ne trouve pas qu'il y ait de l'inconvénient à croire que ses opérations venoient de Dieu même.

Le roi Charles se trouvoit donc privé de tous secours humains, lorsque cette fille le conduisit en Champagne pour se rendre à Rheims. Alors toutes les villes, les forteresses et les châteaux de cette province abandonnerent le parti anglois auquel ils étoient soumis, pour embrasser celui de Charles, qui fut même reçu à Rheims avec joie, et où on l'installa roi, selon les cérémonies ordinaires. De là, sous la conduite de Jeanne, ce prince parcourut et reprit sur les Anglois quelques autres provinces, qui se soumirent avec plaisir.

Depuis ce temps-là tout prospéra en faveur du roi Charles : mais Jeanne ayant fait une sortie à Compiegne, qui étoit assiégée par les troupes du duc de Bourgogne, ne put rentrer dans la ville, et fut prise par Jean de Luxembourg, dévoué au parti bourguignon. Il ne tarda guere à la vendre aux Anglois. Ces derniers la transporterent à Rouen, où ils l'accuserent d'avoir violé les lois de l'humanité, en prenant, avec les armes, les habits qui ne convenoient qu'aux hommes; et ils aggraverent cette accusation, peu considérable en elle-même, par celle de la magie : art pernicieux et entierement défendu. Et quoiqu'elle s'en justifiât publiquement, ils ne laisserent pas de la brûler.

(Traduction de Lenglet-Dufresnoy.)

Polydore Virgile, né à Urbain, en Italie (1).

Dans le temps que les Orléanois demandoient à capituler, Charles rassembloit des troupes de toutes parts, et cherchoit, par ses promesses, à retirer les seigneurs françois de leurs engagemens avec les Anglois. Il prenoit d'ailleurs les moyens de faire préparer un convoi de vivres, dont les assiégés avoient un

(1) Il passa en Angleterre à la suite du cardinal Cornetto, y fut favorisé par Henri VIII, et persécuté par le cardinal Volsey ; il mourut en 1555. Il avoit été chargé par Henri VIII d'écrire l'Histoire d'Angleterre, où l'on a puisé ce fragment.

extrême besoin. Ce fut dans cette conjoncture qu'on lui présenta une fille d'environ vingt ans, à laquelle on donna le nom de Pucelle, parce qu'elle avoit toujours conservé sa virginité.

Elle avoit quelques singularités dans l'esprit, et on la regardoit comme une espece de prophétesse. Quoique Charles se fût déguisé, elle ne laissa pas de l'aller démêler dans la troupe de ses courtisans, et lui dit : « Prenez courage, grand Roi, chassez toute « crainte ; comptez que vous resterez victorieux, et « qu'avec mon secours vous rendrez à tous vos Etats « leur ancienne liberté, pourvu que vous ne pensiez « pas qu'il soit indigne de votre majesté d'employer « le ministere d'une femme. » Charles, dont les affaires étoient dans la plus triste situation, ne s'étoit réservé que la crainte. Cependant le discours de cette fille ne laissa pas de lui donner une lueur d'espérance : il crut même apercevoir en elle quelque chose de surnaturel, sur ce qu'elle l'avoit connu et salué comme roi, quoiqu'il se fût déguisé. Mais un autre fait particulier le confirma dans cette idée. Cette fille demanda que l'on fît chercher une épée qui, selon l'inspiration qu'elle disoit avoir, étoit dans l'église de Sainte-Catherine de Fierbois, en Tourraine. Charles, étonné de ce discours, fait chercher cette épée, qui fut apportée et remise à la Pucelle.

Alors ce prince, moins par confiance aux promesses de cette fille que pour éprouver ce qu'elle pourroit faire, la met à la tête d'une troupe, pour faire entrer un convoi de vivres dont les habitans d'Orléans avoient un extrême besoin. Elle se met à la tête des soldats, et marche vers cette ville. Soit donc qu'elle eût trompé la vigilance des assiégeans, soit par le secours de la divinité et malgré les efforts des ennemis, elle entre de nuit à Orléans et y introduit un convoi de vivres, sans perdre un seul homme. Les Anglois, qui savoient la nécessité où étoient les assiégés, qui ne pouvoient plus supporter long-temps les fatigues du siége, n'attaquoient la ville que très-foiblement, et faisoient leurs gardes avec beaucoup de négligence ; mais dès qu'ils surent que la Pucelle y avoit jeté des vivres, ils furent irrités de voir qu'une femme aussi méprisable, chargée des opérations militaires, avoit trompé leur vigilance. Ils reprirent très-vivement leurs attaques ; ils exhortent et officiers et soldats à ne pas laisser échapper ce fruit de leur victoire, et promettent même des récompenses à ceux qui monteroient les premiers à l'assaut. Aussitôt le soldat s'empresse ; de tous côtés on tire le canon ; et pour écarter les assiégés de l'endroit d'attaque, on les accable d'une grêle continuelle de traits.

Les habitans, surpris de cette vivacité, ne perdirent pas cependant courage ; et le bâtard d'Orléans (qui commandoit dans la place assiégée) fit savoir au Roi, par ses émissaires, le grand besoin de vivres où ils étoient ; et que les choses se trouvoient dans une telle situation qu'ils seroient obligés dans peu de se rendre, et qu'il n'y avoit que sa diligence et son courage qui pussent éloigner ce fâcheux accident. Il n'en fallut pas davantage au roi Charles pour faire partir au plus tôt un deuxième convoi. Cette nouvelle troupe avance vers Orléans, et à une lieue de la ville ils en avertissent la Pucelle, qui étoit dans la place; et la prient de venir le lendemain au devant d'eux avec un détachement, pour les introduire dans la ville. Les Anglois ne s'y opposerent pas, et crurent que plus il y auroit de monde dans une ville qui manquoit de vivres, plus tôt ils en seroient maîtres.

Le lendemain les troupes assiégées font une sortie, et attaquent le fort le plus proche de la ville, où il y eut un grand carnage de part et d'autre. Ce fort est emporté, les François le détruisent, y mettent le feu, et vont à un autre plus important et en meilleur état, muni même d'une plus grosse garnison. Le combat y fut plus vif; les François, dont le nombre étoit supérieur aux Anglois de ce fort, l'investissent de toutes parts; et l'attaquent avec beaucoup de vigueur. Les Anglois sentirent bien que ce fort, auquel on avoit déjà fait une breche, étoit difficile à défendre. Le sire de Talbot commandoit dans le fort voisin, mais il n'osoit en sortir pour secourir sa nation, dans la crainte qu'en son absence les François ne s'en rendissent maîtres. Les Anglois, chassés de ce deuxieme fort, forment un bataillon, et se retirent en bon ordre dans le troisieme, où commandoit Talbot. Ce général fit aussitôt une sortie sur les François, auxquels il imprime de la terreur et ranime le courage des siens; et les François, pour se remettre, rentrent dans la ville. Les Anglois firent moins de carnage, parce que le fort qu'ils défendoient n'étoit pas hors d'insulte, et que les François y avoient déjà fait breche. Peu après, Talbot assemble le conseil de guerre, et fait connoître que l'on devoit abandonner entierement le siége de cette ville, qui se défendoit comme si elle étoit soutenue par une force divine, ou que du moins il falloit la remettre à un temps plus convenable ; et qu'ayant passé inutilement l'hiver devant cette place, il valoit mieux se porter à des opérations plus utiles. On eut peine à goûter cet avis, mais il devenoit nécessaire. On prit donc le parti de se retirer, et l'on marcha vers Mehun. La retraite des Anglois causa une joie générale à Orléans, et tous les habitans se félicitèrent du grand péril dont ils étoient échappés. Sensibles à cette grâce qu'ils recevoient de Dieu même, ils lui en rendirent des actions de grâces pendant plusieurs jours.

Nous voyons par là que, pour trop demander, on n'obtient quelquefois rien. Les Anglois, jusqu'alors victorieux, crurent qu'il étoit de la dignité du roi Henri VI d'Angleterre de ne pas souffrir qu'Orléans se rendît à d'autres qu'à eux seuls. Les habitans avoient offert cependant de se rendre au duc de Bourgogne : ce qui fut rejeté ; et par là ils perdirent une conquête qu'ils ne croyoient pas qui pût leur échapper. Mais, loin de se rendre maîtres d'Orléans, la nécessité les obligea de porter leurs armes ailleurs, et les François victorieux se saisirent des autres places des environs.

Jeanne ayant été prise en une sortie qu'elle fit à Compiegne, fut conduite à Rouen, où son procès lui fut fait ; et la sentence que l'on rendit contre elle a paru l'une des plus cruelles qu'il y ait jamais eu, sans qu'on ait pu parvenir à en adoucir la rigueur et la dureté. Il est sûr qu'une femme qui défendoit sa patrie avec un courage martial méritoit beaucoup d'égards, surtout y ayant des exemples qui devoient servir de modele. Tel fut en particulier celui de Porsenna, roi d'Etrurie (ou de Toscane), qui récompensa le courage de Clélie, cette illustre Romaine qui avoit engagé ses compagnes à franchir le Tibre à la nage pour se retirer à Rome, quoiqu'on les eût données en otages au roi de Toscane, pour sûreté de la parole des Romains.

(Traduction de Lenglet-Dufresnoy.)

Pontus Heuterus, prévôt d'Arnheim en Gueldre, né en 1535, mort en 1602. (Rerum Burgundicarum.)

Jusqu'au siége d'Orléans, la fortune avoit favorisé les Anglois; mais cette entreprise mit fin à leurs victoires et à leurs triomphes. Ils se virent contraints de céder aux François les villes qui de tout temps avoient appartenu à la monarchie françoise, et de laisser enfin respirer un peuple qui gémissoit sous un joug étranger. La nation anglicane est donc obligée pour lors de céder la supériorité des armes et du gouvernement. Ce ne fut néanmoins ni par les forces d'Alexandre, de César, de Pompée ou de Charlemagne, ni par la prudence des princes et des chefs de la noblesse, non plus que par l'habileté des meilleurs généraux; mais (ce qui ne se voit dans aucune histoire) ils se virent domptés par une pauvre paysanne de Lorraine, âgée de dix-huit ans, inconnue d'ailleurs, et qui jusqu'alors n'avoit fait autre chose que conduire à la campagne les vaches, les bœufs et les brebis.

Cette fille, nommée Jeanne, se présenta au Roi, et lui dit que Dieu l'envoyoit à son secours. Elle fut examinée en plein conseil, et y répondit avec beaucoup de prudence et de présence d'esprit. Elle eut alors le courage d'exécuter ce qu'aucun des généraux n'avoit pu faire ; et avec six cents hommes de cavalerie, à la tête desquels on l'avoit mise, elle fit entrer dans Orléans, malgré même les Anglois, un grand convoi de vivres, qui servit à tirer les assiégés de l'extrémité et du grand besoin auxquels ils étoient réduits. Aussitôt après elle fait une sortie à la tête de ses troupes : elle attaque et emporte trois des forts par le moyen desquels les Anglois avoient bloqué la ville du côté de la riviere ; et tous ceux qui défendoient ces forts ayant été tués, elle les oblige à lever le siége. Cette victoire lui attira la confiance du Roi, qu'elle conduisit à Rheims presque dans le même temps pour y être sacré, selon l'ancien usage ; et réduisit ensuite à son obéissance plusieurs autres villes.

Le courage de cette fille intimida si fort le duc de Bedford, qu'il envoya ses députés en Flandre, pour engager le duc Philippe-le-Bon à se joindre à lui, et employer toutes ses forces et ses meilleurs officiers généraux pour s'opposer à cette jeune paysanne. Philippe se rendit donc à Paris à la tête de huit cents gentilshommes, pour renouveler ses traités avec les Anglois ; et ils prêterent de nouveaux sermens pour ne pas mettre bas les armes et ne faire aucune paix qu'ils n'eussent entierement détruit Charles de Valois, roi de Bourges. C'est le titre que, par mépris, ils donnoient au roi Charles VII.

Mais depuis la Pucelle ayant trouvé moyen avec cinq cents chevaux d'entrer dans Compiegne pour secourir cette place assiégée, elle fit dès le lendemain une sortie avec quelques troupes, pour attaquer un château qu'elle auroit sûrement emporté, si les principales troupes de l'armée ennemie n'étoient accourues de toutes parts pour s'y opposer.

Après un grand carnage qui se fit de part et d'autre, cette fille voulut regagner la ville; et comme elle s'étoit mise à l'arriere-garde pour faciliter la retraite de ses gens, elle fut reconnue à son étendard et à son habillement, qui étoit d'une étoffe de soie couleur de pourpre, brodé en or et en argent. Un cavalier bourguignon la saisit par son habit, et la fit tomber de son cheval. Les François se battirent très-vivement pour la délivrer; mais ayant été repoussés, elle se rendit au bâtard de Vendôme : et nos troupes (les troupes bourguignonnes) eurent autant de chagrin de la voir conduire prisonniere au château de Marigny, que les Anglois en témoignerent de joie. Elle se faisoit seule plus redouter de la nation britannique que tous les généraux du roi Charles.

Philippe-le-Bon la vit, lui parla, et la recommanda au comte Jean de Luxembourg, qui la fit transférer à Beaulieu et ensuite à Beaurevoir, où elle fut détenue quelque temps. Enfin le roy d'Angleterre, à force de sollicitations réitérées et d'importunités, se la fit délivrer, et ordonna de la faire brûler dans le marché de Rouen, non qu'elle eût rien commis qui méritât une aussi indigne et aussi cruelle mort, mais plutôt par la haine ou la fureur qu'ils avoient conçue contre une fille méprisable en elle-même, qui cependant avoit défait et battu plus d'une fois les meilleurs généraux qu'eût alors la nation britannique. On l'accusoit de sortilége, et de s'entendre avec les esprits malins pour la conduite de la guerre; comme d'un autre côté on prétendoit qu'elle s'étoit écartée de la foi catholique. C'est ce que le roi Henri VI, après son arrivée en France, en écrivit de sa main au duc Philippe-le-Bon.

Il y a aujourd'hui des personnes qui regardent toute cette histoire comme une fable; mais outre que cet événement est trop proche de nous pour être traité de fabuleux, il est attesté par tous les écrivains du temps, qui parlent de cette fille et de ses opérations avec beaucoup d'éloges. J'ai vu moi-même, sur le pont d'Orléans, la statue en bronze de la Pucelle, avec ses cheveux voltigeans, et à genoux devant Jésus-Christ crucifié; avec une inscription qui fut placée alors, et qui marquoit que cette statue avoit été placée aux dépens des femmes et des filles d'Orléans, en mémoire de la délivrance de cette ville, assiégée par les Anglois.

D'ailleurs, en écrivant ce qu'on vient de lire j'avois toujours devant les yeux l'histoire du duc Philippe-le-Bon, que George Châtelain a écrite en françois avec autant d'élégance que d'exactitude (1); et il témoigne que, comme il vivoit du temps de ce prince, il a vu

(1) L'histoire de Georges Châtelain n'a pas été imprimée, et l'on ne croit pas qu'il existe en France aucune copie de son manuscrit.

la pucelle Jeanne, qui, de petite paysanne inconnue, étoit parvenue, par ses actions héroïques dans le militaire, à mériter de la part du roi Charles un état de maison qui alloit de pair avec celui des plus grands seigneurs, afin que son nom et sa personne ne tombassent point dans le mépris, qui est une suite de l'indigence et de la médiocrité. Outre des filles de quelque nom qui l'accompagnoient, elle avoit auprès d'elle un intendant, un écuyer, des pages, des laquais, des chambellans; et, pour le dire en un mot, elle étoit respectée par le Roi et les seigneurs de sa cour, et même regardée par tout le peuple comme une sainte.

(Traduction de Lenglet-Dufresnoy.)

HISTOIRE

D'ARTUS III, DUC DE BRETAIGNE,

COMTE DE RICHEMONT,

ET CONNESTABLE DE FRANCE,

CONTENANT SES MEMORABLES FAICTS

Depuis l'an 1413 jusques à l'an 1457;

MISE EN LUMIERE PAR TH. GODEFROY.

AVERTISSEMENT.

Les biographies n'offrent aucun détail sur Guillaume Gruel, auteur de ces Mémoires, qui seroit absolument inconnu s'il ne s'étoit nommé lui-même, et s'il n'avoit fait quelquefois mention de lui dans son ouvrage.

On y voit qu'il entra au service du comte de Richemont lorsque ce prince reçut l'épée de connétable de France; qu'il le suivit dans toutes ses expéditions; qu'à la bataille de Formigny il faisoit partie de la garde du corps du connétable; qu'après les capitulations de Caen et de Cherbourg il fut chargé, avec deux autres gentilshommes, de la garde des otages, et qu'il eut plusieurs missions de confiance.

Un autre gentilhomme, nommé Raoul Gruel, avoit été donné au comte de Richemont *pour trancher devant lui* pendant qu'il étoit prisonnier en Angleterre. Ce Raoul resta également attaché au service du connétable, et fut armé chevalier en Normandie dans le cours de l'année 1446; il avoit été envoyé à la cour de Bourgogne à l'époque où Richemont traitoit de son mariage avec la duchesse de Guyenne (1); et on le voit figurer dans plusieurs négociations délicates. Enfin on remarque encore, dans les Mémoires, un troisième gentilhomme nommé Eustache Gruel, qui se distingua au siége de Nemours en 1437. Rien ne prouve cependant que ces deux derniers fussent parens de Guillaume Gruel.

L'auteur parle comme témoin oculaire de la plupart des faits qu'il rapporte, et il dit tenir les autres de la bouche même du connétable, ou de ceux qui *estoient en sa compagnie*. Son ou-

---

(1) Veuve du dauphin Louis, fille de Jean-sans-Peur.

vrage sembleroit donc devoir présenter les faits dans leur exactitude la plus rigoureuse; mais la position dans laquelle se trouvoit Guillaume Gruel influe trop souvent sur ses récits : son dévouement au comte de Richemont, ses préventions pour ses compatriotes, l'empêchent de conserver l'impartialité qui appartient à un historien.

Dans ses Mémoires, les autres capitaines sont presque toujours sacrifiés au connétable, et les soldats français aux guerriers bretons. Souvent il attribue à son héros des succès auxquels il n'a eu aucune part. Nous en faisons remarquer un exemple à l'occasion de la prise du Mans [1]; et lorsqu'il lui est impossible d'enlever aux généraux de Charles VII la gloire d'une action d'éclat, il présente l'affaire comme étant trop peu importante pour que le connétable ait pris le commandement des troupes. Ainsi, quand Dunois bat les Anglais devant Montargis et délivre cette ville, Gruel prétend *que le connestable Richemont ni le connestable d'Escosse n'y furent en personne, parce que les capitaines et gens de grand estat l'en détournerent, disant que ce n'estoit pas le faict d'un homme de telle maison et connestable de France, d'aller avitailler une place.* Partout il peint Charles VII et les généraux français comme étant jaloux de Richemont et des troupes bretonnes. Suivant lui, on auroit sans cesse essayé de se passer de leur secours, et toujours on auroit été obligé d'y recourir ; le Roi n'auroit jamais rien pu entreprendre, rien exécuter, sans le connétable.

On est loin d'élever aucun doute sur l'importance des services de Richemont. On doit rendre hommage à sa valeur, à ses talens militaires, à son inébranlable fidélité. Sans prétendre justifier sa conduite à l'égard de Giac et de Le Camus de Beaulieu, il faut reconnoître que s'il employa des moyens odieux pour soustraire Charles VII au joug d'indignes favoris, ce ne fut pas pour usurper leur place; et qu'il ne craignit pas d'offenser ce prince pour le

---

[1] Voyez la note, page 535 de ce volume.

sauver de l'abyme. Il vouloit non-seulement que Charles fût roi, mais libre d'agir en roi; et la suite des événemens prouve qu'il ne s'étoit pas trompé sur l'essor que devoit prendre le caractère du monarque aussitôt qu'il ne seroit plus dominé par des favoris.

Mais si Richemont contribua à délivrer le royaume, les exploits des Dunois, des La Hire, des Xaintrailles, des d'Illiers, des Barbazan, des Ambroise de Lore, et de cette foule de grands capitaines qui illustrèrent le règne de Charles VII, y contribuèrent également; et le Roi lui-même se montra digne de commander à tant de héros, auxquels il donna l'exemple de l'audace et de l'intrépidité.

Guillaume Gruel n'a écrit ses Mémoires qu'après la mort de Richemont, qui étoit devenu duc de Bretagne. Le nouveau duc croyoit avoir à se plaindre du Roi : son successeur eut bientôt de plus justes sujets de plaintes contre Louis XI. Ces dernières circonstances peuvent encore aider à expliquer la partialité de l'auteur, qui semble souvent avoir pour but dans ses Mémoires de montrer l'ingratitude de la France, en rehaussant les obligations qu'elle avoit à la Bretagne.

Il faut donc, en lisant les Mémoires de Guillaume Gruel, se tenir en garde contre ses récits, toutes les fois que la gloire du connétable ou des Bretons peut être éclipsée par celle des guerriers français. Cet avertissement général nous dispense de mettre au texte des notes qui auroient exigé de longues dissertations, et qui seroient devenues fastidieuses pour le lecteur. M. de Fontanieu, dans l'avertissement d'une histoire de Charles VII dont le manuscrit est conservé à la bibliothèque du Roi, nous paroît juger trop sévèrement les Mémoires de Gruel, en disant que c'est une apologie plutôt qu'une histoire. On y trouve beaucoup de particularités curieuses et intéressantes que l'on chercheroit vainement ailleurs; et quoique l'auteur ait en général écrit avec partialité, qu'il ait quelquefois rapporté des contes populaires, son ouvrage n'est pas un des moins importans de notre Collection.

AVERTISSEMENT.

Les Mémoires relatifs au comte de Richemont ont été publiés par Théodore Godefroy en 1622. Il les tenoit de Peiresc, conseiller au parlement de Provence, qui les avoit tirés de la bibliothèque de Villers, chancelier de l'église de Tournay. Le titre de son édition porte que ces Mémoires sont *mis de nouveau en lumière* : ce qui sembleroit supposer qu'ils avoient déjà été imprimés. Il nous a été impossible de découvrir le manuscrit original, ni aucune trace d'une édition plus ancienne, si toutefois elle a existé.

Denis Godefroy a fait réimprimer les Mémoires en 1661, dans sa Collection des histoires du règne de Charles VII. Il en a retouché le style, et a jugé à propos de substituer la qualification de *monsieur* au titre de *monseigneur*, que l'auteur donne à tous les personnages de distinction dont il parle dans son ouvrage.

Les éditeurs de l'ancienne Collection des Mémoires avoient adopté la version de Denis Godefroy; nous avons dû préférer celle de Théodore, non que nous la considérions comme originale : il suffit de la comparer avec les écrits du quinzième siècle pour se convaincre que le style en a été rajeuni; mais les changemens qui ont pu y être faits rendent l'intelligence du texte plus facile, sans lui ôter le coloris du temps. Dans le texte de Denis Godefroy, on ne trouve trop souvent qu'un mélange désagréable des formes antiques et modernes.

HISTOIRE

DU COMTE DE RICHEMONT.

Cy commence la chronique de tres-hault et tres-excellent prince de bonne memoire, Artus, troisieme de ce nom, extraict de la noble lignée royale et ducale de Bretaigne, en son vivant comte de Richemont, seigneur de Partenay, connestable de France, et en la fin de ses jours duc de Bretaigne, comte de Montfort et de Richemont, seigneur de Partenay, connestable de France, qui regna trop petit en Bretaigne : car il ne fut duc que quinze mois.

Il fut fils du bon duc et vaillant le duc Jehan, qui guaingna et recouvra son pays de Bretaigne à l'espée. Et fut le dict duc Jehan marié en premieres nopces à la fille du roy Edoüard d'Angleterre; mais peu furent ensemble. Et en secondes nopces fut marié à la fille du prince de Gâlles. Et en tierces avec Jehanne, fille du roy de Navarre; et en eut plusieurs enfans, à sçavoir Jehan duc de Bretaigne, Artus comte de Richemont, monseigneur Gilles et monseigneur d'Estampes, madame d'Alençon, madame de Lomaigne, et madame de Porhoët.

Celuy bon duc Artus nasquit au Succeniou l'an de grace 1393, le jour de Sainct Barthelemy [1],

---

[1] *Le jour de Sainct Barthelemy* : le 24 août.

et fut traicté et nourry ainsi qu'il appartient à fils de si noble lignée et maison. Et au plustost qu'il peut avoir congnoissance, luy fut baillé pour le gouverner un notable escuyer du pays de Navarre, nommé Peronit, qui tres-bien le traicta, et conduisit tellement que plusieurs fois l'ay ouy se loüer, et dire beaucoup de bien de luy.

Peu de temps apres advint que le bon duc Jehan trespassa, ainsi que à tous fault mourir. Et apres se maria la duchesse sa veufve au roy d'Angleterre. Et comme proche parent des enfans de Bretaigne veint le duc Philippes de Bourgongne, fils du roy Jehan, à Nantes, et print la garde des enfans, et emmena avec luy le duc Jehan, monseigneur de Richemont, et monseigneur Gilles; et estoient encores si petits que gueres ne pouvoient chevaucher, et failloit mener mon dict seigneur de Richemont par la bride. Et quand mon dict seigneur de Bourgongne fut à Paris, il feit le mariage du duc Jehan de Bretaigne et de madame Jehanne, fille du roy Charles sixiesme de ce nom; et emmena monseigneur de Richemond quand et luy en Picardie, et en ses autres pays. Et gueres ne vesquit mon dict seigneur de Bourgongne apres, et mourut à Nostre Dame de Hal en Brabant, et fut apporté son corps és Chartreux de Dijon. Et n'y avoit nul de ses parens à conduire le corps que monseigneur de Richemont, qui portoit manteau, et le noir, ainsi qu'il debvoit. Et estoit si petit qu'il le failloit mener par la bride. Puis monseigneur de Berry le retint, et luy bailla bonne ordonnance en sa maison, et commença à avoir estat.

Apres veint en Bretaigne, et l'envoya le duc faire

une execution d'une rebellion qui avoit esté faicte à l'encontre des gens du duc à Sainct Brieuc des Vaulx.

Bien tost apres commencea la guerre pour la mort de monseigneur d'Orleans, et se meit sus en armes pour servir monseigneur d'Orleans et monseigneur de Berry. Et mena mon dict seigneur à Vannes fort belle compaignée de Bretons, et estoit bien accompaigné de notables chevaliers et escuyers, entre lesquels estoient monseigneur de Combour, et plusieurs chevaliers et escuyers, lesquels monseigneur de Berry avoit envoyé loger au pont de Sainct Cloud, et plusieurs autres François de la compaignée de monseigneur d'Orleans, de messeigneurs de Berry et d'Alençon, d'Armaignac et d'Albret, qui estoient logez à Sainct Denys. Et monseigneur de Bourgongne estoit logé à Paris avec sa puissance, et y estoit le comte de Warwic avec luy, et de nuict vinrent par devers Le Vigneul frapper sur nos gens; et peu en eschappa, et fut monseigneur de Combour prisonnier, et plusieurs morts et prins, dont les dicts seigneurs furent forts desplaisans, et non sans cause.

Puis se despartit ceste armée sans faire autre chose, et bien tost apres feirent une autre armée en l'an 1413; et fut que le Roy et monseigneur de Bourgongne meirent le siege à Bourges. Et quand monseigneur de Richemont le sceut, il s'en veint en Bretaigne requerir au duc secours pour monseigneur de Berry, pour lever le dict siege; et eurent grandes paroles ensemble luy et monseigneur Gilles, son frere : car mon dict seigneur de Richemont tenoit pour messeigneurs d'Orleans et de Berry; et monseigneur Gilles son frere, qui estoit à monseigneur de

Guyenne, tenoit pour monseigneur de Bourgongne. Neantmoins mon dict seigneur de Richemont eut et obtint ce qu'il demanda; et luy fut baillée une tres-belle et grande compaignée, qui de leur bon vouloir et pour l'amour de luy s'en allerent quand et luy, jusques au nombre de seize cent chevaliers et escuyers. Et y avoit de tres-notables gens pour les conduire, comme le vicomte de La Beliere, messire Armel de Chasteaugiron, messire Eustache de La Houssaye, messire Alain de Beaumont, et messire Guillaume de La Forest, anciens chevaliers qui fort avoient veu de la guerre. Et à la priere de son beau frere d'Alençon entra et print son chemin par le Maine et Normandie, pource que plusieurs places et subjects du dict d'Alençon s'estoient rebellez contre luy; et en passant pays, print Sillé le Guillaume et Beaumont, et Laigle d'assaut, et plusieurs autres places, en contre-attendant le duc de Clarence, qui venoit au secours de messeigneurs d'Orleans et de Berry, et amenoit bien dix mille bons combatans. Et quand le Roy et ceulx qui tenoient le siege devant Bourges le sceurent, ils firent appointement avec messeigneurs d'Orleans et de Berry, qui gueres ne dura. Et le Roy et mes dicts seigneurs escripvirent à monseigneur de Richemont qu'il s'en retournast, et que l'appointement estoit faict. Et par ainsi tira devers le Roy et devers les dicts seigneurs.

Bien tost apres monseigneur de Guyenne voulut avoir mon dict seigneur de Richemont, et le print d'avec son oncle de Berry, et l'aima fort, et luy donna bonne et grande ordonnance en sa maison, et eut grand gouvernement avec luy.

L'an que dessus 1413, la duchesse Jehanne, fille du roy Charles, se partit de Bretaigne bien accompaignée : c'est à sçavoir de monseigneur Richard de Bretaigne, qui apres fut comte d'Estampes et seigneur de Clisson, et d'autres seigneurs, barons, chevaliers et escuyers, et de dames et damoiselles en grand nombre; et vint à Paris veoir le Roy son pere et la Royne sa mere, et monseigneur de Guyenne son frere. Et un petit de temps avant qu'elle fust arrivée à Paris, print volonté à mon dict seigneur de Guyenne d'aller à Bourges en habit dissimulé. Et voulut que monseigneur de Richemont y allast, et alla en sa compaignée comme serviteur de mon dict seigneur. Et la cause pourquoy il y alloit estoit pour veoir les bagues et pierreries de monseigneur de Berry. Et en fut mon dict seigneur de Berry adverty, et escrivit à ses gens que son nepveu de (1) Richemont alloit à Bourges, et leur mandoit qu'ils le receussent et festoyassent comme sa propre personne, et luy monstrassent toutes ses bagues, et tout ce qu'il vouldroit veoir; et ainsi le firent. Et fut le duc Jehan bien mal contant de sondict frere de Richemont : car il cuida que mon dict seigneur de Guyenne eust faict ce dict voyage, de peur de veoir la duchesse sa sœur. Mais le contraire fut verité : car le plus tost que mon dict seigneur peut, il ramena mon dict seigneur de Guyenne à Paris; et là trouva la duchesse. Et Dieu sçait comme elle fut bien receüe et grandement du Roy, de la Royne, de monseigneur de Guyenne et de monseigneur de Berry; et luy fut donné de grands dons du Roy, de la Royne, et de monseigneur de Guyenne,

---

(1) Denis Godefroy pense qu'il faudroit *et* au lieu de *de*.

par le moyen de mon dict seigneur de Richemont, et aussi de son oncle de Berry, lequel entre autres choses luy donna le ruby de la caille qui autrefois avoit esté de Bretaigne.

En oultre, mon dict seigneur de Richemont pourchassa tant devers monseigneur de Guyenne et devers tout le conseil, qu'il fist rendre et mettre en la main du duc la ville de Sainct Malo, qui pour lors estoit en la main du Roy. Et s'y estoient mis ceulx de Sainct Malo pour un mescontentement qui fut entre les gens du duc et ceulx de la ville : car le duc estoit encores jeune et enfant, et avoit mis des gens dedans Sainct Malo; et y estoyent monseigneur de Montauban, le vicomte de La Beliere, et monseigneur de Chasteaugiron. Puis trouverent matiere d'envoyer monseigneur de Montauban devers le duc. Et cependant qu'il fut dehors on leur osta tous leurs bastons, qu'ils n'osoient pas porter un cousteau; et leur fist on de grandes rudesses, et ne se pouvoit on tenir de joüer avec leurs femmes et chambrieres, et les appeller vilains. Et en une nuict bouterent tout dehors, et furent en la main du Roy, jusques à ce que mon dict seigneur les fist rendre au duc; et leur fust tout pardonné. Et y alla le duc Jehan prendre la possession, et vindrent au devant de luy tous ceulx de la ville vestus de blanc et de noir; et tous les petits enfans avoient panonceaux d'hermines blancs et noirs, et on y cria bien *Noel*, et fut tout aboly; et depuis ont esté bons et loyaulx au duc.

L'an 1414, recommencea la guerre entre messeigneurs d'Orleans et de Bourgongne; et à l'occasion de ce, le Roy, monseigneur de Guyenne, monseigneur d'Orleans, monseigneur de Berry, monseigneur de Bourbon, monseigneur de Richemont, monseigneur le connestable d'Albret, et monseigneur d'Armaignac, et plusieurs autres seigneurs et capitaines, allerent mettre le siege à Soissons, qui tenoit pour monseigneur de Bourgongne. Et la tenoit un capitaine nommé Enguerrand de Bournonville. Et fut la dicte place de Soissons prise d'assault, et eut ledit capitaine la teste trenchée, pour ce que le bastard de Bourbon y avoit esté tué. Puis après tira l'armée plus avant, et vinrent mettre le siege à Arras ; et illecques avoit une belle compagnée, et avoient dedans la ville pour chef messire Jehan de Luxembourg, et grandement se gouvernerent ; et y eut de belles et grandes escarmouches, et bien tost apres se trouva l'appointement (1), et se leva le dict siege.

L'an 1415, monseigneur de Richemont meit le siege à Partenay, pource que monseigneur de Partenay tenoit le party de monseigneur de Bourgongne. Et paravant ce il avoit prins Voulvent et Mairvent, Secondigny et Chasteaulaillon. Et durant qu'il estoit devant la dicte ville de Partenay, luy vinrent des nouvelles ; et luy escrivoit le Roy et monseigneur de Guyenne qu'il tirast devers eux, toutes choses cessées ; et que le roy Henry d'Angleterre tenoit le siege à Harfleu, et que gueres ne pouvoit tenir. Et pour aller secourir le Roy et le royaume, se leva de son dict siege, pour tirer la part où les Anglois tireroient. Et alla devers monseigneur de Guyenne, lequel le fist son lieutenant, et luy bailla son enseigne et tous les gens de sa maison. Et du pays de Bre-

(1) *Se trouva l'appointement :* il y eut un accommodement, un traité.

taigne y avoit bien cinq cent chevaliers et escuyers, entre lesquels estoient le sire de Combour, messire Bertrand de Montauban, messire Jehan de Coetquen, messire Geoffroy de Malestroict, messire Guillaume Le Veer, messire Olivier de La Feuillée, messire Edoüard de Rohan, et le seigneur Du Buisson qui portoit sa banniere, et plusieurs autres chevaliers et escuyers. Et tira mon dict seigneur de Richemont sur la riviere de Somme, pour joindre avec les seigneurs lesquels faisoient leur assemblée pour combatre les Anglois, entre lesquels estoient monseigneur d'Orleans, monseigneur de Bourbon, monseigneur d'Alençon, monseigneur le connestable d'Albret, monseigneur de Brabant, monseigneur de Nevers, monseigneur d'Eu, le mareschal Boucicault, et plusieurs autres seigneurs et capitaines, et grand nombre de chevaliers et escuyers.

L'an 1415, le vingt cinquiesme jour d'octobre, se trouverent tous ensemble, et dés le vespre logerent pres des Anglois en plain champ, à moins de demie lieüe de l'ost du roy d'Angleterre. Et le vendredy au poinct du jour commencerent à mettre leurs gens en bataille, et environ l'heure de tierce au plus tard assemblerent les batailles en une place nommée Agincourt, qui trop estoit estroicte pour combatre tant de gens. Et y avoit grand nombre de gens à cheval de nostre party, tant Lombards que Gascons, qui devoient ferir sur les aisles des Anglois. Et quand ils sentirent le traict venir si dru, ils se meirent en fuite, et vinrent rompre la bataille de nos gens, en telle maniere qu'à grand peine se peurent jamais rassembler, que les Anglois ne fussent tousjours pres d'eux. Et incontinent assemblerent les batailles, et y eut faict de grandes armes, et bien combatu. Et fut le duc de Clarence, frere du roy d'Angleterre, abatu de coups de hache; et le Roy son frere vint mettre le pied sur luy de peur qu'il fust tué, et eut un tel coup sur sa couronne qu'il fut abatu sur le genoüil. Et deux autres qui estoient habillez proprement (1) comme le Roy furent tuez; et l'oncle du Roy, le duc d'Excestre, fut tué, et moult d'autres. Toutesfois assez tost apres en peu d'heures, ainsi comme Dieu, qui est maistre des batailles, voulut, furent nos gens desconfits, et morts, et prins, et en fuite, lesquels estoient dix mille hommes d'armes; et le roy d'Angleterre avoit bien de onze à douze mille combatans. Et là furent prins monseigneur d'Orleans, monseigneur de Bourbon, monseigneur de Richemont, qui fut tiré de dessous les morts et un peu blessé, et fut cognu à sa cotte d'armes, et si estoit elle toute sanglante, et furent tuez deux ou trois sur luy; puis fut mené au roy d'Angleterre, qui en fut plus joyeux que de nul des autres. Aussi furent prins monseigneur d'Eu, monseigneur de Vendosme, et plusieurs autres seigneurs et capitaines. Et y eut de morts à celle journée monseigneur d'Alençon, monseigneur de Brabant, monseigneur de Nevers, monseigneur le connestable d'Albret, et Jehan monseigneur de Bar. Et soubs la banniere de monseigneur de Richemont et de sa compaignée moururent monseigneur de Comboùr, messire Bertrand de Montauban, messire Jehan de Coetquen, messire Geoffroy de Malestroict, monseigneur de

(1) *Proprement*: justement.

Chastcaugiron, messire Guillaume de La Forest, messire Guillaume Le Veer, et plusieurs autres. Et entre les prisonniers furent messire Edoüard de Rohan, messire Olivier de La Feüillée, messire Jehan Giffart, et le seigneur Du Buisson. Puis s'en retourna le roy d'Angleterre loger à Maisonselles, dont il estoit party au matin. Et le lendemain se partit le roy d'Angleterre, et s'en alla à Calais, et emmena ses prisonniers, et de là s'en alla en Angleterre; et ne demeura avec monseigneur de Richemont sinon un varlet de chambre nommé Janin Catuyt. Assez tost apres quand ils furent à Londres, la Royne mere du dict comte de Richemont demanda congé audict roy d'Angleterre de veoir son fils qui estoit prisonnier; et le Roy le luy accorda. Et les gardes du dict seigneur l'amenerent devers la Royne sa mere, laquelle quand elle sceut sa venuë elle mist une de ses dames en sa place qui bien sçavoit parler et le recevoir, et se mist du rang de ses autres dames, et en mist deux devant elle. Et quand le dict seigneur de Richemont arriva, il cuida de la dame que ce fust sa mere, et la salüa, et luy feit la reverence; et la dame l'entretint une piece, puis luy dist qu'il allast baiser les autres dames. Et quand il fut endroict la Royne, le cœur luy tendrea, et elle luy dist : « Mauvais fils, m'avez vous des-« congneüe? » Et tous deux se prinrent à pleurer, puis firent grand chere. Et luy donna la Royne sa dicte mere mille nobles (1), qu'il departit aux prisonniers ses compagnons et à ses gardes; et aussi luy donna des chemises et habillemens, et n'osa depuis parler à elle ny la visiter, comme il eust voulu.

(1) *Nobles :* monnoie d'or d'Angleterre.

Le dict seigneur de Richemont fut prisonnier en Angleterre depuis la dicte journée d'Agincourt jusques en l'an 1420, que le duc Jehan son frere fut prins du comte de Pointievre, et son frere Richard seigneur d'Estampes, et le mareschal de Bretaigne nommé Bertrand de Dinan, et plusieurs autres, par trahison (1). Et puis la duchesse, les barons, chevaliers, escuyers, et tous les Estats de Bretaigne, furent advisez d'envoyer devers le roy d'Angleterre luy requerir qu'il luy pleust leur prester monseigneur de Richemont pour estre leur chef; et s'obligeoient

(1) *Plusieurs autres, par trahison :* Marguerite de Clisson, veuve de Jean de Blois, voulut après la mort de son mari s'emparer du duché de Bretagne, auquel sa famille avoit renoncé par le traité de Guerrande. Le comte de Penthièvre et ses autres enfans, excités par elle, peignirent au conseil de Charles VII (qui étoit encore Dauphin) le duc Jean comme un ennemi redoutable, et offrirent toutes les forces de la province, si on les autorisoit à se rendre maîtres de la personne du duc et de ses Etats. Les lettres que le comte de Penthièvre demandoit furent expédiées; quelques historiens prétendent que ce fut à l'insu du Dauphin. Quoi qu'il en soit, aussitôt que les Penthièvre eurent ces lettres, ils ne s'occupèrent plus que de l'exécution de leur entreprise, et tous les moyens leur parurent bons pour en assurer le succès. Ils trompèrent le duc Jean par de fausses apparences de soumission, l'attirèrent sur leurs terres près de Champtoceaux, le firent prisonnier, et le conduisirent au château de Palluau. Le duc montra beaucoup de foiblesse pendant sa captivité. Sa femme convoqua les Etats de Bretagne; toute la province prit les armes; et Marguerite de Clisson étant tombée au pouvoir des Bretons, fut obligée de rendre la liberté à leur duc.

Ces détails sont nécessaires pour expliquer la conduite du duc Jean de Bretagne, qui renonça à l'alliance de Charles lorsqu'il eut acquis la preuve que ses ministres avoient autorisé l'entreprise de Champtoceaux et celle de Richemont, qui, en prenant l'épée de connétable, exigea le renvoi du président Louvet, que l'on accusoit d'avoir dirigé toute cette intrigue.

tous les dicts Estats de le rendre au dict roy d'Angleterre mort ou vif, ou une grande somme d'argent. Et de par la duchesse, prelats et barons, y furent envoyez monseigneur le chancelier nommé de Malestroict, et monseigneur de Montauban, lesquels furent devers le dict Roy durant le siege de Melun. Et là feit venir le roy d'Escosse et le dict seigneur de Richemont. Et monseigneur de Montauban luy bailla Raoul Gruel pour trencher devant luy; et puis luy bailla Robert Rouxel, et Gervasic, qui pour lors demeuroit avec monseigneur le chancelier. Et tandis que les dicts ambassadeurs estoient devers le roy d'Angleterre, le duc Jehan fut rendu devant Chantoceaux aux Bretons qui y tenoient le siege; et en fut, comme l'on dict, le roy d'Angleterre bien marry. Toutesfois pourchasserent les dits ambassadeurs à toute leur puissance, en telle maniere que le roy d'Angleterre fut content que le dict comte de Richemont demeurast en Normandie sur sa foy, et en la garde du comte de Suffolc. Et promeit et jura de ne partir point de Normandie sans congé du roy d'Angleterre, et l'amena le dict comte à Pontorson; et y vinrent beaucoup de gens de Bretaigne pour le veoir, et entre les autres y furent monseigneur de Montauban et monseigneur de Combour, et plusieurs autres, tant qu'ils estoient plus forts que les Anglois. Et luy fut demandé s'il vouloit qu'on l'emmenast par force; mais il ne voulut, et ne l'eust pour rien faict. Le comte de Suffolc l'avoit mené joüer aux champs, et tirer de l'arc.

Bien tost apres, le duc Jehan, qui estoit fort desirant de veoir le dict comte de Richemont son frere, le vint veoir jusques sur le pont de Pontorson, pource que mon dict seigneur de Richemont n'osoit passer en Bretaigne. Et estoit le duc bien accompaigné, et avoit deux cent lances de sa garde; et Dieu sçait s'ils s'entrefirent bonne chere, et s'ils pleurerent tous deux bien fort! Puis s'en retourna le dict seigneur de Richemont devers le roy d'Angleterre, lequel luy fist grand chere, pource que bien avoit tenu ce qu'il avoit promis. Et bien tost apres eut congé de venir veoir le duc Jehan son frere, et l'amena le comte de Suffolc. Et la cause pourquoy il eut congé, ce fut pour retarder son frere d'Estampes et les Bretons d'aller servir le Daulphin, qui ja estoit allé à Cosne à l'encontre des Anglois.

L'an 1421, arriva à Vannes mon dict seigneur de Richemont devers le duc son frere, et le mena le comte de Suffolc. Et Dieu sçait la chere qui luy fut faicte de son dict frere et de tout le monde; et fut fort festoyé de toutes gens. Et entre les autres lieux, à Chasteaubriant et à Montauban, et en plusieurs autres lieux, et par les bonnes villes et citez de Bretaigne, et par tout, bien recueilly et festoyé : car sur toutes choses ils desiroient sa delivrance. Et entre autres fut bien festoyé à Rennes, et print bien garde à la fortification de la dicte ville, qui pour lors estoit trop petite pour retirer et loger un tel peuple comme le peuple de Rennes, et estoient les faulxbourgs plus grands trois fois que la ville. Et quand mon dict seigneur veit cela, il pensa de les faire fortifier : ou autrement, si la guerre venoit au pays, que tous les dicts faulxbourgs seroient bruslez et destruicts, et la ville en danger. Et incontinent le dist au duc son frere, qui pas bien ne l'entendoit, mais du tout s'en rapporta à luy. Aussi le remonstra aux gens de la ville et du pays, qui volontiers obeïrent à son commandement, nonobstant qu'il leur estoit impossible croire que si tost se peust faire comme il se fist : car incontinent il marqua par où seroit faicte la dicte fortification, et bailla de ses gens et autres pour faire la diligence. Et furent mandez les gens du pays, et ordonné à chacun telle tasche qu'il debvoit avoir. Et en huict mois furent faicts les plus beaulx fossez qu'on peust trouver, puis apres fut fortifiée de palis (1), et puis de bonnes tours et murailles, comme pouvez veoir; et n'eust on osé à l'heure entreprendre de ce faire, si n'eust esté le bon Artus.

Et paravant ce, durant que mon dict seigneur estoit prisonnier (2) au siege de Melun et à celuy de Meaux, et à Paris, mon dict seigneur se tira devers monseigneur de Bourgongne, et tant feit que mon dict seigneur de Bourgongne l'aima fort, et furent bien accointez et privez l'un de l'autre. Aussi les gens de monseigneur de Bourgongne l'aimoient fort. Et bien tost apres fut touché du mariage de mon dict seigneur de Richemont, et luy mesme en parla à monseigneur de Bourgongne, en disant que tousjours les deux maisons de Bourgongne et de Bretaigne s'entrestoient bien aimées, et avoient de tout temps esté alliées ensemble; et que bien desiroit que encores le fussent plus que jamais. Et dist à mon dict seigneur de Bourgongne que si c'estoit son plaisir, qu'il seroit marié avec l'une de ses sœurs : dont monseigneur de Bourgongne respondit qu'il en estoit tres-

---

(1) *Palis* : pieux. — (2) C'est-à-dire élargi seulement sur sa parole.

joyeux; et qu'il en avoit trois à marier, et que des deux il se faisoit fort de luy bailler à choisir : mais de madame de Guyenne, qui avoit esté mariée à monseigneur de Guyenne [1], il ne se faisoit pas fort sans le consentement d'elle; mais des autres se faisoit fort, dont l'une estoit promise à monseigneur de Clermont, aisné fils de Bourbon, à peine de cent mille escus : mais pour ceste cause ne laisseroit point à le faire. Et monseigneur de Richemont luy dist que si c'estoit son plaisir, qu'il vouloit avoir madame de Guyenne. Et sur ce monseigneur de Bourgongne luy respondit qu'il s'y employeroit si bien qu'il s'en appercevroit. Et lors luy dist mon dict seigneur de Richemont qu'il envoyeroit devers mon dict seigneur de Bourgongne, lequel luy dist qu'il ne luy envoyast nul homme que Raoul Gruel seulement, et qu'il luy en laissast faire. Et sur ce prinrent congé. Et le dict Raoul Gruel s'en alla quand et monseigneur de Bourgongne à Dijon. Et incontinent que monseigneur de Bourgongne fut à Dijon, il en parla à madame de Guyenne, et assembla tout son conseil, et en parlerent à ma dicte dame de Guyenne; et elle respondit qu'elle ne vouloit point estre mariée à un prisonnier : mais quand le roy d'Angleterre le voudroit quitter [2], qu'elle feroit ce que ses amis luy conseilleroient. Et sur ce, monseigneur de Bourgongne fist le dict Gruel parler à elle par plusieurs fois. Et y avoit des gens de l'hostel de monseigneur de Bourgongne qui bien desiroient que le mariage s'accomplist. Et sur ce s'en vint le dict Gruel en Bre-

(1) *De Guyenne* : le dauphin Louis, duc de Guyenne, mort en 1415. — (2) *Quitter* : rendre libre.

taigné devers son dict maistre, et luy fist son rapport, dont il fut bien content.

L'an que dessus 1421, en octobre, mourut le roy Henry d'Angleterre au bois de Vincennes pres Paris, et en vinrent les nouvelles au dict seigneur de Richemont au Guavre. Et Dieu sçait s'il en fut bien joyeux! car ceste fois il fut quitte : car homme n'avoit plus que luy demander (1).

Bientost apres, en l'an 1422, retournerent ambassades devers monseigneur de Bourgongne, lequel envoya pareillement autres ambassades devers le duc, et le dict

(1) *Car homme n'avoit plus que luy demander* : « Ceci sembleroit signifier, dit le père Griffet, que selon les lois de la guerre prati-
« quées en ce tems là, que quand celui qui avoit fait un prisonnier
« venoit à mourir, le prisonnier devenoit libre de plein droit. Nous
« ne voyons point cependant que le duc d'Orléans et les autres princes
« et seigneurs, qui étoient comme le comte de Richemont prisonniers
« du roi d'Angleterre depuis la bataille d'Azincourt, aient réclamé
« cette loi pour recouvrer leur liberté après la mort de ce monar-
« que. »
Cette observation paroît très-juste. On pourroit à la vérité trouver surprenant que les Anglais n'aient pas accusé Richemont, qui étoit libre sur parole, d'avoir trahi sa foi. Mais Richemont devenoit beaufrère du duc de Bourgogne, qu'ils avoient intérêt à ménager. Le duc de Bedford, loin d'élever aucune plainte, se rendit à Amiens, où devoit se conclure le mariage. L'auteur des Mémoires, en disant *qu'on se fût bien passé de lui*, semble indiquer que sa présence seule étoit une espèce de reproche. On voit, page 425, que l'année suivante Richemont alla par mer à Saint-Malo, *ne voulant pas se mettre és dangers des Anglois*; il croyoit donc que les Anglais avoient des droits sur sa personne : car il ne s'étoit point déclaré contre eux depuis son mariage avec la fille du duc de Bourgogne, allié de l'Angleterre.

Voici comment s'exprime sur cet événement Jean Chartier, historiographe de France, dans son Histoire de Charles VII :
« Et pour ce que le roy d'Angleterre, auquel il avoit fait certaines
« promesses, estoit mort, il luy sembla que plus n'estoit tenu à son
« successeur. »

seigneur de Richemont. Et tant appointerent, que journée fut prinse entre les deux ducs de Bretaigne et de Bourgongne, et le dict seigneur de Richemont, qu'ils se rendroient à Amiens en Picardie pour conclure le mariage. Et s'y rendit le duc de Betfort, dont on se fust bien passé, qui eust peu; mais il convenoit passer par Normandie, qu'il tenoit pour lors. Monseigneur de Richemont amena le duc son frere, malgré la plus part des Estats de Bretaigne, au dict lieu d'Amiens; et là fut conclu le mariage de mon dict seigneur de Richemont et de madame de Guyenne. Et de là s'en alla le dict seigneur de Richemont avec monseigneur de Bourgongne à Dijon, où estoit la dicte dame; et le duc s'en vint en son pays de Bretaigne. Et le dict seigneur de Richemont estoit accompaigné de monseigneur de Beaumanoir, de messire Guillaume Giffart, et plusieurs autres. Et furent faictes les nopces à Dijon, et y estoient tous les seigneurs de Bourgongne. Et Dieu sçait la feste et les joustes qui y furent, et la grande chere. L'archevesque de Besançon feit les fiançailles par paroles de present. Puis huict jours apres feit les espousailles, et demeurerent certain temps à Dijon avec madame de Bourgongne sa mere, puis s'en allerent demeurer à Montbar, et y furent un peu de temps. Puis s'en partit monseigneur de Bourgongne, et s'en vint en Flandres, et monseigneur de Richemont quand et luy; et madame de Guyenne demeura à Montbar. Et mes dicts seigneurs furent une piece en Flandres.

L'an 1423, monseigneur de Richemont print congé de monseigneur de Bourgongne, et s'en vint par mer descendre à Sainct Malo : car plus ne vouloit se mettre és dangers des Anglois. Et fist venir monseigneur de

Beaumanoir et beaucoup de ses gens et chevaux par Normandie, qui disoient que mon dict seigneur venoit apres eulx. Et bien tost apres qu'il fut en Bretaigne, le Roy envoya ambassades devers le duc et devers luy, et y veint monseigneur du Maine; apres y veint le president de Provence, puis apres y veinrent la royne de Sicile et le prevost de Paris, nommé messire Tanneguy Du Chastel (1). Et fut conclu par les Estats de Bretaigne que mon dict seigneur de Richemont iroit devers le Roy; et incontinent le duc Jehan et mon dict seigneur envoyerent une ambassade devers monseigneur de Bourgongne, pour signifier que monseigneur de Richemont iroit devers le Roy; et que c'estoit pour traicter la paix entre le Roy et monseigneur de Bourgongne. Et y envoyerent Raoul Gruel et Philibert de Vauldré, lesquels trouverent monseigneur de Bourgongne à Desise le jour qu'il espousoit madame de Nevers. Et quand ils eurent faict leur charge, ils s'en revinrent devers le duc et devers monseigneur de Richemont faire leur rapport.

Puis apres le Roy vint à Angers, et là alla le dict seigneur de Richemont bien accompaigné : c'est à sçavoir de monseigneur de Laval, de monseigneur de Porhoet, de monseigneur de Chasteaubriant, de monseigneur de Montauban, de monseigneur de Malestroict, de monseigneur le vicomte de La Beliere, de

---

(1) *Et le prevost de Paris, nommé messire Tanneguy Du Chastel :* Suivant Jean Chartier, Richemont seroit allé offrir ses services au Roi. « Et tantost s'en vint devers le Roy en la cité d'Angers, pour « s'offrir à son service comme celui à qui le courage et la volonté « n'estoient changez depuis le jour qu'il avoit esté pris à la dite « bataille d'Azincourt. » (Histoire de Charles vii.)

monseigneur le vicomte de Beaumanoir, de monseigneur de Rostrenen, et de plusieurs autres. Et vinrent au devant de mon dict seigneur plusieurs grands seigneurs; et demeurerent en ostages le bastard d'Orleans et messire Guillaume d'Albret. En outre luy furent baillées quatre places en ostage, et y furent mis gens de par luy, c'est à sçavoir Lusignan, Loches, Chinon, et Meun sur Yevre; et le receut le Roy à Angers en un jardin, et luy fist grand chere et grand recueil.

Bien tost apres mon dict seigneur de Richemont feit un voyage devers messeigneurs les ducs de Bourgongne et de Savoye, pour avoir leur consentement pour estre connestable de France. Car pas ne vouloit prendre l'espée sans le consentement des ducs de Bourgongne, de Bretaigne et de Savoye : et s'en alla en Bourgongne, et parla à mon dict seigneur de Bourgongne; et de là à Montluet. Et estoient avec luy de par le duc de Bretaigne monseigneur de Chasteaubriant, monseigneur de Porhoet admiral de Bretaigne, et maistre Pierre de L'Hospital, president de Bretaigne. Et du consentement des dicts seigneurs s'en retourna mon dict seigneur de Richemont devers le Roy, et le trouva à Chinon.

L'an 1424, en mars, fut mon dict seigneur de Richemont connestable de France[1], et print l'espée en la prée de Chinon, et en fist hommage au Roy, ainsi qu'est de coustume aux connestables. Et trouva le

---

[1] *Fut mon dict seigneur de Richemont connestable de France :* Les lettres patentes par lesquelles le comte de Richemont fut pourvu de la charge de connétable de France peuvent offrir quelque intérêt, parce qu'elles montrent quels étoient les droits et les prérogatives de cette charge. On les trouvera à la suite des Mémoires.

royaume le plus au bas que jamais fut, et le laissa le plus entier qui fut passé (1) a quatre cent ans. Et avant qu'il print l'espée, le Roy luy promist et jura d'envoyer hors de son royaume tous ceulx qui avoient esté cause de la mort de monseigneur de Bourgongne, et consentans de la prinse du duc Jehan de Bretaigne; et s'en debvoient aller messire Tanneguy Du Chastel à Beaucaire, et le president de Provence en Provence; et Frotier et Guillaume d'Avaugour s'en devoient aussi aller (2). Mon dict seigneur le connestable avoit laissé devers le Roy l'evesque de Clermont, et monseigneur de Trignac et autres, qui tenoient la main pour mon dict seigneur. Et durant qu'il vint devers le duc son frere pour querir gens en Bretaigne pour faire la guerre encontre les Anglois, qui pour lors apres la journée de Vernueil estoient en grand puissance, et tous fuyoient devant eulx, mon dict seigneur le connestable en retournant devers le Roy quand il arriva à Angers, trouva l'evesque de Clermont et Trignac qui avoient esté mis hors de l'hostel du Roy, pource qu'ils aimoient le dict seigneur de Richemont. Et neantmoins le dict seigneur ne laissa pas de tirer devers le Roy, et assembla gens de toutes parts. Et y vinrent monseigneur d'Estampes son frere, et monseigneur de Porhoet, monseigneur de Beaumanoir,

---

(1) *Passé* : depuis. — (2) *Et Guillaume d'Avaugour s'en devoient aussi aller* : « En celuy temps estoient conseillers pour le Roy les plus « prochains et principaux, Tanneguy Du Chastel, le president de « Provence, Robert Le Maçon, et Guillaume d'Avaugour ; et disoient « aucuns qu'ils gouvernoient très-bien le faict du Roy ; aucuns disoient « tout le contraire : et quoy qu'il en fust, ils faisoient en iceluy temps « de grandes armées et résistance contre les Anglois et Bourguignons. » (Hist. de Charles VII, par J. Chartier.)

monseigneur de Chasteaubriant, monseigneur de Rostrenen, messire Robert de Montauban, et plusieurs autres nobles chevaliers et escuyers du pays de Bretaigne, qui trop long seroit à racompter. Et s'assemblerent avec luy grand nombre de barons de Berry, de Poictou et d'Auvergne : c'est à sçavoir de Berry, monseigneur de Chauvigny, monseigneur de Ligneres, monseigneur de Prie, et plusieurs autres. De Poictou, monseigneur de Thoüars, et tous les gens de monseigneur de Partenay, et monseigneur de Bressuire, monseigneur de La Greve, monseigneur d'Argenton, et plusieurs autres. D'Auvergne, monseigneur de La Tour et monseigneur de Montlaur. Et de Rouergue, ceux de Arpajon et plusieurs autres, qui bien sçavoient ce que mon dict seigneur faisoit estoit pour le bien du royaume. Et toutes les bonnes villes tenoient pour mon dict seigneur le connestable. Le Roy tira vers Bourges, et le dict connestable apres; et s'en vint droict à Poictiers, et tousjours tiroit le connestable de logis en logis apres le Roy. Puis apres fut faict l'appointement, et fut dict que ceulx qui s'en debvoient aller s'en iroient. Et au regard de messire Tanneguy Du Chastel, il dist au dict seigneur le connestable que ja à Dieu ne pleust que pour luy démeurast à faire un si grand bien, comme le bien de paix entre le Roy et monseigneur de Bourgongne. Et si aida à mettre hors ceulx qui s'en debvoient aller, et feist tuer à ses archers devant luy un capitaine, lequel faisoit trop de maulx, et ne vouloit obeïr. Puis s'en alla le dict Du Chastel à Beaucaire, et le president de Provence en Provence, qui fut bien courroucé et mal content de s'en aller, et madame de Joyeuse sa fille, et la femme du bastard d'Orleans son autre fille, qui gueres ne vesquit apres. Et par ainsi fut tout appaisé, et l'appointement faict. Le seigneur de Giac demeura au gouvernement devers le Roy, et promeist de bien faire la besongne, et n'en feit rien; mais feit tout le contraire.

L'an 1425, la veille du sacre (1), madame de Guyenne arriva à Bourges, et là trouva monseigneur le connestable. Et assez tost apres elle vint demeurer à Chinon, lequel luy avoit esté baillé pour sa demeure. Aussi le Roy luy fist bailler pour son doüaire de monseigneur de Guyenne Montargis, Gien sur Loire, et Dun le Roy, avec Fontenay le Comte.

En celuy an, au mois de septembre, monseigneur le connestable tira devers le Roy à Poictiers, pour le faire venir à Saulmur. Et là appointa que le duc Jehan viendroit devers luy à Saulmur, et si ne fut qu'une nuict à Poitiers. Et le Roy partit le lendemain pour tirer au dict lieu de Saulmur; et mon dict seigneur le connestable vint coucher à Chinon, là où madame de Guyenne (2) estoit; et ne fut qu'une nuict avec elle. Et tira devers le duc à Angers. Et le lendemain se partit le duc pour aller à Saulmur, et venoit du costé devers Sainct Florent pour veoir madame de Guyenne, qui y estoit venuë, et s'entrefeirent si grand chere que homme ne sçauroit penser. Et s'en alla coucher sur les ponts de Saulmur. Et si avoit en sa compaignée monseigneur d'Estampes, monseigneur de Laval, monseigneur de Porhoet, monseigneur de Chasteaubriant, monseigneur de Rieux, monseigneur de Guemené, monseigneur de Rais, monseigneur de Beau-

(1) C'est-à-dire de la Fête-Dieu. — (2) C'étoit sa femme.

manoir, monseigneur de Montauban, monseigneur de Combour, le vicomte de La Beliere, monseigneur de Malestroit, monseigneur de Penhoet, le vicomte Du Fou, Raoul de Coetquen, et plusieurs autres, qui trop long seroient à nommer. Et le lendemain apres disner arriva le Roy à Saulmur, et alla le duc au devant pres d'une lieuë françoise, accompaigné de tresnoble compaignée, comme dict est, et s'entretrouverent aux champs. Et le Roy embrassa le duc deux fois, et s'entrefeirent la plus grande chere du monde. Et le duc conduisit le Roy jusques au chasteau, puis le laissa, et s'en alla à son logis. Et le lendemain vint le duc devers le Roy, et besongnerent ensemble de leurs affaires. Puis apres le lendemain, qui fut mardy, le duc vint à Sainct Florent veoir madame de Guyenne, et l'amena devers le Roy au chasteau de Saulmur. Et vinrent au devant monseigneur de Bourbon et plusieurs autres seigneurs et gens du Roy. Et Dieu sçait s'il y avoit belle compaignée. Et la royne de Sicile vint au devant bien avant en la court du chasteau, et s'entrefeirent grand chere, et furent long temps en priere à qui iroit devant. En fin la Royne et madame de Guyenne monterent ensemble en la salle devers le Roy, qui marcha bien pres de l'huis au devant, et luy fist grand chere, et furent assez long temps à deviser. Puis s'en alla madame de Guyenne à Sainct Florent, et fut conduicte de la seigneurie. Puis vinrent le lendemain le Roy, le duc, et monseigneur de Bourbon à Sainct Florent veoir ma dicte dame; et danserent, et chanterent dedans le cloistre (1), et feirent grand chere, et puis s'en re-

(1) C'étoit dans l'abbaye de S.-Florent, à une demi-lieue de Saumur.

tournerent. Le Roy alla au chasteau de Saulmur, et le duc s'en vint à son logis sur les ponts; et furent bien huict jours à Saulmur, et feirent et appointerent ensemble ce que bon leur sembla. Puis le duc print son congé du Roy et s'en vint en Bretaigne; et monseigneur le connestable le conduisit, puis s'en retourna devers le Roy, lequel s'en alla en Auvergne et en Bourbonnois, et mon dict seigneur quand et luy; et y furent jusques à caresme prenant.

L'an que dessus 1425, fut mandé monseigneur le connestable en Bretaigne devers le duc, pource que l'armée du duc estoit toute preste d'entrer en Normandie; et le plus tost qu'il peut s'en vint, et trouva le duc à Rennes, et toute l'armée de Bretaigne sur les marches de Normandie. Et quand il fut devers le duc, ils conclurent de mettre le siege à Sainct James de Beuveron; et tout l'ost s'assembla à Entrain. Et de là allerent mettre le siege au dict lieu de Beuvron, et fut en caresme; et ne dura le dict siege que huict ou dix jours. Et dist on que le chancelier de Bretaigne fist retarder le payement des gens de guerre, et à l'occasion de ce ils n'avoient de quoy payer les marchands qui leur amenoient les vivres. Et pour ce fut conclu l'assault par grande deliberation de conseil. Et quand ceulx qui estoient au dict assault devers l'estang montoient pour combattre main à main à ceulx de dedans, ils veirent une grande compaignée de gens d'armes qu'on avoit ordonné à faire les courses durant le dict assault : car le comte de Suffolc et le sire de Scales estoient à Avranches. Et ainsi cuiderent nos gens que ce fussent les Anglois, et se commencerent à retirer. Et alors les dicts Anglois saillirent sur eulx, et en tuerent et feirent noyer grand nombre en l'estang du dict lieu; et ceulx qui estoient de l'autre costé n'en sçavoient rien. Et se fallut retirer, et y eut grande multitude de gens morts et prins : entre lesquels moururent monseigneur de Molac, monseigneur de Coetivi, messire Alain de La Mote, Guillaume de La Mote son fils, Guillaume Eder; et plusieurs autres. Et à ceste cause se retirerent tous ceulx du siege au siege de monseigneur le connestable, et s'y retirerent les gens de monseigneur de Porhoet, qui lors estoit admiral de Bretaigne, et tous les autres. Et ceste nuict commencerent à desloger plusieurs sans congé, les uns blessez, et les autres pour les conduire. Et bien tost apres meirent le feu és logis du dict siege de Beuveron; et tantost l'on vint dire à monseigneur le connestable, et à monseigneur d'Estampes son frere, qu'ils seroient bruslez s'ils ne se sauvoient; et que tout le monde s'en alloit. Et ainsi monterent les dicts seigneurs sur petits chevaulx, pour cuider faire demeurer ceulx qui s'en vouloient aller; mais homme ne vouloit arrester : et tant que mon dict seigneur le connestable fut abatu en la presse, cheval et tout, et passoient par dessus luy qui ne l'eust secouru; et conveint mal gré luy s'en venir quand et les autres, ou demeurer bien seul. Et pensez que c'est grand chose quand un desarroy se met en un grand ost, et de nuict. Et croyez que ce fut un des plus grands desplaisirs que mon dict seigneur eust en sa vie, et tousjours vouloit retourner qui l'eust voulu croire; et furent environ le poinct du jour à Entrain, et de là tirerent devers le duc à Rennes, et garnirent les frontieres de Bretaigne; puis se departirent. Et tout le monde disoit communément que ce avoit esté le chancelier qui avoit eu argent des Anglois pour lever le siege. Et pensez que monseigneur le connestable ne l'oublia point : car en retournant devers le Roy les feries de Pasques, il fist prendre devant luy le dict chancelier à La Tousche pres Nantes, et mener à Chinon pour se descharger de ce qu'on le chargeoit. Et il n'en pouvoit mais. Et fut le dict chancelier un peu de temps au dict lieu de Chinon; puis fut traictée sa delivrance, et promist de faire merveilles devers monseigneur de Bourgongne et ailleurs, et devoit du tout faire la paix ; mais il n'en feit rien, car elle n'estoit pas si aisée à faire. Et s'en alla du consentement du Roy devers monseigneur de Bourgongne, et puis en Savoye, et s'en reveint par Normandie en Bretaigne, où il demeura.

L'an 1426, mon dict seigneur le connestable tira devers le Roy, et trouva monseigneur de Giac, qui bien luy avoit haulsé son chevet devers le Roy, et ne vouloit point que nulle paix se feist entre le Roy et monseigneur de Bourgongne, de peur de perdre son gouvernement; et ne vouloit que nuls des seigneurs approchassent devers le Roy, excepté monseigneur de Clermont, à qui il feit donner le duché d'Auvergne; et monseigneur de Foix, à qui il fist donner le comté de Bigorre, lequel avoit amené trois mille Bearnois qui devoient faire merveilles : et si feirent ils sur le pauvre peuple, car oncques ne passerent la Croix verte à Saulmur. Et pour revenir au faict de Giac, qui avoit faict tant de maulx, entre les autres avoit faict mourir sa femme, laquelle estoit bonne et preude, comme l'on disoit, il la feist empoisonner; et quand elle eut beu les poisons, il la feist monter derriere luy à cheval, et chevaucha quinze lieuës en celuy estat; puis mourut la dicte dame incontinent. Et le dict Giac faisoit ce pour avoir madame de Tonnerre, qui aprés la mort du dict Giac fut dame de La Trimoüille. En aprés, monseigneur le connestable vint devers le Roy à Issouldun; et par le conseil de la royne de Sicile et de tous les seigneurs, ou la plus part, reservez Bourbon et Foix, il print le dict Giac en la ville d'Issouldun : il se feit apporter les clefs, et dist qu'il vouloit aller à Nostre Dame de Bourg de Deolz, dés le poinct du jour. Et comme son prestre vouloit commencer la messe tout revestu, on luy veint dire qu'il estoit temps; et laissa le prestre tout seul, et s'en veint luy et ses gens de sa maison et ses archers là où estoit couché le dict Giac, et monterent contremont; si rompirent l'huis, et le dict Giac demanda que c'estoit. L'on luy dist que c'estoit monseigneur le connestable; et lors il dist qu'il estoit mort. Et madame sa femme se leva toute nuë; mais ce fut pour sauver la vaisselle. Et incontinent on fist monter le dict Giac sur une petite haquenée, et n'avoit que sa robe de nuict et ses botes; et fut tiré à la porte.

Et incontinent le bruit fut devers le Roy. Si se leva, et vinrent les gens de sa garde à la porte; et mon dict seigneur le connestable leur dist qu'ils ne bougeassent, et leur commanda s'en aller, et que ce qu'il faisoit estoit pour le bien du Roy. Si se rendit à luy à la porte Alain Giron, qui avoit cent lances, et estoit assez pres en embusche, et s'en alla conduire Giac; et aussi feist messire Robert de Montauban, et beaucoup d'autres gens de mon dict° seigneur. Et fut mené le dict Giac (1) à Dun le Roy, qui pour lors estoit en la main de mon dict seigneur. Puis apres tira mon dict seigneur le connestable à Bourges, et mon dict seigneur de La Trimoüille avec luy. Et incontinent mon dict seigneur fist faire le procez du dict Giac par son baillif de Dun le Roy, et autres gens de justice. Et confessa tant de maulx que ce fut merveilles, entre lesquels la mort de sa femme toute grosse, et le fruict dedans. Et oultre confessa qu'il avoit donné au diable l'une de ses mains, afin de le faire venir à ses intentions. Et quand il fut jugé, il requeroit pour Dieu qu'on luy couppast la dicte main avant le faire mourir. Et offroit à monseigneur le connestable, s'il luy plaisoit luy sauver la vie, de luy bailler comptant cent mille escus, et luy bailler sa femme, ses enfans et ses places à ostages; de jamais n'approcher du Roy de vingt lieuës. Et mon dict seigneur respondit que s'il avoit tout l'argent du monde, qu'il ne le laisseroit pas aller, puis qu'il avoit desservy (2) la mort. Et envoya un bourreau de Bourges pour l'executer; et le mena Jehan de La Boessiere. Ne demandez pas si le Roy fût bien courroucé. Puis apres tout le monde

---

(1) *Fut mené le dict Giac* : « Le sire de Gyac fut principal conseiller « du Roy, par lequel, ainsi qu'on disoit, se gouvernoit le Roy et tout le « faict du royaume ; et pource que la chose estoit deplaisante à aucuns, « il fut pris de nuict par aucun temps aprés en son lict auprés de sa « femme, et fut fait noyer par le comte de Richemont, aprés ce « que on luy eut fait son procés sur aucuns poincts dont il estoit ac-« cusé ; et disoit-on qu'il gouvernoit le faict du royaume plus à son « profit que au profit du royaume. De cette mort fut le Roy fort cour-« roucé et dolent ; mais aprés qu'il eut esté informé du faict dudit « Gyac, il fut content dudit connestable. » (Jean Chartier, Histoire de Charles VII.) — (2) *Desservy* : mérité.

estoit embesongné à faire l'appointement; mais le Roy, bien informé du gouvernement et vie du dict Giac, fut tres-content. Et entra au gouvernement Le Camus de Beaulieu, qui se gouverna aussi mal comme les autres. Et s'en vinrent le Roy, la Royne, et la royne de Sicile, et mon dict seigneur le connestable, en Touraine.

Pource que les Anglois faisoient de grandes courses et de grands maulx en Bretaigne, monseigneur le connestable veint emparer (1) Pontorson, et fut environ la Sainct Michel. Et y vinrent des François et des Escossois avec luy, et y estoient le connestable d'Escosse et messire Jehan Ouschart, qui avoient bonne compaignée de gens d'Escosse; et Gaultier de Brusac, et plusieurs autres capitaines. Et de Bretaigne monseigneur de Loheac, monseigneur de Chasteaubriant, monseigneur de Beaumanoir, monseigneur de Montauban, monseigneur de Rostrenen, le vicomte de La Beliere, messire Robert de Montauban, Jehan Tremederne, messire Jehan Le Veer, monseigneur de Beaufort, Marzeliere, messire Roland Madeuc, et messire Roland de Sainct Paul. Et durant ce, vinrent les Anglois un peu avant soleil couchant, qui estoient en nombre bien huict cent; et saillit on hors aux champs, et se mist on en bataille oultre le marais devers le mont Sainct Michel, et ne sçavoit on quelle puissance les dicts Anglois avoient. Si feist le connestable d'Escosse descendre tous les gens d'armes et archers à pied; puis vinrent les dicts Anglois jusques à un traict d'arc, et y en eut deux ou trois qui se vinrent faire tuer en nostre bataille,

(1) *Emparer* : fortifier.

et y furent faict deux ou trois cheváliers. Et quand les Anglois veirent la bataille, ils s'enfuirent en grand desarroy, et en fut prins et tué plusieurs; mais pource que tout estoit à pied, ne peurent estre si fort chassez comme ils eussent esté, qui eust esté à cheval. Apres que la place fut un peu bien fortifiée, monseigneur le connestable, et le connestable d'Escosse, et la plus part des seigneurs et capitaines, s'en allerent, exceptez ceulx que monseigneur le connestable y laissa : c'est à sçavoir monseigneur de Rostrenen, capitaine du dict lieu; monseigneur de Beaufort, messiré Jehan Ouschart, et les gens de Brusac; Jehan de Tremederne, messire Jehan Le Veer, Marzeliere, et plusieurs autres. Et s'en alla mon dict seigneur devers le Roy.

Assez tost apres sur l'hyver, monseigneur de Rostrenen entreprint d'aller courir devant Avranches, et mena belle compaignée; et passant au dessoubs du pont Aubaud se noya un gentilhomme de sa compaignée, et conveint faire un peu de demeure illec. Si saillirent les Anglois sur les coureurs; et mon dict seigneur de Rostrenen arriva; et incontinent l'on chargea sur les dicts Anglois, et furent reboutez jusques bien pres de la porte, et y en eut bien trente que morts que prins. Et comme monseigneur de Rostrenen vouloit descendre à pied, arriverent environ quatre cent Anglois, dont estoit chef le sire de Fuoastre; et si ne sçavoient rien les dicts Anglois de la ville de celle venüe, et n'on faisoit monseigneur de Rostrenen; et veinrent les dicts Anglois tellement frapper au dos de nos gens en telle maniere, qu'il conveint desemparer. Et bien tost apres fut prins mon dict seigneur de Rostrenen, et bien sept vingt et dix de ses gens, et n'y en eut que deux morts. Et ceste prinse fut un tres-mauvais coup pour Pontorson. Si y vint pour garder la dicte ville monseigneur de Chasteaubriant; puis apres y vint monseigneur le mareschal son frere, qui feirent fortifier la ville le mieulx que faire se pouvoit : mais on n'y sceut tant faire qu'elle valust gueres.

Mon dict seigneur le connestable estoit allé devers le Roy, et là luy furent remonstrez les termes que tenoit Le Camus de Beaulieu : car il gastoit tout, et ne vouloit que homme approchast du Roy, et faisoit pis que Giac. Si en estoit la royne de Sicile et tous les seigneurs mal contens; pource en fist monseigneur le mareschal de Bossac la raison : car il le fist tuer (1). Et celuy mesme qui le gouvernoit l'amena au tiltre en un petit pré pres le chasteau de Poictiers sur la riviere; et deux compaignons qui estoient au dict mareschal de Bossac luy donnerent sur la teste tant qu'ils la luy fendirent, et luy coupperent une main, tant que plus ne bougea : et s'en alla celuy qui l'avoit amené, et mena son mulet au chasteau, là où estoit le Roy, qui le regardoit. Et Dieu sçait s'il y eut beau bruit.

Si veint à l'heure monseigneur de La Trimoüille devers le Roy; puis s'en vint le Roy à Chinon, et la Royne avec luy; et n'estoit pas le Roy content que

---

(1) *Car il le fist tuer* : « En ce temps fut tué prés du chasteau de
« Poictiers un escuyer nommé Le Camus de Beaulieu, du pays d'Au-
« vergne, le quel avoit grand gouvernement et pouvoir devers le Roy
« plus qu'il ne luy appartenoit; et pour ce fut tué. » (Chronique de
Berry.)

La Trimoüille demeurast avec luy. Et monseigneur le connestable luy dist que c'estoit un homme puissant, et qui le pourroit bien servir; et le Roy luy dist : « Beau « cousin, vous le me baillez, mais vous en repentirez : « car je le congnois mieux que vous. » Et sur tant demeura La Trimoüille, qui ne fist point le Roy menteur : car il feit le pis qu'il peut à mon dict seigneur le connestable.

Incontinent monseigneur le connestable commencea à assembler gens de toutes parts pour venir secourir Pontorson, qui estoit assiegé dés le jeudy gras ; et estoient devant ceulx qui ensuivent : premierement le comte de Warwic, gouverneur et lieutenant general du roy d'Angleterre ; les sires de Talbot, de Scales, de Ros, de Ovyrebi, de Fastouc, de Fuoastre, de Boursieres, et grand nombre d'autres capitaines et baillifs ; et en effect toute leur puissance qui pour lors estoit en Normandie. Si voulut le duc Jehan, par l'enhortement (1) d'aucuns de ses gens, bailler Pontorson en la main des Anglois avant que le siege y fust mis. Mais ceulx qui estoient dedans refuserent le rendre, et disoient qu'ils tiendroient pour monseigneur le connestable. Et par deliberation de tous ceulx qui estoient dedans fut conclu de le tenir tant que faire se pourroit. Et bien tost apres monseigneur le mareschal de Bretaigne feit crier que tous ceulx qui n'estoient deliberez d'attendre le siege s'en allassent. Et messire Jehan Ouschart, capitaine des Escossois, feit crier que tous ceulx qui vouldroient s'en aller quand et luy fussent bien tost prests. Si s'en alla celuy jour le dict Ouschart à grande com-

(1) *Enhortement* : instigation.

paignée; puis tint le siege fort et ferme, et y eut de belles escarmouches, tousjours en attendant le secours de Bretaigne et de monseigneur le connestable, qui ne se pouvoit aider du Roy son maistre, ny de beaucoup de meschants gens qui estoient avec luy. Toutesfois il amena beaucoup de gens de bien du pays de France, et cuidoit (1) venir lever le siege. Si vint jusques en Bretaigne devers le duc son frere qui estoit à Dinan, et amena avec luy le connestable d'Escosse, le mareschal de Bossac, et plusieurs autres capitaines, cuidant tirer avant. Mais le duc ne voulut, et ne luy fut conseillé adventurer la noblesse de Bretaigne pour si peu de chose comme Pontorson, nonobstant que le duc eust faict ban et arriereban. Et Dieu sçait quelle compaignée il avoit en la lande de Vaucouleur, où il feit ses monstres. Toutesfois ceulx de Pontorson tinrent jusques au huictiesme jour de may, tant qu'ils n'eurent plus de vivres; et tousjours cuidoient avoir secours. Et si y eut dés le jeudy absolu un mauvais eschec : car ceulx qui venoient pour tollir les vivres à ceulx du siege furent desconfits, et y mourut beaucoup de gens de bien, c'est à sçavoir monseigneur de La Hunaudaye, monseigneur de Chasteaugiron, le baron de Coulonces, messire Guillaume L'Evesque, Robin de Quiste et Olivier Tomelin, et plusieurs chevaliers et escuyers; et de prins le vicomte de La Beliere, et plusieurs autres. Puis s'en vinrent ceulx de Pontorson, chascun un baston en sa main.

Bien tost après tira monseigneur le connestable devers le Roy, et fut en l'an 1426, et alla par Chinon

(1) *Cuidoit* : pensoit.

veoir madame de Guyenne. Puis vinrent les nouvelles que le siege estoit à Montargis, et fut le premier jour de juillet. Et convint que mon dict seigneur se partist de Chinon pour assembler tous les gens d'armes qu'il pourroit trouver, et les fist venir à Gien sur Loire. Et y vinrent le connestable d'Escosse et le bastard d'Orleans, Poton et La Hire, monseigneur de Gaucourt, monseigneur de Guitry, Giraud de La Pailliere, Alain Giron, et plusieurs autres. Et ne vouloient tirer en avant sans argent; et convint que mon dict seigneur le connestable leur en baillast. Et pour trouver finances mist une couronne d'or bien garnie de pierreries en gage, laquelle on prisoit dix mille escus, et la bailla à un homme de Bourges nommé Jehan Besson; et print de l'argent dessus, pour bailler aux gens d'armes pour avitailler Montargis. Et en y allant, cuidant ne faire autre chose que leur porter vivres, à la premiere fois ne feirent rien; puis y retournerent une autre fois. Et fut au mois de juillet l'an 1426, environ midy, que plus ne faisoient de guet les dicts Anglois, ne nulle garde, arriverent à Montargis ceulx qui venoient pour avitailler la ville. Si vinrent du costé où estoit logé un capitaine nommé Henry Biset, et ne trouverent rien à la barriere, et descendirent, et ouvrirent la dicte barriere. Si trouverent les dicts Anglois qui dormoient et se rafraischissoient, pource qu'ils avoient veillé toute la nuict; et Dieu sçait s'ils furent bien festoyez (1). Et en se retirant par sur un pont qu'ils avoient faict pour s'entresecourir, le dict pont rompit, et se noyerent grand nombre, et les autres furent

(1) *Festoyez* : chargés.

morts et prins. Et en effect furent desconfits tous ceulx du siege de celuy costé. Et de l'autre costé se meirent en bataille le comte de Warwic, le comte de Suffolc et le sire de Talbot, et grand nombre d'Anglois. Si entrerent nos gens en la ville, et se rafraischirent avec ceulx de la dicte ville, qui tres-bien s'y gouvernerent. Puis s'en allerent les dicts Anglois en belle ordonnance. Et ainsi fut levé le siege de Montargis, et n'y fut point monseigneur le connestable en personne, ny le connestable d'Escosse : car tous les capitaines et gens de grand façon l'en destournerent, et luy dirent que ce n'estoit pas le faict d'un homme de telle maison, et connestable de France, d'aller avitailler une place. Et quand il iroit, ce debvroit estre pour attendre la bataille : et il n'avoit pas gens pour ce faire. Et quand le siege fut levé, comme avez ouy, mon dict seigneur le connestable s'en vint à Chinon.

Et bien tost apres à la fin de septembre vint le duc de Bethfort és marches du Maine, et envoya certain nombre de gens environ Laval, qui prinrent Sainct Oüen, Monsceu et Mesle, et assiegerent La Gravelle. Et quand mon dict seigneur le connestable le sceut, il assembla ce qu'il peut de gens, et vint à Angers, pour secourir monseigneur de Laval et ses places. Et y estoient avec luy messire Guillaume d'Albret, seigneur d'Orval, et le lieutenant du mareschal de Bossac, nommé Bochardon, et l'estendart du dict mareschal, et tous ses gens, et toutes les basses frontieres ; et le duc de Bethfort s'en alla vers Roüen. Ceulx de La Gravelle avoient baillé ostages d'eulx rendre ; et mon-dict seigneur le connestable envoya messire Guillaume Vendel et ses archers de son corps, et feirent tant qu'ils entrerent dedans la dicte Gravelle; et ainsi elle fut saulvée pour l'heure.

Puis s'en veint mon dict seigneur à Laval, et de là à Craon, à Angers et à Lodun. Puis eut illec nouvelles de monseigneur de Bourbon et de monseigneur de La Marche, qui vouloient parler à luy, et se devoient rendre à Chasteleraut environ huict jours avant la Toussaincts. Et lors monseigneur de La Trimoüille le sceut, et n'en fut pas content : car il avoit peur de perdre son gouvernement, et conceut une hayne mortelle contre mes dicts seigneurs. Et incontinent feit deffendre de par le Roy que homme ne fust si hardy de les mettre en ville ny chasteau, ny de leur faire ouverture en nulle place que ce fust. Et mes dicts seigneurs se devoient rendre au dict lieu de Chasteleraut, et y avoit monseigneur le connestable envoyé ses fourriers; et quand il arriva encores estoient ils à la porte, et luy fut refusée l'entrée en icelle, et en signe de desobeyssance jecta une masse par dessus la barriere. Puis s'en alla loger aux champs entre Chasteleraut et Chauvigny, environ deux lieües d'illec.

Puis en chevauchant on apperceut monseigneur de Bourbon et monseigneur de La Marche, qui chevauchoient en belle ordonnance de bataille de l'autre costé de la riviere. Si fist mon dict seigneur le connestable sonner ses trompetes, afin qu'ils les ouyssent; et lors s'approcherent les uns des autres, et parlerent ensemble de loing sur la riviere, et appointerent (1) qu'ils se rendroient le lendemain à Chauvigny, et

(1) *Appointerent :* convinrent.

coucherent ceste nuict sur les champs. Et un gentil homme, entre Chasteleraut et Chauvigny, luy ouvrit sa place, et le logea tresbien de sa personne. Et le lendemain se rendirent à Chauvigny, et parlerent ensemble, et conclurent de ce qu'ils avoient à faire. Et incontinent tous ensemble s'en veinrent à Chinon, et avec eulx le mareschal de Bossac, et plusieurs autres capitaines et gens de grand façon; et trouverent madame de Guyenne. Si furent bien receus, et feirent grand chere. Et là vinrent des ambassades du Roy : c'est à sçavoir l'archevesque de Tours et monseigneur de Gaucourt; et autres ambassades allerent devers le Roy. Mais nul appointement ne s'y peut trouver : car La Trimoüille ne s'asseuroit en homme. Et se passa ainsi celuy hyver sans rien faire; puis se departirent les seigneurs, et chascun s'en alla à son pays.

Monseigneur le connestable s'en alla à Partenay prendre possession de la seigneurie du dict lieu de Partenay : car monseigneur de Partenay estoit mort n'avoit gueres; et avant qu'il mourust, il avoit faict monseigneur le connestable son heritier. Et paravant avoit faict venir tous les nobles de la seigneurie et terre de Partenay, et tous les capitaines des places; et leur avoit faict faire le serment à mon dict seigneur le connestable de luy estre bons et loyaulx, et luy obeyr comme à leur seigneur naturel; et aussi luy furent ils bons et loyaulx tant qu'il vesquit. Et cependant madame de Guyenne demeura à Chinon. Et y avoit un capitaine nommé Guillaume Belier, auquel monseigneur le connestable se fioit fort de bien garder la place de Chinon; dont il fut deceu : car environ le douziesme jour de mars, le dict capitaine feit par ses gens ouverture au Roy de la dicte place de Chinon, où estoit madame de Guyenne, laquelle eut grand peur d'estre mal traictée : mais le Roy luy tint à elle et à ses gens bons termes, et parla fort à elle devant tout son conseil, et luy offrit qu'elle demeurast à Chinon, où en quelque autre place de son royaume qu'elle voudroit, par ainsi (1) que monseigneur le connestable son mary ne viendroit point devers elle. Et elle respondit au Roy que jamais ne vouldroit demeurer en place où elle ne peust veoir monseigneur son mary. Et si estoient avec le Roy La Trimoüille, messire Guillaume d'Albret, l'archevesque de Rheims, Gaucourt, Harpedanne, maistre Robert Maçon, et plusieurs autres. Et luy feit le Roy faire de grandes remonstrances par le chancelier archevesque de Rheims; et ma dicte dame luy feit respondre par maistre Jehan de Troussi, baillif de Senlis, qui parla le mieulx que oncques l'on ouyt en telle necessité. Puis eut ma dicte dame son congé, et s'en vint à Saulmur, et de là à Thoüars. Et vinrent les Escossois qui tenoient les champs au devant d'elle, et la conduirent jusques à Thoüars. Puis s'en vint à Partenay devers monseigneur le connestable, et fut grandement receuë, et furent longuement ensemble au dict lieu de Partenay: car mon dict seigneur avoit esté banny de la cour du Roy par le moyen de La Trimoüille. Et fut faicte deffense à toutes les villes et chasteaux tenans le party du Roy, de non faire ouverture à mon dict seigneur le connestable, ny à ses gens et serviteurs; et luy fut cassée toute sa pension, et eut mon dict seigneur de

---

(1) *Par ainsi :* sous la condition.

grandes broüilleries et guerres particulieres avec les gens de La Trimoüille et Jehan de La Roche, et leurs alliez en beaucoup de manieres. Et ainsi se passa le temps celle année.

L'an 1427, monseigneur de Bourbon et monseigneur de La Marche feirent une entreprise par le moyen de ceulx de la ville de Bourges, et prinrent la dicte ville de Bourges, et ne prinrent point la tour; et la tenoit le seigneur de Prie, qui fut tué d'un traict. Si feirent sçavoir mes dicts seigneurs à monseigneur le connestable que le plustost qu'il pourroit assemblast gens pour tirer vers mes dicts seigneurs. Mais mon dict seigneur ne peut passer; et pource il tira à Limoges, cuidant aller par Auvergne; et cependant le Roy feit diligence, et assembla grand nombre de gens, et tira à Bourges. Et là feirent messeigneurs de Bourbon et de La Marche appointement avec le Roy, sans y comprendre monseigneur le connestable. Et assez tost mon dict seigneur le sceut, et s'en retourna à Partenay, et y sejourna celle saison.

L'an 1428, en hyver, mon dict seigneur le connestable assembla des gens, et feit mettre le siege à Saincte Neomaye pres Sainct Maixent, pour ce que Jehan de La Roche et ses gens faisoient de grands maulx et pilleries au pays de Poictou, et tenoient le party de La Trimoüille. Si y envoya mon dict seigneur le connestable un chevalier de Poictou, nommé messire Jehan Sevestre, qui estoit lieutenant pour Monseigneur; et y estoit le bastard Chappelle et plusieurs autres capitaines, et avoient faict un camp. Et en effect Jehan de La Roche assembla gens, et vint pour rafraischir ceulx de la place; et les gens de mon dict seigneur se retirerent en leur camp, et les gens de Jehan de La Roche entrerent dedans la place. Et le lendemain nos gens s'en vinrent en bonne ordonnance, et se retirerent és places de Monseigneur, lequel ne bougea toute celle saison d'entour Partenay.

L'an que dessus, en mars, arriva la Pucelle devers le Roy; et les Anglois prinrent Yanville, Boisgency, Meun sur Loire et Jargeau, et meirent des bastilles devant Orleans (1).

L'an 1429, monseigneur le connestable se mist sus en armes pour aller secourir Orleans (2), et assembla une tresbelle compaignée, et bonne : en laquelle estoient monseigneur de Beaumanoir, monseigneur de Rostrenen, et toutes les garnisons de Sablé, de La Flesche et de Duretail. Et de Bretaigne y avoit plusieurs notables gens, comme messire Robert de Montauban, messire Guillaume de Sainct Gilles, messire Alain de La Feüillée, et plusieurs autres chevaliers et escuyers, sans compter ceulx de sa maison, et grand nombre de gens de bien de ses terres de Poictou, jusques au nombre de quatre cent lances, et huict cent archers. Et print mon dict seigneur le chemin pour tirer devers Orleans. Et aussi tost que le Roy le sceut, il envoya monseigneur de La Jaille au devant de luy, et le trouva à Loudun. Si le tira à part, et luy dist que le Roy luy mandoit qu'il s'en retournast

---

(1) *Meirent des bastilles devant Orleans* : Ces villes étoient prises et le siége d'Orléans commencé, depuis le mois d'octobre précédent.

(2) *Pour aller secourir Orleans* : Le connétable n'eut aucune part à la défaite des Anglais devant Orléans ; il ne rejoignit l'armée royale que devant Beaugency.

à sa maison, et qu'il ne fust tant hardy de passer en avant; et que s'il passoit oultre, que le Roy le combatroit. Lors mon dict seigneur respondit que ce qu'il en faisoit estoit pour le bien du royaume et du Roy, et qu'il verroit qui le voudroit combatre.

Lors le seigneur de La Jaille lui dist : « Monseigneur, « il me semble que vous ferez tres-bien. » Si print Monseigneur le chemin, et tira sur la riviere de Vienne, et passa à gué, puis de là tira à Amboise ; et Regnauld de Bours, qui estoit capitaine du dict lieu d'Amboise, lui bailla le passage, et là sceut que le siege estoit à Boisgency. Si tira tout droict le chemin devers la Beausse, pour venir joindre à ceulx du siege. Et quand il fut pres, il envoya monseigneur de Rostrenen et Le Bourgeois demander logis à ceulx du siege. Et tantost on luy vint dire que la Pucelle et ceulx du siege venoient le combatre; et il respondit que s'ils venoient, qu'il les verroit. Et bien tost monterent à cheval la Pucelle et monseigneur d'Alençon, et plusieurs autres. Toutesfois La Hire, Girard de La Paglere, monseigneur de Guitry, et autres capitaines, demanderent à la Pucelle qu'elle vouloit faire. Et elle leur respondit qu'il falloit aller combatre le connestable; et ils luy respondirent que si elle y alloit, qu'elle trouveroit bien à qui parler ; et qu'il y en avoit en la compaignée qui seroient plustost à luy qu'à elle, et qu'ils aimeroient mieux luy et sa compaignée que toutes les pucelles du royaume de France.

Cependant Monseigneur chevauchoit en belle ordonnance, et furent tous esbahis qu'il fust arrivé. Et vers la maladerie la Pucelle arriva devers luy, et monseigneur d'Alençon, monseigneur de Laval, monseigneur de Loheac, monseigneur le bastard d'Orleans, et plusieurs capitaines, qui luy feirent grand chere, et furent bien aises de sa venüe. La Pucelle descendit à pied, et Monseigneur aussi; et vint la dicte Pucelle embrasser mon dict seigneur par les jambes. Et lors il parla à elle, et luy dist : « Jehanne, on m'a « dict que vous me voulez combatre; je ne sçay si « vous estes de par Dieu, ou non. Si vous estes de « par Dieu, je ne vous crains rien : car Dieu sçait « mon bon vouloir. Si vous estes de par le diable, je « vous crains encores moins (1). » Lors tirerent droict au siege, et ne luy baillerent point de logis pour celle nuict. Si print mon dict seigneur à faire le guet : car vous sçavez que les nouveaux venus doibvent le guet. Si feirent le guet ceste nuict devant le chasteau, et fut le plus beau guet qui eust esté en France passé a long temps.

Et ceste nuict fut faicte la composition, et se ren-

(1) *Si vous estes de par le diable, je vous crains encores moins :* Cette entrevue est rapportée d'une manière bien différente dans les Mémoires sur la Pucelle. (*Voyez* p. 185.) Denis Godefroy et le père Lobineau s'élèvent contre les discours qu'on y fait tenir au connétable; ils les considèrent même comme *étant contraires à la vérité, et préjudiciables à la mémoire d'un si grand personnage.*

Le père Griffet est au contraire disposé à adopter cette version; il pense que Richemont, qui, suivant l'auteur des Mémoires de sa vie (*voyez* p. 452), avoit chargé Beaumanoir de prier La Trémouille *qu'il lui pleust le laisser servir le Roi, et qu'il feroit tout ce qu'il lui plairoit, fust-ce jusques à le baiser aux genoux,* a bien pu s'humilier également devant Jeanne d'Arc, que l'on croyoit chargée d'une mission divine, et qui venoit sauver la France en délivrant Orléans.

Il est fâcheux, ainsi que l'observe un historien, que la plupart des chroniqueurs n'aient écrit que pour la gloire de leur héros; et l'on a peine à découvrir la vérité au milieu de ces témoignages contradictoires.

dirent au bien matin. Et le jour devant, le sire de Talbot et le sire de Scales, Fastol et autres capitaines, estoient arrivez à Meun sur Loire pour venir combatre ceulx du siege de Boisgency. Et quand ils sçeurent que monseigneur le connestable y estoit venu, ils changerent propos, et prinrent conseil d'eux en aller. Et dist on aussi à mon dict seigneur, si tost qu'il fut arrivé au siege, qu'il falloit envoyer des gens au pont de Meun, qui tenoit pour les François; ou autrement qu'il seroit perdu. Et incontinent y envoya vingt lances, et les archers. Si les conduirent Charles de La Ramée et Pierre Daugi. Et au matin quand les Anglois s'en furent partis de Boisgency, la Pucelle et tous les seigneurs monterent à cheval, pour aller vers Meun. Et lors vinrent les nouvelles que les Anglois s'en alloient, et commencerent à retourner droict à la ville chascun en son logis. Puis vint monseigneur de Rostrenen, qui s'approcha de monseigneur le connestable; si l'advertit, et dist : « Si « vous faictes tirer vostre estendard en avant, tout le « monde vous suivra. » Et ainsi fut faict; et vint la Pucelle, et tous les autres apres. Et fut conclu de tirer apres les Anglois.

Et furent mis les mieulx montez en l'avant garde, et gens ordonnez pour les chevaulcher et arrester, et faire mettre en bataille. Si furent des premiers Poton et La Hire, Penesac, Giraud de La Pagliere, Amadoc, Setevenot, et plusieurs gens de bien à cheval. Et monseigneur le connestable, monseigneur d'Alençon, la Pucelle, monseigneur de Laval, monseigneur de Loheac, le mareschal de Rais, le bastard d'Orléans et Gaucourt, et grand nombre de seigneurs venoient en ordonnance par ceste belle Beausse. Si venoient bien grand train. Et quand les premiers eurent bien chevauché environ cinq lieuës, ils commencerent à veoir les Anglois, et adonc galoperent grand erre (1), et la bataille apres. Et en telle maniere les chevaucherent, que les dicts Anglois n'eurent pas le loisir de se mettre en bataille, et furent en grand desarroy, car ils avoient mal choisy selon leur cas : car le pays estoit trop plain. Si furent desconfits à un villaige en Beausse qui a nom Patay, et là environ. Si furent là morts bien deux mille et deux cent, ainsi que disoient les heraults et poursuivants; et fut en la fin du mois de may. Et furent prisonniers le sire de Talbot et le sire de Scales; et fut Talbot prisonnier des archers de Poton, et monseigneur de Beaumanoir eut pour prisonnier messire Henry Branche, et plusieurs autres prisonniers; et messire Jehan Fastol s'enfuit, et autres dont je ne sçay pas les noms.

Monseigneur le connestable et les autres seigneurs coucherent celle nuict à Patay sur le champ : car bien estoient las, et avoient eu grand chaud. Et bien tost apres, comme ils cuidoient tirer en avant, le Roy manda à monseigneur le connestable qu'il s'en retournast en sa maison ; et mon dict seigneur envoya devers luy luy supplier que ce fust son plaisir qu'il le servist, et que bien et loyaument le serviroit luy et le royaume. Et y envoya monseigneur de Beaumanoir et monseigneur de Rostrenen; et prioit La Trimoüille qu'il luy pleust le laisser servir le Roy, et qu'il feroit tout ce qu'il luy plairoit. Et fust jusques

(1) *Erre :* train.

à le baiser aux genoux, et oncques n'en voulut rien faire. Et luy fist mander le Roy qu'il s'en allast, et que mieulx aimeroit jamais n'estre couronné que mon dict seigneur y fust (1). Et en effet convint à mon dict seigneur s'en revenir à Partenay à toute sa belle compaignée, dont depuis s'en repentirent quand le duc de Bethfort leur offrit la bataille à Montpilloüer. Et aussi envoyerent monseigneur de La Marche, qui cuidoit venir servir le Roy, et avoit tresbelle compaignée, dont depuis, comme dict est, en eurent bien à faire. Si s'en vint monseigneur le connestable à Partenay, et en s'en venant on luy ferma toutes les villes et passages, et luy feirent tout le pis qu'ils peurent, pource qu'il avoit faict tout le mieulx qu'il avoit peu.

En l'hyver empres mon dict seigneur feit une entreprise, et cuida prendre d'emblée Fresnay le Vicomte, et la faillit. Puis s'en revint à Partenay, et passa le temps. Et en s'en venant du dict Fresnay, il vint un

---

(1) *Que mon dict seigneur y fust*: Jean Chartier, après avoir rapporté que La Trimouille fit rejeter les services de Richemont et de plusieurs autres seigneurs, ajoute : « Mais par le moyen d'icelle Jeanne la
« Pucelle venoient tant de gens de toutes parts devers le Roy pour
« le servir à leurs despens, que on disoit que iceluy de La Trimouille
« et autres du conseil, pour doute de leurs personnes, estoient bien
« courroucez que tant y en venoit; et disoient plusieurs que si ledit
« sire de La Trimouille et autres du conseil du Roy eussent lors voulu
« recueillir tous ceux qui venoient au service du Roy, qu'ils eussent
« pu facilement recouvrer tout ce que les Anglois usurpoient dans le
« royaume. Mais on n'ozoit parler pour cette heure contre ledit sire
« de La Trimouille, combien que chacun voyoit clairement que la
« faute venoit de lui. »
Ce passage aide à expliquer l'hésitation du conseil de Charles VII, et la lenteur des opérations après la délivrance d'Orléans.

homme du pays de Picardie, qui chevauchoit le plus pres de mon dict seigneur qu'il pouvoit, toutesfois en le regardant. Et on luy demanda qui il estoit, et luy dist qu'il estoit Picard. Puis monseigneur demanda à messire Gilles de Sainct Symon qui il estoit, et il luy dist qu'il ne sçavoit; et lors Monseigneur luy dist qu'il luy dist verité, et lors il dist à Monseigneur qu'il luy diroit verité, mais qu'il luy pleust luy pardonner; et lors mon dict seigneur luy pardonna. Et luy dist adoncques celuy homme de Picardie que La Trimoüille l'avoit envoyé, et promis argent pour le tuer. Et mon dict seigneur le mena une piece (1), et puis luy donna un marc d'argent, et luy dist qu'il s'en allast, et qu'il ne prinst plus de telle commission.

L'an 1430, le Roy s'en estoit revenu en Touraine, et de là à Poictiers. Et furent faictes aucunes ouvertures de traicté entre le Roy et monseigneur le connestable, et monseigneur de La Trimoüille. Et fut dict que monseigneur de La Trimoüille et monseigneur le connestable parleroient ensemble, entre Poictiers et Partenay. Toutesfois mon dict seigneur le connestable fut adverty qu'on luy devoit faire une mauvaise trahison; et fut la chose rompuë bien tost. Apres qu'ils veirent que Monseigneur n'iroit point, ils trouverent maniere d'y faire aller monseigneur de Thoüars, et monseigneur de Lezay, et Antoine de Vivonne; et furent menez à la chasse. Puis La Trimoüille les fist prendre, et tint monseigneur de Thoüars prisonnier, et fist coupper la teste à monseigneur de Lezay, et à Antoine de Vivonne. Et puis ceulx de Thoüars

---

(1) *Une piece* : quelqué temps.

meirent madame de Thoüars hors la ville; et s'en vint à Mauleon, et supplia monseigneur le connestable qu'il luy pleust l'ayder encontre La Trimoüille, et comme sa pauvre parente à qui on faisoit si grand tort. Si vint demeurer à Partenay, et vint à elle monseigneur de Chasteauneuf. Apres vint monseigneur de Rostrenen, puis monseigneur de Beaumanoir, et beaucoup de chevaliers et escuyers. Et là fut entreprins le mariage de monseigneur Pierre de Bretaigne, qui depuis fut duc, et de madamoiselle Françoise d'Amboise, qui depuis fut duchesse. Et mon dict seigneur l'envoya en Bretaigne devers le duc, et luy mesme y alla, et amena à Partenay monseigneur Pierre son nepveu, et y demeura longuement avec madame de Guyenne. Et ma dicte dame de Thoüars recouvra Marant et Benon, et l'isle de Ré; et y logèrent messeigneurs de Beaumanoir et de Rostrenen. Et fut commencé à faire guerre és places de La Trimoüille, à la ville de Thouars; puis le Roy et toutes les places de Poictou commencerent guerre contre monseigneur le connestable et à ses places, et y eut forte guerre. Si y vint monseigneur d'Albret, qui fut lieutenant du Roy, et grand nombre de Gascons et autres gens, et d'une emblée entrerent en l'isle de Marant. Et s'en vinrent messeigneurs de Beaumanoir et de Rostrenen à Fontenay; et gueres ne tint Marant ne Benon, et de là allerent à La Rochelle. Et leur fut rendu Chastelaillon, dont mon dict seigneur le connestable fut bien mal content, et feit coupper la teste à celuy qui avoit rendu la dicte place. Et dura celle guerre bien pres d'un an. Puis se trouva appointement tel quel, et fut rendu à mon dict seigneur Chastelaillon, et feit rendre Gensey qui avoit esté prins sur La Trimoüille. Et au regard de Mauleon, il fut mis en la main de Pregent de Coitivi, de l'assentement des parties. Et par ainsi n'y eut plus de guerre, et demeurerent en l'estat.

L'an 1431, en aoust, le duc Jehan envoya querir monseigneur le connestable son frere, pour faire le mariage de monseigneur le comte de Montfort et de madame Yoland, fille du roy de Sicile; et fut à Nantes faict le mariage. Si y eut grand feste, et belle compaignée tant de France que de Bretaigne: puis s'en vint mon dict seigneur le connestable à Partenay veoir madame de Guyenne. Bientost apres environ la fin de decembre, monseigneur d'Alençon vint veoir le duc à Nantes, et à son retour il print le chancelier de Bretaigne, qui avoit nom Jehan de Malestroit, evesque de Nantes, et l'emmena à Povencé; et fut dict qu'il avoit cuidé prendre monseigneur le comte de Montfort. Et incontinent le duc escrivit à monseigneur le connestable qu'il luy pleust venir devers luy, et luy desplaire de l'outraige que son nepveu luy faisoit; et aussitost que mon dict seigneur le sceut, il s'en vint dévers le duc, qui en fut bien aise et bien joyeux. Et environ le sixiesme jour de janvier ensuivant fut mis le siege à Povencé, et y vinrent des Anglois pour servir le duc, entre lesquels estoient monseigneur de Scales, monseigneur de Vuilby, et Georges Riqueinan. Si dura le siege longuement; et eust esté la place prinse d'assault, si n'eust esté monseigneur le connestable, qui dissimula (1) le dict assault, desirant faire l'appointement: car trop estoit

---

(1) *Dissimula*: retarda.

desplaisant de la guerre d'entre l'oncle et le nepveu, et aussi que mesdames d'Alençon estoient dedans la place. Et le plus tost qu'il peut trouva le traicté, en telle maniere que monseigneur d'Alençon vint devers le duc qui estoit à Chasteaubriant luy requerir pardon, et rendit le chancelier; et par ainsi tout fut appaisé, et s'en allerent ceulx de dedans la place. Si leverent le siege les Bretons et les Anglois, et tout fut content. Puis monseigneur le connestable voyant que tout estoit bien appointé, print congé du duc et s'en vint à Partenay, et y fut assez long temps.

L'an 1432, le jour de la Pentecoste, Pierre Regnauld, frere de La Hire, print la place de Mairevent, environ l'heure de vespres; et vinrent les nouvelles à monseigneur le connestable à Partenay, qui dés l'heure envoya les gens de sa maison à Voulvent, et huict jours apres feit mettre le siege devant le dict Mairevent, et fut prins par composition. Et y estoit Pregent de Coitivi lieutenant de mon dict seigneur, et avecques luy tous les gens de l'hostel de mon dict seigneur, et le bastard Chappel, et Pennemarc, et tous les nobles des terres de mon dict seigneur, et tous les arbalestriers.

En l'an que dessus, en la fin de septembre, trespassa madame Jehanne de France [1], duchesse de Bretaigne. Et pour ceste cause vint monseigneur le connestable devers le duc, et fut au service, qui fut tres beau; et y eut grand nombre de prelats, de seigneurs, de chevaliers, et escuyers sans nombre. Depuis s'en vint monseigneur le connestable à Partenay, et sçavoit bien que de par luy en partie se demenoit une entre-

---

[1] Jeanne de France, fille de Charles VI.

prinse sur La Trimoüille, et estoient venus devers luy à Partenay partie de ceulx qui la conduisoient. Et bien tost apres fut la chose mise à execution par monseigneur de Bueil, monseigneur le grand seneschal et monseigneur de Coitivi; et avoient pour chef monseigneur du Maine, et en estoient monseigneur de Gaucourt et monseigneur de Chaumont, qui tenoient Chinon et Loches; et Olivier Fretart les mist dedans le chasteau de Chinon : et fut La Trimoüille prins en son lict, et fut en grand danger de mort qui ne l'eust rescous [1]. Toutesfois ils ne luy vouloient point faire de mal, et fut envoyé à sa maison. Et fut le Roy fort effrayé, et on luy dist que ce n'estoit rien que tout bien; et demanda le Roy si le connestable y estoit, et on luy dist que non. Assez tost apres quand le Roy fut informé de la chose, il fut tres-content.

L'an 1433, en febvrier, les Anglois meirent le siege à Sainct Selerin. Et pour lever ledict siege se meit monseigneur le connestable sus en armes, et assembla tout ce qu'il peut de gens. Si tira vers Saulmur, et de là à Duretail, pour cuider aller lever le siege. Et là vinrent les nouvelles que Sainct Selerin estoit rendu; et revinrent luy et monseigneur d'Alençon à Saulmur, pour attendre et sçavoir que feroient les Anglois. Et bien tost on leur apporta nouvelles qu'ils estoient devant Sillé le Guillaume; et comme ils furent prests à partir, on leur vint dire que le dict Sillé estoit en composition, et qu'ils avoient baillé ostages en la maniere qui ensuit : c'est à sçavoir que ceulx qui se trouveroient les plus forts à six sepmaines [2] à un

---

[1] *Qui ne l'eust rescous* : si on ne l'eût secouru. — [2] *A six sepmaines* : dans six semaines.

jour qui estoit mis, en une lande à un orme qui estoit là, on leur debvoit bailler la place si c'estoient les Anglois; et si c'estoient les François, on leur debvoit rendre les ostages. Et sur ce, monseigneur le connestable et monseigneur d'Alençon et les autres seigneurs se departirent, et promeirent de se rendre au jour qui estoit dict; et feirent assemblée de gens chascun endroict soy, comme ils peurent. Si se rendirent ensemble deux jours avant le jour qui estoit dict, et s'y rendit monseigneur du Maine, qui amena tous les gens qui voulurent venir de l'hostel du Roy. Et y vinrent monseigneur de Bueil, monseigneur le grand seneschal, monseigneur de Coitivi, monseigneur de Chaumont, et monseigneur de Thoüars. Et avec monseigneur le connestable vinrent monseigneur de Rais, monseigneur le mareschal de Rieux, monseigneur de Rostrenen, monseigneur de Bressuire, et plusieurs chevaliers et escuyers de Bretaigne, et de ses terres de Poictou.

Si se partirent les dicts seigneurs de Sablé, et allerent coucher aux champs, et le lendemain coucherent assez pres du champ où devoit estre la bataille. Et Dieu sçait si monseigneur le connestable leur monstra bien ce qu'il sçavoit faire; et aussi s'attendoient ils du tout à luy d'ordonner guet et escoutes, et de tout avoit le gouvernement. Si fist tirer son avant garde jusques sur le champ sur un petit ruisseau; et le lendemain fist tout le monde desloger avant jour avec torches, en telle maniere qu'ils furent au champ avant soleil levant, et fist toutes ces ordonnances. Messeigneurs les mareschaulx de Rais et de Rieux faisoient l'avantgarde, avec autres gens qu'on leur avoit baillé. Monseigneur de Bueil faisoit une aisle; l'autre aisle le vidasme de Chartres, avec autres gens. Monseigneur le connestable, monseigneur d'Alençon et monseigneur du Maine faisoient la bataille. Et monseigneur de Loheac et plusieurs autres seigneurs vinrent sur le passage, et les Anglois de l'autre part en belle bataille. Et estoit chef des Anglois le comte d'Arondel, lieutenant du roy d'Angleterre, bien accompaigné jusques au nombre de sept à huict mille combatans. Et en verité je croy qu'ils estoient plus que les François de plus de deux mille, et n'oserent passer un petit passage pour venir au champ. Et n'y avoit entre les batailles des François et Anglois qu'une petite riviere, et n'osoient entrer les uns sur les autres. Si furent longuement les uns devant les autres, et cuidoit on que jamais la chose ne departist sans combatre. Et y furent faicts plusieurs chevaliers, et vint monseigneur du Maine requerir chevalerie à monseigneur le connestable; et mon dict seigneur luy dist qu'il seroit plus honorable qu'il le fust de monseigneur d'Alençon, qui estoit duc; et monseigneur du Maine respondit qu'il ne le seroit point s'il ne l'estoit de luy. Et lors mon dict seigneur le feit chevalier; et puis monseigneur du Maine feit plusieurs chevaliers, entre autres chevaliers dont les noms s'ensuivent : monseigneur de Bueil, monseigneur de Coitivy, monseigneur le grand seneschal, monseigneur de Chaumont, monseigneur de La Bessiere, et grand nombre d'autres. Et monseigneur le connestable feit de sa maison chevaliers messire Gilles de Sainct Symon, messire Olivier Le Veer, messire Jehan Bonnet, messire Jehan Sevestre, messire Pierre Guyou, messire Jehan de La Chaussée, messire Emery Chauvin, et d'autres.

Puis les Anglois tirerent au long d'une petite riviere en un petit villaige qui estoit à leur advantaige, et là se fortifierent. Et pource que n'avoient pas esté les plus forts à l'heure de midy, à l'orme qui estoit dict, monseigneur le connestable les feit sommer de rendre les ostages; et incontinent les envoyerent. Et cela faict, monseigneur le connestable demanda aux seigneurs et capitaines que estoit à faire; et nul ne fut d'opinion d'assaillir les Anglois en leur fort, et conseillerent tous qu'il falloit s'en aller, et qu'ils n'avoient nuls vivres, ne pour eulx ne pour leurs chevaux. Et leur avoit convenu apporter vivres sur leurs chevaux pour trois jours, qui tous estoient faillis. Et les Anglois estoient entre leurs places de tous costez, et nos gens n'avoient place que Sablé, qui estoit bien à neuf ou dix lieües. Mon dict seigneur leur demanda qu'il estoit à faire de celle place qui ne valoit rien; et estoit d'opinion qu'on devoit mettre le feu dedans, et faire coupper la teste à celuy qui avoit faict celle composition. Et beaucoup furent de ceste opinion, excepté monseigneur de Bueil, qui avoit la charge de la dicte place, qui dist qu'il la garderoit bien, et s'en feit fort. Apres se partirent nos gens en belle ordonnance, et vinrent coucher sur les champs en un petit villaige, et le lendemain à Sablé. Et les Anglois dés le lendemain prinrent la dicte place de Sillé, et puis se retirerent en leurs places, et les François és leurs. Et sembla à beaucoup de gens qu'ils avoient bien faict : car il n'estoit de memoire d'homme que à journée assignée les François fussent comparus jusques à ce jour.

L'an 1434, monseigneur le connestable alla devers le Roy, qui luy feit bonne chere; et fut appointé que mon dict seigneur iroit en Champaigne, qui pour lors estoit bien mal traictée, tant des ennemis que des gens du Roy. Et s'en alla le Roy à Lyon, et de là à Vienne, et convint que mon dict seigneur le connestable allast là pour avoir son expedition de son voyage. Et luy fut ordonné quatre cent lances, dont monseigneur le bastard d'Orleans avoit la charge de cent; puis fut mon dict seigneur expedié, et print congé du Roy. Et s'en alla mon dict seigneur le connestable à Partenay; et là luy vinrent nouvelles que le siege estoit à Creil, et estoit dedans Amadoc, frere de La Hire, qui fut tué dedans la dicte ville de Creil d'une flesche à la volée, toute deferrée. Et si estoient dedans Antoine de Chabannes et autres, et ne tinrent gueres la dicte place depuis la mort d'Amadoc. Si ne peut l'armée assez tost estre preste : car il convint attendre le bastard d'Orleans bien trois sepmaines à Blois et à Baugency. Puis feit mon dict seigneur son voyage, et tira à Orleans, et de là à Melun, à Laigny, à Senlis et à Compiegne. Et si avoit avec luy monseigneur le mareschal de Rieux, monseigneur le bastard d'Orleans et monseigneur le chancelier, qui s'en alloient quand et luy.

Et quand il fut à Compiegne, là se rendirent Poton et La Hire, qui luy requirent qu'il leur baillast deux cent lances, et les archers, pour les secourir à Laon, qui estoit bastillé. Et ainsi Monseigneur leur bailla messire Gilles de Sainct Symon et partie des gens de sa maison, et Jamet de Tillay, qui avoit la charge des gens de monseigneur le bastard ; et menerent luy et messire Gilles environ deux cent lances, et les archers. Si cuiderent trouver les gens de messire Jehan de Luxembourg en un villaige assez pres d'Arsy sur Sarte, et ne trouverent rien. Puis s'en vinrent à Laon, qui estoit en grande necessité. Et tenoient les gens de messire Jehan de Luxembourg toutes les places d'environ la ville de Laon, et avoient prins le mont Sainct Vincent, à un trait d'arc de la ville. Et cependant les gens qui tenoient Sainct Vincent s'en allerent par composition, et eurent sauf-conduict de monseigneur le connestable pour eulx en aller. Et feit on de grandes courses sur le pays obeïssant à monseigneur de Bourgongne, et fut fort avitaillée la dicte ville de Laon, qui bien en avoit mestier [1]. Et le lendemain passa à quatre lieües de là monseigneur de Bourgongne, qui venoit de Picardie et tiroit en Bourgongne; et avoit avec luy environ trois mille combatans, et ne tint à gueres qu'il ne trouva les François en un villaige, qui repaissoient. Et bien tost apres, quand ils furent departis, il y vint loger.

Et cependant que monseigneur le connestable estoit à Compiegne, luy vinrent nouvelles que la cité de Beauvais estoit en danger de se perdre, et que La Hire et ceulx de la ville estoient en grande dissention. Dont il fut bien desplaisant : car les Anglois estoient venus luy offrir la bataille, et encores estoient ils logez à Verberie, et là entour. Et convint que mon dict seigneur prinst certain nombre de gens pour les conduire, et que les autres demeurassent à Compiegne pour la garde d'icelle. Et si avoit il les Anglois pres luy, et avoit son armée en trois parties, c'est à sça-

---

[1] *Mestier :* besoin.

voir ceulx qu'il avoit envoyez à Laon, et ceulx qu'il menoit à Beauvais; et monseigneur le chancelier, monseigneur le bastard et le mareschal de Rieux, et certain nombre de gens, demeurerent à Compiegne, pour la garde de la ville. Et si y avoit un traistre qui l'avoit vendu aux Anglois, et tout enseigné le chemin qu'ils debvoient tenir. Mais les Anglois ne se fierent point en luy, ainsi comme Dieu le vouloit; et tira son chemin à Beauvais, et feit l'appointement; puis s'en retourna à Compiegne, et manda ses gens qui estoient à Laon. Et aussi tost qu'ils furent venus, il feit l'entreprise de prendre Han en Vermandois, et y envoya ceulx qui avoient esté à Laon qui faisoient l'avantgarde, et arriverent au poinct du jour au dict lieu de Han. Et aussi tost donnerent l'assault, et fut prinse la ville et le chasteau, qui gueres ne valloit à l'heure. Puis arriva la bataille, où estoient monseigneur le connestable, monseigneur le bastard d'Orleans, monseigneur le mareschal de Rieux, Poton, La Hire, Blanchefort, et plusieurs autres capitaines, qui furent bien joyeux de trouver leur logis faict. Et fist mon dict seigneur le connestable delivrer tous les gens de la ville de Han, exceptez ceulx qui estoient Anglois, ou officiers d'Anglois; et feit rendre à ceulx de la ville la moitié de tous leurs biens. Et pensez qu'il y avoit beaucoup de vivres : car on y fut plus d'un mois sans aller au fourrage bien trois mille chevaux qui là estoient.

Tous les capitaines et gens de guerre estoient bien desplaisants qu'ils ne faisoient de grandes courses és marches de Picardie; mais monseigneur le connestable ne vouloit, pourcé que tousjours taschoit et desiroit faire la paix entre le Roy et monseigneur de Bourgongne. Et desja avoit eu des nouvelles de l'un et de l'autre par un poursuivant de mon dict seigneur et de monseigneur de Bourgongne, par Pierre de Vaudré. Et le deuxiesme jour apres que on eut pris Han, monseigneur le bastard d'Orleans alla courir à Chauny, cuidant parler à ceulx de la ville; et messire Jehan de Luxembourg arrivoit au dict lieu de Chauny par l'autre costé, et y eut belle escarmouche, et soustint fort le fais le dict bastard et La Hire, et ceulx qui estoient avec eulx. Si le manderent à monseigneur le connestable, qui estoit demeuré à Han; et Dieu sçait si bien tôst monta à cheval et toute la compaignée, et vint recueillir et secourir ceulx qui estoient à Chauny, et les trouva à bien trois lieuës, qui s'en venoient en bonne ordonnance, et n'avoient rien perdu. Bien tost apres entreprinrent de faire armes à oultrance devant monseigneur le connestable Geoffroy de Sainct Belin (1) dict *La Hire*, et Charles de Boqueaux, et si en eut Charles du pis; mais mon dict seigneur leur feit faire grand chere, et leur feit des dons.

Puis bien tost apres messire Jehan de Luxembourg et Poton eurent paroles ensemble touchant le faict de Han; et tant qu'ils feirent l'appointement, s'il plaisoit à monseigneur le connestable de remettre Han en la main de messire Jehan de Luxembourg, qu'il feroit donner à mon dict seigneur soixante mille saluts (2), et feroit que Bruere et Aunay, et autres

---

(1) On ne croit pas que Geoffroy de Saint-Belin soit le même que le fameux La Hire. — (2) *Saluts* : pièce de monnoie ainsi appelée, parce que l'un des côtés représentoit la salutation angélique.

places qui estoient pres Laon, ne feroient plus de guerre à la ville de Laon; et aussi que Blanchefort rendroit Breteüil qu'il tenoit. Et ainsi fut faict l'appointement et l'argent baillé, dont les gens d'armes furent payez, qui bien mestier en avoient; et fut departy à tous les capitaines et seigneurs, tant qu'il ne demeura pas à mon dict seigneur mille cinq cent saluts. Et de là s'en vint mon dict seigneur à Compiegne, puis tira en Champaigne, et vint à Rheims. Et pres de Troyes, à trois ou quatre lieuës, y avoit une place qui faisoit grand guerre, et mon dict seigneur y vint mettre le siege. Et n'y fut que demy jour et une nuict que la place ne fust rendüe, et ceulx qui estoient en la dicte place s'en allerent chascun un baston en la main. Et feit mon dict seigneur punition de beaucoup de larrons qui desroboient tout le monde. Puis s'en alla mon dict seigneur à Chaalons, et y avoit de grandes pilleries sur le pays, et plusieurs places qui faisoient guerre à la ville de Chaalons. Et lors monseigneur print en personne les champs (1), et alla devant une place nommée *Maure*, que tenoit Guillaume Coronan, qui estoit Anglois; et n'y fut que trois jours que la dicte place ne fust rendüe, et s'en allerent ceulx de dedans chascun un baston en sa main.

Puis apres s'en vint monseigneur le connestable mettre le siege à Han en Champaigne. Et durant qu'il estoit devant Han, le duc de Bar, qui est à present roy de Sicile, vint à une sienne place qui est assez pres de Saincte Menehoud, et pria Monseigneur qu'il voulust aller parler à luy, et y alla, et parlerent ensemble à leur bon plaisir. Et le lendemain s'en re-

(1) *Print en personne les champs* : Battit la campagne en personne.

vint à son siege, et fut la basse court prinse d'assault, et le lendemain la place rendüe; et s'en allerent chascun un baston en sa main. Puis s'en vint mon dict seigneur à Vitry en Partois, et y avoit une petite place pres Arzilieres que l'on fortifioit; si y envoya les gens de sa maison, et le lendemain fut rendüe, et s'en allerent un baston en la main. Puis s'en vint mon dict seigneur à Chaalons; et en venant, ceulx de Vertus bouterent le feu en la place. Et durant que Monseigneur estoit au dict lieu de Chaalons, luy vinrent plusieurs plaintes d'un capitaine nommé Henry Bourges; et sur ce le feit prendre, et sans gehenne confessa avoir forcé dix femmes, et tant d'autres maulx que c'estoit merveilles; et feit mon dict seigneur pendre le dict Bourges.

Puis arriva à Chaalons le damoiseau de Commercy, qui vint devers monseigneur le connestable, luy suppliant qu'il luy pleust donner secours; et que pource qu'il tenoit le party du Roy, les Anglois et Bourguignons, et ceulx qui tenoient leur party, luy faisoient guerre; et que le comte de Vaudemont tenoit une bastille devant une de ses places nommée Nercy, et que si mon dict seigneur n'y pourveoit, qu'il perdroit tout. Et pour ceste cause mon dict seigneur envoya Poton et La Hire, et messire Gilles de Sainct Symon et de ses gens, jusques au nombre de quatre cent lances. Si fut prinse la bastille d'assault, et le comte de Vaudemont s'en estoit allé le jour devant avec la plus grande partie de ses gens. Et de là s'en vint l'armée en la comté de Ligny en Barrois, et feirent beaucoup de maulx; puis s'en revinrent à Chaalons devers mon dict seigneur, et puis s'en allerent à Vitry en Partois. Et là vint le sire de Commercy, qui ne vouloit obeïr au duc de Bar, ne tenir ce qu'il luy avoit promis; et le fait sçavoir le duc de Bar à monseigneur le connestable. Et pour celle cause mon dict seigneur le feit arrester, et le bailla en garde à messire Gilles de Sainct Simon, à Malechec et à Guillaume Gruel; et puis l'eslargit sur sa foy, et jura sur la vraye croix de Nostre Seigneur que point ne partiroit sans le congé de mon dict seigneur; et par ainsi furent les gardes du dict Commercy deschargées.

Puis vint le dict Commercy un jour que mon dict seigneur jeusnoit, et on dist à Monseigneur qu'il ne jeusnoit pas, et lors Monseigneur luy dist qu'il allast souper; si dist à Monseigneur : « Puis qu'il vous plaist, « avec vostre congé, monseigneur. » Et sur ce il avoit un coursier à la porte, et monta dessus, et s'en alla à une place à une lieüe de Vitry nommée Estrepi, qui tenoit le party de Bourgongne, et de là tira à Commercy. Et quand Monseigneur sceut le tour du mal engin (1) dont luy avoit joüé, il fut tres mal content, et feit partir quarante lances des gens de sa maison, et Josselin de La Beloceraye, pour aller les premiers se mettre devant Commercy; et s'en venoit apres mon dict seigneur, pour mettre le siege au dict lieu de Commercy. Et quand le damoiseau le sceut, il se rendit à Monseigneur et au duc de Bar, pour luy tenir et accomplir ce qu'il luy avoit promis. Et en tirant devers Sainct Michel (2), là où estoit monseigneur de Bar, les gens de monseigneur le connestable sceurent environ le poinct du jour nouvelles

---

(1) *Du mal engin :* de mauvaise invention. — (2) *Sainct Michel :* Saint-Mihel.

du baillif de Bar que les Anglois estoient devant Bar le Duc; et incontinent furent mis dix lances devant pour chasser au desesperé (1), et pour faire arrester les dicts Anglois, lesquels s'en alloient à leur garnison à Ligny, là où estoit Guillaume Coronan; et estoient pres de deux cent à cheval, et quatre vingt à pied. Et aussi tost qu'ils apperceurent les pennonceaux qui estoient és lances de Monseigneur, ils se meirent en fuite, et laisserent tout leur charroy et pillage, et furent chassez jusques à la barriere de Ligny, et y en eut beaucoup de morts et de prins. Et s'en retourna la compaignée repaistre à deux lieües de là; puis vinrent coucher à Bar, pour faire ferrer les chevaulx : car il faisoit si grandes glaces que tout estoit deferré. Et le deuxiesme jour apres allerent les gens de monseigneur le connestable coucher à Sainct Michel devers le duc de Bar. Et là vint le damoiseau de Commercy, qui feit et accomplit tout ce qu'il avoit promis au duc de Bar.

Et sur tant vint Poton et messire Gilles de Sainct Symon, qui vint de par monseigneur le connestable, et apporta lettres de mon dict seigneur de mener tous les gens d'armes là où Poton leur diroit. Et dès le lendemain les mena devant Mets pour rançonner le pays : dont plusieurs des dicts gens d'armes ne furent pas contens, quand ils veirent la guerre que Poton leur faisoit faire. Puis s'en retournerent les dicts gens d'armes en Barrois, et là trouverent monseigneur le connestable; et s'en vint mon dict seigneur le connestable par Espence, et celle nuict se rendit la dicte place d'Espence. Puis s'en vint mon dict seigneur le

---

(1) *Au desesperé* : comme enfans perdus.

connestable à Chaalons, et y fut une piece ; et eut nouvelles de monseigneur de Bourgongne et de monseigneur de Bourbon, qui estoient assemblez à Nevers, et luy prierent qu'il y vinst ; et luy envoya monseigneur de Bourgongne un saufconduict tel qu'il vouldroit. Puis print mon dict seigneur le chemin à Troyes, et y fut une piece pour faire justice et mettre police au pays. Puis se partit et tira à Dijon, et là trouva madame de Bourgongne, qui le receut grandement et festoya tres-bien, et y fut deux jours, et faisoit grand hyver. Et convenoit aux bonnes gens faire les chemins pour les grandes neiges. Et de là tira monseigneur à Baulne, à Autun, à Desise et à Nevers ; et là trouva monseigneur de Bourgongne, monseigneur de Bourbon et madame de Bourbon, et feirent tres-grande chere, et y fut mon dict seigneur bien douze jours. Et fut entreprinse la journée (1) pour se rendre à Arras, pour faire la paix.

Et bien tost apres la Chandeleur, monseigneur le connestable print congé de monseigneur de Bourgongne, lequel s'en alla à Dijon ; et mon dict seigneur le connestable s'en alla à Bourges, et monseigneur

(1) *Fut entreprinse la journée :* « Le mercredy (après Pâques 1435) « les damoiselles et bourgeoises de Paris allerent moult piteusement « à la duchesse (de Bourgogne), qu'elle eût la paix du royaulme « pour recommandée. Laquelle leur fist response moult douce et moult « benigne, en disant.... : Mes bonnes amies, c'est une des choses de ce « monde dont j'ai plus grant desir, et dont je prie plus Monseigneur « jour et nuyt, pour le tres-grant besoing que je crois qu'il en est ; et « pour certain je sçay bien que Monseigneur en a tres-grand voulenté « d'y exposer corps et chevance.... Si la remercierent moult.... Le « 21 avril se despartit de Paris le duc et sa femme pour estre le pre- « mier jour de juillet à Arras au conseil. » (Journal rédigé par un bourgeois de Paris.)

de Bourbon et Madame s'en allerent en Bourbonnois. Et quand monseigneur le connestable fut à Dun le Roy, il sceut que Forte-Espice estoit à Bourges; si envoya Jehan de La Boessiere, et ses archers de son corps, pour prendre le dict Forte-Espice qui l'avoit trompé : car il luy avoit promis de faire le voyage de Champaigne en la compaignée de monseigneur le connestable, et avoit prins de mon dict seigneur un coursier, et de l'argent pour luy et pour ses gens, et debvoit amener quarante lances bien en poinct. Et quand il sceut le jour que Monseigneur partoit pour s'en aller, il tira autre chemin : car il ne demandoit que pillerie, et sçavoit bien que mon dict seigneur ne luy eust pas souffert. Et quand mon dict seigneur fut à Bourges, ceulx de la ville de Bourges le vinrent requerir pour un service que le dict Forte-Espice leur avoit fait : et pource que mon dict seigneur aimoit fort ceulx de Bourges, ne les voulut pas refuser, car il eust esté pendu sans nul remede. Puis s'en vint monseigneur le connestable à Tours, et là trouva le roy de Sicile, et de là s'en vinrent ensemble devers le Roy, qui estoit à Chinon. Et là feit le Roy bonne chere à mon dict seigneur, et fut à Caresme-prenant. Et apres qu'il eut faict le rapport au Roy de la journée qu'il avoit entreprinse avec monseigneur de Bourbon, le chancellier, et monseigneur de Bourgongne, de se rendre à Arras, comme dict est, fut conclu que le Roy assembleroit ceulx de son sang et les autres Estats de son royaume, et que vers Pasques se rendroient à Tours. Et bien tost apres monseigneur le connestable s'en veint à Partenay veoir madame de Guyenne, puis retourna vers le Roy avant Pasques flories. Et le dict jour de Pasques flories mon dict seigneur feit son hommage de sa seigneurie et terre de Partenay. Et bien tost apres Pasques fut conclu que le Roy envoyeroit à la journée qui estoit entreprinse au dict Arras monseigneur de Bourbon, monseigneur le connestable, monseigneur le chancelier, monseigneur de Vendosme, monseigneur le mareschal de La Fayete, messire Crestofle de Harcourt, messire Adam de Cambray, premier president, et autres (1). Et ainsi fut faict. Et s'en vint monseigneur le connestable à Partenay.

L'an 1435, au mois de juin, monseigneur d'Estampes feit sçavoir par Guillaume Gruel à monseigneur le connestable que madame d'Estampes estoit accouchée, et avoit eu un beau fils. Dont monseigneur le connestable fut le plus joyeux que jamais le veis.

(1) *Et autres :* « Aux conférences qui se tinrent pour la paix à
« Arras, assisterent pour Charles VII le duc de Bourbon, le connes-
« table, le chancelier, le comte de Vendosme, Christofle de Har-
« court, le mareschal de La Fayette, le sieur de Mory, Gilles de
« Sainct-Simon, Galehaut de Sainct-Savin, le sieur de Montenay, le
« sieur de Chauvry, Rogier d'Hollande, Paillart d'Urphé, Theaude
« de Valleperge, Loüis de Saucourt, le sire de Sainct-Priet, Pépin
« de La Mote, Jean Du Chasteau, le sieur de Montigny, le sieur
« de Geac, le sieur de Mangny, etc.... Pour le duc de Bretagne....,
« les sieurs de La Claretiere et de Boisgarnier. Pour le duc d'Alen-
« çon..., le sieur de Sainct Pierre et maistre Raoul Le Bouvier, se-
« cretaire du duc... Pour le duc de Bourgongne..., l'evesque de Liege,
« celui de Cambray, celui d'Arras, Nicolas Rolin chancelier du duc,
« le duc de Gueldres, le comte d'Estampes, le comte de Sainct Paul,
« l'escuyer de Cleves, le comte de Ligny, le comte de Vaudemont,
« le comte de Nevers, le comte de Nassaw, le comte de Montfort,
« le comte de Fauquembergue, le comte de Megue, Daniel fils du
« prince d'Orenge, les sieurs de Chastillon, de Troicy, d'Antoing,
« de Croy, de Charny, de Roye, de Canay, de Crevecœur, d'Armen-

« . L'an et mois que dessus, environ la Sainct Jehan, se partirent mes dicts seigneurs les ambassadeurs pour aller à Arras devers monseigneur de Bourgongne; lequel vint au devant de nos dicts seigneurs plus d'un grand quart de lieüe, et Dieu sçait comment il estoit accompaigné, et les receut grandement. Et y estoient ja venus deux cardinaulx de par le Pape, c'est à sçavoir le cardinal de Saincte Croix et le cardinal de Cypre. Puis arriverent les Anglois, c'est à sçavoir le cardinal de Wincestre, le comte de Hontinton, le comte de Suffolc, et plusieurs autres gens de grand façon, en bien grand nombre. Et y avoit des gens du pays de monseigneur de Bourgongne sans nombre. Et le lendemain arriva madame de Bourgongne et monseigneur son fils, en tres grande pompe et grands (1) habillemens, et bien grandement accompaignez. Et furent plus de six sepmaines au dict lieu d'Arras; et Dieu sçait les grandes cheres et banquets qui là furent. Et tousjours monseigneur le connestable alloit la nuict apres que tout estoit retiré devers monseigneur de Bourgongne, aulcunes

« tieres, de Saveuse, de Humieres, de Lormoy, de Hamaude, Jean
« de Fossex, de Lex, de Lives de Philippemont, de Morancourt, Jean
« de Hornes, de Hubertcourt, Dauville, de Mailly, de Henchin, de
« Seuselle, de Bray, de Lorle sire de Deurs, Jean de Charderonne,
« de Croisilles, Charles de Noyers, le vidame d'Amiens, Jacques de
« Craen, Jean de Cray, le sieur d'Auxi, le grand prieur de France,
« Guillaume de Lalan, les sieurs Vaudrin, de Sainct-Simon, de
« Tournam, de Beaumanoir, de Flavy, David de Roys, les sieurs Darsy, de Neufville, de Barras, Jean de Boncourt, de Moreul, et
« autres.... Pour les Flamens..., les sieurs de Guistelles, de Haluin,
« etc.... » (Histoire de Charles VII, par Jean Chartier.)

(1)ᶜ *Grands* : somptueux.

fois devers le chancelier de Bourgongne et devers monseigneur de Croy, et devers ceulx qui estoient bons pour la paix (1). Car sur toutes choses la desiroit mon dict seigneur le connestable, et tant feit qu'elle se trouva.

Et cependant que messeigneurs estoient à Arras, La Hire et plusieurs autres capitaines prinrent les faulxbourgs d'Amiens, et furent nosseigneurs en danger. Et pour sçavoir l'opinion de monseigneur d'Orleans, lequel les Anglois feirent venir à Calais pendant qu'on traictoit la paix, monseigneur le connestable y envoya ambassades; et aussi feit monseigneur de Bourbon, qui y envoya messire Robinet d'Estampes; et monseigneur le connestable y envoya Henry de Ville-Blanche et Raoul Gruel, lesquels feirent rapport de par monseigneur d'Orleans, à monseigneur de Bourbon et à monseigneur le connestable, qu'ils feissent la paix, sans y faire nulle difficulté, en la maniere qu'ils la feirent. Et cependant qu'ils estoient à Arras, fut executée une entreprinse que mon dict seigneur le connestable avoit faict et ordonné à ses gens durant qu'il seroit à Arras, qu'ils prinssent la ville de Sainct Denys (2). Et ainsi fut faict par Mahé

---

(1) *Bons pour la paix* : enclins à la paix. — (2) *La ville de Sainct Denys* : « Le premier jour de juing aprés mynuit, fut « prinse la ville de Sainct-Denys par les arminaz ; dont tant « mal s'ensuivi que la ville de Paris fut si assiegée, que de nulle « part n'y povoit venir nuls biens par riviere ne par autre part ; et « venoient tous les jours jusqu'aux portes de Paris ; et à tous ceulx « qu'ils trouvoient en allant ou en venant qui estoient de Paris, ils les « tuoient, et femmes et filles prenoient à force, et faisoient sayer les « blés auprés de Paris ; ne nul n'y mettoit contredit..... Vers la fin « d'août vint grant foyson d'Angloys... Ils assiegerent ceulx qui dedens

Morillon, messire Jehan Foucault, messire Regnauld de Sainct Jehan, et messire Louys de Vaucourt, et autres capitaines.

Puis apres vint monseigneur le mareschal de Rieux, et puis monseigneur le bastard d'Orleans et le bastard Chappelle, Mathurin L'Escouet, et Josselin de La Belloseraye, et plusieurs autres gens de guerre, qui feirent bonne guerre à Paris ; et y eut de plus belles escarmouches que jamais homme pourroit veoir. Puis apres les Anglois feirent leur armée, pour mettre le siege à Sainct Denys. Et fut advisé que monseigneur le mareschal de Rieux demeureroit dedans, lequel volontiers en print la charge, et tres bien s'y gouverna. Et monseigneur le bastard alla devers le Roy pour assembler gens pour secourir la dicte ville, et promeit à monseigneur le mareschal qu'il le secoureroit. Puis fut mis le siege devant Sainct Denys, qui gueres ne valoit, et y meit Josselin de La Belloseraye, et tint tres-bien ; et y eut faict de tres-belles armes, et y fut donné l'assault, qui dura presques tout le jour, et furent bien batus, et n'y gaignerent que un boulevart, qui estoit à la porte vers Pontoise. Et ce jour vers le soir fut regaingné sur les Anglois par

« Sainct-Denys estoient... ; convint à eulx traiter par ainsi qu'ils s'en
« iroient, et pourroient emporter ce qu'ils vouldroient... Si partirent
« le 4 octobre tout moquant des Anglois, en disant : Recommandez-
« nous aux roys qui sont enterrés en l'abbaye... Deux jours aprés vin-
« rent devant Paris pillant, robant, prenant hommes, femmes et
« enffants : car il n'estoit personne qui aux champs osast yssir; et les
« Angloys estoient dedans Sainct-Denys qui pilloient la ville sans y
« rien laisser à leur povair. Ainsi fut la ville de Sainct-Denys de-
« truite ; et quant ils eurent tout pillé à leur povair, si firent abbatre
« les portes et les murs, et en firent ville champestre.... » (Journal de Paris.)

un homme nommé Bourgeois, qui vint demander des gens à monseigneur le mareschal. Et entre autres luy furent baillez six hommes pour faire l'entrée : car il convenoit entrer par sur une petite planche qui n'avoit pas un pied de large. Et furent les six hommes Jehan Budes, de La Barre, Meriadec, Rolan Abé, Gilles de Mareuil, et le dict Bourgeois. Si entrerent dedans, et beaucoup d'autres, et feirent de belles armes, et tuerent et prinrent ceulx qui estoient dedans le boulevart, et les autres s'enfuirent, et nos gens se defendirent tres-fort.

Et cependant monseigneur le connestable, qui estoit à Arras comme dict est, auquel tardoit fort que la paix fust faicte, aussi tost qu'elle fut jurée, print congé de messeigneurs de Bourgongne et de Bourbon, et manda tout ce qu'il peut trouver, et s'en vint droict à Senlis. Et incontinent que les Anglois sceurent que mon dict seigneur le connestable estoit au dict lieu de Senlis, ils feirent leur composition à ceulx de la ville le plus amplement que faire se pouvoit : car ils s'en allerent montez et armez, et emporterent tous leurs biens, et toutes leurs artilleries et prisonniers. Et le jour devant, avant qu'ils sceussent les nouvelles de mon dict seigneur le connestable, ils vouloient les avoir à leur mercy, ou à tout le moins un baston à la main. Et cependant fût prins le pont de Meulan, qui feit grand ennuy aux Anglois. Puis monseigneur le connestable logea les gens d'armes aux frontieres à l'entour de Paris; puis apres feit une entreprinse de prendre la ville de Diepe, que ses escheleurs (1) avoient projectée avec Charlot des Marais. Si y envoya mon

(1) *Escheleurs* : gens d'escalade.

dict seigneur monseigneur le mareschal de Rieux, et luy bailla argent et gens pour executer l'entreprinse; puis apres y envoya messire Gilles de Sainct Symon, et des gens de sa maison Eustache de L'Espinay, messire Jehan de La Haye, et Artus Bricart. Puis apres que Diepe fut prinse, et Harfleu, Montivilliers et Fescamp, mon dict seigneur envoya des gens à monseigneur le mareschal de Rieux, c'est à sçavoir Olivier de Coitivy et le bastard Chapelle. Puis y allerent plusieurs autres capitaines, c'est à sçavoir Antoine de Chabannes, Poton, le Bourguignon, Penensac et Brusac, et plusieurs autres, qui fort destruisirent le pays.

L'an que dessus 1435, en l'entrée d'octobre, trespassa la royne Ysabeau (1), à l'hostel de Sainct Paul à Paris.

Puis feit monseigneur le connestable une autre entreprinse, et chargea Poton et La Hire d'aller remparer Gerberoy, et bailla au dict Poton sept mille saluts pour ayder à conduire l'entreprinse : car mon

---

(1) *La royne Ysabeau :* « La royne de France Ysabel, femme de feu
« Charles VI, trespassa en l'ostel Sainct-Paul le samedy vingt-qua-
« trieme jour de septembre l'an 1435 ; et fut trois jours que chascun
« la veoit qui vouloit; et aprés fut ordonnée comme il appartenoit à
« telle dame, et fut gardée jusqu'au treizieme jour d'octobre, qu'elle
« fut apportée à Nostre-Dame à quatre heures aprés disner : et y avoit
« quatorze sonneurs devant le corps et cent torches, et n'y avoit com-
« paignie de femme d'estat que la dame de Baviere, et ne say quantes
« damoiselles aprés le corps, qui estoit en hault levé sur les espaulles de
« seize hommes vestus de noir ; et estoit sa representation moult bien
« faite : car elle estoit couchée si proprement qu'il sembloit qu'elle
« dormist, tenoit un sceptre royal en sa main dextre... Le lendemain
« fut mise en la riviere de Saine aprés sa messe en ung bastel, et fut
« portée enterrer à Sainct-Denys en France; car on ne l'osa porter
« par terre, pour les arminaz, dont les champs estoient toujours pleins,
« et tous les villaiges d'entour Paris... » (*Journal de Paris.*)

dict seigneur n'y pouvoit estre en personne, pource qu'il luy convenoit venir devers le Roy quand et les autres ambassadeurs, pour faire le rapport touchant ce qu'ils avoient besongné pour la paix d'Arras, aussi pour prier le Roy qu'il voulust jurer et tenir la paix, ainsi qu'il avoit promis. Et y feit le Roy un peu de difficulté : neantmoins bien tost apres les ambassadeurs de monseigneur de Bourgongne vinrent devers le Roy, lequel jura la paix, et depuis en fut bien content. Puis apres Poton et La Hire allerent fortifier Gerberoy, ainsi que avoient promis à monseigneur le connestable. Et en fortifiant la place le comte d'Arondel le sceut, lequel soubdainement feit grande assemblée de gens pour surprendre les dicts Poton et La Hire, et vinrent à un matin bien trois mille combatans pour enclorre et prendre ceulx de Gerberoy : mais Poton et La Hire, qui veirent que besoing estoit de bien faire, et avoient environ six cent combatans, feirent une saillie au desesperé (1). Et estoit Poton à pied et La Hire à cheval, et feirent tant de belles armes que ce fut merveilles, et combatirent longuement et par plusieurs fois. Et tant feirent de belles armes, que au dernier (2) le comte d'Arondel fut blessé en un pied d'une coulevrine, et fut prins, et plusieurs de ses gens morts ou prins, et les autres en fuite. Et ainsi fut levé le siege de Gerberoy.

Monseigneur le connestable, apres qu'il eut esté devers le Roy et que la paix fut jurée, s'en vint à Partenay veoir madame de Guyenne, et envoya devers monsei-

---

(1) *Feirent une saillie au desesperé :* firent une sortie en désespérés.
— (2) *Que au dernier :* qu'enfin.

gneur de Bourgongne Henry de Ville-Blanche, qui s'en alla depuis Bourgongne par Paris jusques à Hesdin, et puis s'en vint devers Monseigneur à Partenay. Et bien tost apres madame d'Estampes alla à Poictiers devers le Roy, et passa et repassa par Partenay; et fut monseigneur le connestable la conduire devers le Roy au dict lieu de Poictiers, puis s'en retourna ma dicte dame à Clisson. Bien tost apres vinrent les nouvelles à monseigneur le connestable que messire Gilles de Sainct Symon, lequel estoit son lieutenant au pays de Caux, estoit prisonnier, et avoit esté prins devant Caudebec à une rencontre. Et la maniere comment il fut prins, c'est qu'il estoit venu courir devant la ville de Caudebec; et celle nuict y estoient arrivez les sires de Talbot et de Fauquenbergue, et plusieurs autres capitaines, jusques au nombre de deux à trois mille combatans. Et estoit le dict messire Gilles de Sainct Symon des premiers, et se cuidoit retirer en ordonnance; et ses compaignons le laisserent, et fut abandonné et prins, puis apres fut delivré par la prinse d'un Anglois (1). Mon dict seigneur le connestable sejourna un peu à Partenay, puis se partit environ le premier jour de mars, et s'en alla devers le Roy à Poictiers. Et fut conclu qu'il s'en iroit és marches de France, dont avoit le gouvernement; et aussi que aulcunes entreprinses se devoient faire et conduire par luy sur Paris. Et fut dict que monseigneur de Bourbon, monseigneur le bastard d'Orleans, monseigneur le chancelier, monseigneur de Vendosme et Crestophle de Harcourt y iroient.

(1) *Par la prinse d'un Anglois* : par l'échange d'un prisonnier anglois.

Et prinrent tous ensemble le chemin jusques à Orleans, et de là à Janville. Et au dict lieu de Janville vinrent nouvelles que les Anglois venoient à Paris bien trois mille, qui amenoient un convoy, et venoient pour renforcer ceulx qui estoient à Paris. Et quand ces nouvelles furent ouyes, fut dict et advisé que nos dicts seigneurs n'estoient pas puissans pour combatre : car ils n'avoient que les gens de leurs maisons. Et fut conclu que monseigneur de Bourbon, monseigneur de Vendosme, monseigneur le chancelier, monseigneur le bastard d'Orleans et messire Crestophle de Harcourt s'en retourneroient devers le Roy, pour veoir jurer et affermer [1] la paix qui avoit esté faicte à Arras, et aussi pour recevoir l'ambassade de monseigneur de Bourgongne, qui estoit venüe à belle compaignée. En la dicte ambassade entre les autres estoient le chancelier de Bourgongne et monseigneur de Croy, et autres grands personnages. Et sur tant se departirent mes dicts seigneurs de Janville, comme dict est. Les uns allerent devers le Roy; et monseigneur le connestable, qui avoit environ soixante lances de sa maison, alla coucher à Corbeil la vigile de Pasques flories, et le jour de Pasques flories à Laigny sur Marne; et là trouva belle compaignée de ses gens qui estoient en garnison, dont estoient capitaines messire Jehan Foucault et Mahé [2] Morillon. Et de là manda toutes les garnisons de Brie et de Champaigne, et tous ceulx qui tenoient les champs, qu'ils se rendissent à Pontoise devers luy le plus tost que faire se pourroit. Et le mardy de la sepmaine saincte passa mon dict seigneur

---

[1] *Affermer :* confirmer. — [2] *Mahé :* Macé, ou Matthieu.

à travers l'Isle de France, et vint à Pontoise; et là trouva les gens de monseigneur de Bourgongne, qui vinrent bien un quart de lieüe au devant de luy : c'est à sçavoir monseigneur de Ternan, monseigneur de L'Isle-Adam, monseigneur de Varambon, et beaucoup de gens de grand façon, jusques environ de sept à huict vingt lances. Et là sceut des nouvelles des Anglois qui estoient à Mantes. Et dés ce qu'ils sceurent que monseigneur le connestable estoit à Pontoise, ils retarderent leur entreprinse. Et mon dict seigneur manda monseigneur le bastard d'Orleans et les garnisons de Beausse, pour venir au dict lieu de Pontoise. Et là se rendit mon dict seigneur le bastard, et toutes les garnisons.

Et tous les jours de la sepmaine saincte, et le grand vendredy et le jour de Pasques, nos dicts gens furent tousjours armez pour combatre : car les dicts Anglois amenoient un grand convoy, et un grand nombre de bestail. Et quand ils sceurent que Monseigneur estoit pour les gueter, ils laisserent tout leur convoy et bestail, et s'en allerent de nuict par les bois de l'autre costé de la riviere. Et quand Monseigneur sceut qu'ils furent passez, il delibera, luy et monseigneur le bastard, qu'ils viendroient loger encontre Paris, et qu'ils feroient un pont sur la riviere. Et le mardy des feries de Pasques, monseigneur le bastard print congé de Monseigneur, et s'en alla assembler les gens d'armes en Beausse, et se debvoit rendre à Monseigneur au jour qui estoit dict entre eulx. Et celuy mardy (1) mesmes monsei-

---

(1) *Et celuy mardy :* « Le mardy des festes de Pasques, les gouverneurs de Paris firent partir de Paris environ mynuit six ou huit cent

gneur le connestable avoit envoyé ses fourriers à
Sainct Denys, accompaignez de Bourgeois, Mahé
Morillon et messire Jehan Foucquault, et bien trois
cent combatans. Et quand ils vinrent au dict lieu de
Sainct Denys, ils y trouverent les Anglois en bien
grosse compaignée, qui estoient venus pour piller
l'abbaye et la ville. Et quant le guet apperceut nos
gens, il sonna à tout, et les Anglois saillirent à l'escarmouche.

Et quand Bourgeois apperceut qu'ils estoient grande
compaignée, il envoya un homme batant (1) devers
Monseigneur, et le trouva qu'il ne faisoit que aller
à table. Si luy dist que Bourgeois luy mandoit

« Anglois pour aller bouter le feu en tous les petits villaiges et grants
« qui sont entre Paris et Pontoise sur la riviere de Seine; et quant ils
« furent à Sainct-Denys, ils pillerent l'abbaye; et vray est qu'en l'ab-
« baye aucuns prenoient les reliques, pour l'argent avoir qui autour
« estoit. L'ung regarda un prestre qui chantoit la messe; et pour ce
« qu'elle luy sembloit trop longue, quant le prestre eut dit... *Agnus*
« *Dei*..., et qu'il usoit le précieux sang, ung grand ribault saute avant,
« et tantost print le calice et les corporaux, et s'en va; les aultres
« prindrent nappes de tous les autels, et tout ce qu'ils porent trouver
« dans l'église Sainct-Denys, et s'en alloient à tout faire les douleurs
« que nos évesques et les gouverneurs leur avoient donné à faire. Mais
« le seigneur de L'Isle-Adam, qui estoit yssu de Pontoise, et estoit
« sur les champs, vinlt contre eulx, et les mit presque tous à mort;
« et les chassa, tuant et occiant par de là Espinel jusqu'aux portes de
« Paris, c'est assavoir la bastide de Sainct-Denys; mais celluy jour
« environ deux cent s'estoient espartis és bailliage: car ils sorent la
« chose comment elle alloit; ils se mirent dedans Sainct-Denys en
« une tour qu'on nomme la tour du Velin. Quand le sire de L'Isle-Adam
« vist qu'ils furent là, si dist qu'il n'en partiroit point tant qu'il les
« eust mors ou vifs; si laissa de ses gens, et firent tant qu'ils les prin-
« drent, et tantost furent tous mis à mort sans rançon... » (*Journal
de Paris.*)

(1) *Batant*: promptement.

qu'il avoit trouvé ce que mon dict seigneur demandoit; et lors il se leva de table, et feit ses trompetes sonner à cheval, et tous ses gens le plustost que faire se peut. Et aussi tost qu'il fut à cheval, il tira à la porte, à celle fin que tous ses gens allassent apres luy : mais les gens de monseigneur de Bourgongne ne vouloient monter à cheval sans avoir argent, et convint que monseigneur le connestable s'obligeast à monseigneur de Ternan de la somme de mille escus avant qu'il voulust partir; puis mon dict seigneur tira en avant. Et au partir de la porte n'avoit que six lances, mais tout le monde commencea à tirer apres luy; et comme ils venoient, il envoyoit gens pour entretenir l'escarmouche.

Et tantost arriva monseigneur de L'Isle-Adam devers mon dict seigneur, auquel il demanda s'il congnoissoit le pays où les dicts Anglois estoient; et il respondit que bien le congnoissoit. Et lors il dist à Monseigneur : « Par ma foy, monseigneur, si vous
« aviez dix mille hommes combatans, vous ne leur
« feriez jà mal ne desplaisir en la place où ils sont. »
Et Monseigneur luy dist : « Si ferons, si Dieu plaist;
« Dieu nous aydera : allez devant pour entretenir
« l'escarmouche; » et jà y estoit allé monseigneur de Rostrenen; et en chevauchant assembla mon dict seigneur le connestable bien huict vingt lances entour son enseigne, et y estoit monseigneur de La Suse et le bastard de Bourbon. Et cependant monseigneur de Rostrenen et monseigneur de L'Isle-Adam estoient descendus à pied au bout d'une chaussée qui est pres Sainct Denys. Ainsi comme Dieu le voulut, qui tousjours a conduict les faicts du bon Artus plus mi-

31.

raculeusement que autrement, les Anglois vinrent charger sur nos gens, et les feirent monter à cheval bien à la haste, et pensa estre L'Isle-Adam mort ou prins. Toutesfois il se saulva, et les dicts Anglois laisserent leur fort, et chasserent nos gens bien deux traicts d'arc.

Et cependant monseigneur le connestable venoit un chemin couvert; et quand il fut pres des Anglois, il entra en un champ de vigne, et venoit en belle bataille. Et aussi tost que les dits Anglois l'apperceurent, ils se meirent en desarroy (1) pour cuider recouvrer leur pont; et incontinent nos gens et toute nostre bataille chargea dedans, et bien tost furent desconfits et morts sur la place et à la chasse plus de huict cent. Et là fut prins messire Thomas de Beaumont, qui estoit lieutenant du roy d'Angleterre et son parent, et le print Jehan de Rosenuinen ; et Henry de Ville-Blanche portoit l'estendart celuy jour. Et furent chassez les Anglois jusques à la porte de Paris, et leur feit on lever le pont et fermer la porte, et en fut tué jusques à la barriere et sur les fossez. Et croyez qu'il y eut bel effroy à Paris. Puis s'en retournerent loger à Sainct Denys. Et au dict lieu de Sainct Denys s'estoient retirez en la tour du Venin, qui estoit forte, le nepveu du prevost de Paris, et bien six vingt Anglois. Et ceste nuict Monseigneur envoya au bois de Vincennes querir deux bombardes qui y estoient, et furent amenées le mercredy. Et celuy mercredy la nuict, vinrent nouvelles à monseigneur le connestable d'un homme de Paris (2) qui luy man-

(1) *Desarroy* : désordre. — (2) *Vinrent nouvelles à monseigneur le connestable d'un homme de Paris* : « Environ quinze jours après la

doit qu'il vint, et qu'ils estoient une dixaine qui luy ouvriroient la porte.

Et sur tant se partit mon dict seigneur au bien

« défaite des Anglois prés Saint-Denys..., le connestable duëment
« informé que les meilleurs bourgeois de Paris avoient bon vouloir et
« amour pour le Roy ; que volontiers ils se mettroient sous son obeïs-
« sance ; même que long-temps auparavant ils l'eussent fait, s'ils
« eussent eu ayde et secours du connétable : car ils craignoient
« fort, comme ils le disoient, les Anglois qui estoient encore audit
« lieu de Paris avec le sire de Wilby leur capitaine, de plus Louis
« de Luxembourg, évêque de Theroüenne, soy disant chancelier de
« France pour le roy d'Angleterre, et un chevalier nommé Simon
« Morhier, lors prévost de Paris.... Sur cela le connestable, le bas-
« tard d'Orléans et les autres vinrent devant Paris avant le poinct
« du jour, et se mirent en embuscade prés des Chartreux du costé
« de la porte Sainct-Jacques. » (Histoire de Charles VII, par Jean Chartier.)

« En celluy vendredy d'aprés Pasques vinrent devant Paris.... le
« comte de Richemont, qui estoit connestable de France de par le
« roy Charles, le bastard d'Orléans, le seigneur de L'Isle-Adam, et
« plusieurs autres seigneurs, droit à la porte Sainct-Jacques ; et par-
« lerent aux portiers, disant... : Laissez-nous entrer dedens Paris paisi-
« blement, ou vous serez tous morts par famine, par cher tems ou
« autrement... Les gardes de la porte regarderent par dessus les murs,
« et virent tant de peuple armé, qu'ils ne cuidoient mie que toute la
« puissance du roy Charles pust finer de la moitié d'autant de gens
« d'armes comme ils povoient veoir : si orent paour, et doubterent
« moult la fureur : si se consentirent à les bouter dedens la ville ; et
« entra le premier le seigneur de L'Isle-Adam par une grant eschelle
« qu'on lui avalla, et mist la banniere de France dessus la porte,
« criant... : Ville gaignée !... Le peuple en sceut parmy Paris la nou-
« velle... L'evesque de Theroüanne, quand il vist la besoigne ainsi
« tournée, si manda le prevost et le seigneur de Huillebit et tous les
« Anglois, et furent tous armés au mieulx qu'ils porent : d'aultre part
« ceux de Paris prindrent cueur par ung bon bourgeois nommé
« Michel de Lalier, et aultres plusieurs qui estoient cause de la dite
« entrée. Si firent armer le peuple, et allerent droit à la porte Sainct-
« Denys ; et furent tantost trois à quatre mille hommes de Paris et des
« villaiges qui tant avoient grant hayne aux Angloys et aux gouver-

matin de Sainct Denys, faignant aller parler à messire Jehan de Luxembourg; et le faisoit de peur que tous voulussent aller avec luy, pource que beaucoup

« neurs, qui autre chose ne desiroient que les destruire. Comme ils
« estoient à garder ladite porte, et les gouverneurs devant ditz orent
« assemblez leurs Anglois, si firent trois batailles, en l'une le sire de
« Huillebit, en l'autre le chancelier et le prevost, et en l'autre Jehan
« L'Archer, un des plus crueulx chrestiens du monde; et estoit lieute-
« nant du prevost un gros villain comme un *cagoux;* et pour ce qu'ils
« craignoient moult le quartier des halles, y fust envoyé le prevost à
« toute son armée. En allant, il trouva un sien compere, un trés-bon
« marchand nommé Le Vavasseur, qui lui dit... : Monsieur mon com-
« pere, ayez pitié de vous; car je vous promets qu'il convient à cette
« fois faire la paix, ou nous sommes tous destruits... Comment, dit-il,
« traistre, es-tu tourné?... Et sans plus rien dire, le fiert de son espée
« par le travers du visaige : dont il cheut, et après le fist tuer par ses
« gens.
« Le chancelier et ses gens alloient par la grant ruë Sainct-Denys,
« Jehan L'Archer alloit par la ruë Sainct-Martin...; et crioient le plus
« orriblement que oncques on vist crier gens... : Sainct-George, Sainct-
« George! traistres François, vous tous morts!... L'Archer crioit qu'on
« tuast tout : mais ils ne trouverent hommes parmi les rues. Ce ne fut
« qu'en la rue Sainct-Martin qu'ils trouverent devant Sainct-Méry un
« nommé Jehan Le Prestre et un nommé Jehan des Croustés, lesquels
« étoient hommes d'honneur, qu'ils tuerent plus de dix fois... Ainsi
« allerent à la porte Sainct-Denys, où ils furent bien reçus; car quant
« virent tant de peuple, et qu'ils virent qu'on leur getta quatre ou cinq
« canons, furent moult esbahis..., s'enfuirent tous vers la porte Sainct-
« Anthoine, et se bouterent dans la forteresse. Tantost après vinrent
« parmy Paris le connestable et les autres seigneurs, aussi doulcement
« comme si toute leur vie ne se fussent point meüs hors de Paris; ce
« qui estoit ung bien grant miracle : car deux heures devant qu'ils en-
« trassent, leur intention estoit, et à ceulx de leur compaignie, de pil-
« ler Paris, et de mettre tous ceulx qui les contrediroient à mort; et
« par le recort d'eulx bien cent charretiers et plus, qui venoient aprés
« l'ost, amenoient blés et autres vitailles, disant... : On pillera Paris; et
« quant nous aurons vendu notre vitaille à ces villains de Paris, nous
« chargerons nos charettes du pillage, dont nous serons riches toute
« nostre vie... Mais les gens de Paris, aucuns bons chrestiens et chres-

avoit de gens tenans les champs, et avoit peur qu'ils voulussent faire quelque pillerie à la ville de Paris. Et laissa au dict lieu de Sainct Denys monseigneur de La Suse son lieutenant, et Pierre Du Pan son maistre d'hostel, et plusieurs gens de sa maison, et tous les routiers (1), de peur qu'ils ne feissent aulcun scandale, comme dict est, et aussi pour laisser son siege garny; et ne mena de Sainct Denys que soixante lances, et alla disner à Pontoise. Et là trouva monseigneur de Ternan, et messeigneurs de L'Isle-Adam et Varam-

« tiennes, se mirent dans les églises..., et vrayment bien fut apparent
« que monsieur Saint-Denys avoit été advocat de la cité...; car quant
« ils furent entrés dedens..... ils furent si mûs de pitié et de joye,
« qu'ils ne se purent tenir de larmoier; et disoit le connestable aux
« habitans... : Mes bons amys, le roy Charles vous remercie cent mille
« foys, et moy de par luy, de ce que si doulcement vous luy avez
« rendu sa maistresse cité de son royaulme; et si aucun, de quelque
« estat qu'il soit, a mesprins par devers monsieur le Roy, soit absent
« ou autrement, il luy est tout pardonné...

« Et tantost sans descendre fit crier à son de trompe que nul ne
« fust si hardy, sur peine d'estre pendu par la gorge, de soy loger en
« l'ostel des bourgeois, ne desmenaiger oultre sa voulenté, ni de re-
« proucher ni de faire quelque desplaisir, ou piller personne de
« quelque estat, non s'il n'estoit natif d'Angleterre et souldoyer; dont
« le peuple de Paris le print en si grant amour, que avant qu'il fut
« lendemain n'y avoit celuy qui n'eut mis son corps et sa chevance
« pour destruire les Angloys...

« Ceulx qui se bouterent en la porte Sainct Anthoine... vuiderent
« la place le mardy 17 avril 1436; et pour certain oncques gens ne
« furent autant moqués et huez comme ils le furent, especialement le
« chancelier (le peuple crioit après l'évêque de Therouenne, pré-
« tendu chancelier pour les Anglois... : Au renard! au renard!...),
« le lieutenant du prevost, le maistre des bouchers, et tous ceulx qui
« avoient été coupables de l'oppression qu'on faisoit au pouvre com-
« mun... » (Journal de Paris.)

(1) *Routiers :* soldats indisciplinés qui se débandoient et pilloient sur les routes.

bon, et les gens de monseigneur de Bourgongne, qui s'en allerent avec mon dict seigneur. Et avoit mandé monseigneur le bastard d'Orleans qu'il se rendist à luy à Poissy.

Et quand mon dict seigneur fut au dict lieu de Pontoise, il envoya des gens pour se mettre en embusche encontre (1) Nostre Dame des Champs; et entre les autres y envoya Mahé Morillon, Geoffroy son frere, et leur compaignée, et autres jusques à quatre cent hommes à pied. Puis se partit monseigneur de Poissy environ soleil couchant, et chevaucha toute nuict, et repeut en un bois environ my-nuict bien peu. Puis chevaucha tant qu'il vint à une grange qu'on appelle la grange Dame Marie devers le Vigneul; et y arriva un petit avant jour. Et puis comme le soleil levoit, on feit les signes que on devoit faire. Et Dieu sçait comme mon dict seigneur et ses gens tiroient vers Paris. Et comme il fut environ demie lieüe, on luy vint dire que l'entreprinse estoit descouverte; et nonobstant ce, mon dict seigneur tiroit tousjours en avant sans dire mot, et venoit pour garder (2) ses gens qui estoient à pied. Et aucuns se tirerent de la bataille pour approcher vers les Chartreux, pour mieulx veoir la ville. Et incontinent un homme se monstra sur la porte devers les Chartreux, qui feit signe d'un chapperon. Et sans sçavoir qui avoit perdu ou gaigné, on tira vers la porte, et iceluy homme dist : « Tirez à l'autre porte, car ceste cy n'ouvre point; » et dist : « On besogne pour vous aux halles. » Et de là on tira à la porte Sainct Jacques. Et bien tost apres y vint Henry de Ville-Blanche, qui apporta

---

(1) *Encontre :* du côté de. — (2) *Garder :* assister.

la banniere du Roy. Et lors ceulx du portail demanderent qui estoit là; on leur dist que c'estoit monseigneur le connestable, et il leur requirent qu'il pleust à mon dict seigneur le connestable parler à eulx. Et bien tost mon dict seigneur vint sur un beau coursier et gentil compagnon. Et on leur dist que c'estoit monseigneur le connestable. Et lors il parla à eulx. Et ils luy demanderent s'il entretiendroit l'abolition ainsi qu'estoit dict, et il dist que ouy. Lors ils descendirent, et vinrent ouvrir la planche; et mon dict seigneur entra dedans, et toucha à eulx (1), et jura de leur entretenir ce qu'il leur avoit promis.

Et incontinent feit entrer par la planche les gens de pied, tant que l'on rompoit les serrures du pont; lesquelles rompües et le pont abatu, mon dict seigneur monta à cheval et entra dedans la ville, et s'en vint tout au long de la rüe Sainct Jacques et au petit Pont, et de là au pont Nostre Dame. Et rencontra sur le dict pont Michau de Laigler (2), prevost des marchands, qui avoit une banniere du Roy en la main; et estoit la dicte banniere de tapisserie. Puis vint Gauvain Le Roy dire à mon dict seigneur qu'il vouloit jouyr de l'abolition, et luy dist, s'il luy plaisoit les laisser aller, qu'il mettroit en sa main Marcoussis, Chevreuse et Montlehery. Et lors mon dict seigneur luy dist : « Par vostre foy que ainsi ferez que « dictes; » et lors le dict Gauvain jura que ainsi le feroit, et tint ce qu'il avoit promis. Et requist à mon

---

(1) *Toucha à eulx* : toucha dans leurs mains. — (2) *Michau de Laigler*: Michel de Lalier, l'un des bourgeois de Paris qui secondèrent l'entreprise du connétable, ne fut prévôt des marchands qu'après la reddition de Paris... (*Voyez* le Journal de Paris.)

dict seigneur qu'il luy pleust luy bailler un herault, ou poursuivant, pour le faire passer par les gens de mon dict seigneur; et lors il luy bailla un herault nommé Partenay, lequel le mena à Montlehery. Puis mon dict seigneur vint jusques en Greve, et on luy vint dire que les Anglois s'estoient retirez en la bastille, et que ses gens estoient au guet devant la dicte bastille, et que tout alloit bien, et qu'il luy pleust tirer vers le quartier des halles pour les reconforter. Et lors il y alla, et fut jusques devant Sainct Innocent; et là on le feit manger des espices, et boire devant l'hostel de Jehan Aslin, son espicier de pieça (1); puis s'en vint à Nostre Dame de Paris, et oüit la messe tout armé. Et ceulx de Nostre Dame luy feirent manger des espices, et boire : car il jeusnoit; et estoit vendredy des feries de Pasques.

L'an 1436, en avril, s'en vint mon dict seigneur, comme dict est, de Nostre Dame de Paris à la porte Baudes, et meit bon guet devant la bastille, puis vint disner au Porc Espy, où il estoit logé. Et tandis qu'il disnoit, on luy vint dire que Pierre Du Pan, son maistre d'hostel, estoit à la porte Sainct Denys, et demandoit à entrer; et mon dict seigneur dist que on le laissast entrer. Et lors il vint à mon dict seigneur durant le disner, et luy dist que ceulx de la tour du Venin (2) de Sainct Denys se vouloient rendre à luy la vie saulve; et Monseigneur luy dist qu'il les prinst. Et s'en retourna le dict Pierre Du Pan à Sainct Denys, et trouva le nepveu du prevost de Paris mort, et tous ses gens bien environ six vingt. Et la raison fut que

---

(1) *De pieça :* depuis long-temps. — (2) *Tour du Venin :* Tour de Salut.

quand nos gens ouyrent sonner les cloches de Paris, tous ceulx qui estoient au siege de Sainct Denys tirerent à Paris pour cuider entrer dedans; et quand ils furent à la porte de Sainct Denys, on ne les voulut laisser entrer : car monseigneur le connestable l'avoit defendu, de peur qu'ils feissent quelque mal : car c'estoit la plus part des routiers, et des gens forts à entretenir (1). Et quand ceulx de la tour du Venin veirent que nos gens estoient allez vers Paris, ils se cuiderent saulver par le marais de Sainct Denys; et ceulx qui avoient cuidé entrer à Paris et avoient esté refusez estoient tous enragez : et quand ils arriverent au dict lieu de Sainct Denys, ils trouverent que ceulx de la tour du Venin s'en alloient par le marais, lors chargerent sur eulx, et n'eschappa homme qui ne fust tué. Et celuy jour, qui fut le vendredy vingtiesme jour d'apvril l'an que dessus, fut recouvrée en l'obeyssance du Roy la bonne cité de Paris, par monseigneur le connestable, et Sainct Denys, Chevreuse, Marcoussis, Montlehery, le pont Sainct Cloud, et le pont de Charenton. Puis mon dict seigneur feit le guet devant la bastille, avec les gens de sa maison. En la dicte bastille estoient l'evesque de Teroüenne et le sire de Willeby, et plusieurs autres, jusques au nombre de mille à douze cent. Et le lendemain il cuida emprunter de l'argent (2) jusques

(1) *Forts à entretenir* : difficiles à retenir. — (2) *Emprunter de l'argent* : « Quant les François furent affermez avec le parlement et les « grans bourgeois et le conseil, ils se plaignirent que le Roy estoit « trés-povre et toute sa gent, et qu'il convenoit avoir de l'argent, ou « qu'il fust prins; si leur fust dit... : Il faut faire ung emprunt, et « ainsi fut fait especiallement trés-grief sur eulx qu'on cuidoit qu'ils

à quinze mille francs, et se vouloit obliger, en telle forme qu'on vouldroit, le payer dedans un mois, et tout pour mettre le siege à la bastille du costé devers les champs; et les gens d'armes ne se vouloient loger sans argent, et au partir il n'avoit eu que mille francs du Roy. Et ceulx de Paris luy dirent : « Monseigneur, « s'ils se veulent rendre, ne les refusez pas. Ce vous est « belle chose d'avoir recouvré Paris : maints connes- « tables et maints mareschaulx ont esté autresfois chas- « sez de Paris; prenez en gré ce que Dieu vous a « donné. » Et quant il les ouyt parler, il les receut à composition. Mais s'il eust eu argent de quoy soul- doyer ses gens, il eust gaigné deux cent mille escus. Puis s'en allerent par composition, comme dict est. Et Dieu sçait comme ceulx de Paris feirent grand chere et grand joye, apres qu'ils furent delivrez des Anglois. Et croy que homme ne fut oncques mieulx aimé à Paris que estoit mon dict seigneur.

En celuy mois d'apvril, bien tóst apres fut faicte une entreprinse par Poton, La Hire, Penensac et autres sur Gisors; et le vinrent dire à monseigneur le connestable à Paris. Et il leur dit : « Attendez jus- « ques à huict jours, que j'envoyeray querir le mares- « chal de Rieux qui est en Caux, qui m'amenera « deux mille combatans; et par deça j'en assembleray « tant que j'en trouveray trois mille, avec ceulx du « dict mareschal; et seront assez forts pour com- « batre tout ce qu'on peut trouver en Caux. » Et lors dirent à Monseigneur : « Force est que le facions.

« aimassent mieulx les Angloys que les François; et fut l'emprunt « très-grant...., car ils furent pou à Paris de mesnaigers qui n'en « payassent pou ou grant... » (Journal de Paris.)

« à ceste heure, et n'y faisons nul doubte. » Et lors mon dict seigneur assembla tout ce qu'il peut de gens d'armes pour les aider, et les vint conduire jusques à Pontoise; et là demeura, et les gens de sa maison, excepté Bourgeois, qui alla avec eulx, et entrerent dedans la ville. Et furent un jour et deux nuicts devant le chasteau: mais Talbot y vint, qui les deslogea bien hastivement, et y en eut de morts et de prins, mais non beaucoup, car ils s'enfuirent bien. Et mon dict seigneur s'en vint à Paris; Poton et La Hire s'en allerent à Beauvais. Et bien tost apres mon dict seigneur eut aulcunes nouvelles de Roüen, et pour celle cause s'en alla à Beauvais, et assembla ce qu'il peut de gens d'armes, et tira à Gerberoy; et avoit mon dict seigneur le mareschal de Rieux, et tous ceulx [1] de Caux. Mais la chose ne se peut faire pour celle heure, et s'en revint mon dict seigneur le connestable à Beauvais, et de là à Pontoise; et les Anglois estoient en embusche sur le chemin, et n'oserent frapper sur luy, et s'en vint à Paris.

En celuy an 1436, environ le premier jour de may, fut advisé de mettre le siege à Creil, et assembla monseigneur le connestable ce qu'il peut de gens d'armes, et y vint mettre le siege luy mesme, et avoit avec luy monseigneur le bastard d'Orleans, monseigneur de Rostrenen, monseigneur de L'Isle-Adam, Poton et La Hire, et plusieurs autres capitaines. Toutesfois mon dict seigneur avoit charge du Roy d'aller devers monseigneur de Bourgongne, pour le faict du roy de Sicile, lequel estoit compaignon d'armes de monseigneur le connestable. Et pour sa delivrance laissa le

---

[1] C'est-à-dire les gens de guerre.

siege, et mist monseigneur le bastard son lieutenant, et se hasta de tirer devers monseigneur de Bourgongne, pource qu'il faisoit son armée pour aller mettre le siege devant Calais. Et s'en alla en Picardie, et trouva mon dict seigneur de Bourgongne à Sainct Omer, et feit tout ce qu'il peut pour le roy de Sicile. Puis print congé de monseigneur de Bourgongne, et s'offrit à luy pour aller au dict lieu de Calais, et de le servir à trois mille combatans, qui pour lors estoient en Caux; et il le refusa. Et puis vint conduire monseigneur le connestable aux champs, et luy monstra ses tentes et pavillons. Et puis le mena veoir les Flamands, qui estoient logez au Val de Cassel. Et Dieu sçait en quelles pompes ils estoient quand mon dict seigneur parla à eulx, en leur recommandant le faict de leur seigneur, et les remerciant de leur bon vouloir. Et puis s'en vint par Agincourt, et devisa à ceulx qui là estoient comme la bataille avoit esté, et leur monstra en quel endroict il estoit, et sa banniere, et tous les grands seigneurs, et où estoient leurs bannieres, et où le roy d'Angleterre estoit logé. Puis s'en vint à Hesdin, et de là à Abeville. Et là sceut que ceulx qu'il avoit laissez à Creil s'estoient levez de leur siege. Puis s'en alla à Eu, et de là à Diepe, pour mettre ordre aux gens d'armes qui gastoient tout.

Et tandis qu'il y fut, le seneschal de Ponthieu manda la garnison de Eu, où estoient Olivier de Coitivi, le bastard Chapelle, et Mathurin Lescouet; et feirent une entreprinse sur les Anglois du Crotoy, et estoient en embusche pres la Blanchetaque. Et avoient un bateau sur la riviere de Somme, et adviserent bien comme la

mer se retiroit ; et avoient mis des gens de guerre
dedans le dict bateau, qui estoient couchez que on ne
les veid point. Et quand ils furent pres du Crotoy,
et la marée commencea à leur faillir, ils faignirent de
mettre toute leur peine de recouvrer la mer. Et lors
quand les Anglois les veirent en ceste necessité, ils
cuiderent que ce fust tout à bon escient, et saillirent
du Crotoy à toute puissance, et vinrent à pied et à
cheval à ce bateau. Et quand ils les trouverent ainsi
garnis, ils furent bien esbahis. Et ceulx qui estoient
en embusche saillirent de tous costez, et en effect
n'en eschappa rien, et furent tous morts et prins, et
les chasserent en telle maniere qu'ils gaignerent la
ville du Crotoy : car il n'estoit demeuré comme rien
dedans ; et nos dicts gens tinrent la ville, et le feirent
sçavoir à monseigneur le connestable, lequel vint
veoir la place, et puis s'en vint à Abeville. Et là vint
le baillif d'Amiens et le seneschal de Ponthieu. Et
mon dict seigneur leur dist que si monseigneur de
Bourgongne vouloit, il mettroit le siege au chasteau
du Crotoy, et y feroit venir trois mille combatans
qui estoient en Caux, et aussi si le pays vouloit ayder
à ce faire. Sur tant envoya devers monseigneur de
Bourgongne à Sainct Omer, pour sçavoir si c'estoit
son plaisir ; et il respondit qu'il ne le feroit point à
ceste heure, jusques apres le siege de Calais. Et sur
tant mon dict seigneur s'en vint à Amiens, et de là
tira à Paris. Et messire Mondoc de Lansac et bien trois
cent Anglois estoient en embusche, et l'attendoient
en chemin, et bien sçavoient sa venüe ; et si n'avoit
mon dict seigneur que trente lances et ses archers de
son corps, et les dicts Anglois cuidoient que ce fust

l'avant-garde de mon dict seigneur, et les laisserent passer sans mot dire.

Bien tost apres monseigneur le connestable se disposa pour aller devers le Roy, et partit de Paris, et laissa monseigneur de Rostrenen son lieutenant, et s'en vint à Orleans; de là tira à Loches devers le Roy, et eut bonne chere. Et luy dist le Roy qu'il falloit bien tost retourner à Paris, et qu'il y meneroit madame de Guyenne, afin d'y faire plus grande residence. Et sur tant mon dict seigneur luy promist qu'il le feroit, et print congé du Roy, et s'en alla à Partenay veoir madame de Guyenne. Et bien tost apres le duc Jehan le manda pour aller devers luy, et que monseigneur du Maine venoit devers luy à Ancenis. Et incontinent mon dict seigneur y vint, et trouva le duc, et monseigneur le comte et madame la comtesse, et monseigneur du Maine, qui vint les veoir jusques à Ancenis. Puis apres monseigneur s'en retourna à Partenay, pour se disposer de s'en aller à Paris. Et entre la Toussaincts et la Sainct Martin s'en partit mon dict seigneur, et tira devers le Roy, et feit venir madame de Guyenne à Orleans, qui l'attendit au dict lieu d'Orleans. Et là se rendirent les presidents et seigneurs de parlement qui s'estoient tenus à Poictiers, et leurs femmes et tout leur mesnaige, pour passer quand et mon dict seigneur. Et bien tost apres s'en vint mon dict seigneur, et partit d'Orleans et tira à Janville, et de là à Estampes. Et là vinrent au devant de luy monseigneur de Rostrenen, Antoine de Chabannes, messire Jehan Foucquault, Mahé Morillon, et belle compaignée de gens; et de là tira à Corbeil, et puis à

Paris, et y sejourna celuy hyver jusques à Pasques.

L'an 1437, le jour de Pasques, vinrent nouvelles à monseigneur le connestable que un nommé Migler de Saux fortifioit une place en Brie nommée Beauvoir (1), à quatre lieües de Meaux, qui pour lors estoit Anglois (2). Et incontinent que mon dict seigneur le sceut, il feit monter à cheval messire Jehan de Malestroit, et partie des gens de sa maison, et les archers de son corps; et allerent coucher à Laigny sur Marne. Et là trouverent la garnison de Laigny, où estoient Mahé Morillon et messire Jehan Foucquault; et tirerent au dict lieu de Beauvoir en Brie. Et s'y rendit le commandeur de Giresme et messire Denys de Chailly, et arriverent nos dicts gens environ huict heures, et incontinent donnerent l'assault. Et dura le dict assault tout le jour jusques à la nuict bien tard. Et croyez qu'il y eut bel assault : car en la fin n'y avoit plus de traict ny dehors ny dedans, et se desarmoient nos gens pour jecter des pierres. Et le lendemain au matin

---

(1) *Beauvoir :* le Journal de Paris appelle cette ville Beauvais en Brie.

« Là, y est-il dit, fut prins un nommé maistre Milles de Saulx, lequel estoit procureur au parlement, qui avoit esté autrefois prins, et avoit promis d'estre loyal, et avoit baillé sa foy, et mis sa femme et deux filx qu'il avoit en ostaige. Mais de tout ce ne tint compte de foy, ne de femme ne d'enffants; mais devint le plus fort larron, bouteux de feux et de tout autre maléfice qui fust en France ni en Normandie; et pour ce, il ot la teste coppée et son varlet le 10 avril 1438.

« Cettuy Milles enseigna plusieurs grants caves et anciennes touchans à carrieres, desquelles on ne sçavoit rien, et parmi lesquelles on devoit bouter les Angloys dedans Paris. Mais Dieu, qui tout scet, ne le volt consentir. »

(2) *Estoit Anglois :* au pouvoir des Anglois.

fut faicte la composition, et se rendirent ceulx de la dicte place, la vie saulve, en payant chascun un marc d'argent; et baillerent en ostaiges Migler de Saux et trois autres Anglois; et furent amenez à Paris. Et monseigneur le connestable feit coupper la teste au dict Migler de Saux; et partant furent les autres qui estoient en ostaiges delivrez, et quittes de leur marc d'argent.

L'an que dessus, environ le premier jour de may, monseigneur le connestable alla devant le Bois de Malherbes, et logea assez pres en une petite place, et y envoya les gens de sa maison, et les archers de son corps. Et y eut belle escarmouche : car ceulx de la place feirent une saillie, et fut chargé sur eulx en telle maniere que on entra quand et eulx en la basse court : mais pour la force du traict, et qu'il n'y avoit rien où se tauldir (1) ne rien à couvert, il se fallut retirer, et y en eut bien quatre ou cinq de tuez. Et le lendemain y vint monseigneur de La Suse, et d'autres capitaines. Puis se rendit la dicte place du Bois de Malherbes, et monseigneur le connestable s'en vint à Paris, et de là tira devers le Roy, et feit ses diligences que le Roy vint mettre le siege à Monstreau fault Yonne. Et cependant que le Roy faisoit son armée, mon dict seigneur, et monseigneur de La Marche, et le bastard d'Orleans, s'en vinrent les premiers. Et fut faict sçavoir à mon dict seigneur le connestable qu'il y avoit une entreprinse sur le dict Monstreau fault Yonne, et la demenoit le chancelier (2). Et afin que la chose se fist plus seurement, ils le manderent à Mon-

(1) *Se tauldir :* se mettre à l'abri. — (2) *Demenoit le chancelier :* étoit conduite par le chancelier.

seigneur et aux autres seigneurs, et vinrent tous avec luy, et en effect c'estoit une trahison mauvaise. Mais quand ils sceurent que mon dict seigneur y estoit, ils n'oserent laisser entrer nos gens; et ne perdismes qu'un homme et cinq prisonniers, qui furent delivrez dés le jour. Et de là s'en retourna mon dict seigneur mettre le siege à Chasteaulandon luy et toute sa compaignée, et ne tint gueres qu'il ne fust prins d'assault. Et de là vint mon dict seigneur mettre le siege à Nemours, et ne tint gueres qu'il ne fust prins par composition. Puis s'en vint Monseigneur à Paris, pour faire les diligences, tant de gens, d'artillerie et d'armeures, que d'autres habillemens pour le dict siege, et aussi pour avoir de l'argent (1) pour souldoyer les gens d'armes. Et fut de necessité que mon dict seigneur y vinst, car un autre n'eust pas faict ce qu'il fist. Et là ouyt des nouvelles de la royne d'Angleterre sa mere, qui estoit trespassée. Le Roy se rendit à Bray sur Seine, et vint du costé devers le chasteau mettre

---

(1) *Pour avoir de l'argent :* « En celluy mois de septembre 1438, on
« fist derechief à Paris la plus estrange taille qui oncques mais eust
« esté faite ; car nul en tout Paris n'en fust excepté, de quelque estat
« qu'il fust, ne évesque, ne abbé, prieur, moine, nonnains, chanoine,
« prestre benéficié ou sans benéfice, sergents, menestriers, etc. Et fut
« premierement fait une grosse taille sur les gens d'Eglise, et aprés sur
« les gros marchands et marchandes ; et payoient l'un quatre mille
« francs, l'autre trois mille ou deux mille, chacun selon son estat....
« tretout le moindre paya vingt francs ou au dessus.... et autres
« plus petits nuls ne passoient cent sols.... Aprés cette douloureuse
« taille firent une autre trés-dehonneste : car les gouverneurs prindrent
« aux eglises les joyaulx d'argent, comme encensiers, plats, burettes,
« etc., et la grigneur partie de tout l'argent monnoyé qui estoit au
« trésor des confréries.... : le tout sous l'ombre de prendre le chastel
« de Montereau et la ville... » (*Journal de Paris.*)

une bastille à une petite montaigne qui y est, et se logea bien. Et mon dict seigneur et monseigneur de La Marche se vinrent loger devers la ville en un beau pré. Et lors ordonna mon dict seigneur son guet à cheval et à pied, ne homme ne se desarma. Et celle nuict y avoit bien cinq cent maneuvres. Et avant que le jour fust grand, il avoit faict faire un grand fossé bien long, et plusieurs taudis (¹) sur treteaux, pour garder les gens d'armes du traict : car la place estoit bien artillée.

Et le lendemain chascun commencea à se loger; puis arrivea monseigneur le bastard d'Orleans, et plusieurs autres capitaines. Et le second jour fut faict un autre fossé pres de la place, et puis on commencea à faire de grandes approches, et bien tost apres on vint loger sur les fossez. Et furent faictes mines couvertes et descouvertes, et fut partie de la riviere d'Yonne destournée, laquelle passoit par les fossez; et fut faict pont sur Seine et sur Yonne, et fut la ville bien batuë d'artillerie; et y avoit bouleverts et moineaux, qui furent batus auparavant que on peust assaillir. Et y eut un assault pour essayer si l'eaüe estoit profonde; et commencea pour une fusée, qui fut tirée d'un des gens d'armes de Monseigneur. Et se mist le feu en la ville tres-fort, et brusla plusieurs maisons, et cuidoit on assaillir à bon escient; mais la riviere estoit encores trop grande, et n'y eut gueres de gens qui passassent jusques au pied du mur : toutesfois monseigneur de Rostrenen y passa, et Eustache Gruel, et un homme d'armes de monseigneur de La Marche, qui fut mort; et fallut se retirer. Et bien huict jours apres fut con-

(¹) *Taudis :* gabions.

clu l'assault à un jeudy; et y vint le Roy et la plus grande partie de ses gens, qui avoient grand peur que les Bretons la prinssent sans eulx. Et avoit on faict un bateau armé pour passer le fossé; et s'y meit Le Bourgeois et des gens de Monseigneur bien largement, et en fut noyé une partie. Car quant l'assault commencea, tout le monde alla sur le bateau tant qu'il enfondra; et Bourgeois estoit le premier, et trouva maniere de lever une eschele avec l'aide des autres compaignons, et monta le premier dedans. Et comme il estoit à combatre ceulx de la place, il vint une bombarde frapper au mur, et abatit le dict Bourgeois et le pensa tuer, et tua ceulx qui combatoient contre luy. Et bien tost apres tout le monde commencea à monter. Et fut la ville prise d'assault, et plusieurs Anglois tuez ou prins; et ceulx de la langue de France qui tenoient le party des Anglois furent pendus. Et au dict assault furent faicts plusieurs chevaliers. Et de la maison de monseigneur le connestable furent faicts chevaliers messire Jehan de Malestroit, messire Geoffroy de Couvran, messire Simon de Lorgeri, messire Jehan de Bron, messire Olivier Giffart, et messire Guillaume de Vandel. Et bien tost apres fut prins le chasteau de Monstreau par composition. Puis s'en vint le Roy à Melun, et tous les seigneurs avec lui; et monseigneur le connestable vint à Paris pour faire preparer, pource que le Roy luy avoit promis venir au dict lieu de Paris, et y faire son entrée.

L'an 1438, en octobre, le Roy feit son entrée à Paris, et luy et tous ses gens estoient armez; et y fut tres-bien receu, et à grand joye, et luy feit on grand chere, et là feit la feste de Toussaincts. Et estoient avec le Roy monseigneur le Daulphin, monseigneur le connestable, monseigneur du Maine, monseigneur de La Marche, monseigneur de Vendosme, monseigneur le bastard d'Orleans, et grand nombre de seigneurs et capitaines. Et monseigneur de La Marche feit faire le service de monseigneur le comte d'Armaignac son pere, et fut à Sainct Martin des Champs, et y fut le Roy et monseigneur le Daulphin, et tous les seigneurs dessus nommez; puis on feit porter son dict pere en Armaignac à grande solemnité. Bien tost apres le Roy se partit de Paris, et tira à Orleans, et de là à Tours; et monseigneur le connestable demeura à Paris, et bien tost apres tira en Champaigne, et jusques à Troyes, dont il avoit le gouvernement. Et luy furent faictes plusieurs plainctes d'un capitaine nommé Bouson de Failles, qui avoit faict des maulx en grand nombre, et leur faisoit de jour en jour. Et pour ceste cause mon dict seigneur le voulut faire prendre en la ville de Troyes; et le dict Bouson fut adverty, et monta à cheval hastivement pour cuider recouvrer la place de Nogent; mais mon dict seigneur le feit chasser de si pres par le prevost des mareschaulx et autres de sa maison, qu'il fut prins, et amené à Troyes. Et incontinent fut faict son procez par les gens de la justice et le prevost des mareschaulx, et incontinent fut executé et jecté dans la riviere. Pareillement un capitaine escossois nommé Bouays Glavy, qui faisoit tous les maulx que on pourroit dire, fut prins et pendu : dont les Gascons et Escossois feirent grand plaincte et grand bruit devers le Roy, et donnerent à Monseigneur de grandes menaces en son absence. Mais quand il fut arrivé devers le Roy, ceulx qui l'avoient menacé furent plus humbles envers luy que tous les autres, et s'agenoüilloient bien, et plus n'en oserent parler. Puis s'en vint mon dict seigneur à Paris; et y fut une partie de celuy hyver, et y eut grand famine, puis l'esté apres grande mortalité.

Et environ le mois d'aoust l'an 1439, mon dict seigneur voulut aller loger au bois de Vincennes, pour fuir la dicte mortalité : mais le lieutenant du bois de Vincennes, nommé Roger de Pierre-Fritte, ne voulut le mettre dedans, et tenoit la dicte place pour monseigneur de Bourbon; pareillement ceulx de Béauté luy feirent refus de la place du dict lieu de Beauté. Et y envoya mon dict seigneur ses gens d'armes, et voulut y faire mener de l'artillerie. Et incontinent se rendirent à sa volonté, et furent amenez à Paris tous liez en un chariot, et le cordel au col : mais madame de Guyenne leur saulva la vie à sa priere. Puis s'en allerent Monseigneur et madame de Guyenne loger à Sainct Maur, et puis au pont de Charenton; et y furent une piece, tant que la maladie se meit és gens de sa maison, et fallut desloger. Et s'en alla mon dict seigneur à Saincte Manehould, et ma dicte dame apres jusques à Bray sur Seine; et mourut sa niepce madamoiselle Ysabeau, fille de monseigneur d'Estampes. Puis s'en revint mon dict seigneur environ Noël, et estoit la mortalité cessée; et la vigile de Noël arriva ma dicte dame de Guyenne à Paris.

Et bien tost apres le duc Jehan envoya Jehan de Vennes devers monseigneur le connestable; et le prioit qu'il voulust venir devers luy, pour aucuns soupçons et imaginations qu'il avoit sur monseigneur de Laval sans cause. Et y vint monseigneur le connestable devers luy au chasteau d'Auray, et feit incontinent l'appointement. Puis s'en revint à Paris, et y sejourna par un temps. Apres, le roy de Sicile le feit prier qu'il voulust aller devers monseigneur de Bourgongne pour sa delivrance. Aussi avoit il charge de par le Roy de ce faire, et il le feit de bon cœur : car ils estoient freres d'armes. Et tira devers monseigneur de Bourgongne à L'Isle, et y fut long temps. Puis s'en vint à Paris; et quand il fut à Senlis, il sceut que les Anglois avoient prins Pontoise d'eschele (1) sur monseigneur de L'Isle-Adam : et fut le mardy gras, et en estoit le dict seigneur de L'Isle-Adam capitaine, et y estoit monseigneur de Varambon, et beaucoup de gens de bien. Et croyez que mon dict seigneur fut bien desplaisant : et les Anglois sçavoient bien sa venüe, et le guetoient au chemin, et s'en vint par devers Laigny sur Marne. Et incontinent qu'il fut venu il reconforta ceulx de Paris, qui murmuroient fort; et meit bonne garnison à Sainct Denys.

En ce temps, messire Guillaume Chambrelan et la garnison de Meaux prinrent Orville par les gens du Galois d'Aulnay, qui le trahirent; et eschappa le dict Galois. Et puis messire Guillaume Chambrelan emmena madame d'Orville, et trois ou quatre de ses femmes, et la tint prisonniere; et fut forcée une de ses femmes, et meit la dicte dame à finance à quatorze cent escus, ny ne la voulut rendre. Aussi plusieurs entreprinses se feirent sur Pontoise et sur Orville, qui ne vinrent à nul effect. En la fin les Anglois

(1) *D'eschele :* par escalade.

eurent argent de ceulx de Paris, et fut Orville abatüe et desmolie.

L'an 1440, nos gens d'armes estoient allez vivre en Champaigne, pource qu'ils n'estoient point payez : les uns avec Le Sanglier d'Ardenne, pour assieger Chavancy : c'est à sçavoir messire Jehan de Malestroit et messire Geoffroy de Couvran, lesquels avoient belle compaignée. Et Geoffroy Morillon, Alain Giron et Pierre d'Augy estoient és marches de Barrois; et le damoiseau de Commercy les vint trouver en un logis sans guet, et les desconfit, et tua la plus part.

En celuy an mesme, monseigneur le connestable assembla gens pour faire le guast à Meaux, et y alla en personne; et desiroit sur toutes choses que le Roy luy baillast gens et artillerie, pour mettre le siege au dict lieu de Meaux. Et avoit envoyé de par luy et de par ceulx de Paris devers le Roy luy supplier que il y voulust pourveoir, ou que la bonne ville de Paris et tout le pays auroient trop à souffrir. Et assez tost apres le Roy luy envoya messire Matelin de La Tour et Olivier Fretart, qui luy vinrent dire que le Roy vouloit qu'il mist le siege à Meaux; et mandoit aux capitaines qu'ils tirassent à Paris devers mon dict seigneur. Et les dessus nommez venoient pour faire les monstres. Et croy que ce fut une des grandes joyes que je luy veisse oncques avoir. Et aussi tost se partit pour aller à Corbeil, où les capitaines se rendirent; et meirent jour de se rendre à Monseigneur entre Paris et Meaux. Et se partit Monseigneur de Paris luy et les gens de sa maison, entre lesquels estoient monseigneur de Chastillon, monseigneur de

Rostrenen, monseigneur de Troissy, messire Ambroise de Lore, prevost de Paris, et autres chevaliers et escuyers, et alla loger à Chaultconin. Et là se rendirent La Hire, Flocquet, le bastard Chapelle, messire Denys de Chailly, le commandeur de Giresme, et Courbanton.

Et environ le vingtiésme jour de juillet, vint loger mon dict seigneur devant la ville en une vigne, et meit ses gens en trois parties. Il envoya monseigneur de Rostrenen, et le bastard Chapelle et autres, loger en l'abbaye de Sainct Faron; et envoya La Hire et Flocquet loger és Cordeliers. Et deux jours apres envoya messire Denys de Chailly et Courbanton, Micheau Durant et Denys Laurougle, du costé devers Brie faire une bastille; et puis en feit une là où il estoit. Puis feit faire des approches, et feit asseoir l'artillerie, et feit faire grand diligence à maistre Jean Bureau. Et Bourgeois et Boessiere ne dormoient pas tousjours. Et quand le siege y eut esté environ vingt jours, monseigneur le connestable sceut au certain que les Anglois le venoient combatre. Et croyez qu'il sçavoit toutes les nouvelles de leur partement de Roüen : car il avoit bonnes espies [1], et les payoit bien, et sceut qu'ils estoient passez à Pontoise, et estoient en l'Isle de France. Et incontinent il manda les capitaines et leur dist des nouvelles, et delibera dés le lendemain d'assaillir la ville, et que chascun archer porteroit à l'assault la moitié de sa trousse [2], et l'autre moitié seroit pour combatre. Et avoit en volonté, au cas qu'il ne prendroit la ville, d'aller

---

[1] *Bonnes espiés* : de bons espions. — [2] *Trousse* : carquois.

au devant des Anglois à Nantoüillet, et de leur garder (1) le passaige.

Le mercredy environ prime fut donné l'assault, et ne dura pas demie heure. Et croy fermement que Dieu y feit plus pour l'amour de mon dict seigneur et du peuple, que ne feirent les gens d'armes : car il ne coustoit rien à monter sur la muraille. Et Dieu sçait en quelle necessité estoient ceulx de Paris et tout le pays d'environ paravant ce. Et aussi mon dict seigneur le connestable, pour les maulx qui se faisoient tant des gens du Roy que des Anglois, y voulut remedier : car les gens de monseigneur de Bourbon, qui estoient au bois de Vincennes et à Corbeil, faisoient autant de maulx que les Anglois; et estoit la pillerie par tout la Champaigne, et Brie et en la Beausse, en telle maniere que homme n'y pouvoit mettre remede. Et le Roy et tous les seigneurs chascun en son endroict soustenoit ces pilleries, ny mon dict seigneur n'y pouvoit pourveoir, nonobstant que tousjours en faisoit justice à sa puissance. Et tant que une fois assembla le conseil, et fut deliberé de soy deffaire et descharger du gouvernement de France et d'entre les rivieres, et d'aller ou envoyer devers le Roy pour celle cause.

Et le lendemain au matin vint le prieur des chartreux de Paris devers luy, et le trouva tout seul en la chapelle de son hostel; et demanda au dict prieur : « Beau pere, que vous fault il? » Et le prieur luy dist qu'il vouloit parler à monseigneur le connestable, et Monseigneur luy dist que c'estoit il. Et le dict prieur luy dist : « Pardonnez moy, monseigneur; je ne vous

(1) *Garder* : empêcher.

« cognoissois pas. Je veulx parler à vous, s'il vous
« plaist; » et il luy dist que volontiers. Et lors il
commencea à luy dire : « Monseigneur, vous tinstes
« hier conseil, et deliberastes de vous descharger du
« gouvernement et charge que avez par deça. » Et
lors Monseigneur s'eschauffa, et luy dist : « Com-
« ment le savez vous? qui le vous a dict? » Et cuida
Monseigneur que aulcun du conseil luy eust dict. Et
lors le prieur luy dist : « Monseigneur, je ne le sçay
« point par homme de vostre conseil, je le sçay par
« homme bien certain; et ne vous donnez point de
« malaise qui me l'a dict : car ce a esté un de mes
« freres. » Et luy dist : « Monseigneur, ne le faictes
« point : car Dieu vous aidera, et ne vous souciez. »
Et Monseigneur luy dist : « Ha, beau pere, comment
« se pourroit il faire? Le Roy ne me veult aider,
« ne bailler gens ne argent; et les gens-d'armes me
« hayssent, pource que j'en fais justice, et ne me
« veulent obeyr. » Et lors le prieur luy dist : « Mon-
« seigneur, ils feront ce que vous vouldrez; et le
« Roy vous mandera que ailliez mettre le siege à
« Meaux, et vous envoyera gens et argent. » Et mon
dict seigneur luy dist : « Ha, beau pere, Meaux est si
« fort! comment se pourroit il faire? Le roy d'Angle-
« terre y fut neuf mois devant. » Et le prieur luy
dist : « Monseigneur, ne vous souciez : vous n'y serez
« pas tant; ayez tousjours bonne esperance en Dieu,
« et il vous aidera. Soyez tousjours humble, et ne vous
« enorgueillissez point : vous la prendrez bien tost,
« vos gens s'enorgueilliront, puis auront un peu à
« souffrir : mais vous en viendrez à vostre honneur. »

Puis apres Monseigneur le pria qu'il luy monstrast

le chartreux, et il luy dist que si feroit il; et le lendemain Monseigneur alla ouyr messe aux Chartreux, et le prieur feit venir tous les freres devant luy. Puis apres mon dict seigneur dist au prieur : « Vous m'a-« viez promis de me monstrer celuy qui vous dist ce « que m'avez dict. » Et le prieur luy dist : « Vous « l'avez veu; autrement ne le verrez vous. » Puis long temps apres mon dict seigneur feit tant, que les Chartreux de Nantes furent fondez du duc François et de mon dict seigneur. Puis y vint frere Hervé Du Pont, et fut le premier prieur, et fut celuy qui eut ceste revelation, comme depuis a esté sceu au certain, et est enterré aux Chartreux. Et pour revenir au propos de la ville de Meaux, qui fut prinse ainsi legerement, à cest assault furent morts et prins beaucoup des Anglois. Et ce jour mesme ceulx du Marché offrirent de le rendre à mon dict seigneur, par ainsi qu'il delivreroit trois hommes qu'ils demandoient, qui estoient prisonniers de ce jour : c'est à sçavoir le bastard de Thien, baillif de Meaux; Pierre Carré, et un autre. Et Blanchefort qui là estoit rompit ce traicté; et La Hire et Antoine de Chabannes, qui estoient arrivez le jour de l'assault. Et dirent qu'il failloit que les Anglois rendissent le petit Blanchefort, qui estoit prisonnier; et par ainsi fut rompu le traicté.

Et aussi un traistre gascon, nommé Jehan de La Fuite, dist aux Anglois qu'ils ne se rendissent point, et que leur secours venoit. Et depuis Monseigneur l'en paya bien, quand il sceut son faict au certain : car il luy feit trencher la teste. Puis feit mon dict seigneur trencher la teste au baillif de Meaux et à

Pierre Carré, et à un autre, et apres s'en repentit. Et le sabmedy ensuivant, vigile de Nostre Dame de la my-aoust, arriverent les Anglois en nombre de bien sept mille combatans ou plus, dont les chefs ensuivent : le comte de Sombresset, lieutenant du roy d'Angleterre; le comte d'Orset, le sire de Talbot, le sire de Scales, et messire Richard Dondeville, et plusieurs capitaines et baillifs. Et Monseigneur n'avoit que neuf cent payes. Et vinrent les dicts Anglois loger sur la riviere de Marne, et avoient des bateaux de cuir; et vinrent passer en l'isle du Marché, et ceulx du Marché saillirent, et vinrent sur la riviere, et meirent des gens dedans le dict Marché, et ceulx du Marché en meirent dehors, et n'y sçavoit on remede. Et celle nuict, Monseigneur assembla les capitaines; et furent d'opinion qu'on mettroit des gens dedans l'isle, et Monseigneur debatoit le contraire : toutesfois il se tint à l'opinion des autres. Et ceste nuict on y bouta les gens d'Olivier de Coitivi et des maneuvres pour se fortifier [1], pour le traict de ceulx de dehors; et aussi y menerent des pipes.

Et le dimanche au matin La Hire estoit prest, et beaucoup de gens de bien, pour aller à l'escarmouche sur les Anglois. Et cependant les dicts Anglois meirent sur la riviere bien deux mille archers, qui tous tiroient à une fois sur nos gens. Et ceulx du Marché saillirent sur nos dicts gens, et nous avions deux foncets [2] armez, qui vinrent pour cuider secourir nos dicts gens; et furent tellement chargez de traict, qu'ils tuerent tous ceulx qui les gouvernoient; et menerent les mariniers, et tous ceulx qui estoient dedans les foncets, en telle

---

[1] *Fortifier* : mettre à couvert. — [2] *Foncets* : petits vaisseaux.

maniere que les Anglois gaignerent les dicts foncets, et vinrent passer sur nos gens en la dicte isle; et ceulx du Marché saillirent à toute puissance, et furent tous nos gens morts et noyez. Et beaucoup de gens de guerre qui estoient en la ville cuiderent s'en aller, feignans de vouloir aller à l'escarmouche, si n'eust esté monseigneur le connestable, qui s'en apperceut, et feit clorre les portes, et meit és deux portes des gens de sa maison monseigneur de Chastillon à l'une, et à l'autre monseigneur de Rostrenen, pour garder qu'il ne saillist rien; et au pont devers le Marché meit Bourgeois, Mahé Morillon, Jehan Budes, de La Barre, et Guillaume Gruel. Puis s'en vinrent les dessus nommez à la porte vers Paris, dont mon dict seigneur de Rostrenen et les gens de l'hostel de Monseigneur avoient la garde; et y eut belle escarmouche à pied, et y fut blessé Olivier de Coitivi. Les Anglois furent logez environ trois jours devant Meaux, et changerent la garnison du Marché, et y meirent messire Guillaume Chambrelan et bien quatre cent Anglois pour ferir, et leur promeirent d'aller prendre Crespy en Valois, et apporter tous les vivres, et contre-assieger monseigneur le connestable. Monseigneur sceut leur entreprinse, et envoya dedans Crespy Olivier de Bron et d'autres capitaines, et fut leur entreprinse rompüe. Si leur convint changer propos, et n'avoient plus nuls vivres, et leur convint s'en aller vers Normandie.

Et aussi tost qu'ils furent partis, on commencea à faire grand guerre et grand diligence, et bien tost feirent composition, et au bout de quinze jours fut le Marché rendu à Monseigneur. Puis s'en vint à Paris devers le Roy, qui luy feit grand chere. Et estoient avec le Roy monseigneur le Daulphin, monseigneur de Bourbon, monseigneur du Maine, monseigneur de La Marche, monseigneur d'Eu et plusieurs autres seigneurs; et y eut faict grand chere à Paris, et y eut quatre Anglois qui feirent armes à quatre François. Assez tost apres le Roy se partit de Paris et s'en alla à Bourges, et y feit une assemblée des seigneurs de son sang et des prelats du royaume : les uns pour debatre la pragmatique sanction, et les autres pour debatre la guerre ou la paix, en la maniere que les Anglois demandoient.

Et durant ce conseil il envoya monseigneur le connestable en Normandie pour faire la guerre, et grand nombre de gens tenans les champs, qui n'estoient point souldoyez; et s'y rendit monseigneur d'Alençon. Et par le conseil de beaucoup de gens meirent le siege à Avranches, sans estre pourveus d'artillerie, ne maneuvres ny argent; et estoit Noël. Et y vint la puissance des Anglois estans en Normandie, et furent par trois jours les uns devant les autres; et y avoit entre les François et les Anglois une riviere bien petite; et tous les jours nos gens cuidoient combatre, et y furent faicts plusieurs chevaliers. Et de la maison de Monseigneur fut faict celuy jour chevalier monseigneur le bastard de Bretaigne, messire Raoul Gruel, et messire Bertrand Millon.

Et comme nos gens cuiderent passer ceste riviere, il s'y noya deux ou trois gens de bien; et ne peut on passer. Et demeurerent les dicts Anglois en bataille d'un costé, et nos gens d'autre costé. Et quand ce venoit au soir, tout le monde s'en alloit coucher és villaiges, et loger leurs chevaulx. Et vous certifie qu'il estoit nuict, qu'il ne demeuroit pas à mon dict seigneur le connestable quatre cent combatans; et Dieu sçait qu'il y endura. Et une nuict les Anglois vinrent gaigner un gué, et le trouverent endroict la ville d'Avranches qui jamais n'avoit esté trouvé, et par là vinrent gaigner la ville, et prinrent Auffroy Prevost, et aucuns de nos gens qui faisoient le guet devant la dicte ville d'Avranches; et les autres se retirerent à la bataille, qui estoit loing de là.

Et quand nos gens sceurent que les Anglois estoient en la ville, tout le monde commencea à tirer en Bretaigne sans ordonnance, et monseigneur le connestable demeura à bien peu de gens. Et luy vinrent dire Antoine de Chabannes et Blanchefort que s'il ne s'en alloit, qu'il demeureroit tout seul; et que de tous leurs gens n'en avoient pas dix, et que de leurs personnes demeureroient avec luy. Et pareillement y vinrent plusieurs capitaines. Et en la fin mal gré luy conveint s'en venir à Dol, et n'avoit pas demeuré avec luy cent lances; et de là tira à Angers devers le Roy, et là trouva monseigneur le comte, qui estoit venu devers le Roy. Et puis se partit assez tost pour aller en France [1], dont il avoit le gouvernement. Et ja commençoit la Praguerie. Et mon dict seigneur print congé du Roy, et s'en alla à Paris. Et cependant monseigneur le Daulphin estoit à Niort; et monseigneur de La Marche estoit avec luy de par le Roy, et y arriva monseigneur d'Alençon. Et fut mis monseigneur de La Marche hors de l'hostel de monseigneur le Daulphin, et y demeura monseigneur d'A-

---

[1] *France*: Ile de France.

lençon. Et dés que le Roy sceut ces nouvelles, il envoya hastivement apres monseigneur le connestable monseigneur de Gaucourt et Poton, qui trouverent mon dict seigneur le connestable à Beaugency, qui avoit passé par Blois, et y avoit esté fort attaqué de paroles de monseigneur de Bourbon, de monseigneur de Vendosme, et du bastard d'Orleans, qui fort cuida prendre paroles à mon dict seigneur le connestable, pour trouver maniere de mettre la main sur luy. Toutesfois il dissimula : et si n'eust esté Antoine de Chabannes, qui leur dist qu'ils feroient mal de le prendre, et que le pays de France dont il avoit le gouvernement seroit perdu des Anglois, ils l'eussent prins.

En celle nuict, monseigneur de Gaucourt et Poton, comme dict est, arriverent devers monseigneur le connestable, et luy dirent que le Roy le prioit, non pas commandoit, qu'il vinst hastivement, toutes choses cessées, devers luy; et luy dirent les nouvelles telles qu'elles estoient. Et incontinent feit mon dict seigneur habiller (1) un bateau, et bien equipper de mariniers et d'archers, et vint passer ceste nuict par soubs le pont de Blois, et tant feit que bien tost arriva à Amboise devers le Roy, qui pas ne dormoit. Et quand on luy dist que c'estoit monseigneur le connestable qui estoit venu, il feit grand chere, et dist puis qu'il avoit le connestable que plus ne craignoit rien. Et avoit faict prendre le petit Blanchefort, et ja avoit faict faire l'eschafault pour luy coupper la teste; et à la priere de monseigneur le connestable il luy pardonna, et depuis le servit bien.

(1) *Habiller* : préparer.

Mon dict seigneur le connestable, incontinent qu'il fut arrivé, dist au Roy qu'il prinst les champs, et qu'il luy souvinst du roy Richard; et qu'il ne s'enfermast point en ville ne en place. Et incontinent le Roy se meit sur les champs (1), et tout le monde tira devers luy, et s'en alla à Poictiers. Et là luy vinrent les nouvelles que monseigneur d'Alençon et Jehan de La Roche estoient entrez par trahison dedans Sainct Maixant, et que un portail de la ville tenoit pour le Roy. Et incontinent le Roy et mon dict seigneur envoyerent Yvon de Beaulieu leur dire que bien tost auroient secours ceulx qui tenoient pour le Roy, et monterent à cheval le plus tost qu'ils peurent, et amenerent ce qu'ils avoient de gens. Et aussi tost que monseigneur d'Alençon et Jehan de La Roche le sceurent, ils deslogerent bien à la haste, et laisserent des gens au chasteau qui bien tost se rendirent. Et eurent ceulx qui estoient à Jean de La Roche les testes trenchées, et mon dict seigneur le connestable saulva à sa priere ceulx de monseigneur d'Alençon. Et bien tost apres le bastard d'Orleans vint crier mercy au

(1) *Le Roy se meit sur les champs :* « En ce temps (1440) avoit
« moult cruelle guerre entre le Roy et son filx, et estoit le duc de
« Bourbon à l'aide du filx contre le pere; et se tenoit en fortes villes au
« pays de Bourbonnois, accompaigné de foyson de gens d'armes qui
« tout destruisoient son pays; et d'autre part le Roy estoit au pays
« de Berry : car pour certain on alloit bien dix ou douze lieuës
« que on n'eust trouvé que boire ne que manger, ne fruit ne autre
« chose, et si estoit-on au cueur d'aoust; et tuoient et coppoient les
« gorges les uns aux autres.... Brief, il n'estoit homme qui osast se
« mettre en chemin... Corbeil fut prins au nom du duc de Bourbon;
« Beauté, le boys de Vincennes estoient de par le Roy.... En ce
« temps le Roy et son filx furent accordez...., et la paix fut criée
« parmy Paris du Roy et de son filx.... » (Journal de Paris.)

Roy de ce qu'il voulut mettre la main à monseigneur le connestable, et eut son pardon, et laissa les autres. Puis monseigneur le Daulphin et monseigneur d'Alençon tirerent en Bourbonnois, et leur vint au devant le seneschal de Bourbonnois, et Antoine de Chabannes, et autres à belle compaignée. Puis le Roy laissa les frontieres (1) contre Niort, là où estoit Jehan de La Roche, qui avoit avec luy des Anglois. Apres ce, le Roy, monseigneur le connestable, monseigneur du Maine, monseigneur de La Marche et plusieurs capitaines tirerent en Bourbonnois et en Auvergne. Et cependant mourut monseigneur de Rostrenen à Paris, qui estoit à monseigneur le connestable, lieutenant en France (2). Et tout celuy esté dura la guerre jusques en septembre. Puis fut faict l'appointement, et tira monseigneur le connestable à Paris, et fut ordonné certain nombre de gens pour aller secourir Harfleu, là où le siege estoit. Et y estoient monseigneur d'Eu, monseigneur le bastard d'Orleans, monseigneur de Gaucourt, et plusieurs autres capitaines. Et pour conduire les gens de monseigneur le connestable, fut ordonné messire Gilles de Sainct Symon.

Et pour ce voyage ne feirent rien que faire la composition de ceulx qui estoient à Harfleu. En ce temps là nos gens fortifierent Louviers et Conches. Et celuy hyver se passa ainsi, excepté que mon dict seigneur meit le siege à Saint Germain en Laye, que les Anglois avoient auparavant prins d'eschele; et bien tost fut rendu à mon dict seigneur, lequel apres fut requis d'aller en Champaigne, dont il avoit le gouver-

(1) *Les frontieres* : des garnisons. — (2) *En France* : en l'Ile de France.

nement. Le Roy tira en Champaigne en celle saison, et monseigneur le connestable tira devers luy pour oster les pilleries qui s'y faisoient, et pour mettre ordre sur les gens d'armes. Et furent jusques à Vaucouleur, et à Monteclere, et à Langres, et par toutes les marches de Champaigne, et osterent des capitaines, et en meirent d'autres. Et de là vinrent à Bar sur Aulbe. Et là vint le bastard de Bourbon devers le Roy, lequel avoit faict beaucoup de maulx, et soustenu (1) faire à ses gens, et entre autres choses faisoit une assemblée de routiers, et les vouloit mener hors du royaume sans congé du Roy, dont il fut mal content. En oultre, un homme et sa femme se vinrent plaindre au Roy et à monseigneur le connestable d'un grand oultrage que le dict bastard leur avoit faict : car il avoit forcé la femme sur l'homme (2), et puis l'avoit fait batre et decoupper (3), tant que c'estoit pitié à veoir. Puis le Roy dist à monseigneur le connestable qu'il le fist prendre : ainsi le feit il par le prevost des mareschaulx, et incontinent fut faict

---

(1) *Soustenu :* permis. — (2) *La femme sur l'homme :* le Journal de Paris parle avec détail des crimes reprochés à ce bâtard de Bourbon :
« Quand un preudhomme avoit une jeune femme et qu'ils le po-
« voient prendre, s'il ne povoit payer la rançon qu'on luy demandoit,
« ils le tourmentoient et le tirannoient moult grievement ; et les
« aucuns mettoient en grants huches, et puis prenoient les femmes,
« et les mettoient par force sur le couvercle de la huche où le bon-
« homme estoit...; et quant ils avoient fait leur malle œuvre, ils lais-
« soient le povre périr là dedans, s'il ne payoit la rançon qu'ils luy
« demandoient ; et si n'estoit roy ne nul prince qui pour ce s'avançat
« de faire aucune aide au pouvre peuple ; mais disoient à ceulx qui
« s'en plaignoient... : Il faut qu'ils vivent ; si ce fussent les Anglois,
« vous n'en parlassiés pas ; vous avez trop de biens.... »

(3) *Decoupper :* blesser à coups d'épée, en frappant de la taille.

son procez, et jecté en la riviere. Puis s'en vinrent le Roy et monseigneur le connestable à Laon; et là vint madame de Bourgongne devers le Roy, et y fut bien huict jours; puis monseigneur le connestable la conduisit. Et en celle saison fut mis le siege à Montagu et à Marle. Et là fut parlé et traicté du mariage de monseigneur du Maine et de madamoiselle de Sainct Paul. Puis le Roy et monseigneur le connestable s'en vinrent pour mettre le siege à Creil.

L'an 1441, environ le mois de may, le Roy et monseigneur le connestable meirent le siege à Creil, et gueres ne dura qu'il ne fust prins par composition. Puis s'en vinrent à Paris, et se disposerent de mettre le siege à Pontoise. Et se partirent de Paris la vigile de la Pentecoste, et s'en alla mon dict seigneur loger à Argenteüil, et le Roy logea à Sainct Denys. Et le mardy des feriés de la Pentecoste vinrent loger devant Pontoise, et se logerent à Maubuisson; et environ quatre heures apres midy, le Roy s'en retourna loger à Sainct Denys, et monseigneur le Daulphin, monseigneur du Maine, monseigneur de La Marche, monseigneur d'Eu, et tous les autres seigneurs. Et ne demeura que monseigneur le connestable, et le mareschal de Jalongnes, et Joachim Rouault, et Pregent de Coitivi, Poton, La Hire, et monseigneur de Mouy. Et celuy jour, environ cinq heures apres midy, les Anglois feirent une saillie sur la chaussée, et cuiderent gaigner des coulevrines et ribaudequins [1] qui estoient sur la dicte chaussée. Mais ils furent tellement chargez, que on vint jusques à prendre les chaisnes du pont. Et en

---

[1] *Ribaudequins* : machines qui servoient à lancer d'énormes javelots.

effect ne feirent gueres depuis de saillies, et y estoient bien deux mille bons combatans, toute l'eslite de Normandie; et estoit le sire de Scales leur chef.

Et celle nuict mon dict seigneur le connestable feit le guet, et avoit soubs son enseigne quatre cent lances, et avec ce estoient à son guet monseigneur de Coitivi, Poton, La Hire, et monseigneur de Mouy. Et en effect mon dict seigneur avoit bien six cent lances, et les archers, et des gens de pied à son guet. Et croy en verité qu'il y avoit bien pres de deux mille combatans, et fut le plus beau guet que je veis oncques. Et Dieu sçait comme mon dict seigneur besongna ceste nuict avant qu'il fust jour clair : car il avoit mis ses gens en seureté du traict de la ville, et feict faire taudis et fossez. Et vous certifie que c'estoit belle chose que veoir venir au matin le guet qui venoit lever l'autre guet: car tous les champs estoient couverts de gens d'armes qui alloient et venoient. Et bien tost apres Monseigneur feit asseoir l'artillerie pour batre le boulevart et le pont. Et le dimanche fut donné un assault au boulevart, pour veoir (1) la contenance des Anglois; et se deffendirent tres-bien : aussi n'avoient ils à deffendre que celuy boulevart. Et avoient faict ponts de bateaux des deux costez du pont, et venoient par un costé rafraischir leurs gens, et par l'autre costé retiroient les blessez.

Et ce jour ne fut point prins le dict boulevart, et convint se retirer, et perdismes beaucoup de gens morts et blessez. Les Anglois feirent ce jour deux bannieres et plusieurs chevaliers. Puis fut la baterie si grande, que le mardy apres leur fallut abandonner

(1) *Veoir* : éprouver.

le dict boulevart, et celuy mardy entrerent nos gens
dedans. Et quand le dict boulevart fut prins, le Roy
et monseigneur le Daulphin, et tous les autres seigneurs, vinrent loger à Maubuisson. Puis monseigneur
du Maine, qui avoit belle compaignée, y vint; et y
estoit Joachim Rouault, lieutenant, qui assembla
monseigneur de Coitivi, Poton, La Hire, et messire
Pierre de Brezé, Flocquet, Penensac, et Olivier de
Coitivi, qui estoit lieutenant de monseigneur le connestable; et estoient bien douze cent lances. Et fut
faict un pont sur la riviere d'Oise, et deux boulevarts
és deux bouts du pont. Puis fut fortifiée l'abbaye
très-bien, et fut faicte une bastille; puis ne demeura
gueres que Talbot vint pour cuider secourir la ville,
et vint du costé de la bastille; et sçavoit on bien qu'il
venoit; et monseigneur le connestable feit incontinent que tous ses gens fussent prests en bataille, et
cuida passer au pont. Le Roy vint defendre que homme
ne passast, et à grand peine peut passer mon dict
seigneur tout seul, exceptez monseigneur de Coitivi,
Jamet de Tiglay, et Bourgeois.

Et quand mon dict seigneur fut passé, il dist au
Roy qu'il laissast passer ses gens, et qu'il les laissast
faire: car il ne faisoit point de doute que les Anglois,
en la maniere qu'ils estoient mis, ne fussent desconfits. Et le Roy luy dist qu'il avoit conclu que point
ne seroient combatus, et ainsi ne le furent point.
Et si s'estoient ils mis au plus beau gibier que jamais
furent [1], ne oncques puis ne s'y meirent: si y furent
ils par deux ou trois fois. Et une autre fois revinrent,

---

[1] *Au plus beau gibier que jamais furent* : en la plus favorable rencontre pour être taillés en pièces.

et apportèrent des vivres, et ne revinrent par le chemin qu'ils estoient venus l'autre fois, et tromperent les compaignons (1). Puis vinrent à grosse puissance, et y vint le duc d'Yorc, et toute la puissance de Normandie, bien neuf mille combatans; et vinrent entrer en la ville, et le lendemain nous dirent qu'ils passeroient la riviere en despit de nous, et prinrent les champs, et devant nous menoient quatre ou cinq bateaux en charretes.

Et quand le Roy veid cela, il ordonna ses gardes, et bailla à monseigneur le connestable la garde de tout le siege. Et au dessoubs du siege jusques à Conflans bailla la garde à monseigneur de La Marche. Et depuis le siege jusques à L'Isle-Adam à monseigneur de Sainct Paul. Et de L'Isle-Adam jusques à Creil à monseigneur d'Eu, qui avoit en sa compaignée tous les gens mieulx à cheval qui fussent en la compaignée : c'est à sçavoir Poton, La Hire, Antoine de Chabannes, Penensac, Flocquet, messire Pierre de Brezé, Jehan de Brezé, et Guillaume Du Chastel. Et n'y eut homme qui frapast dedans les Anglois, exceptez Antoine de Chabannes, et Guillaume Du Chastel, qui fut là occis; et n'estoient pas quarante Anglois passez la riviere, et fut à un vendredy.

Et quand monseigneur le connestable sceut les nouvelles, il monta à cheval, et mena tout ce qu'il peut trouver de gens de cheval. Et quand il fut à L'Isle-Adam, il sceut au certain que tous les Anglois estoient passez, puis s'en revint au siege. Et le Roy et monseigneur le Daulphin s'en allerent coucher à la bastille, et Monseigneur demeura au siege. Et le

---

1) *Les compaignons* : les troupes françaises.

lendemain le Roy revint, et feit du vaillant, et voulut demeurer le dernier, et Monseigneur cuida demeurer à la bastille, et monseigneur du Maine : mais le Roy ne voulut, et les emmena quand et luy à Poissy le sabmedy au soir. Et celuy jour les Anglois vinrent loger à Maubuisson. Le dimanche au matin, monseigneur le connestable envoya cent lances porter des vivres à la bastille. Et le mardy ensuivant monseigneur le connestable et monseigneur de Sainct Paul vinrent à la bastille pour faire apporter des vivres. Et Poton luy donna d'un tour : car il faisoit l'avant garde, et au retour l'arriere-garde. Puis manda à monseigneur le connestable qu'il luy sembloit que c'estoit le meilleur de s'en aller par le pont de Meulan; et Monseigneur print le chemin par là, cuidant que tousjours tirast apres luy.

Et quand Poton veid que Monseigneur estoit passé, et qu'il estoit bien loing de luy, il retourna devers le pont de Poissy. Et quand il fut arrivé devers le Roy, il dist que monseigneur le connestable n'avoit osé passer par là. Et quand Monseigneur fut venu devers le Roy, il sceut ce qu'il avoit dict de luy, et le tour qu'il luy avoit joüé. Et pensez qu'il fut bien mal content, et parla bien à luy devant le Roy. Celuy jour, les Anglois feirent un pont sur la riviere d'Oise entre Pontoise et Conflans, et vinrent passer toute leur armée assez prés de Poissy, et le lendemain vinrent présenter la bataille au Roy, et y eut belle escarmouche. Et pource que la saillie (1) du pont estoit mauvaise et dangereuse, on ne laissa saillir nulles gens, exceptez ceulx qui furent ordonnez,

(1) *Saillie :* descente.

c'est à sçavoir Olivier de Bron, et bien trente lances, qui s'y gouvernerent si bien qu'il n'y manqua rien. Puis les Anglois tirerent à Mantes; et le lendemain le Roy passa la riviere, et s'en alla à Conflans, et feit monseigneur le connestable s'en venir à Paris, et beaucoup d'autres gens de guerre, pour passer par la dicte ville de Paris. Puis se retira mon dict seigneur le connestable à Conflans devers le Roy, et revinrent les Anglois une autre fois pour avitailler la ville de Pontoise. Et se partit mon dict seigneur le connestable, et assembla tout ce qu'il peut de gens pour aller au devant des dicts Anglois; et s'y rendit monseigneur du Maine et tous les autres seigneurs, quand ils sceurent qu'il y alloit.

Et se vint loger mon dict seigneur en plains champs au chemin par où les Anglois avoient accoustumé de venir. Et les dicts Anglois arriverent devers le vespre, et se vinrent loger à bien demie lieüe de nostre avantgarde en un bois; et feirent des feus largement, et cuidions estre certains de les combatre le lendemain. Mais ils joüerent d'un tour : car celle nuict ils s'en retournerent bien à une lieüe arriere, et passerent sur une petite riviere, et la meirent entre eulx et nous. Et le lendemain au poinct du jour, que nous allions nous mettre en bataille, nous les veismes de l'autre costé, et fusmes bien esbahis et desplaisants : car plus ne leur pouvions nuire, ne passer la riviere sur eulx (1), ne eulx sur nous; et s'en allerent ainsi à la ville, et nous retournasmes à Conflans. Et aussi tost que les Anglois s'en furent allez, les gens de monseigneur le connestable, qui estoient bien quatre cent

---

(1) *Sur eulx :* pour aller contre eux.

lancés, vinrent donner l'assault à Nostre Dame de Pontoise; et dura bien l'assault deux heures, et fut prinse la dicte eglise d'assault, et ceulx qui estoient dedans morts et prins. Et fut un sabmedy. Et le dimanche et le lundy on commencea à batre les murailles de la ville; et le mardy on donna l'assault, qui dura bien longuement; et retirerent toutes les enseignes d'encontre la muraille, excepté celle de monseigneur le connestable. Et y eut faict de belles armes, et de gens bien batus. Et au dernier fut prinse la ville d'assault, et bien huict cent Anglois morts et prins. Et fut prins le comte de Clisseton et Henry Fetandir. Et y fut mort messire Jehan Ripelay, et beaucoup d'autres gens de grand façon. Et fut la vigile de Nostre-Dame de septembre l'an 1441. Puis demeura Guillaume Chenu, capitaine de Pontoise, soubs monseigneur du Maine.

Et le Roy s'en vint à Orleans, et de là en Touraine; et mon dict seigneur tira à Paris, et y fut environ quinze jours; puis s'en vint apres le Roy, et laissa madame de Guyenne bien malade; toutesfois luy estoit il amandé, et cuidoit qu'elle se guairist. Et feit son voyage en Touraine, et fut long temps devers le Roy; puis s'en alla à Partenay, et y fut certain temps apres devers le duc Jehan, et y fut jusques apres la Chandeleur. Et celuy jour de la Chandeleur madame de Guyenne trespassa, et luy furent mandées les nouvelles. Et le duc le sçavoit bien, et tous les gens de mon dict seigneur, et ne luy en fut rien dict tant qu'il fut à Partenay, où l'on le luy dist : dont il feit tres-grand dueil, puis fut certain temps au dict lieu de Partenay. Et apres feit faire un service à Saincte Croix du dict lieu. Puis le Roy le manda pour le voyage de Tartas, et fallut qu'il tirast devers le Roy. Et fut le Roy en volonté de le laisser encores pour le gouvernement de France, et puis se ravisa qu'il le meneroit avec luy.

L'an 1442, à la fin d'apvril, le Roy commencea son voyage, et dist à monseigneur le connestable qu'il falloit qu'il allâst un chemin, et le Roy l'autre, pour faire tirer en avant les gens d'armes; ou que autrement n'iroit point. Et ainsi fut faict. Et le Roy alla par Limoges, et tira de là à Thoulouse, et feit tirer tous les gens d'armes qui tenoient les champs en avant; et monseigneur le connestable tira par Clermont, et amena tout au dict lieu de Thoulouse. Et y furent bien quinze jours pour faire passer les gens d'armes, et pour attendre ceulx qui n'estoient pas venus. Puis se partirent, et tirerent par deux chemins pour les vivres : le Roy par un, et mon dict seigneur par l'autre. Et lors fut refusée l'entrée d'aucunes places au Roy et à monseigneur le connestable, en tirant leur chemin; puis apres en furent punis, et tout se rendit au Mont de Marsan. Et celle nuict allerent coucher aux champs à une petite place à deux lieües de Tartas. Et le lendemain se rendirent en la lande de Tartas le Roy, monseigneur le Daulphin et monseigneur le connestable, avec tous les seigneurs et gens d'armes. Et là fut rendu à monseigneur le connestable le fils de monseigneur d'Albret, qui estoit ostage. Puis s'en alla loger le Roy à un petit villaige, et monseigneur le connestable alla loger à Sombroce, et fut à un sabmedy, vigile de sainct Jehan Baptiste. Et estoient avec mon dict seigneur monseigneur de La Marche, monseigneur de Lomaigne, monseigneur de Foix, monseigneur de Comminges, et grand nombre de capitaines. Et là sejournerent le lendemain, qui estoit dimanche; puis deslogerent le lundy au matin, et vinrent mettre le siege devant Sainct Sever. Et le mercredy ensuivant le Roy y feit donner l'assault de son costé, et manda à mon dict seigneur le connestable qu'il ne fist point assaillir ses gens, et le cuidoit prendre sans luy; dont mon dict seigneur fut fort desplaisant.

Puis apres quand il veid que ses gens estoient fort batus, le Roy luy manda qu'il laissast aller ses gens à l'assault; et fut en volonté mon dict seigneur de rien n'en faire : toutesfois feit il assaillir. Et vous certifie qu'ils ne tinrent pas un quart d'heure qu'ils ne fussent pris d'assault; et encores combatoient contre les gens du Roy, que nos gens les venoient prendre et tuer sur la muraille. Et disoit monseigneur le Daulphin que les Bretons avoient tiré les mains aux gens du Roy, ou qu'ils n'y fussent ja [1] entrez. Et y eust esté faict de grands maulx plus qu'il ne fut, si n'eust esté mon dict seigneur le connestable : car par luy furent gardées maintes femmes d'estre forcées. Et pource qu'il ouyt crier *La force!* luy et monseigneur de La Marche coururent soubdainement de nuict, et penserent estre tuez de meschans gens qui point ne les cognoissoient, si Dieu ne les eust preservez. Et là mesmes mon dict seigneur feit nourrir plus de cent enfans que les meres avoient laissez, les unes prinses et les autres fuyes; et feit amener des chevres pour les alaicter; et ne veistes jamais telle pitié.

[1] *Ja* : jamais.

Puis se partit le Roy et Monseigneur, et toute l'armée, quand ils eurent séjourné quatre ou cinq jours, pour tirer devant Dacs; et Monseigneur coucha aux champs, et fut son charroy destroussé. Et vous certifie qu'il n'avoit guéres de vivres, et n'avoit pour luy qu'une petite bouteille de vin, qui ne tenoit pas un pot; et souppa sur une fontaine, qui bien y servit. Et le lendemain, qui estoit vendredy, meirent le siege à Dacs, et y eut belle ecsarmouche, et bien petit à manger : car il n'avoit que des oignons et du pourpier, et bien petit de pain et de vin. Toutesfois luy veint le lendemain une pipe de vin, qui luy cousta bon pris, et luy dura plus que jamais vin ne luy avoit duré : car tout homme qui en envoyoit querir avoit sa bouteille emplie, mais qu'il apportast une bouteille d'eauë pour mettre par la bonde. Et pour certain les gens de guerre eurent là fort à souffrir; et dura le siege bien trois sepmaines, ou plus. Et feirent ceulx de la ville de grandes saillies sur nos gens, et nous feirent de grands dommages. Car ils avoient de bons arbalestriers, et nous venoient tirer jusques à la poincte de la lance : car nous n'avions nuls archers fors bien peu, et n'avions point de traict, et estoient les plus orgueilleuses gens que l'on peut trouver. Mais apres furent en telle necessité, qu'ils se fussent laissez prendre d'assault sans coup ferir; et ja se rendoient par les tours, et par les gardes où ils estoient. Et mon dict seigneur le connestable et monseigneur de La Marche les engarderent[1], pour les grands maulx qui se font quand on prend une place d'assault ou d'emblée. Et fut la

---

[1] *Engarderent* : empêchèrent.

dicte place rendüe au Roy, et y furent le Roy et les seigneurs six ou sept jours. Puis s'en vint à Sainct Sever, et laissa Regnauld Guillaume capitaine. Et de là tira sur la riviere de la Garonne à la ville d'Agen; et monseigneur le connestable et monseigneur de La Marche tirerent au Mont de Marsan.

Monseigneur de La Marche avoit parlé plusieurs fois à monseigneur le connestable du mariage de luy et de sa niepce, fille de monseigneur d'Albret; et en ce voyage fut conclu le dict mariage. Et tira mon dict seigneur le connestable du Mont de Marsan à Nerac, où estoient monseigneur d'Albret, et Madame, et monseigneur de La Marche. Et quand il fut à quatre lieües de là, il envoya messire Raoul Gruel et messire Guillaume de Vandel, et les attendit deux jours; puis s'en vint au dict lieu de Nerac, et là trouva monseigneur de La Marche, et ceste nuict souppa avec les dames, et les veid à son aise, et danserent. Puis furent bien tost faictes les fiançailles et les espousailles; et fut le jour de la Decolation de sainct Jehan Baptiste que mon dict seigneur espousa, l'an 1442.

Et estoient avec luy de sa maison monseigneur de Chastillon, Guyon de Molac, messire Gilles de Sainct Symon, messire Jehan de Bron, messire Raoul Gruel, messire Geoffroy de Couvran, messire Guillaume de Vandel; Charles de Montmorency, Olivier de Quelen, Jehan de La Houssaye, Pierre Du Pan, Guillaume de Launay, Henry de Launay, Olivier de Nael, Robert de Quedillac, Langourlay, Jehan de La Haye, le capitaine Olivier de Bron, Mahé Morillon, Jehan Budes, Jehan de La Boëssiere, Maleschet, Jacquet et Darionet, et celuy qui a dicté ceste cronique, nommé

Guillaume Gruel, et plusieurs autres. Et fut bien huict jours ou plus à Nerac. Puis s'en alla mon dict seigneur devers le Roy à Agen, et y fut environ trois jours, et conclud ce qu'il avoit à faire; puis s'en revint à Nerac, et y fut deux ou trois jours. Apres en partit, et s'en alla à Castel-Jaloux et à Saincte Baseille, et de là à Marmande. Et là se rendit le Roy; et y furent bien quinze jours en attendant les gens d'armes. Et là le Roy dist à monseigneur le connestable qu'il convenoit que l'un d'eulx deux allast faire venir les gens d'armes qui estoient vers Thoulouse et vers Bearn, et tenoient les champs, pource que point n'estoient payez en ce temps là, et mouroient de faim eulx et leurs chevaulx. Et fut dict que si le Roy ou monseigneur le connestable n'y alloient, que point ne reviendroient.

Ainsi fut advisé que mon dict seigneur iroit. Et lors print le chemin, et vint par Nerac, pour faire partir Madame pour s'en aller à Partenay; et l'emmena quand et luy. Et en tirant à Thoulouse, rencontra, à une ville qui a nom Guavre, maistre Robert de La Riviere, qui depuis fut evesque de Rennes, qui venoit devers le Roy de par le duc François, pour avoir le congé de monseigneur le connestable son oncle, pour venir devers le duc François à sa feste. Et le dict maistre Robert feit tant qu'il eut le congé de mon dict seigneur, et le trouva à Thoulouse. Et de là se partit mon dict seigneur, et tira à Partenay; et Madame quand et luy. Et de là mon dict seigneur tira vers le duc son nepveu, et fut à la feste à Rennes, et feirent grand chere; et y fut bien un mois, ou plus. Puis s'en vint à Fontenay le Comte devers Madame, et fut là une piece, pource qu'on s'estoit mort à (1) Partenay : puis quand la mortalité fut cessée, il s'en revint à Partenay, et y sejourna celle saison, excepté qu'il feit un voyage devers le Roy à Tours et à Chinon.

L'esté apres, 1443, les Anglois vinrent en grand puissance et bien soubdainement devant Angers, et logerent une nuict à Sainct Nicolas; et en estoit chef le duc de Sombresset, et le comte d'Orset, et Mathago, et estoient bien plus de sept ou huict mille combatans; et de là allerent loger devant Pouancé, et prinrent La Guerche, et furent plus de quinze jours devant Pouancé, cuidans qu'il se deust rendre. Et quand monseigneur le connestable le sceut, il feit grande diligence, et tira à Angers, et manda ce qu'il peut de gens d'armes; et de là tira à Chasteaugontier. Et là trouva monseigneur d'Alençon, puis y arriverent monseigneur le mareschal de Loheac, monseigneur de Bueil, et Louys son frere, et plusieurs gens de bien, qui avoient faict une entreprise d'aller courir sur le siege (2), et le vinrent dire à monseigneur le connestable, qui leur dist : « Si vous voulez at-
« tendre jusques à demain, j'auray deux cent lances
« de mes gens, qui seront ennuict (3) icy; et ainsi pour-
« rons faire nostre entreprinse seurement, et en telle
« maniere que les Anglois ne nous pourront grever. »
Et ils ne le voulurent croire, et luy dirent qu'ils iroient essayer le chemin. Puis apres eulx s'en allerent assez d'autres, et se partirent environ quatre heures apres midy, et estoient allez repaistre en un villaige. Et celle nuict, Mathago, bien accompaigné

(1) *Pource qu'on s'estoit mort à :* parce que la mortalité étoit à. — (2) *Courir sur le siege :* attaquer les assiégeans. — (3) *Ennuict :* aujourd'hui.

de mille cinq cent Anglois, vint courir devant Chasteaugontier, et les trouva de nuict dedans le logis, et les mist en desarroy; et en fut de morts et de prins, et fut prins Louys de Bueil, et d'autres. Et monseigneur le mareschal de Loheac et monseigneur de Bueil se saulverent. Et puis demeura une piece monseigneur le connestable à Chasteaugontier; apres vint parler au Roy à Saulmur, pour conclure ce qu'il avoit à faire. Cependant les Anglois s'en allerent de devant Pouancé, et tirerent en Normandie. Et à celle heure monseigneur l'admiral de Coitivi fut esloigné de la cour sans perdre nuls de ses offices; et entra messire Pierre de Brezé en gouvernement, et Jamet Du Tillay, et le petit Mesnil. Et l'hyver apres monseigneur le connestable envoya ses gens en garnison à Grandville, soubs messire Geoffroy de Couvran et Olivier de Bron. Puis s'en vint mon dict seigneur à Partenay.

L'an 1444, en esté, vint le comte de Suffolc et le privesel (1) d'Angleterre à Tours devers le Roy. Et y eut une grande assemblée, et fut traicté que le duc François y viendroit; et l'alla querir monseigneur le connestable à Nantes, et l'amena devers le Roy à Tours, et partit de Nantes pour faire le voyage le mardy des feries de Pasques. Et Dieu sçait comment il estoit accompaigné! c'estoit belle chose à veoir les seigneurs, chevaliers et escuyers : car quand il alloit devers le Roy és Monstils, sa compaignée duroit depuis les Monstils jusques à la porte de Tours. Et là y eut une grande assemblée; et fut conclu le mariage du roy d'Angleterre et de madame Marguerite, fille du roy de Sicile; et furent prinses trefves jusques à

(1) Garde des sceaux.

deux ans. Puis se departirent, et s'en alla le duc en Bretaigne, et monseigneur le connestable à Partenay.

Puis apres l'an que dessus 1444, fut advisé que monseigneur le Daulphin meneroit les routiers et plusieurs autres en Alemaigne. Et le roy de Sicile et monseigneur le connestable allerent en Lorraine, et devant Metz furent logez plusieurs de leurs gens d'armes. Et se partit mon dict seigneur le connestable pour faire le dict voyage environ la my-aoust, et laissa madame Jehanne d'Albret malade. Toutesfois ne cuidoit il pas qu'elle fust en danger, et si trespassa elle environ la fin de septembre : dont mon dict seigneur feit bien grand dueil. Et passa tout l'hyver en Lorraine, à Nancy, et ailleurs.

Puis au commencement de l'esté, l'an 1445, fut parlé de son mariage, et traicté par monseigneur du Maine et monseigneur de Sainct Paul et autres : tant que le mariage se fist de luy et de madame Catherine de Luxembourg, et le dernier jour de juin furent accordez, et bien tost en juillet furent espousez. Puis y eut un broüillis que le grand seneschal de Poictou meit sus, pource qu'il se doubtoit que le roy de Sicile, monseigneur le connestable, monseigneur du Maine et monseigneur de Sainct Paul estoient alliez ensemble, et faisoient une praguerie (1); et fut mal trouvé (2) : car ils n'y pensoient point. Puis de là vinrent à Chaalons.

---

(1) *Praguerie :* Il paroît que le nom de praguerie, qui avoit été donné à la première guerre civile suscitée par le dauphin Louis, fils de Charles VII, s'appliquoit également alors à toutes les coalitions séditieuses formées par les seigneurs. — (2) *Fut mal trouvé :* fut trouvé n'être pas vrai.

En ce temps monseigneur le connestable feit passer les gens d'armes par Bourgongne, malgré que le mareschal de Bourgongne en eut, pour aller querir les gens du Roy qui estoient à Montbeliart. Et quand ils furent venus, mon dict seigneur feit les monstres, et cassa ceulx qui estoient à casser, et meit les gens de bien en ordonnance; et les meschans et tout le bagage furent envoyez, et eurent lettres de passage [1] de mon dict seigneur. Et fut ainsi trouvée à celle heure l'ordonnance de vivre aux gens d'armes de France [2]. Et fut, ce me semble, grace de Dieu : car oncques

[1] *Lettres de passage* : sauf-conduit. — [2] *Aux gens d'armes de France* : « Le roy de France..... fit plusieurs fois assembler
« les gens de son conseil..... pour avoir avis et délibération, spé-
« cialement touchant le fait de sa guerre et de ses gens d'armes. Il
« desiroit de tout son cœur qu'une bonne maniere fust trouvée,
« par laquelle les gens de guerre qui étoient à luy fussent payés
« et soudoyés, et mis en forteresses de son royaume; que tous les
« pillards et coureurs fussent chassés, ou se remissent à labourer et
« faire un mestier.... Si se trouvoient fort souvent avec le Roy auxdits
« conseils son fils le Dauphin, le roy de Sicile, le duc de Calabre son
« fils, messire Charles d'Anjou, le comte de Richemont connestable
« de France, les comtes de Clermont, de Foix, de Saint Paul, de
« Tancarville, de Dunois, et avec eux grand nombre de conseillers
« tant ecclésiastiques que séculiers... Alors il fut ordonné, tant par le
« Roy comme par les dessus dits du conseil, qu'il y auroit quinze
« capitaines, lesquels auroient chacun sous eux cent lances ; et que
« chacune lance seroit comptée à gages pour six personnes, dont
« les trois seroient archers, le quatrieme coustillier (ou coustellier :
« écuyer), avec l'homme d'arme et son page...; qu'ils seroient mis et
« distribués par les bonnes villes...; si sauroit chacun des capi-
« taines son lieu et sa retraite.... Il fut ordonné qu'ils seroient payés
« de leurs gages, tant sur les bonnes villes comme sur le plat pays....
« Furent établis des commissaires des guerres... Quand les capitaines
« se furent fournis de ce qu'il leur falloit de gens, il fut ordonné que
« les autres se retirassent sans piller le peuple, sinon on y pourvoiroit

homme qui fut cassé ne luy dist que ce fust mal faict. Et furent ordonnez les capitaines : ce qui tousjours a duré depuis. Et ainsi fut ostée la pillerie de dessus le peuple, qui long temps avoit duré; dont mon dict seigneur fut bien joyeux, car c'estoit l'une des choses que plus il desiroit, et tousjours avoit tasché de le faire : mais le Roy n'y avoit voulu entendre jusques à celle heure.

Puis s'en vint mon dict seigneur à Partenay, et en feit amener Madame. Et bien tost apres vint devers le duc François, et le trouva à Rieux, et Dieu sçait s'il luy feit grand chere. Et y avoit entre le duc François et monseigneur Gilles son frere aucun different, et n'estoient pas bien contents l'un de l'autre. Et incontinent que monseigneur le connestable le sceut, il envoya querir monseigneur Gilles, et fist l'appointement. Puis le duc requist à monseigneur le connestable qu'il fist venir madame de Richemont à Nantes, pource qu'il la vouloit veoir en Bretaigne; et aussi qu'elle veist la duchesse. Et Monseigneur l'envoya querir, et vint à Nantes, et là fut tres-bien festoyée. Et y estoient monseigneur le connestable, monseigneur Gilles, et monseigneur Pierre; puis s'en re-

---

« par justice.... Cette ordonnance ayant été exécutée, en plusieurs
« endroits du royaume commencerent les marchands des divers lieux
« à faire leur négoce, les laboureurs à labourer...; bien des villes et
« pays qui long-temps auparavant avoient été comme non habités
« furent remis sus, et repeuplez assez abondamment; et nonobstant
« qu'iceux eussent grande peine et endurassent beaucoup de travail
« en ce faisant, si se tenoient-ils pour bienheureux quand Dieu leur
« faisoit cette grace, qu'ils demeuroient paisibles en leurs lieux : ce
« que faire n'avoient pu la plus grande partie de leur vie... » (Histoire de Charles VII par Matthieu de Coucy.)

tourna monseigneur le connestable et Madame à Partenay, et y passerent partie de l'hyver. Puis alla monseigneur devers le Roy à Tours; et là fut conclu de mettre le siege au Mans, au cas que les Anglois ne le rendissent, et ce qu'ils tenoient de places en la comté. Et y envoya le Roy grand nombre de gens d'armes, et en estoient chefs monseigneur le grand seneschal, monseigneur l'admiral, monseigneur de Bueil, et plusieurs capitaines. Et ne vouloit le Roy aulcunement que monseigneur le connestable y allast; toutesfois il fut mandé [1] : car ils ne vouloient rien faire les uns pour les autres, et fallut que mon dict seigneur y allast. Et bien tost apres les Anglois rendirent le Mans, et tinrent ce qu'ils avoient promis, et fut la vigile de Pasques flories, l'an 1446.

Puis s'en vint mon dict seigneur le connestable à Tours devers le Roy, et de là à Partenay, et y fut un espace de temps. Et bien tost apres fut entreprins l'appointement du duc François et de monseigneur de Laigle, lequel ne voulut point venir en Bretaigne, si monseigneur le connestable n'y estoit. Et l'amena mon dict seigneur à Nantes devers le duc, et y fut longue-

---

[1] *Toutesfois il fut mandé* : Les chroniques contemporaines ne sont point ici d'accord avec l'auteur des Mémoires. Suivant la Chronique de Berry, la ville du Mans fut assiégée et prise en 1447 par Dunois, qui avoit avec lui Prégent de Coitivy, amiral de France, Pierre de Bresay, de Culant, les maréchaux de Loheac et de Jalongnes; il n'est fait aucune mention du connétable. Ce récit est confirmé par Matthieu de Coucy dans son Histoire de Charles VII, qui place également la prise du Mans en 1447, et dit que l'armée royale étoit commandée par Dunois, sans parler du comte de Richemont.

L'auteur des Mémoires, pour rehausser la gloire de son héros, commet souvent de semblables inexactitudes. Nous ne ferons remarquer que celle-ci, afin de ne pas trop multiplier les notes.

ment, et en la fin fist l'appointement ainsi comme on peut sçavoir. Monseigneur Gilles dist aulcunes paroles à messire Jehan Hingant, qui estoient fort rigoureuses, dont il fist le rapport au duc François. Et en celle saison le duc François vint devers le Roy, et aussi feit monseigneur le connestable. Et fut pourchassée devers le Roy (1) la prinse de monseigneur Gilles, sans le sceu de monseigneur le connestable; et fut donné à entendre beaucoup de choses au Roy et au duc François. Et fut conclu que messire Regnauld de Denesay iroit pour faire l'execution, et meneroit les cent lances de monseigneur le grand seneschal.

Et quand le duc fut party et les gens d'armes, le

(1) *Fut pourchassée devers le Roy* : « En 1446 s'esmeut grand discord et débat entre François duc de Bretagne, d'une part, et son
« frere messire Gilles. La cause fut pource que ledit Gilles (qui
« estoit un fort beau chevalier, bien formé et puissant de corps)
« avoit été élevé et nourry durant sa jeunesse avec son cousin germain
« le roy Henry d'Angleterre, lequel roy l'avoit fait son connétable ;
« et à cette occasion, comme il en étoit commune renommée, il avoit
« du tout mis son affection à tenir le party de ce roy Henry et des
« Anglois, et tendoit à cette fin de séduire et attirer plusieurs grands
« seigneurs de la duché de Bretagne.... : cé qui fut rapporté au duc
« son frere.... Si eut conseil d'y pourvoir; et pour ce faire, il envoya
« quelqu'un devers le roy de France son oncle.... Si fut advisé qu'on
« se tinst tout d'abord seur de sa personne, aprés quoy on auroit avis
« sur le surplus ; pour laquelle chose mettre à exécution fut envoyé
« en Bretagne de la part du Roy le seigneur de Coitivi, admiral de
« France, lequel, accompagné de gens d'armes, le prit au chasteau
« de Guildo.... Il fut interrogé sur les choses dessus dites, desquelles
« ou de la plus grande partie il dit la verité ; et lors fut commune
« renommée que pour ces causes iceluy Gilles fut depuis mis en tel
« lieu où oncques depuis peu de gens eurent-ils liberté de pouvoir
« parler à luy ; dont le duc son frere fut depuis desplaisant en soy-
« mesme, en considérant que par son moien et à sa poursuite il avoit
« été ainsi traité... » (Histoire de Charles VII par Matthieu de Coucy.)

Roy le dist à monseigneur le connestable, lequel parla bien à luy, en disant qu'il ne faisoit pas bien de vouloir ainsi destruire la maison de Bretaigne; et que par autre moyen pouvoit bien appaiser la chose, sans mettre le duc et son frere telle maniere en guerre et dissention. Et fut mon dict seigneur tres-mal content. Lors le Roy luy dist : « Beau cousin, pour-
« voyez y, et faictes diligence; ou autrement la chose
« ira mal : car le duc et les autres vont tous déliberez
« de le prendre, et mettre en la main du duc. » Et ainsi se partit monseigneur le connestable tres-mal content, et s'en vint en Bretaigne apres le duc : mais ne le peut atteindre que la chose ne fust parfaicte, et arriva à Dinan avant que monseigneur Gilles fust amené, lequel avoit esté prins par messire Regnauld de Denesay. Car quand monseigneur Gilles sceut que c'estoient les gens du Roy, il leur fist ouvrir la porte du Guildou : et ainsi estoit bien aisé à prendre; puis fut amené à Dinan, comme dict est. Et lors monseigneur le connestable requist au duc qu'il luy pleust veoir (1) son frere; et fut amené monseigneur Gilles au chasteau de Dinan, et là vint le duc, et monseigneur le connestable, et monseigneur Pierre. Et monseigneur Gilles se meit à genoüils, et monseigneur le connestable, et monseigneur Pierre, supplians au duc qu'il luy pleust avoir mercy de son frere, en pleurant tous trois en toute humilité. Mais le duc ne s'en fist que rire, et n'en tint compte, pour quelque chose qu'ils luy peussent dire ny faire. Et quand monseigneur le connestable veid cela, il se departit, et s'en vint à Rennes, puis à Nantes et à Partenay, et là sejourna,

(1) *Qu'il luy pleust veoir :* lui laisser voir.

jusques à ce qu'il sceut au certain que le duc avoit assigné (1) ses Estats à Redon. Et là cuidoient condamner monseigneur Gilles par les Estats; mais mon dict seigneur le connestable s'y rendit, et parla privément avec aucuns des seigneurs de Bretaigne et autres, tant que la chose fut rompüe, et fut le duc mal content de luy. Puis s'en revint mon dict seigneur à Partenay, et puis tira à Chinon devers le Roy.

L'an 1447, y eut à Chinon une belle assemblée de seigneurs devers le Roy, et y vint le duc François. Et y estoient monseigneur le Daulphin, le roy de Sicile, monseigneur d'Orleans, monseigneur de Bourbon, monseigneur d'Alençon, monseigneur du Maine; et de là monseigneur le connestable alla veoir Madame à Partenay. Et cependant monseigneur de Nevers print le logis de mon dict seigneur le connestable, et avoit autre logis en la ville, et mon dict seigneur n'avoit que celuy. Et quand il arriva il voulut venir à son logis, et on luy dist que monseigneur de Nevers y estoit, et n'en vouloit partir. Mon dict seigneur vint tout droict descendre au dict logis, et trouva monseigneur de Nevers, et luy dist que c'estoit son logis, et qu'il falloit luy laisser, et qu'il avoit autre logis, et qu'il s'y en allast; et l'autre dist qu'il n'en bougeroit, et mon dict seigneur dist que si feroit. En la fin fallut que monseigneur de Nevers s'en allast assez tost. Et depuis en furent grandes paroles devant le Roy, et s'y rendit toute la seigneurie. Et dist monseigneur de Nevers que le logis luy estoit demeuré pour l'amour de l'office (2); et Monseigneur

---

(1) *Assigné :* convoqué. — (2) *Pour l'amour de l'office :* par considération pour la charge de connétable.

luy dist que quand il ne seroit que Artus de Bretaigne, qu'il le garderoit (1) bien de le desloger. Et furent monseigneur de Bourbon et monseigneur d'Eu pour accompaigner monseigneur de Nevers; et Monseigneur n'y mena que luy et ses gens; dont le roy de Sicile, et monseigneur d'Alençon, et monseigneur du Maine, furent mal contents qu'ils n'y avoient esté pour l'accompaigner. Et fut mon dict seigneur mal content du duc François : car il estoit en la presence devant le Roy, et n'y dist oncques mot, dont beaucoup de gens furent desplaisans; et assez tost apres furent bons amis. Et bien tost apres Monseigneur s'en vint à Partenay, et y passa la plus part de celle saison.

L'an 1448, la vigile de Nostre Dame de mars, furent prins la ville et chasteau de Fougeres d'eschele par les Anglois, dont estoit chef messire François de Surienne, dict l'Arragonnois, dont les trefves furent rompües. Et le vint dire à monseigneur le connestable à Partenay Michel Machefer; et pareillement le Roy l'escrivit à mon dict seigneur. Et le plus tost qu'il peut se partit de Partenay, et manda tous ses gens, et tira à Nantes et de là à Rennes, et là trouva le duc, qui fut bien aise de sa venüe : si fut tout le monde. Et lors commencerent à conclure ce qu'ils avoient à faire par le bon advis et conseil de mon dict seigneur; et en attendant que l'armée fust preste, il conseilla de fortifier la ville de Sainct Aulbin. Et luy mesme se partit le dernier jour d'apvril; et alla coucher au dict lieu. Et là vinrent monseigneur le mareschal de Loheac, Joachim Rouault, Odet d'Aidie et Denisot, qui par le congé du Roy vinrent

(1). *Garderoit* : l'empêcheroit.

servir le duc. Et y avoit une belle compaignée tant de Bretaigne que de France (1), et bien tost fut Sainct Aulbin fortifié. Puis tira mon dict seigneur à Rennes devers le duc, et bien tost apres vinrent le duc et mon dict seigneur à Sainct Aulbin, et fut faict des courses devant Fougeres, et à l'une des fois saillirent les Anglois, et y en eut de prins et de morts.

Et cependant arriverent les cent lances de monseigneur le connestable, que messire Geoffroy de Couvran et Olivier de Bron amenerent; et dura la chose une piece, et y furent faictes des sommations tant du Roy que du duc, et ambassades d'un costé et d'autre. Et puis quand on veid que ce n'estoient que dissimulations, on commencea à faire guerre en Normandie; et fut prins le Pont de l'Arche et Conches par monseigneur le grand seneschal et Flocquet, et crierent Bretaigne. Et le jour de Sainct Pierre fut prins Beuveron; et y estoit monseigneur Jacques de Sainct Paul, lieutenant de Monseigneur; avec luy monseigneur de Loheac et monseigneur de Dorval; et y vint mon dict seigneur, puis retourna devers le duc à Rennes. Puis feirent une entreprinse à la requeste de monseigneur de Touteville sur Tombelaine, et y fut donné l'assault; et par faute d'escheles fut faillie à prendre d'assault, et en debvoit mon dict seigneur de Touteville fournir. Puis feirent autre entreprinse sur Mortaing, et y allerent pour faire l'execution monseigneur le mareschal de Loheac, monseigneur Jacques de Sainct Paul, lieutenant de mon dict seigneur le connestable; monseigneur de Montauban,

---

(1) *Tant de Bretaigne que de France :* tant de Bretons que de Français.

mareschal de Bretaigne; monseigneur de La Hunaudaye, monseigneur de Dorval, et Joachim Rouault, et plusieurs autres; et fut donné l'assault, qui dura depuis sept heures au matin jusques à la nuict. Et vous certifie qu'ils se deffendirent très-bien, et le lendemain se rendirent; et n'y avoit plus homme en la place que cinq, qu'ils ne fussent blessez, et beaucoup de morts, et y eut faict de belles armes. Puis s'en retourna l'armée à Sainct Jame de Beuveron, et de là à Sainct Aulbin; et demeura pour monseigneur de Loheac, monseigneur de La Mervoille, à quinze lances. Et pour Joachim (1), Micheau Guarangier, à quinze lances.

Et puis apres le duc et mon dict seigneur feirent (2) leur armée; et feit tant Monseigneur que le duc entra en Normandie malgré tout son conseil, et vinrent mettre le siege à Constances, et y arriva l'avantgarde dès le soir devant, en laquelle estoient le mareschal de Loheac, monseigneur Jacques de Sainct Paul, lieutenant de monseigneur le connestable, monseigneur de Bossac, monseigneur de Briquebec, et les cent lances de mon dict seigneur le connestable, et partie des gens de sa maison, et Joachim Rouault, Odet d'Aidie, et Denisot, et plusieurs autres. Et le lendemain arriverent le duc et monseigneur le connestable, accompaignez de monseigneur de Laval, de monseigneur de Dorval, de monseigneur de La Hunaudaye, de monseigneur de Malestroit, de monseigneur de Coetquen et de monseigneur Du Pont, et de la plus part des seigneurs, chevaliers et escuyers de Bretaigne. Et l'autre partie estoit avec monseigneur

(1) *Joachim* : Joachim Rouault. — (2) *Feirent* : assemblèrent.

Pierre, pour mettre le siege à Fougeres. Et celuy soir fut faicte la composition, et le lendemain fut rendüe; et partit l'avant-garde pour aller à Sainct-Lo, et vinrent gaigner le logis.

Et le lendemain arriverent le duc et monseigneur le connestable à tout la bataille; et dedans deux jours fut faicte la composition, et se rendit Sainct Lo. Et bien tost apres on alla devant Carentan, qui gueres ne dura, et fut prins par composition; et aussi le pont de Doüe, et la bastille de Beusiville, et La Haye du Puis, Briquebec, Le Hommet, et Lausné; et apres fut le siege mis à Valongnes, qui gueres ne dura. Puis le duc et son conseil tascherent à s'en revenir au siege qu'il avoit faict mettre devant Fougeres, qui luy tenoit au cœur : car c'estoit en son pays; et s'en voulut revenir. Et en s'en revenant, par le conseil de monseigneur le connestable il feit mettre le siege devant Gauray, et y vint monseigneur Jacques de Luxembourg, accompaigné de beaucoup de gens de bien, et y fut deux jours. Puis monseigneur de Blot alla querir monseigneur le connestable, et le lendemain y vint.

Et à sa venüe fut prins le boulevart par monseigneur Jacques de Luxembourg, et ceulx qui estoient avec luy. Et le jour apres fut la place rendüe par composition, et demeura en la main du dict monseigneur Jacques de Luxembourg. Puis le duc et Monseigneur tirerent au siege de Fougeres, et là trouverent monseigneur Pierre, et plusieurs seigneurs de Bretaigne, qui là tenoient le siege; et se logea le duc devant une des portes, et monseigneur le connestable devant l'autre; puis feirent assortir l'artillerie, et y faire des approches, et tout ce qui s'y pouvoit faire. Et les Anglois feirent une saillie, et furent bien reboutez. Puis apres fut prins un des boulevarts, et y fut perdu des gens d'un costé et d'autre. Puis au long aller (1) fut faicte composition, et se rendirent les Anglois leurs vies saulves et leurs biens; et encores eurent ils de l'argent. Puis s'en vint le duc à Rennes, et monseigneur le connestable s'en vint à Partenay, et y sejourna celuy hyver. Et cependant les gens de mon dict seigneur qui estoient en garnison à Gauray, et ceulx de Sainct Lo et de Constances, feirent une destrousse sur les Anglois de Vire et de Donfront, et y eut des gens morts de tous les costez; mais le champ demeura à nos gens. Et furent morts et prins et mis en fuite tous les Anglois, et fut là chose bien combatüe.

L'an 1449, monseigneur le connestable environ la Chandeleur se partit de Partenay pour venir devers le duc, et pour tirer en Normandie vint à Nantes; et furent les eaües si grandes que ce fut merveilles, et sejourna huict ou dix jours. Et la cause estoit pource que messire Roland de Coisic luy dist qu'il y avoit un sorcier. Et sur toutes choses desiroit de faire justice de tous sorciers et erreurs contre la foy; et dés l'heure l'eust faict brusler, si n'eust esté l'évesque Guillaume de Malestroit. Et lors y eut grande question entre eulx dessus ce sorcier. Puis apres se partit, et tira à Dinan devers le duc. Et là vinrent les nouvelles que les Anglois estoient descendus à Cherbourg, et qu'ils avoient assiegé Valongnes, et y furent le caresme jusques à la sepmaine saincte. Puis se

---

(1) *Au long aller* : à la longueur du temps.

partit monseigneur le connestable, et à son partement monseigneur de Montauban luy vint dire : « Monseigneur, je vous advertis que on veult faire « mauvaise compaignée à monseigneur Gilles vostre « nepveu, et je m'en descharge; ». et incontinent Monseigneur le vint dire au duc. Et y eut grande altercation, et luy demanda qui le luy avoit dict, et il dist que ce avoit esté monseigneur de Montauban; et lors le duc se courrouça tres-fort à monseigneur de Montauban, et luy voulut courir sus, qui ne l'eust destourné. Monseigneur le connestable avoit cuidé mener le duc en Normandie, lequel avoit grande envie d'y aller, si n'eust esté son conseil, par qui il fust destourné. Et quand Monseigneur veid cela, il print congé, et s'en alla faire ses pasques à Dol; et au partir le duc luy fist promettre qu'il l'attendroit à Dol jusques au lundy apres Pasques, et ainsi le feit mon dict seigneur. Et le duc se voulut rendre à Dol, ainsi qu'il avoit promis : mais les gens de son conseil l'en garderent. Et demeurerent beaucoup de gens qui avoient grande envie d'aller avec mon dict seigneur, et dirent au duc qu'il les laissast aller; et que si mon dict seigneur avoit grand nombre de gens, qu'il combatroit les Anglois, et mettroit tout à l'adventure. Ainsi demeurerent, mais depuis s'en repentirent.

Quand mon dict seigneur veid cela, il print congé du duc, et s'en alla accompaigné de monseigneur de Laval, de monseigneur le mareschal de Loheac, de monseigneur Jacques de Sainct Paul, de monseigneur de Bossac, de monseigneur de Dorval, et de plusieurs gens de sa maison, où y avoit belle compaignée, et bonne. Et vinrent plusieurs le conduire, et entre les autres Le Bourgeois, auquel il dist : « Jamais je ne te tins demeuré de bonne besongne jusques à ceste fois (1); » et Bourgeois luy respondit tout en larmoyant : « Je sçay, monseigneur, que vous ne combatrez point. » Et lors Monseigneur luy dist : « Je voüe à Dieu je les verray, avec la grace de Dieu, avant retourner. » Et ainsi tira son chemin, et alla coucher à Grandville (2), et le lendemain à Constances. Et là eut des lettres de monseigneur de Clermont, de monseigneur de Castres, de l'admiral de Coitivi, et du grand seneschal; et en effect luy rescrivoient que les Anglois avoient pris Valongnes, et que encores estoient au dict lieu, et qu'il leur sembloit qu'il debvoit tirer à Sainct Lo; dont Monseigneur fut bien mal content. Et toutesfois le fist il, pource qu'ils le luy avoient rescript, et tira à Sainct Lo. Et celle nuict luy envoyerent un poursuivant (3), qui arriva à Sainct Lo au poinct du jour, qui luy vint dire que les Anglois estoient passez le Vez, et qu'ils tiroient à Bayeux; et qu'il se rendist à Trivieres, et là se rendroient à luy, et qu'ils chargeroient tousjours les Anglois en l'attendant. Et au poinct du jour mon dict seigneur fut le premier qui ouyt appeller le guet, et fist lever gens pour ouvrir la porte, et incontinent feit sonner ses trompetes à cheval, et s'arma bien diligemment, puis ouyt la messe.

Le quinziesme jour d'avril l'an 1450, apres que

---

(1) *Tins demeuré de bonne besongne jusques à ceste fois* : disposé à manquer l'occasion de te signaler. — (2) *Grandville* : Graville. — (3) *Poursuivant* : officier subordonné aux hérauts d'armes.

monseigneur le connestable eut ouy la messe à Sainct Lo (1), il alla à la porte de l'eglise, et monta à cheval, et n'avoit pas six hommes avec luy au partir; puis chevaucha environ une lieüe, et s'arresta pour mettre ses gens en bataille, puis fist ses ordonnances, et mist le bastard de La Trimoüille à bien quinze ou vingt lances devant. Apres envoya son avant-garde, en laquelle estoient monseigneur Jacques de Sainct Paul, monseigneur le mareschal de Loheac, monseigneur de Bossac, et leurs archers. Puis ordonna pour

(1) *Eut ouy la messe à Sainct Lo :* « Les deux armées du comte
« de Clermont et du connétable s'étoient jointes ensemble....; ils
« s'avancerent tout le plus prés qu'ils purent des Anglois, et com-
« battirent là trés-vaillamment les uns contre les autres, par l'espace
« de trois heures ou environ, pendant lequel temps y furent faites de
« grandes vaillances tant d'un côté comme de l'autre; *entre les autres*
« s'y gouverna bien vaillamment le seigneur de La Varenne, senechal
« de Poictou; à la fin duquel combat les Anglois furent défaits par
« force d'armes. Les François, dit l'historien, n'y perdirent que cinq
« ou six hommes d'armes... Quant au comte de Clermont, il demeura
« cette nuit à Formigny sur le champ de bataille; et voulut bien
« y consentir iceluy connestable pource que c'étoit la premiere
« besogne qu'il avoit encore eu en la guerre, attendu sa jeunesse et
« son âge. Or il faut ici dire et déclarer une partie des seigneurs qui
« à cette besogne furent faits chevaliers : car à les tous nommer ce
« seroit chose trop longue. Premierement y furent faits chevaliers
« ledit comte de Clermont, le seigneur de Castres, messire Godefroy
« de La Tour, monsieur de Vaubar, messire Olivier de Cottini, mes-
« sire Antoine Deullant, le seigneur d'Anglure, et autres... » (Histoire de Charles VII par Matthieu de Coucy.)

« En cette journée se porterent trés-vaillamment et trés-chevaleu-
« reusement, sans autruy blasmer, monsieur de Montgascon, monsieur
« de Saincte Severe, comme aussi fit messire Pierre de Brezé senes-
« chal de Poictou.... Là furent faits chevaliers (outre ceux nommés
« ci-dessus) le sire de Vauvert fils du comte de Villars, le sire de
« Saincte Severe, le sire de Chalençon, etc. » (Histoire de Charles VII par Jean Chartier.)

gouverner ses archers messire Gilles de Sainct Symon, messire Jehan de Malestroit, et Philippes de Malestroit. Puis ordonna pour la garde de son corps certains gentilshommes, dont les noms ensuivent : premier, Regnauld de Voluire, Pierre Du Pan, Yvon de Tréenna, Jehan Budes, Hector Meriadec, Jehan Du Bois, Colinet de Lignieres, et Guillaume Gruel. Puis ordonna gens pour l'arriere-garde, et chevaucha en bonne ordonnance le plus diligemment que faire se pouvoit, et tant que les premiers de ses gens arriverent à Trivieres, où bien tost apres il arriva. Et à l'heure qu'il arriva, les Anglois saillirent de leur bataille environ quatre cent, qui meirent en fuite bien treize cent archers de ceulx qui estoient du costé de monseigneur de Clermont, et gaignerent des coulevrines dont on leur faisoit guerre. Et si n'eussent esté les gens d'armes qui tinrent bon, je croy qu'ils eussent faict grand oultraige à nos gens.

Et comme Monseigneur arriva à un moulin à vent qui y est, tout estoit meslé. Et le plus tost qu'il peut fist partir partie de son avantgarde, et ceulx qui gouvernoient ses archers; et les archers allerent passer au bout de la bataille des Anglois, et de ceulx qui avoient faict la saillie sur nos gens. Nos dicts archers en tuerent bien six vingt. Puis apres mon dict seigneur vint passer apres ses archers au plus pres de la bataille des Anglois : puis s'approcherent la bataille et archers de nos gens. Et vinrent à monseigneur le connestable monseigneur de Clermont, monseigneur de Castres, monseigneur l'admiral de Coitivi, monseigneur le grand seneschal, messire Jacques de Chabannes, Joachim Rouault, messire Geoffroy de Couvran, Olivier de Bron, Odet d'Aidie, Jehan de Roussevinen, et toute leur bataille, et joignirent nos batailles ensemble. Puis monseigneur le connestable dist à monseigneur l'admiral : « Allons, vous et moy, « veoir leur contenance; » et mena mon dict seigneur l'admiral entre les deux batailles, et luy demanda : « Que vous semble, monseigneur l'admiral, comment « nous les devons prendre, ou par les bouts, ou par « le milieu? » Et lors l'admiral respondit à mon dict seigneur qu'il faisoit grand doubte qu'ils demeureroient en leur fortification; et Monseigneur luy dist : « Je voüe à Dieu, ils n'y demeureront pas, avec la « grace de Dieu. » Et à celle heure monseigneur le grand seneschal luy vint demander congé de faire descendre son enseigne à un taudis (1) que les Anglois avoient faict; et Monseigneur pensa un peu, puis luy dist qu'il estoit content, et bien tost apres ses gens furent au taudis. Et incontinent sans plus dire tout le monde s'assembla pour donner dedans, et ainsi fut faict; et n'arresterent point les Anglois, et tous furent desconfits, morts et prins, et en fuite bien six mille. Et fut prins monseigneur Thomas Kyriel, qui estoit lieutenant du roy d'Angleterre, et messire Henry de Norbery, et Jennequin Baquier, qui fut prisonnier d'Eustache de L'Espinay; et Mathago s'enfuit.

Et ainsi furent les Anglois desconfits. Et coucherent Monseigneur, et les autres seigneurs et capitaines, sur le champ, les uns à Formigny, et les autres à Trivieres. Puis Monseigneur fist bailler de l'argent pour enterrer les morts : aussi feit monseigneur de Clermont. Et le lendemain allerent coucher à Sainct

---

(1) *A un taudis* : vers un retranchement.

Lo, et menerent leurs prisonniers, et allerent eulx rafraischir, et faire penser les blessez. Et envoyerent devers le Roy, pour sçavoir où ils iroient mettre le siège, ou à Vire, ou à Bayeux. Le Roy leur manda qu'ils missent le siege à Vire; et ainsi le feirent, et y vinrent tous ceulx qui avoient esté à Formigny; et bien tost se rendirent ceulx de Vire, et leur fut ordonné (1) quatre mille escus pour la rançon de leur capitaine messire Henry de Norbery. Et fut pour se haster pour aller devers le duc François, qui venoit mettre le siege à Avranches. Et monseigneur le connestable, apres qu'il eut eu la possession de Vire, il en partit; et avec luy monseigneur de Laval, monseigneur Jacques de Chabannes, monseigneur le mareschal de Loheac, monseigneur de Boussac, monseigneur de Dorval, et tous les autres gens de sa maison. Et messire Geoffroy de Couvran, Olivier de Bron et Jehan de Rosinbinen, à tout leur charge (2); et monseigneur de Clermont et son autre bande s'en allèrent joindre avec les autres gens du Roy, pour mettre le siege à Bayeux.

Et le dernier jour d'apvril l'an que dessus 1450, arriva monseigneur le connestable à Avranches, et là trouva le duc et les seigneurs de Bretaigne; et estoit mon dict seigneur grandement accompaigné. Et celle nuict logea à Pons soubs Avranches, pource qu'il n'avoit point encores de logis. Puis le lendemain, premier jour de may, vint au siege, et bien tost luy vinrent les nouvelles (3) que monseigneur Gilles son

---

(1) *Ordonné :* demandé. — (2) *Charge :* bagage. — (3) *Vinrent les nouvelles :* « Gilles de Bretagne étoit enfermé dans un châ-
« teau...., pendant quoi ledit Gilles étoit souventefois exhorté et

nepveu. estoit mort, dont il fut bien courroucé; puis le duc le luy dist, et eurent grandes paroles ensemble : toutesfois la chose se dissimula pour l'heure, de peur de plus grand scandale. Puis fut assise l'artillerie, tant bombardes que engins volans, et autre artillerie; et fut fort batuë la dicte ville d'Avranches, tant qu'elle estoit prenable d'assault; et fut faicte composition, et la rendirent les Anglois leur vie saulve, et perdirent tous leurs biens. De là s'en vint le duc au mont de Sainct Michel, et ja estoit malade; et monseigneur le connestable le vint conduire jusques là. Puis se disposa de s'en aller à Bayeux, où estoit le siege; et mena avec luy ceulx qui avoient esté à Formigny, et le duc s'en retourna en Bretaigne. Puis envoya apres mon dict seigneur monseigneur de Montauban, mareschal de Bretaigne, qui amena cent lances, et les archers. Puis mon dict seigneur tira à Bayeux, et avant qu'il y fust il estoit rendu.

Et cependant alla monseigneur Jacques de Sainct Paul devant Sainct Sauveur le Vicomte. Puis apres y alla monseigneur le mareschal de Loheac et celuy de Bretaigne, et autres gens de Monseigneur; puis fut la dicte

« admonesté par le duc de Bretagne son frere, ses parents, sujets et
« autres bienveillants du royaume de France, de laisser la querelle,
« et abandonner le parti des Anglois.... Aprés qu'il eut été traicté
« inutilement par douces paroles, on agit avec luy par d'autres qui
« étoient rigoureuses. Mais oncques pour chose qu'on lui sceut ou
« peust dire, il ne se voulut jamais retirer et départir de son mauvais
« courage et malheureux propos ; parquoy ledit duc de Bretagne en
« conceut haine mortelle contre luy....; et la commune renommée
« estoit qu'il fut par l'ordre dudit duc estranglé une nuit par deux
« compagnons avec deux toüailles torses... On imputa sa mort au sire
« de Montauban, qui le gardoit.... » (Histoire de Charles VII par Jean Chartier.)

place renduë, puis s'en vinrent devers Monseigneur. Et la vigile du sacre (1), se partit monseigneur le connestable de Bayeux pour aller mettre le siege devant Caën, et alla loger sur les champs à deux lieües de Caën, à un villaige nommé Chens, et n'en partit point jusques au lendemain du sacre. Et le vendredy matin se rendirent à luy ceux qui avoient esté à Formigny : c'est à sçavoir monseigneur de Clermont, monseigneur de Castres, monseigneur de La Tour, monseigneur l'admiral de Coitivi, monseigneur le grand seneschal, messire Jacques de Chabannes, avec la belle compaignée qu'il avoit. Et vous certifie que c'estoit belle chose que de veoir sa compaignée, et bien à redoubter. Et vint loger du costé devers l'abbaye de Sainct Estienne luy et monseigneur de Clermont, et tous les autres seigneurs et capitaines; et y avoit bien huict cent lances à ce siege, oultre les archers. Et de l'autre costé devers Falaise camperent les gens du Roy, c'est à sçavoir monseigneur de Dunois, qui estoit chef de celuy costé, et Poton. Puis environ huict ou neuf jours apres, le Roy vint passer à un pont qu'on avoit faict sur la riviere au dessus de Caën, et le roy de Sicile et monseigneur du Maine y estoient bien accompaignez; et alla loger en une abbaye nommée Ardenne. Et monseigneur d'Eu et monseigneur de Nevers, et certain nombre de gens qu'on leur avoit baillé, allerent loger à l'abbaye des Dames, de l'autre costé de la ville de Caën.

Puis apres on commença du costé de monseigneur le connestable à faire des approches couvertes et descouvertes : dont Le Bourgeois en conduisoit une, et

---

(1) *La vigile du sacre :* la veille de la fête du Sainct Sacrement.

messire Jacques de Chabannes l'autre : mais celle du Bourgeois fut la premiere à la muraille, et puis l'autre arriva, et fut minée la muraille en l'endroict (1). En telle maniere que la ville eust esté prinse d'assault, si n'eust esté le Roy qui ne le voulut pas, et ne voulut bailler nulles bombardes de ce costé, de peur que les Bretons n'assaillissent. Et si y avoit dedans la ville le duc de Sombresset, et bien trois mille Anglois, sans ceulx de la ville. Puis fut faicte la composition, et s'en allerent le duc, et les dames, et tous les Anglois, eulx et leur bagage saulfs; et furent amenez les ostages à monseigneur le connestable : entre lesquels estoit un nommé Ver, lequel estoit parent du roy d'Angleterre; Hüe Spencier, et messire Charles de Hermanville; et jusques à douze ostaiges, dont avoient la garde messire Gilles de Sainct Symon, Guillaume Gruel, et Jehan de Benais. Puis fut rendüe la ville et le chasteau, et apportées les clefs à monseigneur le connestable; puis alla conduire le duc et la duchesse de Sombresset.

Bien tost apres fut conclu que Monseigneur iroit mettre le siege devant Cherbourg; et le Roy et son autre armée alla mettre le siege devant Falaise. Et ainsi se partit mon dict seigneur; et avec luy monseigneur de Clermont, et l'armée qu'il avoit à Formigny; et le mareschal de Bretaigne tira à Carentan et à Valongnes, et de là à Cherbourg; et fut mis le siege à Cherbourg. Et se logea mon dict seigneur d'un costé, et monseigneur de Clermont de l'autre. Et l'admiral de Coitivi, et le mareschal, et Joachim, de l'autre costé, devant une porte. Et y fut

---

(1) *En l'endroict* : en cet endroit-là.

le siege bien un mois, et y furent rompûes et empirées neuf ou dix bombardes, que grandes, que petites. Et y vinrent des Anglois par la mer, entre autres: une grosse nef nommée la nef Henry; et y commença un peu de mortalité; et y eut Monseigneur bien à souffrir, car il avoit toute la charge. Puis feit mettre quatre bombardes devers la mer en la greve, quand la mer estoit retirée. Et quand la mer venoit, toutes les bombardes estoient couvertes, manteaux et tout, et estoient toutes chargées, et en telle maniere habillées [1], que dés ce que la mer estoit retirée on ne faisoit que mettre le feu dedans, et faisoient aussi bonne passée [2] comme si elles eussent esté en terre ferme. Dont les Anglois furent plus esmerveillez que de nulle autre chose; et illec fut tué monseigneur l'admiral de Coitivi d'un canon, dont Monseigneur fut tres-courroucé [3] : car ce fut dommage. Puis environ huict ou dix jours apres fut tué Le Bourgeois d'une coulevrine : dont ce fut grand perte et dommage; et furent tous deux tuez en une trenchée qu'ils faisoient faire.

Puis apres les Anglois feirent composition, et baillerent ostaiges à monseigneur le connestable, lequel les bailla en garde à messire Gilles de Sainct Symon, Guillaume Gruel, et Jehan de Benais. En ce temps furent apportées les nouvelles de la mort du duc François. Puis apres la ville et chasteau de Cherbourg furent rendus en la main de mon dict seigneur, lequel les bailla à garder à monseigneur l'ad-

---

[1] *Habillées* : disposées, préparées. — [2] *Bonne passée* : bon effet. — [3] *Courroucé*: peiné.

miral de Bueil et à ses gens. Et fut l'an 1450, la surveille de la my-aoust. Et ce jour se partit mon dict seigneur le connestable, et vint disner à Valongnes, et de là tira à Carentan, à Caën, et de là à Falaise, et à Alençon, et au Mans, et au chasteau du Loir, où le Roy estoit, qui l'avoit attendu trois jours, et vouloit parler à luy pour aulcunes choses, et aussi touchant le gouvernement de Normandie. Puis apres que mon dict seigneur eut parlé au Roy, et conclu ce qu'ils avoient à faire, le Roy se partit, et alla à Vaniours, et mon dict seigneur à Partenay devers Madame; et y fut un bien peu : car le duc Pierre l'envoya querir pour estre à sa feste à Rennes, et là furent huict jours, puis s'en vinrent à Nantes faire l'entrée du duc.

En l'an que dessus, environ la Toussaincts, allerent le duc Pierre et monseigneur le connestable devers le Roy, et le trouverent à Montbason; et là feit le duc au Roy telle redebvance comme il debvoit à cause de la duché, et hommage à cause de la comté de Montfort; et furent environ quinze jours à Montbason devers le Roy, puis s'en vinrent à Tours, et de là à Nantes par la riviere. Et deslogerent du dict lieu de Tours au poinct du jour, pource que monseigneur le connestable avoit faict prendre Olivier de Mes à Marcoussis pres Paris, par Eustache de L'Espinay et Olivier de Quelen, et certain nombre d'archers; et l'avoit faict tirer par la riviere à Nantes, nonobstant quelconque opposition ou appellation, pour en faire justice, et pour venger la mort de monseigneur Gilles son nepveu. Et en fut le Roy et ceulx de son conseil tres-courroucez : mais il falloit ainsi l'endurer. Puis se passa celuy hyver, et s'en vint mon dict seigneur à Partenay, et y fut jusques au temps nouveau. Puis alla devers le Roy à Loches, et fut l'an 1451. Et le Roy luy bailla la charge (1) de la basse Normandie, et s'y en alla, et y fut toute celle saison. Puis s'en vint à Partenay, et de là tira devers le Roy à Tours, et y fut certain temps. Puis le Roy le renvoya en Normandie, et fut l'an 1452, et luy bailla charge de veoir toutes les monstres de tous les gens d'armes estans en Normandie, et de sçavoir comme tout le pays estoit gouverné, et d'y donner la provision. Et lors alla mon dict seigneur à Caën et à toutes les bonnes villes de Normandie, et y fut toute celle saison; puis s'en vint à Partenay veoir Madame. Et bien tost apres alla devers le Roy, lequel voulut qu'il retournast en Normandie, et qu'il y menast madame sa femme.

L'an 1453, mon dict seigneur s'en vint devers le duc Pierre son nepveu, puis s'en retourna en Normandie à Vire, et là se rendit madame sa compaigne, et y fut certain temps. Et de là s'en alla demeurer à Falaise, et y furent une bonne piece. Puis ne se trouva pas à son aise, et s'en revint à Partenay.

L'an 1454, retourna ma dicte dame en Normandie, et logea une saison à Sées, et cependant Monseigneur alloit par le pays; puis s'en revinrent à Partenay, et y furent jusques au temps nouveau (2).

L'an 1455, monseigneur le connestable alla devers le Roy à Bourges, et y fut long temps : puis fist venir Madame aupres de Bourges à Yssouldun; puis y vint

(1) *La charge* : le gouvernement. — (2) *Au temps nouveau* : au printemps.

le duc Pierre devers le Roy, et là vint le cardinal de Touteville. Et bien tost apres le Roy envoya monseigneur le connestable et monseigneur de Dunois devers le duc de Savoye à Geneve. Et là le duc les receut grandement, et y furent bien un mois. Puis s'en vinrent devers le Roy, et amenerent quand et eulx monseigneur de Savoye et Madame, monseigneur de Piedmont et madame la princesse, et s'en vinrent par eaüe jusques à Lyon sur le Rhosne, et de là vinrent à Sainct Poursain. Et furent devers le Roy à une petite place pres Sauvigny, et y furent plusieurs fois, et au dict lieu de Sainct Poursain tout l'hyver. Et là vint le cardinal d'Avignon, qui venoit en Bretaigne pour lever Sainct Vincent [1]. Puis en caresme monseigneur le connestable print son congé, et s'en vint veoir Madame à Partenay, et y fut certain temps. Puis le Roy l'envoya à Paris, et voulut qu'il y demeurast un espace de temps pour aulcunes choses. Et cependant qu'il estoit au dict lieu de Paris, il fist l'appointement de ceulx de l'Université et des mendians. Et si avoit bien failly le Roy à le faire, et tous les seigneurs de parlement; et toutesfois ils furent contens d'en tenir ce que Monseigneur ordonneroit. Puis luy vinrent les nouvelles de la maladie de son nepveu le duc Pierre; et se partit de Paris, et s'en vint à Orleans, et y arriva la vigile de Pasques flories.

L'an 1456, se partit d'Orleans mon dict seigneur le lundy de la sepmaine saincte, et s'en vint à Tours; et là sceut que madame sa compaigne estoit fort

---

[1] *Lever sainct Vincent* : mettre en châsse les reliques de saint Vincent.

malade. Et malgré tout son conseil laissa à tirer devers (¹) le duc Pierre, qui estoit aussi fort malade; et tira à Partenay devers Madame, et y arriva le vendredy sainct, et y fut longuement, pour la maladie de ma dicte dame. Puis s'en vint à Nantes devers son nepveu, et amena quand et luy Madame, et y fut longuement jusques au deceds de son dict nepveu. Et cependant deux jours avant la mort de son dict nepveu fist prendre messire Henry de Villeblanche, messire Michel de Partenay, Bogier et Coethlogon, pource que tousjours avoit soupçon que messire Henry eust esté coupable de la mort de monseigneur Gilles son nepveu, et cuidoit atteindre la chose. Et pour ceste cause, les avoit faict prendre pour en cuider sçavoir la verité. Le duc Pierre son nepveu trespassa le jeudy vingt et deuxiesme jour de septembre l'an que dessus.

Le vingt neufiesme jour du mois d'octobre l'an 1456, se partit monseigneur le connestable de Nantes, pour aller à Rennes faire son entrée et feste; et là feit la feste de Toussaincts; et y avoit belle compaignée de seigneurs, barons, chevaliers et escuyers : entre lesquels estoient monseigneur d'Estampes, monseigneur de Maillé, monseigneur de Laval, monseigneur de Rohan, monseigneur Jacques de Sainct Paul, monseigneur de Gavre, monseigneur de La Roche, monseigneur de Guemené, monseigneur de Malestroit, monseigneur d'Orval, monseigneur de Quintin, monseigneur de La Hunaudaye, monseigneur de Coëtquen, monseigneur Du Pont, monseigneur L'Admiral,

---

(¹) *Laissa à tirer devers* : interrompit son voyage pour aller devers.

et tous les autres seigneurs qui n'estoient morts ny malades, ou enfans. Et bien tost apres s'en vint à Nantes faire son entrée, et y fut jusques apres la feste des Roys. Puis le Roy lui fist sçavoir qu'il allast devers luy à Tours bien accompaigné, tant d'evesques que d'autres seigneurs de son pays, chevaliers et escuyers, pour cause d'une grande ambassade du roy de Hongrie, qui estoit venüe devers luy pour le mariage de madame Magdelaine sa fille. Et cependant qu'ils estoient à Tours, vinrent les nouvelles que le roy de Hongrie estoit mort; et ne mena pas tant de gens comme il eust peu, nonobstant que il alla bien accompaigné. Et fut l'an 1457.

Et passa par Angers, où il fut bien receu, et y fut huict jours : car il fut malade de colique; et puis tira son chemin à Tours, et arriva devers le Roy au dict lieu de Tours, et vinrent au devant de luy tous les seigneurs et gens du Roy, et vint descendre au logis du Roy. Et faisoit porter devant luy deux espées à Philippes de Malestroits, son escuyer d'escuyrie. L'une à cause de la duché de Bretaigne, et l'autre à cause de l'office de connestable. Et eut bonne chere de tout le monde, et y fut bien environ un mois. Puis voulut s'en revenir en son pays, et offrit au Roy faire telle redebvance qu'il demandoit à cause de la duché de Bretaigne. Et luy fut dict que le lendemain, qui estoit dimanche, il seroit receu; et y vint cuidant estre receu. Et quand il fut venu, le Roy et ceulx de son conseil vouloient qu'il fist hommage lige, à cause de la duché de Bretaigne; et mon dict seigneur respondit qu'il n'en feroit rien. Et pource qu'il n'estoit pas le plus fort, disimula, et dist qu'il ne le feroit pas tant qu'il eust parlé aux

Estats de son pays. Et sur ces termes s'en vint en son pays de Bretaigne.

Et vous certifie que jamais ne fust retourné devers le Roy, ni ne luy eust faict nulle redebvance, si n'eust esté pour saulver la vie à monseigneur d'Alençon son nepveu, qu'il alla à Vendosme. Et là feit la redebvance au Roy telle que ses predecesseurs avoient faict, et non autrement; lequel luy tint et paravant avoit tenu plus estranges termes que à nul de ses predecesseurs. Et me semble que c'estoit mal recogneu les grands, bons et loyaulx services qu'il avoit faicts à luy et au royaume : car oncques bien ne luy fist. Et pource que aucuns dient qu'il luy donna, Partenay, je le croy bien; mais ce fut malgré luy : car s'il l'eust eu en ses mains, jamais ne l'eust eu. Mais monseigneur de Partenay le feit son heritier, et luy bailla la possession, et feit faire à tous ses gens le serment à mon dict seigneur de luy estre bons, loyaulx et vrais obeyssans apres sa mort. Et aussi furent ils, et luy furent bons et loyaulx.

Puis apres la condemnation de monseigneur d'Alençon, le duc s'en vint en son pays. Et s'en vinrent ensemble lui et monseigneur d'Orleans jusques à Frontevaux, pour veoir madame de Frontevaux (1) leur niepce. Puis prinrent congé l'un de l'autre, et s'en vint le duc en son pays. Pleust à Dieu que jamais n'eust esté à Vendosme : car oncques puis ne fut sain jusques à la mort, et plusieurs font grand doubte qu'elle fut advancée (2). Dieu en sçait la verité. Le

---

(1) *Frontevaux* : Fontevrault. — (2) *Advancée* : Jean Chartier ni Matthieu de Coucy ne parlent de cette tentative d'empoisonnement.

bon prince s'en vint à Nantes, et là fut bien receu, et y trouva la duchesse, et feit grand chere. Et bien tost apres eut question contre l'evesque de Nantes, nommé Guillaume de Malestroit; lequel luy fist du pis qu'il peut, et faisoit comme mauvais et desloyal homme : car le duc l'avoit fait evesque, et son oncle le chancelier s'estoit demis en luy (1), à la requeste du duc. Et le dict chancelier dist au duc : « Je ferois « plus pour vous que pour homme qui vive; mais, « par le corps Nostre Dame, vous en repentirez : « car c'est le plus mauvais ribaud traistre que vous « veistes oncques; et si vous le congnoissiez comme « moy, vous n'en parleriez jamais. »

Et depuis la Conception de Nostre Dame fut tousjours le bon prince malade jusques à Noël, nonobstant que tousjours estoit sur pieds, et point ne se couchoit. Et jeusna les quatre temps; et la vigile de Noël se confessa, et le jour aussi; et fut à matines et à la messe de minuict, et à la grand messe du jour, et à vespres. Et le jour de Sainct Estienne ouyt la messe, et dist ses heures à genoüils bien et devotement, comme bon et loyal chrestien : car je croy que en son temps n'y avoit meilleur catholique que luy, ne qui plus aimast Dieu et l'Eglise qu'il faisoit, et le plus patient homme qui fut en son temps : car pour quelque reproche ou vilennie que on dist de luy, il ne vouloit point prendre vengeance, et du tout s'en soubmettoit en Dieu. Aussi Dieu luy a tousjours gardé sa bonne renommée, et plus apres la mort que devant; ne pour quelques mauvais termes que luy tint le roy Charles son maistre, oncques ne dist

(1) *En luy* : en sa faveur.

mal de luy, ny ne laissa à le bien servir. Et sçay bien qu'il estoit remply de toutes bonnes vertus : car oncques ne luy ouyt-on blasphemer le nom de Dieu, et ne le pouvoit ouyr qu'il ne reprinst ceulx qui le blasphemoient, et les punissoit s'ils estoient tels qu'il le peust faire.

Oncques homme en son temps n'aima plus justice, ny ne meit peine de la faire à son pouvoir qu'il faisoit. Oncques homme ne hayt plus toutes heresies, et sorciers et sorcieres, qu'il hayoit. Et bien y parut : car il en feit plus brusler en France, en Poictou et en Bretaigne, que nul autre en son temps. Et pouvoient bien dire les sorciers et sorcieres, et heretiques, quand il mourut, que leur ennemy mortel estoit mort. Oncques prince en son temps ne fut plus humble, ne plus charitable, ne plus misericordieux, ne plus liberal, ne plus large, ne plus abandonné, (1) en bonne maniere sans prodigalité. Et pour sa douceur, benignité et bon recueil, a plus esté obey et faict des choses, que n'eust faict par cruauté ou grands dons. Et outre ce a esté le moins avaricieux prince qui fust en son temps, et bien y a paru en plusieurs manieres. Car dés l'heure qu'il print l'espée, le Roy luy offrit la duché de Touraine : mais pource qu'il veoit le Roy avoir fort à besongner, et le royaume en grande necessité, refusa pour lors la dicte duché, disant qu'il ne la prendroit point jusques à ce qu'il eust faict quelque grand service au Roy et au royaume, et que le Roy fust au dessus de ses besongnes, nonobstant que le

(1) *Abandonné* : honnête.

roy Charles sixiesme de ce nom la luy avoit donnée;
et par aucun temps veis qu'il s'en appeloit duc.

Et suis certain que s'il eust voulu croire aulcuns
de son conseil à la prise de Paris, et avoir excedé
les termes de raison, il eust gaigné deux cent
mille escus : mais il ne l'eust pour rien faict, et ne
gaigna rien que bonne renommée, et l'amour des
gens. Il estoit preudhomme, chaste et vaillant autant comme prince peust estre, et me semble que
homme ne debvoit rien craindre en sa compaignée :
car homme en son temps ne fut de meilleure conduicte que luy pour conduire une grand bataille
ou grand siege, et pour toutes approches en toutes
manieres. Et tous les jours au moins une fois la
journée parloit de la guerre, et y prenoit plaisir
plus que à nulle autre chose. Sur toutes choses aimoit
gens vaillans et bien renommez, et aimoit et soustenoit le peuple plus que nul autre, et faisoit largement des biens aux pauvres mendians, et autres pauvres de Dieu. Et quand je ne cesserois jamais de
dire, je n'en sçaurois dire la dixiesme partie de ce que
je croy et pense qu'il en a faict.

Celuy bon duc trespassa de ce monde le jour de
Sainct Estienne, lendemain de Noël, environ six heures
apres midy, et rendit à Dieu son esprit le vingt-sixiesme jour de decembre l'an 1457; et repose son
corps en l'eglise des Chartreux pres Nantes, lesquels
furent fondez par luy en une eglise, laquelle s'appelloit auparavant la Chapelle au Duc, que le bon duc
Jehan son pere avoit fondée, et depuis l'augmenta,
et feit edifier le monastere. Et depuis sa mort la duchesse Catherine son espouse a faict parachever les

cloistres, faict faire les chaires, donné calices, livres, chappes, chasubles, avec leurs appartenances, et faict beaucoup d'autres biens.

Pour cë, tous ceulx et celles qui liront ce livre et le oiront lire vueillent prier pour l'ame du bon prince! que Dieu luy vueille pardonner ses meffaicts, et pardonner à celuy qui a dicté ce livre, et mis en escript partie des faicts du bon duc Artus! Car il ne sçauroit si bien faire comme il le sçait et pense, et la plus part en a veu, au moins depuis qu'il fut connestable de France; et ce qui est auparavant a ouy dire de la bouche au bon prince, et à ceulx qui estoient avec luy et en sa compaignée, avant qu'il fust connestable. Et n'y a rien mis qu'il a peu sçavoir qui ne soit à la verité.

Lettres par lesquelles le roy Charles VII *pourveoit Artus de Bretaigne, comte de Richemont, de l'office de connestable de France. A Chinon, l'an* 1424, *le 7 du mois de mars.*

Charles, par la grace de Dieu roy de France, à tous ceux qui ces presentes lettres verront, salut. Comme depuis que l'office de connestable de France a esté dernierement vacant n'ayons pourveu à iceluy office, parquoy, et par default de chef principal sur le faict de nos guerres, se soient ensuivis plusieurs inconveniens, au grand prejudice de nous et de nostre seigneurie ; et aussi se seroient faictes sur nostre peuple plusieurs pilleries et autres oppressions, à nostre tres-grande desplaisance : sçavoir faisons que voulons pour ce pourveoir au dict office de connestable de personne qui sur nos gens d'armes et de traict puisse et doibve mettre et entretenir tel ordre de justice, que ce soit au bien de nous et à la cessation de tous maulx, et qui soit de telle auctorité, entreprise et vaillance, que par son moyen et conduicte nos affaires puissent estre bien adressez. Considerans que, pour ces choses faire et exercer ainsi puissamment que besoing en est, seroit tres-propice et convenable, pour plusieurs considerations, nostre tres-cher et amé cousin Artus de Bretaigne, comte de Richemont, frere germain de nostre tres-cher et amé frere le duc de Bretaigne, attendu les grands sens, industrie, proüesse, prudence et vaillance de sa personne, tant en armes que autrement, la prochaineté dont il nous attient, et la maison dont il est issu; ayans esgard mesmement à ce que pour nostre propre faict et querele il exposa et abandonna moult honorablement sa personne à l'encontre de nos ennemis à la journée d'Agincourt, à laquelle il combatit vaillamment, et jusques à la prise de sa dicte personne; voulans ces choses luy recongnoistre en honneurs, biens-faicts, et autrement, comme bien nous y sentons tenus; et pour l'entiere confiance que nous avons de luy, luy commettant et baillant le soing et charge de nos plus hauts affaires, qui sont le faict et conduicte de nostre dicte guerre, esperans que par son moyen et celuy des siens, qui sont grands et puissans, pourront estre faicts à nous et à nostre dicte seigneurie tels et si profitables services, que ce sera à perpetuelle memoire, au bien de nous et d'icelle nostre seigneurie, et à la confusion de nos dicts ennemis: iceluy nostre cousin, de nostre mouvement, et par l'advis aussi, conseil et meure deliberation de ceulx de nostre sang, et de plusieurs prelats, barons, tant nos officiers que plus notables de nostre grand conseil, que autres, et aussi de ceulx de nos parlemens et bonnes villes, qui pour ces causes et autres touchans le bien de paix sont cy venus à nostre commandement, avons pour les causes devant touchées, et autres à ce nous mouvans, et specialement pour l'evident bien et profit de nous et de nostre dict royaume, faict, ordonné, constitué et estably, faisons, ordonnons, constituons et establissons connestable de France, et chef principal apres nous et soubs nous de toute nostre guerre: pour iceluy office avoir, tenir, faire et exercer doresnavant aux honneurs, préeminences et privileges, et aux gaiges, pensions et autres droicts, profits et esmolumens qui y appartiennent, et tels et semblables que les ont accoustumé avoir et prendre ses predecesseurs connestables de France. Et luy donnons pouvoir de ordonner és frontieres garnisons de chasteaux et de villes, capitaines de gens d'armes et de traict, et aussi les retenir pour le dict faict de la guerre, et de les croistre et appetisser; et si mestier est, changer et diminuer, ainsi qu'il verra estre à faire pour le bien de nous et de nostre seigneurie, et generalement de faire et ordonner au dict faict de la guerre et des dependances, comme representant nostre personne, tout autant comme nous mesmes faire pourrions, si presens y estions. Voulans et ordonnans que en iceluy faict, en quelque part et contrée qu'il soit, luy soit par tous obey, tant en ouvertures de chasteaux, forteresses, bonnes villes, que autrement, comme à nostre dicte personne et en toutes autres choses, comme faire se doibt à connestable de France. Si donnons en mandement par ces mesmes presentes à nos amez et feaulx conseillers, les gens tenans et qui tiendront nôs parlemens, presens et advenir, que à nostre dict cousin de Richemont comme connestable de France (auquel, par maniere de possession du dict office, avons, suivant l'usaige ancien et accoustumé, baillé et commis la garde de nostre espée, et lequel, present nostre dict conseil, nous a pour ce faict hommaige et serment tels que le dict office les doibt), souffrent et laissent doresnavant, et à ses lieutenans, commis et deputez, tenir et exercer sa justice et jurisdiction, selon que ses dicts predecesseurs l'ont accoustumé de faire et exercer, et luy facent obeyr comme dict est, et ces presentes facent publier en nostre cour et ailleurs où à faire sera. Commandons aussi par ces dictes presentes à tous chefs de guerre, et semblablement à tous seneschaulx, baillifs, prevosts, maires et eschevins, gardes et gouverneurs de bonnes villes, chasteaux et forteresses, ponts, ports et passaiges, et generalement à tous nos justiciers, officiers et subjects, ou à leurs lieutenans presens et advenir, et à chacun d'eulx, que à nostre dict cousin et connestable, et à ses lettres et mandemens, facent et donnent doresnavant telle obeyssance comme dessus est dict. En outre, mandons à nos amez et feaulx les gens de nos comptes et tresoriers, et aux generaux conseillers sur le gouvernement de nos finances, tant presens que advenir, ou à ceulx d'eulx qu'il appartiendra, que les dicts gaiges et autres droicts appartenans au dict office luy facent payer et delivrer, ou à son commandement, aux termes et en la maniere accoustumée, soit par le receveur general de nos dictes finances, ou par l'un de nos dicts tresoriers de guerre, presens et advenir, ou autrement, comme à faire sera. Et en rapportant ces presentes ou *vidimus* d'icelles faict soubs seel royal et autentique pour une fois seulement, avec quictance suffisante sur ce de nostre dict cousin, il nous plaist et voulons tout ce que payé luy en sera, estre alloüé és comptes de celuy ou ceulx qui payé les aura ou auront par nos dicts gens des comptes, ausquels mandons que ainsi le facent sans difficulté. En tesmoing de ce nous avons faict mettre nostre seel à ces dictes presentes, données à Chinon le septiesme jour de mars l'an de grâce 1424, et de nostre regne le troisiesme.

Ainsi signé en la marge de dessoubs. Par le Roy en son grand conseil, auquel le comte de Vendôsme, vous, l'archevesque de Rheims, l'archevesque de Sens, l'evesque d'Angers, le mareschal de Severac, Crestophle de Harcourt, le grand maistre d'hostel, le sire de Montejehan, maistre Adam de Cambray, president de parlement; les mareschal et president de Savoye, l'admiral de Bretaigne, Guillaume d'Avaugour, maistre Arnault de Marle, le sieur de Trignac, l'archidiacre de Rheims, le gouverneur d'Orleans et autres estoient. J. Le Picart. Et au dos est escript: *Lecta et publicata Pictavis in parlamento, decimo quinto die martii, anno Domini millesimo quadringentesimo vicesimo quarto.*

FIN DE L'HISTOIRE DE RICHEMONT.

MÉMOIRES

RELATIFS

A FLORENT, SIRE D'ILLIERS.

AVERTISSEMENT.

Denis Godefroy, qui a publié en 1661 une collection des histoires contemporaines du règne de Charles VII, en a extrait ce qu'elles offroient d'intéressant sur quelques-uns des personnages les plus considérables de ce règne. Il entre peu dans le détail des événemens; il se borne presque à les indiquer, et renvoie par des notes marginales aux pages du volume où les faits sont rapportés. Son travail, qui donne beaucoup de facilités pour les recherches, quand on veut faire une étude approfondie de l'histoire, seroit très-précieux s'il étoit complet. Mais l'auteur ne s'est occupé que de Dunois, de Florent d'Illiers, des seigneurs d'Harcourt, de Gaucourt, de Gamaches et de Chabannes, de Jacques Cœur, de Jean et Gaspard Bureau, grands-maîtres de l'artillerie; de Chevalier et de Cousinot, employés par le Roi, soit dans les négociations, soit dans l'administration des finances. On regrette de ne rien trouver sur La Hire, sur Xaintrailles, sur Ambroise de Loré, sur l'amiral de Culant, sur les maréchaux de Saint-Sévère et de Loheac, ni sur plusieurs autres grands hommes qui ont illustré cette époque mémorable.

Quoique ces divers morceaux puissent être considérés comme de simples notices plutôt que comme de véritables mémoires, les premiers éditeurs ont cru devoir insérer dans leur Collection l'article qui concerne Florent d'Illiers. C'est en effet celui qui a le plus de développement, et presque le seul qui puisse être lu sans avoir recours aux histoires originales.

Florent d'Illiers ayant été l'un des plus célèbres capitaines de Charles VII, nous avons pensé que le récit de ses exploits offriroit quelque intérêt; et cette considération nous a décidés à conserver le travail de Denis Godefroy.

MÉMOIRES

RELATIFS

A FLORENT, SIRE D'ILLIERS.

Avant que de parler de Florent d'Illiers, qui fut l'un des principaux chefs qui ayderent, en plusieurs occasions d'importance, à chasser les Anglois hors du royaume, et qui contribuerent le plus à restablir l'authorité et la puissance du roy Charles VII, il est à propos de remarquer que les seigneurs de ce nom d'Illiers sont sortis d'une maison si noble et si ancienne, que, pour n'en sçavoir la premiere origine, aucuns la rapportent au temps de ces anciens Gaulois, qui selon la coustume de leur pays (de laquelle Cesar fait mention en ses Commentaires) prenoient le nom du lieu dont ils estoient seigneurs; et conformément à cét usage, tiennent que ceux-cy ont emprunté leur nom de l'ancienne seigneurie d'Illiers, qui est une petite ville située sur les confins du pays Chartrain et du Perche, où il y a un chasteau tres-ancien, mouvant de la grosse tour de Chartres : quoy qu'il y ait bien plus d'apparence de croire que cette terre a plustost esté ainsi appellée d'eux, parce qu'ils l'ont possedée de tout temps immemorial : ce que le vieil mot gaulois *sire*, dont ils furent autresfois qualifiez, semble designer assez vray-semblablement.

Mais soit qu'ils ayent ainsi appellé cette petite ville de leur nom, ou bien qu'eux-mesmes s'en soient surnommez, il est constant que du temps de Thibaud, premier comte de Chartres, qui vivoit environ l'an 900, les sires ou seigneurs d'Illiers estoient desja en possession des premiers rangs parmy l'ancienne chevalerie de France; et qu'il se trouve encore aujourd'huy des titres tres-anciens, où ils ont signé avec Ebrard Du Puiset, Hugues de Gallardon, et autres seigneurs du pays de Beausse, immediatement aprés les comtes de Chartres, dont on tient aussi qu'ils sont sortis des puisnez. De plus, il est certain (et cela se voit bien clairement dans les archives du chasteau de Chantemesle en Dunois, par le vieil martyrologe de l'eglise de Chartres, les chartulaires des abbayes de Sainct-Cheron, Sainct-Jean, et Sainct-Pere en Vallée, au mesme diocese) qu'en la pluspart des anciens titres de ces eglises, il est fait mention de plusieurs seigneurs et dames de la maison d'Illiers; les noms desquels n'estoient en usage que sous la premiere et la seconde lignée de nos roys, comme des *Avesgauds*, des *Bodards*, *Hildegrandis*, *Elciundis* et autres, qui prouvent assez quelle est l'antiquité de cette souche, qui depuis tant de siecles a poussé ses branches et ses rameaux jusques à nos jours, sans aucune interruption que l'on sçache.

On n'ignore pas toutesfois ce qu'un autheur (1) moderne, des mieux versez dans l'histoire et dans l'antiquité des familles de France, a mis au jour depuis peu; sçavoir, qu'un puisné de la maison de Ven-

(1) Le Laboureur, dans les additions aux Mémoires de Castelnau, p. 472 du tome 1.

dosme avoit espousé l'heritiere d'Illiers, à condition d'en porter le nom et les armes (qui sont d'or à six anneaux de gueules); mais outre que cét autheur, d'ailleurs fort exact, ne marque point le temps de cette institution, qui doit preceder absolument le sire d'Illiers, duquel nous avons à parler (et dont les descendans sont fort bien prouvez par memoires irreprochables), il est vray de dire que la naissance de ce seigneur tire son origine des plus nobles et premieres maisons du royaume, soit qu'il prenne son extraction de ces anciens sires d'Illiers, ou bien qu'on le fasse descendre des seigneurs de Vendosme, puisque les princes de la maison de Bourbon, par le mariage de Catherine, heritiere de Vendosme, avec Jean II du nom, comte de La Marche, ont honoré de leur alliance cette maison illustre, de laquelle est sortie la branche royale, qui est enfin montée sur le throsne des fleurs-de-lys, et qui regne aujourd'huy avec tant de bon-heur.

Cela presupposé, l'on peut dire avec verité de Florent d'Illiers (nommé dans une Histoire du siege d'Orleans, et par quelques autres messire Florentin) qu'il a esté l'un des plus illustres rejettons de cette ancienne famille; que c'est en luy que prennent leur source ceux de ce nom qui vivent encore aujourd'huy; qu'il fut fils aisné de Pierre, et petit-fils de Geoffroy, que d'anciens monumens nomment haut et puissant chevalier Geoffroy sire d'Illiers, lequel vivoit en l'an 1350.

Nostre Florent commença de paroistre au mesme temps que Charles VII devint heritier de la couronne, c'est à dire environ le temps que le roy d'Angleterre

Henry VI, ligué avec le duc de Bourgongne, gouvernoit l'Estat sous le nom de son oncle regent, qui taschoit de ravir le sceptre et la couronne audit roy Charles.

Ce prince se voyant privé de son droict, oublié de partie de ceux qu'il avoit de plus proches, et abandonné de la pluspart des siens, eut recours à l'ancienne chevalerie, comme à la principale force du royaume, et la plus interessée à la conservation des loix fondamentales de la monarchie, il choisit pour cét effet, parmy les chefs et capitaines qui suivirent sa fortune, les plus fidelles et les plus experimentez qu'il peut, les uns pour les jetter dans les places qui le reconnoissoient encore pour leur seigneur, les autres pour les mettre à la teste de la plus leste noblesse, qu'il ordonna d'enrooller dans les terres qui restoient en son obeïssance, dont les bandes victorieuses ont tousjours retenu depuis le nom de compagnées des ordonnances du Roy, par excellence. Entre ceux-là Florent fut des premiers qu'il honora de cette charge, laquelle ne se donnoit qu'à des seigneurs d'un merite extraordinaire, mesme à des officiers de la couronne, et à des princes. La naissance de ce seigneur, sa valeur et sa reputation estans bien cognuës de ce Roy, il le fit encore capitaine (comme on parloit alors), c'est à dire gouverneur de Chasteaudun, place des plus considerables en ces temps, que les poudres, les canons et les mines n'estoient encores gueres en usage dans la France. Ce prince consideroit cette place comme un boulevart et un donjon tres-asseuré pour maintenir son pouvoir, non seulement dans le Dunois dont elle est capitale, mais dans tout le pays circonvoisin, parce que son chasteau construit sur un rocher presque inaccessible, et naturellement escarpé, la rendoit comme imprenable.

Ce roy avoit jetté les yeux sur ce brave chef, comme sur une personne tres-propre à ses desseins et à l'employ auquel il le destinoit, tant à cause du rang qu'il tenoit dans la province, où la pluspart de son bien estoit assis, que parce qu'en le mettant dans cette forteresse il pouvoit aisément tenir les mal-intentionnez en leur devoir, et les ennemis en crainte, en descouvrant et traversant les menées des Anglois et de leurs adherans, qui occupoient desja tout le Perche, la Beausse et le pays Chartrain. L'experience fit voir depuis que Charles ne s'estoit pas mespris en son choix ni en son esperance : car les Anglois se voyans lors le vent favorable, prirent resolution d'assieger Orleans, aprés avoir reduit sous leur obeïssance toutes les places voisines qui pouvoient nuire ou favoriser à leur dessein; lequel alloit principalement à resserrer les troupes du Roy, et à le repousser au delà de la riviere de Loire, en luy retranchant les nerfs de la guerre, qui sont les contributions des peuples; et en luy enlevant cette ville importante, laquelle estant du domaine du duc d'Orleans leur prisonnier, aussi bien que celle de Chasteaudun, ils croyoient assez vra-semblablement qu'elles contribuoient beaucoup à la subsistance de leurs adversaires. Voila donc les Anglois campez devant Orleans, et bien occupez à commencer leurs travaux et leurs bastilles, que ce brave d'Illiers (lequel avoit bonne correspondance avec Jean d'Orleans comte de Dunois, qui estoit renfermé dans cette ville, qu'il deffendoit) alloit souvent reconnoistre, donnant de temps en temps d'importans advis au Roy de l'estat auquel se trouvoient les uns et les autres; en surprenant tantost quelqu'un des assiegeans, et tantost leur ostant la communication avec les Chartrains et les Percherons, desquels ils tiroient la pluspart de leurs rafraischissemens.

Six mois et plus se passerent de la sorte, pendant lesquels Charles assembla quelques cinq à six mille hommes, ne sçachant pourtant à quoy encor se determiner (1); mais enfin ce prince, animé par la presence et par les conseils pressans d'une jeune fille que Dieu luy suscita des confins de la basse Champagne, renommée et connuë depuis par toute la France sous le nom de Jeanne la Pucelle, resolut, par l'advis de son conseil, de luy mettre les armes à la main, et de luy confier et laisser la conduite de toute l'entreprise, avec ordre à ses generaux de ne rien hazarder sans la participation de cette fameuse Pucelle. Florent d'Illiers eut charge en mesme temps de joindre à cette armée, fort petite en nombre, mais grosse de courage, et de l'esperance de la protection qu'elle

(1) Nous sommes obligés de relever ici une erreur que l'on est étonné de trouver dans un historien qui, comme Denis Godefroy, devoit connoître tous les détails du règne de Charles VII.

Aussitôt que les Anglais eurent mis le siége devant Orléans, les ministres de Charles réunirent en effet des troupes pour essayer de secourir la place. Mais, au témoignage de tous les historiens du temps, ces troupes, qui ne s'élevoient guère qu'à trois mille hommes, furent entièrement dispersées par Falstolf près de Rouvray-Saint-Denis (journée des Harengs). Après cette défaite, le Roi n'avoit plus d'armée; tout sembloit désespéré, lorsque l'arrivée de Jeanne d'Arc vint ranimer le courage des royalistes, et rappela sous les drapeaux les hommes d'armes qui étoient rentrés dans leurs foyers.

attendoit du ciel, le plus d'hommes d'armes et de traict qu'il pourroit rassembler, pour lui servir de renfort : à ce sujet il pratiqua si adroitement la noblesse du pays, qu'en ayant attiré avec luy une troupe assez considerable, il se rendit au camp du Roy avec ce secours, et donna si bien à entendre l'estat de toutes choses, par la cognoissance parfaite qu'il avoit du dedans et du dehors de la ville d'Orleans, afin d'y introduire avec facilité le secours dont elle avoit besoin, qu'on luy defera l'honneur d'en faire la premiere tentative, avec l'eslite de ceux qu'il avoit amenez avec luy; parmy lesquels il y avoit mesmes quelques citoyens ou originaires d'Orleans : en un mot, tous ces braves, à l'exemple de leur chef, s'acquitterent si bien de cette commission et de leur devoir, qu'ils entrerent heureusement dans ladite ville (1). Et bien que la pluspart des historiens attribuent toute la gloire de

---

(1) « Cette entrée, dit Denis Godefroy dans une note, se fit le « mardi troisième jour de mai 1429, et celle de Jeanne le lende- « main 4, selon les Mémoires de Chantemesle. »

Nous aurions voulu vérifier ces dates dans l'ouvrage cité par Denis Godefroy, mais les Mémoires de Chantemesle n'existent pas à la bibliothèque du Roi; il n'en est fait mention sur aucun catalogue : nous ignorons donc quel degré de confiance ils peuvent mériter. Nous ferons seulement remarquer qu'ils sont en contradiction avec le Journal du siége d'Orléans et avec toutes les chroniques contemporaines, qui attestent que Jeanne d'Arc entra dans la ville dès le 29 avril. Nous avons expliqué, dans le supplément des Mémoires relatifs à cette héroïne, comment le convoi qu'elle conduisoit, étant arrivé près de la ville, fut, par la faute des généraux, obligé de remonter jusqu'à Blois pour traverser la Loire. Jeanne étoit déjà depuis plusieurs jours dans la place lorsque le convoi y fut introduit.

Les chroniques ne font d'ailleurs aucune mention de l'expédition tentée par Florent d'Illiers la veille de l'entrée de Jeanne d'Arc à Orléans, quelle que soit la date de cette entrée.

ce secours à Jeanne, qui de là fut surnommée la Pucelle d'Orleans ; neantmoins il est constant, et prouvé par de bons Memoires du temps, qu'apres les exploits tout à fait prodigieux de cette genereuse fille, le seigneur d'Illiers contribua autant que pas un des autres chefs à la conservation de cette ville, qui estoit de la derniere importance pour restablir la domination françoise, et pour chasser ces dangereux ennemis hors du royaume.

Le nom de ce grand capitaine se rencontre souvent dans les relations particulieres de ce siege, et nommément en l'Histoire qui en a esté imprimée à Orleans l'an 1606, dont on a tiré ce peu de paroles qui suivent, pour preuve de ce qu'on vient de dire, de sa valeur et de sa vertu : « Arriva, le jeudy vingt-hui-
« tiesme avril, un capitaine moult renommé, appellé
« messire Florentin d'Illiers, et avec luy quatre cent
« lances fournies, tous braves combatans, qui ve-
« noient de Chasteaudun, lequel par son arrivée res-
« joüyt grandement tous les capitaines. » Et plus avant, où il est fait mention de son retour d'Orleans à Chasteaudun, voicy comme la mesme Histoire en parle : « Florentin d'Illiers prit congé des seigneurs,
« capitaines et bons bourgeois de la ville ; et avec ses
« gens de guerre par luy là menez s'en retourna dans
« Chasteaudun, dont il estoit capitaine, remportant
« grand prix, los et renommée des vaillans faicts d'ar-
« mes par luy et ses gens faits au secours d'Orleans : et
« de fait, en recognoissance d'une si belle action, les
« Orleannois nommerent une des principales ruës de
« leur ville la *ruë d'Illiers*, qui s'appelle encore aujour-
« d'huy de ce nom là, en memoire de ce que ce brave

« capitaine entra premierement par là, et qu'il eut
« l'honneur de porter les premieres nouvelles de cette
« fameuse entreprise de la Pucelle, au devant de la-
« quelle il sortit dés le lendemain avec le bastard d'Or-
« leans, pour favoriser l'entrée de cette amazone. »

Ce généreux d'Illiers, aprés quantité de beaux faicts d'armes, dont il signala son courage et accreut sa reputation à ce memorable secours d'Orleans, voyant que les Anglois s'estoient retirez en assez bon ordre, et qu'ils assembloient encores de nouvelles forces qui passoient la pluspart aux environs de son gouvernement, il s'y rendit en diligence, tant pour renforcer la garnison de sa place que pour rasseurer les bourgeois et les soldats, qui ne se croyoient pas en seureté pendant l'absence de leur gouverneur. Ce fut environ la Pentecoste qu'il leur apporta les bonnes nouvelles de la desroute des Anglois, et de l'esperance qu'ils seroient bien tost delivrez d'un si fascheux voisinage, qui les tenoit comme resserrez dans leurs murailles : en cette rencontre, ils ne furent pas moins ravis de joye par sa presence, que surpris d'estonnement par le recit qu'il leur fit des merveilleux exploits de la Pucelle d'Orleans. Les jeunes gens de Chasteaudun en firent une resjoüyssance publique pendant toutes les festes suivantes, sous le nom de Pucelle, que les filles ont tousjours continué depuis chaque année, comme pour eterniser la memoire et la valeur de cette celebre pucelle Jeanne d'Arc, et de Florent d'Illiers leur gouverneur ; car estant ainsi retourné par devers eux, tout comblé de gloire et d'honneur, il en fut cette fois receu avec tel applaudissement et telle acclamation de joye, qu'ils creurent que ce ne leur estoit pas assez de le tesmoigner lors pour une seule fois, s'ils n'en renouvelloient en suite tous les ans la memoire, par cét esbatement et ces jeux solennels.

Pendant cela, les ennemis, qui estoient reduits à ce poinct qu'ils ne paroissoient plus que sur la defensive depuis cette grande desroute d'Orleans, furent bien-tost aprés chassez de Jaigeaux, de Meun, de Baugency, et puis entierement defaits à Patay en Bausse, par la genereuse resolution et les efforts extraordinaires de Jeanne la Pucelle, de Jean d'Orléans comte de Dunois, et des autres capitaines et chefs de l'armée.

Aprés de si heureux succés, on ne parla plus que du sacre du Roy, lequel, prenant à cét effet la route de Rheims, attira ses principales forces avec luy, et emmena toute la chaleur et le bruit des armes à sa suite. Cependant tout se passoit dans les provinces en petites guerres seulement entre les gouverneurs des places, qui s'efforçoient à faire reüssir les desseins qu'ils faisoient les uns sur les autres. Florent d'Illiers ne pouvant demeurer inutile, en forma un sur la ville de Chartres, où les Anglois avoient mis une garnison fort considerable, laquelle tenoit en subjetion, ravageoit et incommodoit grandement tout le pays. Cette entreprise fut si bien menée et conduite par ce sage et vaillant capitaine, qu'il en vint heureusement à boût, par le moyen des intelligences qu'il avoit avec les principaux bourgeois de cette ville-là; et par la conference qu'il eut fortuitement avec un marchand de la cognoissance d'un sien secretaire, à qui les ennemis s'estoient adressez pour avoir quelques provisions qui leur manquoient, particulierement d'huile et de sel.

Ce marchand, soigneux de son profit, pretendoit de tirer un sauf-conduit des officiers de Chasteaudun, pour faciliter son commerce; mais ce brave et fidele capitaine en estant adverty, s'aboucha avec luy, et le faisant rentrer en son devoir mesnagea si bien ses interests et ceux des meilleurs habitans de Chartres; en un mot, il disposa si sagement toutes choses pour reduire cette ville de consequence en l'obeïssance du Roy son maistre, qu'estans enfin convenus du temps et de la maniere, un samedy veille des Rameaux, le marchand, par ses ordres, s'estant presenté de grand matin à la porte de Saint Michel à Chartres, elle luy fût ouverte; et en mesme temps les ponts levis et les herses arrestées et embarrassées par les chariots, qui, au lieu de sel et autres fournitures, estoient chargez de haches, picques et pertuisanes, et estoient suivis et environnez de soldats bien choisis, mais desguisez, les uns en femme de village, les autres en valets et paysans, bien armez sous leurs juppons, lesquels tuerent aussi tost les sentinelles; et se jettans tous ensemble sur le corps-de-garde, se rendirent maistres de ladite porte, sans y trouver beaucoup de resistance. A l'instant le sire d'Illiers, qui conduisoit l'entreprise, sortit de l'embuscade où il s'estoit tenu caché, avec une troupe de gens choisis; et, accourant au signal, entra dans icelle ville, où les bourgeois de son intelligence le receurent avec grands crys de joye et d'allegresse. Et prenans les armes qu'on avoit cachées dans les charettes du susdit marchand, ils se rendirent tous alors en belle ordonnance à la porte de l'eglise Nostre-Dame, où le peuple estoit assemblé pour en solenniser la feste (qui estoit ce jour là celle de l'Annonciation), les uns en criant *vive le Roy!* et les autres, *ville gagnée, quartier, bon quartier!* faisans au reste main-basse sur tous ceux qui voulurent se mettre en defense, la pluspart desquels estoient des Anglois et des factieux ou Bourguignons, qui rendirent durant un temps le succès comme douteux, en donnant beaucoup de peine aux assaillans; mais ils furent enfin vivement soûtenus et repoussez par le comte de Dunois et les seigneurs de Gaucourt, de Saveuse et autres, à qui messire Florent d'Illiers avoit communiqué ce grand dessein; lequel, comme il fut des plus heureusement et hardiment executé, ne servit pas moins pour affermir l'authorité du Roy dans toute cette contrée, que le secours d'Orleans avoit fait pour l'y establir.

C'est ainsi que les Memoires du temps en font mention; et l'autheur de la Mer des Histoires en parle en ces termes, vol. 2, aage 6 : « En ce temps le bas-
« tard d'Orleans, La Hire et messire Florent d'Illiers
« prirent moult subtilement la ville de Chartres, où
« fut tué l'evesque du lieu, partisan de Bourgongne,
« et quelques autres des plus factieux ; en quoy ledit
« Florent d'Illiers fut le principal et premier entre-
« preneur. » Aussi Jean Chartier, historien du temps, luy en donne t'il beaucoup de gloire, que d'autres, principalement des modernes, attribuent toute au comte de Dunois, parce qu'il avoit le principal commandement dans les armées du Roy, et que l'on defere ordinairement aux generaux tout l'honneur des bons succés.

L'an 1432, il defendit Louviers en Normandie. Et l'an 1435, en continuant ses genereux et heroïques exploits, il se signala à la prise du pont de Meulan sur les Anglois.

L'an 1449, il continuoit le siege de la grosse tour de Verneuil, sur les mesmes Anglois.

Ce seroit icy le lieu de donner amplement le détail de plusieurs autres genereux exploits et signalées conquestes que ce vaillant capitaine fit en suite dans les comtez de Chartres, Dunois, Vendosmois et du Perche, d'où il acheva de desloger entierement les Anglois, par la prise des chasteaux du Neufbourg, de Beaumesnil et de Verneüil au Perche, avec tant d'autres belles actions qui luy firent meriter les deux charges de gouverneur et bailly de Chartres (lesquelles estoient si honorables que les anciens comtes de Dreux, princes yssus de la maison de France, ne les estimerent pas au dessous d'eux) : mais comme tous ces grands faicts d'armes n'eurent point d'autre fin que celle de sa vie, c'est assez de dire qu'il n'y eut que la mort qui en peut interrompre le cours, l'an 1461, presque au mesme temps qu'il eut appris celle de Charles VII : comme s'il luy eust esté difficile de survivre à un tel maistre, qu'on peut dire avoir esté l'un des plus reconnoissans, comme il fut un des plus victorieux roys de cette monarchie.

Aprés ce que dessus, il semble n'estre ici hors de propos d'adjouster encor et de sçavoir que Florent d'Illiers eut un frere nommé Miles ou Milon, qui embrassa l'estat ecclésiastique, et s'y rendit aussi recommandable par son sçavoir et son mérite, que son frere aisné fut illustre par son courage et par les armes ; et comme il estoit l'un des plus habiles hommes et des plus capables de son siecle, il fut pourveu de l'evesché de Chartres, et fut fort employé en diverses ambassades d'importance par les roys Charles VII, Louys XI et Charles VIII, lequel luy donna pour successeur son neveu René d'Illiers, septiesme fils de Florent; et ainsi l'on peut dire que la maison d'Illiers avoit lors en mesme temps entre ses mains toute l'authorité spirituelle et temporelle dans ce pays-là, où elle a laissé tant de preuves de sa piété et de son zele envers les eglises et le public, qu'il ne se trouve presque point de paroisses, d'abbayes et de couvents ou monasteres, dans toute cette contrée, où il n'en soit demeuré quelques marques honorables : sur tout à Chartres, où l'on void encor aujourd'huy les armes d'Illiers (1) dans la cathedrale et à la courtine, avec celles de la ville; dans l'ancienne muraille d'entre la porte Droüaise et celle des Espars, au droit du boulevart de Sainct-Jean-en-Vallée, et en tant d'autres lieux publics et particuliers de Chartres, Bonneval, Chasteaudun et autres villes, que pour le bien faire entendre il faudroit presque nommer toutes celles de la province, et beaucoup mesmes d'autres circonvoisines.

Quánd on a dit que René d'Illiers fut le septiesme fils de Florent, c'est assez donner à entendre que ce grand personnage fut favorisé de Dieu d'une nombreuse lignée toute de masles, qu'il eut de Jeanne de Coutes son espouse, petite-fille de messire Jean Le Mercier, seigneur de Nogent, grand-maistre de la maison du roy Charles VI, et l'un des officiers des plus cheris et des plus estimez de ce prince : ne se trouvant point que de ce mariage il soit sorty aucune fille.

(1) Cette maison porte d'or à six anneaux de gueules.

C'est encore une chose assez remarquable dans cette famille, que d'un si grand nombre d'enfans masles, la pluspart embrassa l'estat ecclesiastique; que Jeanne, fille de l'aisné (lequel n'eut point d'enfans masles), porta la terre d'Illiers en la maison de Lude, où elle est encore aujourd'huy, par le mariage qu'elle contracta avec Jacques de Daillon, seigneur du Lude, chambellan du Roy, et seneschal d'Anjou; et qu'il n'y a eu que le troisiesme fils de Florent, nommé Charles, seigneur de Chantemesle, qui ait continué avec plus d'esclat la posterité masculine de cette illustre et ancienne famille, qui subsiste encore aujourd'huy, avec beaucoup d'honneur et de reputation, en la personne de messire Léon d'Illiers, marquis d'Entragues, en qui la gloire de ses ancestres est si avantageusement descenduë, que, sans parler des alliances que sa maison a eu avec les premieres et les plus puissantes non seulement de France, mais encore avec celles du sang royal d'Escosse et d'Angleterre; et sans faire reflexion sur celles du grand-maistre de Montaigu, de L'Admiral de Graville, du vidame de Chartres François de Vendosme, prince de Chabanois, ni sur celle des seigneurs de Balsac d'Entragues, toutes devoluës et reünies en sa personne, pour luy donner les plus solides loüanges que la vertu puisse meriter, il suffit de dire que tout ce qu'il y a de plus honnestes gens à la cour ont tousjours reconnu en sa personne une sagesse et une probité si hors du commun, qu'il a souvent esté pris, et l'est encor tous les jours, pour arbitre des differens des plus grandes maisons, de quelques generaux d'armées, et de plusieurs princes. Et (ce qui est presque sans exemple en un particulier) les incognus mesmes ont eu recours à luy, et se sont volontairement sousmis à ses jugemens comme à des arrests, tant sa reputation les leur faisoit estimer equitables. Aussi a-t'il merité cet honneur rare et singulier, d'avoir esté loüé le plus adroitement et le plus à propos du monde, sur ce sujet et sur ses autres belles qualitez, de la bouche et de la plume d'une des plus judicieuses et plus habiles princesses (1) que le sang de France ait produit, dont l'esprit est si penetrant et les sentimens si justes, que son jugement seul doit servir de decision et de regle à tous les autres.

(1) V. p. 83 des divers portraits faits par *Mademoiselle*, et imprimés l'an 1659, *in*-4°, par ordre de Son Altesse Royale.

FIN DES MÉMOIRES DE FLORENT D'ILLIERS.

TABLE DES MATIÈRES

CONTENUES

DANS LE HUITIÈME VOLUME.

MÉMOIRES CONCERNANT LA PUCELLE D'ORLÉANS, dans lesquels se trouvent plusieurs particularités du règne de Charles VII. *Page* 1

AVERTISSEMENT DE L'ÉDITEUR. 3

TABLEAU DU RÈGNE DE CHARLES VII. 7

LETTRE DE GUY XIV DU NOM, SIRE DE LAVAL, dans laquelle il est fait mention de la Pucelle. 223

SUPPLÉMENT DES MÉMOIRES SUR JEANNE D'ARC. 229

PIÈCES RELATIVES A L'HISTOIRE DE JEANNE D'ARC.

Lettres de noblesse accordées par Charles VII à Jeanne d'Arc et à sa famille. 333

Chefs d'accusation portés contre Jeanne d'Arc, et sur lesquels l'Université de Paris fut consultée par le tribunal de Rouen. 337

Sentence définitive d'absolution et de justification de la Pucelle d'Orleans. 346

FRAGMENS RELATIFS A JEANNE D'ARC, extraits de divers auteurs français et étrangers.

Extrait du Journal rédigé par un bourgeois de Paris. Page 356

Extrait de la Chronique de Monstrelet, contenant une lettre de Henri VI au duc de Bourgongne sur la condamnation de Jeanne d'Arc. 362

Henri de Gorckeim (de Gorcum), théologien hollandais. 380

Jean Nider, dominicain allemand. 381

Battiste Fulgose (Baptiste Fregose), doge de Gênes. 382

Jacques-Philippe Foresti, ou Philippe de Bergame. 384

Jacques Mayer, historien flamand. 388

Hector Boëthius ou Boetius, historien d'Ecosse. 392

Polydore Virgile, italien. 393

Pontus Heuterus, prevôt d'Arnheim en Gueldre. 398

HISTOIRE D'ARTUS III, DUC DE BRETAIGNE, COMTE DE RICHEMONT, ET CONNESTABLE DE FRANCE, contenant ses memorables faicts, etc. 403

MÉMOIRES DE FLORENT D'ILLIERS. 569

AVERTISSEMENT DE L'EDITEUR. 570

FIN DU HUITIÈME VOLUME.

www.ingramcontent.com/pod-product-compliance
Lightning Source LLC
Chambersburg PA
CBHW070405230426
43665CB00012B/1247